공자의 발견

공자의 발견
ー脫朱子 論語學

2015년 11월 16일 초판 1쇄 발행

지은이　이수태
펴낸이　이문수
교정·편집 이만옥
펴낸곳　바오출판사

등록　　2004년 1월 9일 제313-2004-000004호
주소　　서울시 마포구 연남동 567-39 301호(121-842)
전화　　02)323-0518
문서전송 02)323-0590
전자우편 baobooks@naver.com

ISBN　978-89-91428-19-5　03140

공자의 발견

脫朱子 論語學

이수태 지음

바오

머리말

이 책은 논어와 관련하여 쓴 나의 세 번째 책이다. 1999년에 『새번역 논어』
와 『논어의 발견』을 동시 출간한 후 16년 만이다. 16년 만에 내는 책이지만
수록된 글들은 모두 최근 3년 이내에 쓴 글들이다. 인터넷 언론 〈가톨릭뉴스
지금여기〉와 격월간 『에세이스트』에 장기 연재했던 글이 많고 나머지 글은
이 책 발간을 목적으로 새로 집필한 것들이다.

　오랜 기간 동안 특별한 활동을 하지 못했던 것은 내가 공직에 몸담고 있
었기 때문이다. 그러다가 3년 전 공직을 완전히 물러났다. 그때부터 미루어
오던 몇 가지 저술 작업에 착수할 수 있었다. 논어에 관한 글쓰기는 그 중에
서도 가장 간절히 희망해 오던 일이었다. 최근 그동안 썼던 글들을 모아 분
류하고 손질하며 16년 전의 두 책과 비교를 해보니 역시 긴 세월은 논어에
관한 나의 입장에도 적잖은 변화를 가져왔다는 사실을 느낀다.

　그러나 그 변화는 개별적인 논어 단편의 해석에 관한 것은 아니었다. 왜
냐하면 단 하나의 단편도 그 옛날 내가 내놓았던 해석과 비교해서 달라지지
않았기 때문이다. 주자의 해석을 엄청나게 뒤바꾸었던 것을 생각하면 그런
일관성은 무척 다행스런 일이었다. 변화는 개별적인 단편의 해석에서가 아
니라 그 해석들이 상호 교차하고 연결되는 데에서 왔다.

　『논어의 발견』은 논어라는 텍스트에 무엇보다 충실했던 책이었다. 그것은
주자의 그릇된 해석에 뒤덮여 온 논어를 구제하여 그 원음原音을 되살린다
는 데에 전적으로 집중했기 때문이다. 그러나 이번의 책은 확실히 논어라는
'텍스트'를 넘어 공자라는 '인물'에 초점이 맞추어져 있다. 물론 공자에 관

5

한 정보는 논어에 전적으로 의존해 있기 때문에 이 말은 얼핏 이상하게 들릴지도 모르겠다. 그러나 그렇지 않다. 같은 텍스트를 경유했으면서도 이번의 책은 논어 단편이 지닌 다양한 메시지들의 내적 연관과 교호를 통해 공자라는 '컨텍스트'를 엮어 낼 수 있었다는 점에서 큰 진전을 이루었다고 본다. '아, 내가 나도 모르는 사이에 논어를 넘어 공자라는 인물에 집중해 왔구나!' 하는 생각을 하게 된 것은 극히 최근의 일이었다. 책의 제목을 『공자의 발견』으로 결정한 것도 바로 그 시점이었다.

수록된 글들을 대략적으로 소개하면 다음과 같다.

제Ⅰ편 「젊은 공자」에는 공자에 대해 비교적 평이하고 개괄적인 차원에서 접근한 글들을 모았다. 글은 쉽고 주제도 단순하니 누구나 부담 없이 읽을 수 있을 것이다. 읽어 보면 느끼겠지만 대부분의 글이 공자에 대한 타성적 이해를 넘어서려는 목적을 가지고 있다. 그 때문에 사회 저변에 폭넓게 남아 있는 낡은 공자관을 시정하는 데에는 큰 도움이 될 수 있을 것이다. 대부분 어렵지 않은 글들이지만 제9장 '공자, 그는 과연 누구인가?'는 공자의 정체성 문제를 다루고 있기 때문에 어쩌면 좀 까다로운 안목을 필요로 할지도 모르겠다. 어떤 사람에게는 쉬운 글이지만 어떤 사람에게는 쉽지 않은 글일 수도 있다는 뜻이다. 또 공자와 예수를 하나의 시야에서 담아내고 있는 두 개의 글은 별로 흔치 않은 글이다. 의도적으로 흔치 않은 시도를 한 것이었는데 그것은 공자를 새로운 시각에서 바라보기 위한 것이기도 하고 새롭게 바라본 결과이기도 하다.

제Ⅱ편 「공자의 3대 관점」은 공자의 사유에 접근한 글로서 역대의 어느 누구에 의해서도 제시되지 않았던 것이다. 이 3대 관점을 찾아 낼 수 있었던 것을 나는 이번 책 출간의 가장 큰 보람이자 성과로 생각한다. 그것은 무엇보다 주자의 그릇된 해석을 바로잡을 수 있었던 데에서 직접 도출된 결과였다. 공자 특유의 관점이 반영된 최고 수준의 단편들은 그동안 주자의 그릇된 해석에 고스란히 가려져 왔다. 뒤집어 말하면 주자는 유독 공자 특유의 관점이 반영된 최고 수준의 단편에 걸쳐 줄줄이 해석을 그르쳤던 것이다. 공자의 관점을 발견할 수 없었기 때문에 해석을 그르쳤고 해석을 그르쳤기 때문에 그의 관점을 발견할 수 없었다는 저 2500년에 걸친 악순환의 구조! 기나긴 불행은 그렇게 시작되었다.

제Ⅲ편 「논어 깊이 읽기」는 논어가 다루고 있는 중요한 주제들을 탐색해 본 글들이다. 이곳의 주제들은 그때그때의 계기에 따라 발췌되고 다루어진 것일 뿐, 논어 전체에 대해 대표성이 있는 것은 아니다. 외형상 『논어의 발견』 제Ⅲ편 사상론과 유사하지만 거기서 채택된 주제들은 논어 전체에 대해 대표성이 있었다. 또 다루는 손길도 아무래도 텍스트에 충실하려는 측면이 있었다. 그러나 이번의 글은 주제를 다루는 방식이나 태도에 있어서 텍스트의 핵심에 파고들면서도 동시에 텍스트로부터 벗어나려는 의지를 담고 있다. 말할 나위도 없이 그것은 논어 공부의 궁극이 논어가 아니라 우리가 처한 오늘의 현실이 되어야 하기 때문이다.

제Ⅳ편 「논어의 무덤 – 『논어집주』」는 논어 단편에 대한 해석문제를 다룬 글들이다. 전체적으로 적지 않은 분량이지만 그래도 잘못된 해석의 문제를 모두 세밀하게 다루기에는 아무래도 부족한 지면이었다. 논어 단편에 대한 바른 해석의 문제는 결국 『새번역 논어』에 제시된 개별 단편의 해석과 『논어의 발견』의 Ⅰ.제자론이나 Ⅱ.사상론 그리고 Ⅲ.논어읽기의 문제들 그리고 이곳에 수록된 네 편의 글을 모두 읽을 때에만 그 전모가 드러날 수 있을 것이다.

나는 16년 전 개별 단편의 차원에서 단지 개별적으로 취급했던 해석상 문제점을 이번에 역사적 관점에서 종합하였다. 공자의 진의가 살아나야 한다는 것이 예나 지금이나 일관된 목적이었다. 주자의 턱없는 해석은 이제 수사학朱泗學의 영역에서 확실히 종지부를 찍어야 한다. 왜냐하면 집주가 건재하여 유통되는 한 공자는 저 2500년의 혼곤한 잠을 지속할 수밖에 없기 때문이다. 공자와 주자는 더 이상 공존할 수 없다. 주자를 살리기 위하여 공자가 계속 죽어 있을 수 없다면 우리의 남은 선택은 분명하다.

"나의 논어 해석에 대한 나의 입장"은 논어 개별 단편에 관한 나의 해석적 입장이 가지는 미세한 차이들을 보다 분명히 밝혀 두려는 차원에서 쓴 것이다. 논어가 새 밀레니엄을 관통하여 어떤 역할을 할지는 아직 아무도 속단할 수 없는 일이다. 그러나 언젠가 논어가 새로운 역할을 할 때가 온다면 그때 누군가에게는 나의 해석적 입장이 좀 더 세밀하게 문제가 될 때가 오지 않을까 한다. 그때의 대답을 미리 쓴 것이라 보면 될 것이다.

제Ⅴ편 「수사朱泗의 본류를 찾아서」에는 공자를 좀 더 긴 역사 앞에 세워 놓고 그 모습을 추적해 본 글들이 많다. 이러한 접근은 공자가 남긴 단편들에 대한 공감과 이해를 능가하는 것일 수는 없지만 그런 노력들과 병행하여 이루어질 필요는 크다고 본다. 특히 공자가 왜 노나라를 떠나 이 나라 저 나라를 전전하게 되었는지에 대한 나의 새로운 추정은 이번 기회에 한 번쯤 사계의 판단을 받아 보고 싶다.

마지막에 추록된 「『논어』와 나」는 한 공부 모임에서 했던 발언을 정리하고 보완한 것이다. 종종 나와 논어와의 특이한 인연에 대해 질문을 받았던 탓에 나온 이야기지만 혹 어떤 독자에게는 필요한 이야기일 수도 있으리라 생각하여 덧붙였다. 저자의 논어에 대한 생각이나 저자 개인에 대해 궁금증을 가진 독자라면 다른 글을 읽기 전에 먼저 읽어 보는 것도 한 방법이 될 수 있을 것이다.

이번 책을 내는 목적은 분명하다. 나는 논어에 관한 한 이제 주자의 『논어집주論語集注』 800년의 역사는 단호히 종막을 고해야 한다고 믿는다. 그리고 모든 논어는 다시 번역되고 쓰이지 않으면 안 된다. 결코 나를 위해 하는 얘기가 아니라는 점을 이해해 주기 바란다. 2500년 동안 잠들어 있던 공자의 진짜 육성을 듣고, 그 의외의 육성이 답이 없는 오늘의 암담한 현실에 대하여 어떤 역할을 할 수 있을지 타진해 보기 위해서도 그것은 불가피한 절차라고 생각한다.

논어와 공자에 관한 한, 그 어떤 발언과 주장도 궁극적으로는 논어와 공자를 가로막는 역할을 한다는 기본적인 인식을 가지고 있다. 징검다리가 곧 개울 저편일 수는 없기 때문이다. 따라서 무슨 말을 하든 부끄러움이 없다면 말이 안 된다. 그 부끄러움을 조금이라도 더 접어 가며 더벅더벅 남은 생애를 걸어가고 싶다.

2015. 9.
이수태

차례

Ⅱ. 공자의 3대 관점

Ⅲ. 논어 깊이 읽기

IV. 논어의 무덤 -『논어집주論語集注』

V. 수사洙泗의 본류를 찾아서

I

젊은 공자

1 젊은 공자

나의 책 『새번역 논어』와 『논어의 발견』이 처음 나온 것은 1999년이었다. 그 해 가을, 책을 펴내기 위해 편집과 디자인 등 모든 준비가 완료되고 마지막 남은 문제가 표지였다. 출판사에서 제시한 표지 디자인은 내가 보기에도 멋지고 수준급이었다. 그러나 표지 한가운데에 위치한 공자의 얼굴이 마음에 들지 않았다. 나는 수염투성이에다 귀신처럼 주름진 공자의 얼굴이 막무가내로 싫었다.

표지 작업을 보류시키고 나는 수염이 거의 나지 않은 젊은 공자의 얼굴을 열심히 찾아다녔다. 국립도서관, 국회도서관 등 있을 만한 곳의 이런저런 자료를 다 뒤지고 다녔지만 '젊은 공자'는 어디에서도 발견할 수 없었다. '공자행적도'에 한두 컷이 나오기는 했어도 그 얼굴은 너무나도 조그마한데다 붓 자국 몇 개로 대충 그려져 있어서 도저히 공자의 얼굴이라고 내놓을 수가 없었다.

결국 나는 젊은 공자를 포기할 수밖에 없었다. 그 대신 목탁木鐸이라는 춘추시대의 기물을 표지 한가운데에 배치하기로 출판사와 합의를 하였다. 목탁은 논어 제3 팔일편 24장에 나오는 것으로 옛날 관헌들이 새 정령을 반포할 때 주의를 환기시키기 위해 울리고 다녔던 요령 같은 물건이었다. 당시에 이미 목탁은 시대를 일깨우는 선각자를 상징하고 있었기 때문에 의미는

충분했다. "하늘은 장차 우리 선생님을 목탁으로 삼으실 것입니다"天將以夫
子爲木鐸 하는 어느 제자의 결연한 목소리를 생각하면 나름대로 멋진 선택이
기도 했다.

　그러나 저간의 사정을 잘 모르는 독자들에게 강렬한 메시지를 전달하기
에는 아무래도 젊은 공자의 얼굴에 비할 바는 되지 못했다. 그러면 나는 왜
늙은 공자의 얼굴을 그토록 기피하였던가? 늙은 얼굴 자체가 싫어서는 아
니었다. 나는 공자의 모든 정신적 성취가 단지 70대 노인의 것으로 간주되
는 작금의 현실을 내 나름대로 매우 심각하게 생각하고 있었던 것이다. 많
은 젊은이들은 '공자' 하면 바로 이런 전제를 깔지 않을까?

　"공자? 위대한 인물이지. 그러나 그는 70대 노인이었어. 파란만장한 삶의 편력
　을 다 거친 백전노장이었지. 나는 이제 겨우 스무 살이야. 열심히 노력한다면 언
　젠가 나도 그 나이가 되었을 때 비슷하게 될 수 있을지 몰라. 그러나 아직은 아
　니야. 그가 구현한 세계는 나에게는 까마득한 세월 후에나 해당되는 세계지."

　논어를 읽는 대부분의 청년들은 무의식 속에서 스스로에게 이렇게 얘기하
면서 그들의 의무를 회피하고 있지 않을까? 나는 적어도 나의 논어를 읽는 청
년들에게만큼은 그들이 나이의 방패 뒤에 숨지 못하도록 하고 싶었다. 얼굴 그
림 하나로 그런 여건을 조성하기는 어렵겠지만 최소한 그런 문제의식만이라도
갖게 하고 싶었다. 사실 논어에 담긴 대부분의 지혜와 안목은 결코 70대 노인
만의 것은 아니었다. 실제가 그랬다. 그의 정신이 모습을 갖추고 역사에 출현
한 것이 몇 살 무렵이었는지를 말해 주는 자료는 많지 않다. 그러나 그런 증거
가 구태여 많아야 할 필요는 없다고 생각한다. 공자 자신이 그 문제에 대해서
너무나도 명백히 밝히고 있기 때문이다.

"나는 열다섯이 되어 배움에 뜻을 두었고 서른이 되어 정립되었으며 마흔이 되어서는 현혹되지 않았다."

吾十有五而志于學,三十而立,四十而不惑,五十而知天命,六十而耳順,七十而從心所欲,不踰矩. 2/4

그는 분명히 열다섯 살 때에 배움에 뜻을 두었고 서른 살 때에 섰다고 하지 않았는가? 나는 논어에 담긴 그의 대부분의 관점이 그의 나이 서른 살 무렵에 이미 형성되어 있었을 것으로 믿는다. 제자들과의 대화 도중에 간간이 내비치는 자신의 성장기의 모습은 지금도 우리를 감동케 하고 있기 때문이다.

"나는 일찍이 종일토록 먹지 않고 밤새도록 자지 않으면서 생각해 보기도 하였으나 무익했고 배우는 것만 못하였다."

吾嘗終日不食,終夜不寢,以思,無益.不如學也. 15/31

그가 말한 일찍이嘗가 언제였을까? 나는 그 시기가 대개 그의 10대 후반 또는 20대였을 것이라 생각한다. 그렇지 않고는 어떻게 그가 스스로 서른에 섰다立고 당당히 말할 수 있었겠는가? 단지 인간과 이 세상의 숨겨진 면모를 알아보겠다는 한 가지 생각으로 하루 종일 먹지도 않고 자지도 않았다는 이 진술을 오늘날의 우리들, 특히 젊은이들은 어떻게 이해하고 받아들여야 할까? 이 문제를 조금이라도 진지하게 생각하고 접근해 본 사람이라면 '나는 이제 갓 스물이니까, 공자야 산전수전 다 겪은 노인이니까' 하고 자신과 공자 사이에 비겁한 시간의 담을 쌓지는 못할 것이다. 내가 젊은 공자의 얼굴을 찾아 헤맨 것은 바로 그런 담쌓기에 조금이라도 자극을 주고 이 땅의 젊은 논어 독자들이 그런 안이한 자세로부터 벗어나는 데에 계기를 주기 위한 것이었다.

공자는 젊은 나이에 자신을 구현하였고 또 젊은이들을 상대로 가르쳤다. 정확한 것은 알 수 없지만 공자학단에 입문하는 젊은이들의 연령은 대개 15~17세 정도로 요즘으로 치면 중학교 졸업반 내지 고등학교 1, 2학년 정도가 아니었을까 한다. 그것은 공자의 가르침이 그 연령대에서부터 필요하고 또 적용이 된다는 뜻이기도 하다. 심지어 공자는 남들이 너무 어려 상대조차 하려하지 않는 아이도 만나 필요한 가르침을 베풀었던 것이다.

그렇다면 "나는 이제 겨우 스무 살인데……" 하고 말하는 오늘날의 젊은이들은 각성할 필요가 있다. 왜냐하면 그 스무 살은 공자 자신과 대비를 하든 아니면 공자가 가르쳤던 당시의 젊은이들과 대비하든 오히려 너무 늦은 나이인지도 모르기 때문이다.

과연 두려워할 일이 아닌가? 공자가 자신의 열다섯 살 때의 일이라고 분명히 증언한 "배움에 뜻을 두는 일"志于學이 스무 살의 나에게는 어떻게 되어 있는가? 무언가를 생각하기 위해 종일 아무것도 먹지도 않고 밤새 자지도 않고 지새워 본 적이 한 번이라도 있었던가? 나의 스무 살이 이미 너무 늦어 버렸는지도 모른다는 사실, 삶의 진실은 이미 나를 비껴가고 있는지도 모른다는 사실이 두렵지 않은가?

그의 가르침이 본질적으로 노성한 것이어서 노년이 되기 전에는 터득하기 어려운 것이라는 견해는 논어의 어느 곳에서도 보이지 않는다. 오히려 반대로 나이 마흔이나 오십을 넘어서면 본질적인 영역에서 무언가를 이루어 낸다는 것은 오히려 어렵지 않겠느냐는 암시를 하고 있는 것은 눈에 띈다.

"후진들을 두려워할 만하다. 어떻게 새로 등장할 자들이 지금만 못하리라고 단정할 수 있겠는가? 그러나 사십, 오십이 되어도 세상에 알려지지 않는다면 그 또한 두려워할 바가 못 된다."

子曰 : 後生可畏.焉知來者之不如今也?四十五十而無聞焉,斯亦不足畏也已. 9/22

공자가 70살이 넘도록 산 것은 살다 보니 그렇게 된 것일 뿐이다. 오래 살아 자신을 좀 더 성숙시켰을 수는 있었겠지만 그가 자신을 우리가 아는 공자라는 역사적 인물로 구현한 것은 70의 연령과는 아무런 관계가 없다고 해도 과언이 아니다.

젊은 공자의 얼굴을 구할 수 없어 할 수 없이 대체했던 목탁은 2009년 출판사가 재판을 찍을 때 무엇 때문인지 슬그머니 늙은 공자로 다시 바뀌고 말았다. 저자와 한 마디 상의도 없이 찍은 재판이라 표지는 고사하고 몇 군데 고쳐야 할 기초적 오류마저 고치지 못한 재판이었다. 그래서 그런지 그 재판에서는 지금까지도 도무지 나의 책 같은 느낌을 받지 못하고 있다.

인터넷 언론인 〈가톨릭 뉴스 지금여기〉로부터 논어 관련 글을 연재하자는 의뢰를 받고 첫 번째 글을 보냈다. 컴퓨터 앞에 앉아 기대를 가지고 화면을 여는 순간, 나는 또 다시 노성하신 공자님이 뻐드렁니를 드러낸 채 웃고 있는 모습과 마주쳐야 했다. 신문사가 시각 효과를 위해 그림 하나를 넣는다는 것이 또 다시 저 늙은 공자상을 고른 것이었다. 공자님! 참 집요하게도 따라다니십니다. 기왕 따라다니시려면 그 옛날 당신이 인간과 세상의 진실을 찾아 헤매던 그 젊은 날의 매끈한 피부와 형형한 눈빛으로 나타나실 수는 없었던가요? 그리하여 저 같은 사람에게 "너는 무엇을 하느라 네 일생을 허비하였느냐? 머리는 왜 그리 희었으며 지금 그 늦은 나이에 아직도 무엇을 찾겠다고 서성거리고 있느냐?" 하고 저를 한없이 부끄럽게 해주실 수는 없었던가요?

2 낯선 방문자들

어느 날 두어 명의 낯선 사람들이 공자를 찾아왔다. 공자와 그 일행이 노나라를 떠나 이방을 전전하고 있던 때였다. 공자 일행은 당시 위나라를 지나고 있었던 것 같다. 공자의 숙소를 직접 찾아온 그들. 중심인물로 보이는 사람은 의봉인儀封人이라고 스스로를 밝혔다. 의儀는 위나라의 한 변방이고 봉인封人은 그 지역을 다스리던 총괄 책임자의 직명이었다.[1]

그들은 방에 들어가 공자와 모종의 이야기를 나누었다. 물론 무슨 이야기였는지는 기록되어 있지 않다. 당시 중원의 정세나 부도덕한 위정자들의 행태가 주된 화제였을 수도 있고 그런 세상을 바로잡기 위한 묘책을 상의했을 수도 있다. 다만 공자와의 대화가 어느 정도 마무리되어 갈 무렵 그들은 그날의 대화에서 받은 실망을 노골적으로 피력하였다.

"군자가 이 정도라면 우리가 일찍이 만나보지 못한 바도 아니오."[2]

---

1) 주자에게서 비롯된 일반적인 오해처럼 봉인(封人)이 국경 수비를 담당하는 하급관리는 아니었던 것으로 보인다. 『좌전』에 등장하는 수명의 봉인들은 대부분 나라 정치의 중요 사건에 관련되어 있고 봉인으로 있다가 경(卿)이 된 경우도 두 차례나 눈에 띄기 때문이다. 대개 그들은 그 지역을 총괄적으로 다스리던, 독립성이 높은 지방 토호들로서 다만 국토의 방어나 제례 등에 관하여 나라의 군주와 일정한 맹약 관계에 있었던 자들로 추정된다.(封疆守護,築壇設祭,祭物進上)

2) 君子之至於斯也를 전통 수사학이 "군자가 이곳에 오면"이라는 조건절처럼 해석한 것은 이 단편에 관한 한 참사에 가까운 일이었다. 그런 뜻이었다면 1/10에 나오는 夫子至於是邦也와 같은 표현을 쓰는 것이 옳다. 명사구(名詞句)를 만들었다는 것은 뒤에 나오는 見의 목적어로 삼기 위한

君子之至於斯也,吾未嘗不得見也. 3/24

표면적인 예의는 간신히 갖추고 있었지만 내용상으로 보면 너무나도 무례한 말이었다. "소문을 듣고 찾아왔더니 솔직히 실망했소. 그 정도 군자라면 우리가 숱하게 보아왔소" 하는 뜻이었으니 말이다. 그들은 왜 실망하였을까? 도대체 그들은 공자라는 사람을 만나러 올 때 어떤 기대를 가지고 왔을까? 그들의 눈에 공자는 어떤 사람으로 보였을까? 이런 물음에 답할 수 있는 아주 작은 단서도 이 단편은 남기지 않고 있다.

한 종자가 이 희대의 만남을 지켜보고 있었다從者見之. 물론 그는 이 대화에 끼어들 수 없었다. 대화를 지켜보던 이 종자의 가슴은 말할 수 없는 참담함과 소리 없는 외침으로 요동치고 있었을 것이다. 이윽고 방문자들은 방을 나왔다. 종자도 따라 나왔다. 그리고 스승이 없는 자리에서 종자는 그 방문자들에게 이렇게 말하였다曰.

"여러분!"
二三子!

이 호칭에 주목할 필요가 있다. 사실 이 호칭은 부르지 않아도 될 호칭이었다. 주변에 다른 사람들이 있는 것도 아니고 부르지 않으면 의사 전달이 안 될 특별한 사정이 있는 것도 아니었다.

것이었다. 이 구절은 반드시 7/15의 不圖爲樂之至於斯也의 예에 좇아 해석하여야 한다. 이런 해석상 잘못은 앞에 나오는 請見을 면회의 신청으로만 보았기 때문인데 請見이 자청한 면회일 수도 있다는 사실을 고려하지 못한 탓으로 보인다. 이에 따라 이 단편에 대한 전통적 해석은 의봉인이 잠시 공자를 뵙고 나와 제자들에게 공자가 위대한 성현이 될 것임을 예언했다는, 있을 수 없는 해프닝으로 추락하고 말았다.

무릇 대화에서 상대방을 다시 한 번 호칭으로 상기시키는 것은 그 뒤에 이어지는 이야기가 결코 예사로운 이야기가 아니라는 것을 주지시키기 위한 것이다. 마치 국가 지도자가 담화문에서 "친애하는 국민 여러분!" 하는 것과 같다. 바야흐로 결의에 찬 중대한 이야기를 하겠다는 것이다. 종자는 방 안에 앉아 대화를 지켜보고 있을 때 흉중에 소용돌이치던 그 말을 바야흐로 그들에게 선포하고자 했던 것이다.

"여러분, 어찌 선생님의 초라한 신세에 낙담하십니까? 천하가 무도해진 지 오래 되었으니 하늘은 장차 우리 선생님을 목탁으로 삼으실 것입니다."
何患於喪乎? 天下之無道也久矣, 天將以夫子爲木鐸! 3/24

목탁은 많은 사람들이 모인 장소에서 관헌이 정령의 반포를 알릴 때 주목을 끌기 위해 흔들던 종 모양의 요령이었다. 당시에 이미 목탁은 시대에 경종을 울리는 선각자를 상징하고 있었던 것 같다. 종자는 스승을 시대의 목탁으로 선언하였다. 그리고 아마 이런 감회에 휩싸였을 것이다.

"당신들은 모를 거요. 그러나 기억해 두시오. 우리 선생님은 당신들이 쉽게 알아볼 수 있는 그런 위인이 아니오. 그러니 당신들이 실망하는 것도 이해할 수 없는 바는 아니오. 그러나 두고 보세요. 우리 선생님은 머지않아 시대의 사명을 띠고 목탁으로 떠오르실 것입니다. 그 감격의 날에 당황하지 않도록 하세요. 오늘은 제 말을 기억만 해두세요. 머지않은 언젠가 제가 한 오늘의 예언을 감격 속에서 상기할 날이 올 것입니다."

그들은 떠났고 종자는 자신이 했던 말의 여운에 잠긴 채 멀어져 가는 그들의 뒷모습을 오래 바라보았을 것이다. 세월이 흘렀고 종자는 그날을 잊을 수 없었다. 어느덧 스승도 돌아가시고 이제 그 옛날의 스승보다 더 늙은 종자는 후배들과 함께 스승의 말씀을 소실시키지 않고 모으는 작업을 하며 옛 기억을 죽간에 옮겼다. 그는 그 이야기에서 자신을 밝히지 않았다. 그냥 종자라고만 적었다.

나는 그 종자가 공자의 사랑스런 제자 자공子貢이었을 것이라는 데에 깊은 확신을 가진다. 그가 아니고 누가 공자를 시대의 목탁이라고 고백할 수 있었겠는가? 또 그가 아니고 누가 그날의 일화를 후세에 전했겠는가?

또 그날의 방문자들, 의봉인과 그 일행들은 어떤 사람들이었을까? 단정하기는 어렵지만 큰 틀에서 보았을 때 그들은 역시 광간지사狂簡之士들이었을 것이다. 광간지사에 대해서는 언젠가 다른 글에서 깊숙이 논의할 기회가 있을 것이다. 다만 오늘은 그들이 '뜻 있는 사람志士들'이었다는 것만 말해 두기로 하자. 어쨌든 그날의 종자가 자공이었고 방문자들이 광간지사들이었을 것이라는 이 검증 불가능한 짐작은 팔일편 24장을 논어 전체가 펼치는 거대한 조망 속에 배치시킬 때 신기루처럼 우리 의식의 지평에 떠오른다. 논어만이 가진 특이한 이경석경以經釋經의 환경이 그것을 만들어 내는 것이다.

이상이 팔일편 24장의 낯선 방문자들을 둘러싼 짧은 기록이자 해석이다. 긴 세월 동안 터무니없는 해석에 묻혀 왔던 한 단편의 실제 모습은 이렇게 쓸쓸하고 황량하다. 중요한 것은 몇몇 자구를 둘러싼 해석적 견해가 아니다. 그보다 더 결정적인 문제는 그러한 예언자적 선언을 어느 낯선 방문자가 할 수 있었다고 믿어 온 유학의 매너리즘이다.

방문자들이 당시 중원의 타락한 현실을 개탄하고 있던 지사志士들이 분명하다 하더라도 그 정도의 지사라면 공자를 알아볼 수도 있었으리라고 여

긴 것은 해석자들의 안이함 탓이었다. 오랜 기간에 걸쳐 공자를 겪어 본 사람도 아닌데 초면에 그런 신앙고백에 가까운 이야기를 했다는 것이 과연 가능한 일이었겠는가? 그런 것은 평생을 같이 지내 온 제자들 중에서도 극소수를 제외하고는 불가능한 일이었다. 심지어 공자는 자공 앞에서도 "아무도 나를 알지 못하는구나!"莫我知也夫. 14/37 하고 쓸쓸히 말했던 것이다. 공자가 한 차례의 면담으로 그렇게 단번에 파악될 수 있는 사람이었다면 그는 결코 공자가 되지 못했을 것이다.

이 단편을 제대로 이해하고 나면 우리는 저 유명한 학이편 1장의 익숙한 구절에서 새로운 사실 하나를 발견하게 된다. 즉 "벗이 있어 멀리서 찾아오니 또한 즐겁지 아니한가?"有朋自遠方來,不亦樂乎라는 구절과 "남들이 알아주지 않아도 섭섭해하지 않으니 또한 군자답지 않은가?"人不知而不慍,不亦君子乎라는 구절이 공연히 병치되어 있는 것이 아니라는 사실이다.

공자에 대해 소문을 듣고 찾아오는 사람들이 있었고 공자는 그 사실을 즐거움으로 받아들였다. 그러나 그들은 공자를 알아보지 못하고 실망한 채 돌아가야 했다. 그것은 공자에게 있어서 쓸쓸하지만 숙명처럼 받아들여야 할 일이었다. 다시 말해서 두 구절은 기대를 가지고 찾아오는 '내방'과 그것이 실망으로 끝나는 '人不知'의 연쇄로 이루어졌으며 그 구체적 사례가 바로 팔일편 24장이었을 가능성은 매우 높은 것이다.

공자는 당대에 늘 이런 몰이해에 둘러싸여 있었다. 그는 "나를 아는 자는 저 하늘이구나!"知我者其天乎. 14/37 하고 쓸쓸히 말하였다. 그것이 당대에 그가 처해 있었던 한결같은 운명이었다. 오늘날에 이르러 그는 인류의 4대 성인 중 한 사람으로 일컬어지고 있고 동서양에 걸쳐 모르는 사람이 없을 정도가 되었다.

그렇다면 이제 그 옛날의 몰이해는 해소되고 극복된 셈인가? 안타깝게도 저 무수한 인정과 칭송과 경배의 벽에 둘러싸인 채 그는 여전히 고독하게 읊조리고 있는 것 같다.

"아무도 나를 알지 못하는구나!"

莫我知也夫. 14/37

3 사마천과 공자

사마천은 B.C. 145년 무렵 한漢나라에서 태어났다. 그 시점은 한나라가 건국되던 해인 B.C. 206년 이후 61년째 되던 해였다. 말하자면 새 왕조가 유교 정신을 기반으로 비교적 안정적인 제국을 만들어 가던 시기였던 것이다. 사마천은 알다시피 궁형의 치욕을 무릅써 가며 저 방대한 역사기술을 완수한 사람이다. 그가 그 엄청난 작업에 착수한 목적은 단지 역사를 기록하는 것뿐이었을까? 역사를 기록하면서 그는 무슨 생각을 하였을까? 역사를 통하여 그가 추구한 것은 무엇이었을까? 그 많은 『사기』의 기록 가운데에 그의 그런 생각이 남아 있는 기록은 찾기 어렵다. 그런데 희귀하게도 그는 열전列傳의 첫 번째 기록인 「백이열전」을 쓰는 가운데 그런 생각을 남겼다.

누군가가 말하기를 "하늘의 도天道는 사私가 없으니 언제나 선한 사람의 편이 된다"天道無親,常與善人 하였다. 그렇다면 백이와 숙제는 가히 선한 사람이라 해야 하나 아니라 해야 하나? 어짊을 쌓고 품행을 고결히 하였지만 이처럼 굶어 죽고 말았으니 말이다. 또 공자는 70명의 제자들 중에서 오직 안연顔淵만이 배우기를 좋아한다 하였는데 안연은 자주 양식이 떨어져 지게미와 쌀겨로 연명하다가 결국 굶어 죽고 말았다. 하늘이 선한 사람에게 베풀어 준 것이 정녕 무엇이란 말인가? 도척盜跖은 매일 같이 무고한 사람을 죽이고 사람의 간으로 회를 쳐 먹는 등 포악하고 잔인한 짓을 하며 수천 명의 도당을 모아 천하를 휘젓고 다녔지만 끝내 천수를 누리고 살았다. 그것은 무슨 덕으로 그렇게 되었는가? 크게 드러나 명백한 것들만으로도 이러하다. 근세에 이르면 방자하게 행동하며 하지 말아야 할 일들을 멋대로 저지르면서도 종신토록 안락하게 살 뿐 아니라 부귀가 대를 잇는 자가 있는가 하면 발걸음 하나도 가려 밟고 때가 되어서야 말을 하고 행동은 첩경을 찾지 않고 공명정대하지 않으면 나서지 않는 자도 화를 입고 재난을 당하는 자가 헤아릴 수 없이 많다. 나는 심히 의혹하노니 이른바 천도란 옳은 것인가 그른 것인가?余甚惑焉,儻所謂天道,是邪非邪.

사마천의 이 통절한 물음은 그가 『사기』를 쓰는 내내 안고 있었던 것으로 보인다. 어쩌면 모든 역사가들은 이 물음에 봉착하는 것 같다. 과연 사마천은 이 물음에 대한 답을 찾았을까? 아쉽게도 그러지 못했던 것으로 보인다. 그 때문에 사마천의 『사기』, 특히 주관적인 입장을 많이 반영할 수밖에 없었던 열전에서 역사는 어딘가 모르게 운명과 씨름하고 결국 그 운명의 수레바퀴에 깔려 쓰러질 수밖에 없었던 영웅적 인간들의 비극적 파노라마였다는 느낌을 준다. 인간의 의지랄까 집념에 각별한 비중을 두고 있는 사마천의 역사는 그 때문에 늘 미완의 '인간극'으로 인상지어진다. 「백이열전」에서 제기했던 그의 통렬한 질문은 결국 응답되지 못한 영원한 질문으로 남게 된 것이다.

그런 그가 그 어떤 인물보다 깊은 관심을 기울였던 인물이 바로 공자였다. 그것을 눈여겨볼 필요가 있다. 그는 『사기』에서 수백수천의 인물을 다루고 언급했지만 공자에 대한 관심을 능가하는 관심의 대상은 없었다. 그는 논어를 읽었고 논어를 통해 공자라는 인물이 중국 역사상 유례를 찾기 어려울 만큼 경이로운 인물임을 지식인의 남다른 예지로 간파했던 것 같다. 그는 공자에 관한 사료를 하나라도 더 건지기 위해 옛 노나라 땅을 직접 찾아

가서 공자의 무덤과 묘당을 둘러보고 수레, 의복, 예기 등 남은 유물을 꼼꼼히 관찰하였다. 그리고 비상한 관심으로 자료와 전승을 수집하였다. 그리고 『사기』 세가에 예외적으로 「공자세가」를 편성하였다. 그는 열전에 「공자열전」을 편성할 수도 있었다. 그러나 사마천이 보기에는 공자는 열전의 대상 이상이 되기에는 그 이상의 존재였다.

그럼에도 불구하고 사마천은 공자를 철저하게 이해한 것 같지는 않다. 사마천이 이해하기에는 공자는 너무 높았고 너무 멀리 있었기 때문이다. 이 현상은 매우 특이했지만 보편적인 현상이었던 것 같다. 이를테면 사마천 이전에 맹자도 있었고 그 이후에 주자도 있었다. 이들도 엄밀하게 볼 때 공자를 깊이 있게 이해했다고 보기는 어려운 사람들이었다. 그런데도 그들은 하나같이 공자가 인류에 다시없는 성인임을 인정하고 공언하였다. 다 모르면서도 예지豫知케 하는 독특한 요소가 공자에게는 있었던 것 같다.

공자는 약 4세기 후에 자신에 대해 집요한 관심을 가진 한 사가가 출현할 것을 미리 알고 있기라도 했던 것일까? 그는 독백처럼 어느 날 다음과 같은 말을 제자들 앞에서 하였다.

"나는 오히려 사관이 기록하지 못한 것에 이르렀다."[3]

子曰 : 吾猶及史之闕文也. 15/26

공자는 사관의 역할과 기능을 정확히 파악하고 있었던 것 같다. 어쩌면 자신도 하은주夏殷周 3대에 걸쳐 내려온 숱한 역사 기록과 선현들의 언행을 진지하게 탐구하였을 것이고 그 점에서 이 수많은 기록을 전해 준 선대 사

---

3) 전통적으로 이 단편에 대해서는 "나는 사관이 자신이 잘 모르는 부분에 대해서는 비워두는 것을 볼 수 있었다"는 애매한 해석이 이어져 왔다.

관들로부터 많은 신세를 졌을 것이다. 아마 그가 특별한 지식인으로 커온 과정에서 사관은 그에게 가장 가까운 전문가들이자 벗들이었는지도 모른다. 그런 특별한 관계에 있었기 때문에 공자는 더욱 사관이라는 존재가 가진 역할과 한계, 능과 불능, 밝힐 수 있었던 것과 밝힐 수 없었던 것을 잘 간파할 수 있지 않았을까?

공자는 바로 그들이 이를 수 없었던 저 한계 너머의 어떤 경지에 자신이 이르렀다고 밝히고 있는 것 같다. 사마천은 직업적 사가로서 또 한나라의 태사공太史公으로서 논어에 겨우 두 번밖에 등장하지 않는 저 '史'자 앞에서 남다른 촉각을 곤두세우지 않았을까? 그도 분명히 논어 위령공편에 기록된 공자의 이 짧은 고백을 보았을 것이다. 보고도 그는 당시의 유학자들처럼 이 구절을 "사관이 분명치 못한 글자를 추정하지 않고 비워 두는" 학문적 정직성 정도로만 이해하고 넘어갔을까? 그랬을 공산이 크다. 만약 사마천이 이 궐문闕文을 자신이 「백이열전」에서 그토록 처절한 심정으로 찾았던 역사의 궁극, "사관이 기록하지 못한 것"으로 해석할 수 있었다면 어떤 일이 일어났을까? 그러나 기록은 아무런 단서도 남기지 않고 있다.

이제 공자가 이르렀다고 밝힌 저 궐문, 모든 사관이 애써 기록하고자 하였으나 기록하지 못하였던 문文 – 그것은 무엇이었을까? 사마천이 130권, 52만여 자로 써 내려가면서도 결국 기록할 수 없었던 저 역사의 궁극에는 무엇이 있었을까? 사마천도 우리도 그것을 알 수는 없다. 위령공편 26장에 기록된 공자의 고백에 따른다면 공자는 그에 이르렀던 것으로 보인다. 우리는 공자가 "나는 하나로써 모든 것을 꿰고 있단다"子一以貫之 15/3 하고 말하였던 것을 기억하고 있다. 추정컨대 그가 이르렀다고 한 것은 바로 그 하나였을 것이다. 그리고 그것은 사마천이 「백이열전」에서 던진 저 통절한 질문에 답할 수 있는 무엇이었음에 틀림없다.

당시 공자를 둘러싸고 있던 많은 사람들도 우리와 마찬가지였을 것이다. 공자는 "말을 가진 자가 사람을 찾아 타게 하려 하나 지금은 아무도 없구나"有馬者借人乘之,今亡矣夫! 15/26 하고 말했다. 다시 말해서 자신의 의견을 경청해서 펼쳐 줄 위정자가 없음을 한탄했던 것이다. 사마천은 공자를 알고 이해할 수는 없었지만 그를 누구보다 경외하고 존중했다. 「공자세가」의 말미에서 그는 공자에 대해 이렇게 말하고 있다.

> "『시경』에 '높은 산은 우러러보고 큰 길은 따라 간다'는 말이 있다. 내 비록 그 경지에 이르지는 못했을지라도 마음은 항상 그를 동경해 왔다. 나는 공자의 저술을 읽어 보고 그 사람됨이 얼마나 위대한가를 상상할 수 있었다. …… 역대로 천하에 군왕에서 현인에 이르기까지 많은 사람들이 있었지만 모두 생존 당시에는 영화로웠으나 일단 죽으면 그것으로 모든 것이 끝나고 말았다. 그러나 공자는 포의로 평생을 보냈지만 10여 세대를 지내왔어도 여전히 학자들이 그를 추앙한다. 천자, 왕후로부터 나라 안의 육예를 담론하는 모든 사람들에 이르기까지 다 공자의 말씀을 판단기준으로 삼고 있으니 그는 참으로 최고의 성인이라 말할 수 있겠다."4

사마천은 누구보다 솔직했다. "내 비록 그 경지에 이르지는 못했을지라도 마음은 항상 그를 동경해 왔다"雖不能至,然心鄕往之는 말은 사마천이 고백한 공자와의 관계를 정확히 그리고 있다. 그는 공자를 한없이 동경했지만 운명적으로 그의 경지에는 미칠 수 없었던 전형적인 지식인이자 사가였다.

---

4) 太史公曰：詩有之,高山仰止,景行行止.雖不能至,然心鄕往之.余讀孔氏書,想見其為人.適魯,觀仲尼廟堂車服禮器,諸生以時習禮其家,餘祇回留之不能去雲.天下君王至於賢人眾矣,當時則榮,沒則已焉.孔子布衣,傳十餘世,學者宗之.自天子王侯,中國言六藝者折中於夫子,可謂至聖矣! 『史記』「孔子世家」

4 공자와 소년

일전에 어느 공공도서관에서 주민들을 대상으로 하는 논어 강의를 의뢰받은 적이 있었다. 승락을 해놓고 준비를 하고 있는데 강의하는 날을 사나흘 앞두고 연락이 왔다. 강의대상이 일반주민이 아니라 초등학생들이라는 말이었다. 도서관 직원이 다른 도서관에서 근무하다 새로 전입을 와서 자기도 성인 대상인 줄 알았는데 확인해 보니 초등학생이었다며 걱정스런 어투로 강의가 가능하겠냐고 물었다. 다소 황당했지만 취소하기도 뭣해서 그냥 해보겠다 했다.

해당 날짜에 도서관에 가니 약 40여 명의 4~6학년 아이들과 학부모로 보이는 예닐곱 명이 기다리고 있었다. 나는 다소 혼선이 있어서 초등학생용 자료를 따로 준비하지 못했으니 양해해 달라고 하고 한문투성이의 성인용 피피티PPt를 올려놓고 강의를 했다. 다행히 번역문이 소개되어 있어서 강의에는 별 문제가 없었다. 약 30분 정도가 지났을까? 나는 강의가 잘 먹혀들고 있다는 것을 직감할 수 있었다. 논어에 대해 무언가를 가르치겠다는 생각을 아예 하지 않고 아이들로 하여금 논어와 공자에 대해 흥미만 갖도록 하겠다는 계획이 주효했던 것이다. 아니, 잘 먹혀드는 정도가 아니었다. 초롱초롱한 눈을 반짝이며 쳐다보는 아이들 앞에서 나는 그동안 어떤 강의에서도 느껴 본 적이 없었던 희열을 느꼈다. 아이들이 뭔가를 받아들이고 있다는 것이 너무나도 생생하게 전해 왔기 때문이다.

이후 나는 아이들을 가르친다는 것에 대해 조금은 달리 생각하게 되었다. 아이들을 가르친다는 것은 무엇보다 소중하고 의미 있고 보람되다는 생각을 하게 되었던 것이다. 지금은 만약 성인 강좌와 어린이 강좌가 겹친다면 나는 단연코 어린이 강좌를 선택하겠다고 생각할 정도다. 그 일이 있은 후에야 나는 논어에서 공자가 보여 준 소년들에 대한 태도를 한결 유심히 보게 되었다. 소년과 관련된 가장 대표적인 단편으로 술이편 31장이 있다.

> 호향互鄉에 사는 함께 말하기 어려운 아이를 만나시니 문인들이 의아스러워 하였다. 이에 선생님께서 말씀하셨다.
> "그의 나아감에 함께하는 것이지 그의 물러남에 함께하는 것이 아니다. 그렇다면 무엇이 심하다는 것이냐? 사람이 자신을 깨끗이 하여 나아가면 그 깨끗함에 함께해 주는 것이지 그의 모든 행적을 감싸 주는 것은 아니다."
> 互鄉難與言童子見,門人惑.子曰 : 與其進也,不與其退也.唯,何甚?人潔己以進,與其潔也,不保其往也. 7/31

'호향에 사는 함께 말하기 어려운 아이'互鄉難與言童子라는 말은 다양한 해석을 낳고 있다. 함께 말하기 어렵다難與言고 한 이유가 무얼까 하는 것이 핵심인데 나이가 너무 어리기 때문이라는 해석도 있고 나이 때문이 아니라 다른 이유가 있었을 것이라는 해석도 있다. 너무 어린 아이를 공자가 상대하니 통념상 제자들이 '심한 것 아니냐'고 생각했을 수도 있을 것이다. 그러나 공자의 답변 내용을 보면 이 아이의 언행 자체에 좀 문제가 있었을 가능성도 없지는 않다. 어쩌면 두 요인이 복합적으로 작용하고 있던 경우가 아닌가 하는 생각도 든다.

그러나 이유야 여하튼 공자는 이 어린 소년을 상대로 무언가 이야기를 나누고 조언을 했던 것 같다. 동자라고 했으니 그 아이의 나이가 몇 살 정도였을까? 나는 대략 열두어 살 정도가 아니었을까 추정한다. 어쨌든 공자는 그런 어린 소년이라도 자신을 깨끗이 하여 나아간다면 그에 함께하는 것은 전혀 문제가 될 것이 없다는 입장을 당당히 피력하고 있다. 공자는 무언가 그 소년에게서 가능성을 엿보았을 것이고 그 점을 도와주고 싶었을 것이다. 그런데 제자들은 나이 또는 모종의 문제점 때문에 그런 접촉을 심하다고 생각했을 것이다. 공자의 생각과 제자들의 생각은 어디에서 서로 달랐던 것일까? 예수에게 어린 아이를 데리고 왔다고 제자들이 꾸짖자 예수가 "어린아이들이 나에게 오는 것을 막지 말고 그대로 두어라. 하느님 나라는 이 어린이들과 같은 사람들의 것이다"루가 18 : 16 했다. 그때 예수와 제자들의 생각의 차이도 비슷한 연원을 가지고 있었을 것이다.

또 다른 단편 하나도 역시 소년과 관련되어 있다.

궐闕 마을의 아이가 말 심부름을 하고 있을 때 어떤 사람이 물었다.

"더 나아지려 하는 아이입니까?"

선생님께서 말씀하셨다.

"나는 그가 어른들의 자리에 앉아 있는 것을 보았고 연장자들과 나란히 걸어가는 것을 보았다. 더 나아지기를 구하는 아이가 아니라 빨리 이루어지기를 바라는 아이다."

闕黨童子將命.或問之日 : 益者與?子日 : 吾見其居於位也,見其與先生並行也.非求益者也,欲速成者也. 14/47

여기서는 결과만을 놓고 볼 때 소년에 대한 공자의 평가는 다소 부정적이다. 자기 발전을 위해 노력하는 아이라기보다는 어서 빨리 어른들의 세상에 끼어들어 한 몫을 해보려 하는 아이라는 평가다. 그러나 이런 부정적인 평가에서도 엿볼 수 있는 것은 그런 아이가 관심 밖이 아니라 공자의 예리한 관심 대상이었다는 사실이다. 이 점을 주의 깊게 볼 필요가 있다. 나이를 무슨 계급장처럼 생각해서 열 살 정도만 더 적어도 "새파랗다"는 표현을 써가며 마치 설익은 인간 취급을 하는 오늘날의 일부 속된 세태에 대해 분명히 교훈을 주는 바가 있다. 그러나 이 두 단편보다 소년에 대해 이루 말할 수 없이 고귀한 의의를 부여하는, 참으로 귀한 단편 하나가 있다. 다름 아닌 저 위정편 4장의 빛나는 진술이다.

"나는 열다섯에 배움에 뜻을 두었고 서른에 정립되었으며 마흔이 되어서는 현혹되지 않았다."

吾十有五而志于學,三十而立,四十而不惑. 2/4

열다섯 살! 이 나이에 주목하자. 공자는 자신의 살아 온 인생을 회고하는 자리에서 첫 의의를 부여하고 있는 나이가 열다섯 살이었다. 그는 그때 "배움에 뜻을 두었다"고 했다. 그가 되돌아보며 그때그때 의의를 부여한 삶의 여섯 단계 중에서 과연 어떤 단계에 가장 중요한 의의가 있었을까? 그것은 대답하기 어려울 것이다. 그러나 그가 배움에 뜻을 두었다고 한 이 열다섯의 나이는 생각하면 생각할수록 아름답고 기특하고 눈물겹다. 열다섯 살의 공자를 그려 보자. 그날 그 공공도서관의 강의실에서 호기심 어린 눈으로 바라보던 수많은 아이들의 모습과 크게 다르지 않을 것이라 생각한다. 그 아이들의 영혼 속에 어쩌면 이미 만만치 않은 씨앗이 떨어져 움트고 있지 않다고 누가 장담하겠는가? 공자가 따로 있겠는가? 그 씨앗이 움트고 자라 꽃 피우고 이윽고 열매를 맺으면 그가 곧 공자가 아니겠는가?

예나 지금이나 나이를 계산하는 방법은 같다. 공자가 말하는 열다섯 살은 오늘날로 치면 중학교 2학년이다. 그리고 중학교 2학년은 나에게도 모든 시간의 원점이었다. 중학교 2학년 때 나는 백일장에서 상으로 받은 『문장독본』이라는 책을 통하여 이상의 「권태」며 채만식의 「태평천하」의 문장에 접하였다. 정무심 선생의 『젊은날의 노오트』를 읽은 것도 중학교 2학년 때였다. 먼 곳에서 걸어오는 여학생의 교복 자태에 가슴 설레던 것도 중학교 2학년 때였다. 나는 그 열다섯 살의 일치에 아직도 묘한 환상을 가지고 있다. 어떤 소년들이 그렇지 않겠는가! 그러나 우리는 때때로 그 소년들을 잊고 있다. 그리고 우리 기성세대들이 그들의 순수한 영혼을 아무 생각 없이 오염시키고 있다는 사실마저 몰각하고 있다. 한마디로 무책임한 기성세대가 된 것이다.

달리 생각할 필요가 있다. 그래서 한 가지만 환기코자 한다. 바로 소년과 관련된 공자의 입장이다. 숱하게 인용했지만 그때마다 늘 새로운 감동으로 다가오는 공자의 소원은 공야장편 26장에 다음과 같이 나오고 있다. 거기에 바로 저 소년이 등장하고 있다는 것을 우리는 새삼스레 확인한다.

자로가 말하였다.

"선생님의 뜻을 듣기 원합니다."

선생님께서 말씀하셨다.

"나의 소원은 늙은이들은 그것을 누리고 벗들은 그것을 믿고 소년들은 그것을 품는 것이다."

子路曰 : 願聞子之志. 子曰 : 老者安之, 朋友信之, 少者懷之. 5/26

소자회지!少者懷之 공자의 필생의 소원 속에 바로 그들, 소년들이 있었던 것이다!

5 성인에의 꿈

오늘날 크는 아이들에게 장래의 희망이 무엇이냐고 물어보면 여러 가지가 나올 것이다. 선생님이 되고 싶다는 아이도 있겠고 소방관, 또는 대통령이 되고 싶다는 아이도 있을 것이다. 그런데 아마 어떤 조사에서도 결코 나오지 않을 희망이 있다면 그것은 "성인聖人이 되고 싶다"는 것이 아닐까 한다. 만약 정말로 그런 소원을 말하는 아이가 있다면 부모는 아이가 어디가 잘못된 것이 아닌지 병원에라도 데리고 가야 하는 것 아닌가 하고 걱정을 할 것이다. 꼭 아이들만이 아니라 청소년이나 청년에 이르러서도 그런 소원을 제시한다면 누가 그것을 당연한 것으로 받아들이거나 최소한 있을 수 있는 것으로 받아들이겠는가? 역시 정신적 상황에 무슨 문제가 생긴 것은 아닐까 하고 불안한 시선으로 바라보기가 십상일 것이다.

이렇게 지금은 사라지거나 비정상적인 것으로밖에 치부되지 않는 소원을 조선 중기의 율곡선생은 모든 배우는 사람이 당연히 지향해야 할 생애의 목표로 강조하였다. 그는 자신의 『격몽요결』에서 이렇게 말하고 있다.

> 처음 배우는 사람은 먼저 그 뜻을 세워야 하니 반드시 성인이 될 것을 스스로 기약하고 터럭만큼도 스스로를 작게 여겨 물러나 안이한 데에 몸을 맡길 생각을 말아야 한다.
>
> 初學先須立志, 必以聖人自期, 不可有一毫自小退託之念. 『擊蒙要訣』立志章

불과 몇 백 년 전만 하더라고 무조건적 타당성과 보편성을 가지고 주장되던 성인의 이상이 지금은 삶의 지평에서 거의 완전히 사라져 버린 것을 우리는 어떻게 평가해야 할까? 그저 세월이 달라지고 세상이 달라졌으니 그에 따라 인간의 희망도 달라진 것 아니냐고 얼버무리고 넘어가기에는 심상치 않은 문제가 있다.

세상은 바야흐로 기능인을 원하고 있다. 산업현장 같은 곳에서는 사람은 단지 '인적 자원'human resource일 뿐이다. 그래서 사람도 그에 맞추어 일정한 기능인으로 육성되고 스스로의 희망도 그에 맞추어 그려지고 있다. 앞서 말한 선생님도 소방관도 대통령도 그런 의미의 기능인에 불과하다.

인간이 이렇게 되어서야 되겠는가 하는 반성이 없었던 것은 아니다. 그런 반성이 가장 먼저 나온 곳은 역시 인간을 육성하는 교육 현장이었다. 이른바 전인교육에 대한 요구가 그것이었다. 사전적 정의에 의하면 전인교육은 "지정의知情意가 완전히 조화된 원만한 인격자를 기르는 것을 목적으로 하는 교육"이다. 공리주의나 경제발전에만 치중하여 인간생활의 일면에 지나지 않는 실용적 지식만을 강조하는 현대 교육에 반기를 든 것이 전인교육이었다. 물론 전인교육이 성인의 이상을 온전히 담고 있다고 하기는 어렵지만 인간의 전체적인 삶 속에서 보다 균형 잡힌 인간을 육성해야 한다는 이 이념에는 그런대로 볼트나 너트로 육성되고 있는 처참한 인간 현실에 대한 위기감이 있었고, 그것을 넘어 보려는 꿈이 있었다. 그러나 경제제일주의가 뿌리내린 이후 이젠 이 이념도 더 이상 목소리를 내지 못하고 있다.

이런 상황에서 400년도 더 전에 율곡 선생이 제시한 성인의 이상이 어떻게 오늘날의 현실에 끼어들어 나름대로의 입지를 가질 것인지 막막한 것은 사실이다. 그러나 그것이 현실적인 반향을 낳지 못하고 있는 것이 그것이 버려져야 할 이유는 아닐 것이다. 아무도 그것을 말하지도 않고 심지어 염두에 두지도 않고 있지만 성인의 이상은 인간의 이념 안에 살아있다. 어쩌면 이 불활성不活性의 이상이 숨죽이고 살아 있기에 아직 인간이라는 이념도 죽지 않고 버티고 있는 것이라고 할 수 있다.

인류 역사상 성인이라는 개념에 가장 가까운 사람은 공자일 것이다. 이른바 세계 4대성인으로 공자와 예수, 석가, 소크라테스를 꼽지만 막상 예수는 신적 측면이 강조되는 바람에 성인이라 하기에는 무언가 불경스러운 일처럼 여겨지고 있다. 석가의 경우는 불교 자체의 종교적 특수성이 너무 강해서 역시 일반 개념으로서의 성인의 개념과는 잘 공명하지 못하는 듯하다. 또 소크라테스는 성인이라는 개념보다는 철인이라는 개념에 더 어울린다고 해야 할 것이다. 앎의 문제가 너무 집중적으로 부각되어서 그럴 것이다.

오직 공자만이 그를 성인으로 호칭하는 데에 별 위화감이 없다. 또 그는 생존 시에 이미 자공子貢 등 일부 제자들로부터 성인으로 여겨지고 있었다는 점도 특이하다. 아마 가장 결정적인 것은 훗날 맹자가 그를 성인으로 공식 선포한 것일 텐데 그것은 오늘날까지 그를 요지부동의 성인으로 자리매김하는 결정적 계기가 되었다.

그러나 막상 공자 자신으로 돌아간다면 그는 자신을 성인으로 받아들였을까? 물론 어림없는 일이다. 논어에는 성인과 관련된 공자의 언급이 몇 곳에 남아 있다. 대표적인 것은 다음 단편이다.

선생님께서 말씀하셨다.

"성인의 경지와 어짊의 단계라면 내가 어떻게 감히 이르렀겠느냐. 다만 그것을 추구함에 싫증을 내지 않고 사람을 가르침에 지치지 않는다고 말할 수 있을 따름이다."

子曰 : 若聖與仁, 則吾豈敢. 抑爲之不厭, 誨人不倦, 則可謂云爾已矣. 7/36

공자는 일관되게 자신이 성인의 경지에 이르지 못했음을 강조하였다. 인류가 성인이라는 개념을 만든 이후 그 개념에 어쩌면 가장 부합한다고 판단되는 공자가 스스로는 이토록 손사래를 친다는 사실을 어떻게 이해해야 할까? 나는 여기에서 율곡 선생이 제기한 초학자의 입지立志를 다시 생각해 본다. 율곡은 "성인이 될 것을 스스로 기약한다"必以聖人自期고 했는데 이것이 실제로 어떤 모습을 가지는지 생각해 볼 필요가 있을 것 같다. 나는 그것이 막연한 소망으로서 소위 엽등躐等, 즉 순서를 뛰어넘는 외람된 일이 되어서는 아니 될 것이라고 보기 때문이다.

성인에의 꿈이 단지 엽등의 과제로만 제시된다면 거기에서의 성인은 선생님이나 소방관과 다름없는 한 사람의 기능인에 불과할 것이다. 그런 성인에는 성인이 된다는 것이 무엇을 의미하는지에 대한 어떠한 체험적인 요소도 없다. 나는 율곡 선생이 그런 차원에서 성인에의 꿈을 제시하지는 않았을 것이라 생각한다. 공자가 "그것聖人을 추구함에 싫증을 내지 않는다"爲之不厭고 한 것도 마찬가지일 것이다.

그것을 추구하는 자는 차라리 현실 속에서 스스로 본받을 만한 사람을 찾아 본받아 가는 것, 그 과정에서 본받으려 했던 사람에게 실망하는 경우에는 그 실망을 딛고 스스로의 힘으로 또 한 발자국을 열어 가는 부단한 모색이 있을 뿐이라 생각한다. 세례자 요한을 주목했던 예수, 아라나 선인을 찾아갔던 석가, 길가는 세 사람 가운데에서도 배울 스승을 찾던 공자에서 우리는 그런 모색을 느낄 수 있다. 그 모색의 저 먼 끝에 어쩌면 성인의 이상이 가물거리고 있을지는 모르겠지만 그것은 결코 엽등의 대상이 되지는 않을 것이다. 그 과정은 단지 본받아 배우고 휘어지려는 자신을 스스로 채찍질하여 바루며 조금씩 조금씩 타고 오르는 저 재크의 콩나무처럼 자신의 길을 쉼 없이 내딛어 가는 가운데 어느덧 자신도 모르는 사이에 구름 위로 솟아오르는 그런 것이 아닐까?

나는 공자에게도 성인에의 꿈이 있었다면 그것은 바로 그런 것이지 않았을까 한다. 또 율곡의 단호한 요구도 그런 차원에 있었을 것이라 생각한다. 오늘날 거친 잡초와 산업 폐기물 가운데에 던져진 하나의 씨앗이 제대로 발아하여 하늘 높이 솟아오를 수 있을는지 의문스러운 것은 사실이다. 그러나 방법은 그것밖에 없는 것 같다. 길이 따로 주어진 것이 아니라 매 순간 하나의 행보에 다음 행보를 물으며 걷는, 순간순간의 무한한 정직성과 성실성 속에 어쩌면 성인의 꿈은 보이지 않게 잠재해 있는 것은 아닐까 생각해 본다.

성인은 그 점에서 자세이지 경지가 아니다. 경지로서의 성인은 어쩌면 영원한 이상에 불과할 수도 있다. 공자가 스스로 성인이 아니라고 손사래를 친 것은 그 점을 알고 있었기 때문이라 할 수 있다. 자세로서의 성인은 영원히 자신을 그 도상途上의 존재로 인식한다. 한 순간도 "이르렀다"고 말할 수 없는 그 부단한 모색 속에서 비로소 우리가 그리고자 했던 성인의 모습이 그려지는 것이 아닐까? 공자는 바로 그런 자세에서 만고의 성인이었다고 생각한다.

6 세기의 대화

논어의 많은 단편 중에서 제5 공야장편 26장은 매우 특별한 단편이다. 논어에 수록된 대부분의 단편들이 자왈로 시작되는 공자의 짧은 언급들이고 종종 대화의 상대방인 제자나 정치인들의 질문이 함께 수록되어 있는 정도인데 공야장편 26장은 공자와 제자 안연, 자로가 등장하는 몇 안 되는 3자 대화의 형태를 취하고 있다. 물론 단편의 형태가 중요해서라기보다 내용이 중요해서다. 어느 날 공자는 안연과 자로 두 제자와 함께한 자리에게 이런 제안을 했다.[5]

  "각자 자기의 뜻을 말해 보지 않겠느냐?"
  盍各言爾志? 5/26

  우연한 질문처럼 보이지만 생각하면 이 질문은 매우 계획적이고 의도적이다. 왜냐하면 이 질문 자체가 사람은 언제라도 제시할 수 있는 원대한 뜻,

---

[5] 이 단편은 공자와 안연, 자로 세 사람의 대화로 장면을 설정하고 있다. 그러나 세 사람만 그 자리에 있었던 것 같지는 않다. 안연과 자로는 공자보다 먼저 죽었다. 그렇다면 이 대화의 장면을 보고 듣고 기억하고 있다가 기록으로 남긴 또 다른 사람이 있었을 것이다. 나는 그 자리에 최소한 자공이 함께 있었을 것으로 본다. 자공도 공자로부터 소원 제시의 주문을 받았을 것이다. 그때 자공은 소원을 제시하지 못하였거나 스스로 생각하기에도 무언가 함량미달의 소원을 제시하여 기록 시 마치 자신은 그 자리에 없었던 것처럼 제외하였을 가능성이 높다고 본다.

즉 소원을 가지고 살아야 한다는 것을 말해 주고 있기 때문이다. 사람들은 다 그런 뜻을 가지고 있는 것처럼 보이지만 의외로 그런 사람은 적다. 그러므로 질문 자체가 의도적이 될 수 있는 것이다. 먼저 자로가 대답하였다.

"수레와 말을 타고 가벼운 가죽옷을 입고 벗들과 더불어 즐기다가 그것들이 못 쓰게 되어도 유감이 없기를 원합니다."

願車馬,衣輕裘,與朋友共,敝之而無憾. 5/26

그의 뜻은 비교적 단순했다. 그러나 이 뜻에는 단순치 않은 배경이 있다. 자로는 공자의 제자들 중에서도 매우 이례적인 제자였다. 그는 공자에 비해 단지 9세 연하였다. 그 때문인지 그는 독자적인 의견이 많았고 공자의 의견과 상충하는 경우도 많았다. 공자의 판단이나 결정에 대해 노골적으로 비판적인 태도를 취하는 모습도 논어에는 적잖이 기록되어 있다. 단지 자기의 뜻을 말해 보라는 이 자리에서도 그런 요소를 발견할 수 있다.

그가 말한 마차가 한 마리의 말이 끄는 마차인지 네 마리의 말이 끄는 호화로운 사두마차인지는 알 수 없다. 중요한 것은 필생의 뜻을 말하는 자리에서 마차를 소원으로 꺼내었다는 것 자체가 매우 뜻밖이라는 것이다. 당시만 해도 마차는 부귀를 상징하는 재물이었다. 마치 오늘날 고급 승용차가 그 소유자의 부귀에 관한 척도처럼 여겨지는 것과 크게 다르지 않았다.

그렇다면 왜 그런 뜻을 제시했을까? 여기에 공자에 대한 그의 평소의 대척적 심리가 작용하고 있다. 공자는 항상 검소한 생활을 강조했다. 가난을 원칙적으로 지지하지는 않았지만 선비가 편안하고 배부를 것을 바라지 않아야 한다는 것은 늘 강조하던 바였다. 자로는 멋진 마차를 소원으로 제시하여 바야흐로 공자의 그런 생각에 어깃장을 놓고 있는 것이다. 구태여 궁상맞게 살 필요가 있는가, 가능하기만 하다면 멋지고 호쾌하게 사는 것도 좋은 것이 아닌가 하는 것이다. 이어서 내놓은 말이 더 가관이다. 벗들과 더불어 그것을 함께 쓰다가 부서져 못 쓰게 되어도 유감이 없기를 바란다는 것이다. 그런 재물을 이기적으로 향유하려는 것이 아니다, 또 거기에 집착해서도 아니라는 뜻이다. 이 첨언의 의도는 자명해 보인다. 말할 나위도 없이 그것은 예상되는 반론을 미리 차단하겠다는 의도를 담고 있다. 내가 이런 뜻을 제시하는 것은 나 자신만의 영화를 위해서도, 부귀에 집착해서도 아니다. 단지 남아로서 인생을 호방하고 자유롭게 살겠다는 주장이었다. 그가 느닷없이 제시한 마차는 스승의 인생관에 도전하는 대척적 인생관을 상징하는 것이 분명했다. 스승과 제자 간의 이 날 선 공방攻防, 실로 흥미롭지 않은가? 안타깝게도 이 도전적 발언에 대한 공자의 반응은 없었다.

이어서 안연이 대답하였다.

"선을 내세움이 없기를, 헛되이 베풂이 없기를 원합니다."

願無伐善, 無施勞. 5/26

그의 대답은 난해하다. 따라서 그 간의 해석은 대부분 뜬구름을 잡아 왔다. 내가 긴 세월을 두고 상고해 온 바에 의하면 벌선伐善과 시로施勞가 없기를 원한다는 이 말은 일단 평소 공자가 강조하던 가르침의 일환이었던 것으로 추정된다. 안연은 그 가르침을 자신의 삶의 과제로 받아들였고 또 그날 공자의 물음에 대한 대답으로 삼았던 것 같다. 그러면 벌선은 어떤 것이기에 안연은 그것이 없기를 바란다고 하였을까? '선함을 자랑한다'는 전통적 해석은 안연과 같은 성격의 인물에게는 애초부터 그런 것이 소원이 될 여지가 없다는 사실을 간과하고 있다. 그런 무의미한 해석에 의존하지 않겠다면 바른 해석은 논어 제12 안연편 20장이 시사하는 바에서 단서를 찾아볼 수 있다.

어느 날 노나라의 실질적 통치자 계강자가 공자에게 "무도한 자를 죽여 백성들로 하여금 유도한 데로 나아가게 하다면 어떻겠습니까?"如殺無道以就 有道,何如 하고 물었을 때 공자는 이렇게 답했다.

"당신이 정치를 하신다면서 어떻게 죽이는 방법을 쓰십니까? 당신이 선하고자 하면 백성들도 선해집니다. 군자의 덕은 바람이고 소인의 덕은 풀이라서 풀 위로 바람이 불면 풀은 반드시 눕게 됩니다."

子爲政,焉用殺?子欲善而民善矣.君子之德風,小人之德草.草上之風必偃. 12/20

나는 이 대화에서 무도한 자를 죽여 사람들을 유도한 데에로 나아가게 하려 했던 계강자의 생각이 바로 벌선伐善의 한 행태가 아닐까 한다. 반드시 죽이는 것에 한정되지는 않겠지만 벌선은 불선不善한 모든 것을 형벌이나 기타 정치적 위력을 통해 단죄하고 제거하려는 것, '악에 대하여 직접 작용하고 휘둘러지는 선'을 말하는 것으로 보인다. 만약 그것이 벌선伐善이라면 공자가 강조했고 안연이 그것을 필생의 과제로 삼았던 무벌선無伐善은 당연히 공자가 계강자에게 요구했던 바와 같이 욕선欲善, 즉 스스로 선하고자 하는 것이 될 수밖에 없을 것이다. 역어로는 '선을 내세움이 없기를'이라 하였지만 만약 본질적으로 같은 것을 의미하는 것이라면 '선을 자랑함이 없기를'도 구태여 틀린 것이라고 말하고 싶지는 않다.

이어서 시로施勞는 어떤 것일까? 이 말도 이해하기가 쉽지 않다. 남들을 노고롭게 한다는 전통적 해석은 역시 안연과 같은 인물에게는 도저히 소원이 될 수 없는 것임을 간과하고 있다. 결정적인 어휘는 施, 즉 베풂으로 보인다. 이 말은 논어 제6 옹야편 30장에서 제자 자공이 "만약 백성들에게 널리 베풀어서 많은 사람을 구제할 수 있다면 어떠합니까? 가히 어질다 할 수 있겠습니까"如有博施於民,而能濟衆,何如?可謂仁乎? 하는 질문과 관련이 있어 보인다. 그 질문에 들어 있는 결정적인 어휘 역시 施였다. 이에 대해 공자는 "어떻게 어진 정도이겠느냐? 필시 성인의 경지일 것이다"何事於仁,必也聖乎! 하고 질문을 긍정하면서도 곧 이어 다음과 같은 말로 자공의 예상을 완전히 뒤엎고 있다.

"실로 어진 자는 스스로 서기를 바라서 남을 세우고 스스로 통달하기를 바라서 남을 통달시킨다."
夫仁者,己欲立而立人,己欲達而達人. 6/30

공자는 백성들에게 베푸는 것을 긍정하였지만 그 방법은 단지 스스로 서기를 바라고 스스로 통달하기를 바라는 것이었다. 그는 스스로 서거나 통달하는 방법이 아닌, 직접 남들에게 나아가 무언가를 베풀겠다는 일체의 서툰 의욕과 노력을 경계했다. 오늘날의 상식과는 배치되는 것이 아닐 수 없다. 사람들은 항변할 것이다. 왜 남을 위해 베풀겠다는데 그것을 문제 삼는가? 공자는 자신을 향상시킴으로써 저절로 세상에 베풀어지는 방식 이외에 타인에 직접적으로 작용하는 베풂의 효과를 부인하였던 것이다. 타인에게 직접적으로 작용하는 베풂, 공자가 보기에 그것은 막다른 골목이었고 도로徒勞에 그치는 것이었으며 바로 이 단편에서 안연이 말하고 있는 저 시로施勞였다고 본 것 같다. 물론 그것 역시 공자가 평소 강조해서 가르쳤던 바였을 것이다. 공문孔門만이 배울 수 있었던 특별한 인간 통찰을 안연은 꿰뚫어 보았고 그것을 스스로의 소원으로 제시하였던 것이다. 이 천재적 제자의 소원.

이해할 수 있겠는가?

이때 자로가 갑자기 "선생님의 소원을 듣기를 원합니다"願聞子之志 하는 말을 불쑥 내놓는다. 자로만이 할 수 있는 어쩌면 외람된 주문이었다. 우리의 소원만 말하게 하지 말고 당신의 소원도 한번 말해 보시오 하는 태도가 아닐 수 없으니 말이다. 이에 공자는 망설이지 않고 자신의 소원을 말했다.

"나의 소원은 늙은이들은 그것을 누리고 벗들은 그것을 믿고 젊은이들은 그것을 품는 것이다."6
老者安之,朋友信之,少者懷之. 5/26

이 장면에 이르러 나는 늘 장중한 배경음악이라도 터져 나와야 할 것 같다는 느낌을 받는다. 과연 이 소원보다 큰 소원이 있을까? 공자의 소원이자 인류의 소원이고 까마득한 춘추시대의 소원이자 먼 미래에도 변함없을 소원이다.

그것之이 무엇이냐고 묻지 않기는 바란다. 젊어서 그것을 품어 보았고 장년이 되어 그것에 대한 믿음으로 싸워 보았고 늙어서 그것에 평안히 자리 잡은 자라면 구태여 그런 물음을 제기하지 않을 것이다.

제2 위정편 4장에 보면 공자가 자신의 인생을 회고하며 삶의 매 단계가 가지고 있었던 내용과 의의를 말해 주는 장면이 나온다. 어쩌면 삶의 마지막 단계에서 구태여 겸손을 부릴 것도, 자고할 것도 없이 있는 그대로를 진술하게 술회하고 있는, 세상에서 가장 짧은 이 '자서전'은 그가 5/26에서 피력한 소원

---

6) 전통적 해석은 "늙은이들은 편안하게 해주고 벗들은 신실하게 대하고 젊은이들은 따뜻이 품어 주고 싶다"인데 전혀 빗나간 해석이다. 김용옥은 이 구절을 "늙은이로부터는 편안하게 느껴질 수 있으며 친구로부터는 믿음직하게 여겨지며 젊은이로부터는 그리움의 대상이 되는 그런 인간이 되고 싶다"고 해석했는데 문장을 주어+타동사+목적어로 본 것은 큰 발전이나 之를 공자 자신으로 본 것은 아쉬운 일이었다.

을 자신의 삶에서 충실히 실천하였음을 보여 주는 것이었다.

5/26 공자의 소원	2/4 공자의 생애
젊은이들은 그것을 품기를 少者懷之	열다섯에 배움에 뜻을 두었고 十有五而志于學
벗들은 그것을 믿기를 朋友信之	마흔이 되어서는 현혹되지 않았고 四十而不惑
늙은이들은 그것을 누리기를 老者安之	일흔이 되어서는 마음 내키는 대로 행하더라도 법도를 넘지 않았다 七十而從心所欲,不踰矩

비록 2500년 전에 살았던 인물이지만 그의 영광스럽고 일관된 생애에, 또 인류를 향한 그의 뜨거웠던 염원에 기립박수를 보내지 않을 수 없다.

자로와 세례자 요한
의인의 단계를 생략하고 성인의 경지를 밟을 수는 없다

예수의 짧은 생애에 걸쳐서 가장 의미 있었던 주변인은 누구일까 하고 묻는다면 답은 조금씩 엇갈릴 것이다. 그러나 다수의 사람들은 아마 세례자 요한을 거명하지 않을까 한다. 세례자 요한은 예수가 본격적으로 활동하기 전에 활동을 전개했고 예수는 그의 활동을 남달리 주목했던 것이 사실이다.

잘 알다시피 세례자 요한은 유대 광야에서 고고히 죄의 회개를 외쳤던 사람이다. 낙타털옷을 입고 가죽 띠를 매고 메뚜기와 석청을 먹고 살았다는 사실만으로도 그는 남다른 사람임에 틀림없었다. 의로움과 도덕적 순결을 주장하는 그의 곁에 많은 사람들이 몰려왔다. 예수도 그 중 한 명으로, 그로부터 세례를 받기까지 하였다. 헤롯왕이 동생의 아내를 취한 것을 그가 비난하자 헤롯왕은 그를 체포, 투옥하였다. 예수의 본격적인 활동이 그의 투옥을 계기로 시작되었다는 사실은 이미 널리 알려져 있다. 얼마 후 헤롯왕은 결국 자신의 아내를 만족시키기 위해 요한의 목을 잘랐다. 그것이 예수의 발걸음에 심대한 영향을 주었음은 말할 나위도 없다.

공자의 긴 생애에 걸쳐 가장 의미 있는 주변인은 누구일까 하고 똑같은 질문을 해본다면 사람들은 누구를 거명할까? 혹자는 공자가 누구보다 아끼고 사랑했던 제자 안연을 들지도 모른다. 그러나 안연은 공자가 가장 인정하고 아끼던 제자였던 것은 사실이지만 공자의 삶에 크게 영향을 준 사람이라고 하기는 어렵다. 안연은 공자와 이심전심으로 통하는 면이 너무 많았기 때문에 공자마저 "안연은 나를 도와주는 자는 아니다"回也,非助我者也라고 아쉬워할 정도였으니 말이다.

누가 나에게 묻는다면 제자 자로子路를 얘기할 것이다. 그는 공자의 제자였지만 여느 제자와는 달랐다. 대부분의 제자들이 공자와는 30세 내지 40세 혹은 그 이상의 나이 차이를 보였다. 그러나 자로는 공자와 불과 9세 차이였다. 다른 제자들이 공자와 이세대異世代였다면 자로는 동세대同世代였다. 객관적 조건만으로 본다면 전형적인 사제관계가 되기는 어려운 사이였다. 그럼에도 불구하고 긴 세월 동안 두 사람은 변함없는 사제 관계를 유지하였다.

자로는 용기로 특징지어지는 사람이다. 공자도 자로에 대해 "용기를 좋아하는 것은 나를 능가한다"好勇過我 5/7고 인정할 정도였다. 또 그는 신의와 정의감에 충일한 사람이었다. 그가 어떤 경위로 공자의 제자가 되었는지는 어디에도 기록이 없다. 다만 논어에는 나오지 않지만 사마천의 『사기』「중니제자열전」에 보면 공자의 의미심장한 말이 나온다.

"내가 자로를 제자로 얻은 이후부터는 남들로부터 나쁜 얘기를 듣지 않게 되었다."
自吾得由,惡言不聞於耳.

이 짧은 말은 몇 가지 사실을 암시해 준다. 무엇보다 자로를 만나기 이전에 공자는 사람들로부터 나쁜 이야기惡言를 많이 들었다는 사실이다. 있을 수 있는 일이다. 공자는 쉽게 이해할 수 없는 사람이었고 세류世流에 동참하지 않고 홀로 벗어나 있었으며 남들이 볼 때 귀에 거슬리는 발언을 적잖이 했기 때문이다. 그러나 자로는 신의가 있었고 정의로운 사람이라는 점에서 사람들의 인정을 받고 있었던 것 같다. 오죽하면 그가 공자의 제자가 되었다는 사실만으로 공자에 대한 일반의 인식이 개선될 정도였을까?

많은 사람들이 자로를 신의가 있고 정의로운 사람이라고 좋아하게 된 이유를 말해 주는 일화 하나가 『좌전』에 기록으로 남아 있다. 애공 14년 B.C. 481년이니까 자로의 나이 62세 되던 해의 일이다. 노나라의 바로 아래에 인접해 있는 소주小邾나라의 대부 역射이 소주를 배신하고 노나라로 도망쳐 왔다. 그는 말하기를 "자로께서 보증을 서주신다면 맹세 맺는 일을 하지 않고도 제가 소유하고 있는 구역句繹의 땅을 노나라에 복속시키겠습니다" 하였다. 노나라로서는 횡재나 다름없는 일이었다. 그러나 자로는 이를 수치스러운 일이라며 거부하였다. 노나라의 사실상의 통치자였던 계강자季康子가 중간에 염유冉有를 넣어 "제후국의 맹약도 믿지 않고 당신의 보증을 믿겠다는 것인데 그게 어떻게 수치일 수 있느냐"며 설득하였다. 이에 자로는 "그 사람은 불충한 신하인데 그가 말하는 대로 해준다면 그것은 그를 의로운 사람으로 인정해 주는 것이 되기 때문에 그리 할 수 없다"며 끝내 뜻을 굽히지 않다.

자로의 사람됨은 이 한 가지 사건만을 보더라도 충분히 엿볼 수 있다. 그러나 그의 견고한 원칙은 자주 공자의 가르침과 충돌하였다. 이를테면 그는 군신간의 신의를 저버린 사람이라든가, 정치적 도의에 맞지 않는 행위를 한 사람과는 상종조차 하지 않았다. 그런데 공자는 종종 반란을 일으킨 적이 있는 문제의 인물이나 정치적 추문을 일으킨 사람의 부름에 호응하여 찾아가려 했고 실제 찾아가 대화를 나누기도 했다. 그때마다 자로는 스승의 입장에 반대하고 심지어 스승을 성토하기도 했던 것 같다. 이런 것만 보더라도 왜 사람들이 공자에 대해 좋지 않은 이야기를 했으며 또 왜 자로가 그의 제자가 되었다는 사실만으로 공자에 대한 비난을 철회하였는지 짐작할 수 있을 것이다. 물론 공자의 생각은 자로의 생각보다 컸고 그의 생각을 능가하고 있었다. 수많은 의견 충돌에도 불구하고 자로는 그것을 알고 있었고 그 점에서 스승을 변함없이 존경했다. 참으로 희유한 사제관계, 인간관계가 아닐 수 없다.

이제 이 모든 이야기를 일정한 원경에 배치해 보자. 예수가 누구인가? 공자가 누구인가? 모두 인류의 성인들이다. 그들을 이해한다는 것은 이만저만 어려운 일이 아니다. 또 그들을 중심으로 형성된 종교를 이해한다는 일도 마찬가지로 자주 미궁에 빠지고 때로는 교묘한 담론의 교란에 휘말린다. 그들이 누구인가 하는 문제를 둘러싸고 파벌이 나뉘기도 하고 정통과 이단이 정해지면서 정치적 대립이 생겨나기도 한다.

그들은 누구인가? 이 문제 앞에서 나는 한 가지 암시를 던지고 싶다. 그들 옆에 누가 있었는지를 보자는 것이다. 그들 곁에 가장 가까이 다가왔고 어쩌면 그들이 가장 가까이 다가갔던 사람이 누구인가를 아는 것은 그들을 아는 데에 결정적인 암시가 되지 않을까 하는 것이다. 그래. 과연 누가 있었던가? 전술한 바 세례자 요한이 있었고 자로가 있었다. 그들은 누구였던가? 그들은 모두 의인義人이었다. 세례자 요한은 헤롯의 칼에 목이 잘려 죽었고 자로는 정변을 일으킨 괴외蒯聵 일파의 칼에 난도질을 당해 죽었다. 그 시대의 의를 위해 목숨마저 내놓았던 두 사람 세례자 요한과 자로가 바로 그들의 옆에서 그들의 성인됨을 뒷받침하고 있었던 것이다. 그 구도는 우연한 것이었을까? 그들의 가장 가까운 곳에 공통되게 의인들이 있었다는 것은 우연이었을까?

나는 그것을 우연이라고 생각하지 않는다. 500년이라는 시간의 차이, 문화적 물줄기의 완전한 이질성에도 불구하고 그것은 우연이 아니었다. 똑같이 필연이었다. 부대에 돌을 담아 흔들면 결국 큰 돌만 남고 잔 돌과 모래는 아래로 내려가는 것과 다름없는 이치가 이 희유한 두 인물의 가장 가까운 신변에 의인들, 곧 세례자 요한과 자로를 배치한 것이었다.

왜 그런 구도가 형성되었는지, 그런 구도가 형성된 것이 무슨 의미인지, 그런 구도가 오늘날 우리에게 무엇을 말해 주고 있는지 나는 이제 나 자신과 나의 독자들을 위해 화두로 남겨 두려 한다. 단지 예수 이야기에는 으레 세례자 요한이 나오고 논어를 읽으면 당연히 자로라는 제자가 나오는 것 아니냐 하는 무감각한 타성에서는 깨어날 필요가 있다. 권력의 칼바람에 목숨을 잃은 그들이 예수와 공자의 곁에 있었다는 것이 결코 우연이 아니라는 것만 다시 한 번 상기해 두기로 하자. 나머지는 우리 각자의 몫이다.

이 시대에 종교란 과연 무엇인가? 종교인은 누구며 무엇을 하여야 하는가? 종교와 정치는 어떻게 관련되는가? 모든 것이 혼돈 속에서 근본적으로 되물어지는 때는 언제든 있다. 왜 성경을 읽고 왜 논어를 읽는가? 우리는 왜 교회당에 나가는가? 바람에 흔들리는 갈대를 보러 나갔던가? 화두는 크고 만만치 않다. 그 화두를 어떻게 굴리느냐에 따라 어쩌면 너무나도 많을 것들이 그 화두에서 쏟아져 나올지도 모른다.

8 공자와 예수, 너무나도 닮은 그들

지금까지 살아오면서 내가 지속적으로 주목해 온 두 명의 역사 인물이 있다. 바로 공자와 예수다. 또 관념에서가 아니라 삶 속에서 일정 수위 이상의 무언가를 보여 준 책이 있다면 바로 『논어』와 『신약성서』다. 물론 나의 주관적인 차원에서 말하는 얘기일 뿐이다. 다만 그것에 대해 그 두 인물과 두 책은 이미 역사적으로 정평이 난 것들이니까 그에 따르는 것이 무슨 대수로운 이야기냐 하면 사정은 좀 달라진다. 물론 나라고 그런 정평에서 자유로운 위치에 있었던 것은 아니다. 그럼에도 불구하고 그런 말을 하는 것은 결코 그런 정평에 좌우되어서가 아니라 내 나름의 세월 속에서 많은 책과 인물들을 만나고 탐색한 결과라는 것, 말하자면 내 나름대로 갈구하고 헤매고 더듬어 온 결과, 그런 결론에 이르렀음을 언급해 두고 싶은 것이다.

나는 이미 15년 전에 펴낸 책 『논어의 발견』에서 내가 논어를 새롭게 읽고 해석하는 데에 있어서 "『맹자』나 『중용』은 「마태복음」 만큼도 참고되지 않았다"는 말을 스쳐 지나가는 말처럼 한 적이 있다.[7] 그것이 그 책에 나온 유일한 그리스도교 관련 언급이었던 것으로 기억한다. 그 이외에 나는 그 방대한 저서의 어느 곳에서도 두 인물과 두 책에 관련된 개념들을 비교하거나 공통점, 유사점 등을 언급하지 않았다. 그것은 그런 이야기가 대개는 현학적

---

7) 『논어의 발견』 Ⅲ-1. 논어 읽기에 관한 역사적 제약

이거나 표면적인 관심이기를 넘어서지 못하고 있음을 잘 알고 있었고 그런 어설픈 비교학을 누구보다 싫어했기 때문이다.

그 기본 입장은 지금도 마찬가지다. 그러나 지금은 그것을 무슨 넘어설 수 없는 금제처럼 생각하지는 않는다. 원래 비교는 매우 중요한 인식의 한 항목이기 때문이다. 경박한 수준만 아니라면 어떤 부분에 걸쳐서는 인식을 도와줄 수도 있다는 것이 지금의 생각이다. 그런 차원에서 나의 경험 한 자락을 이야기를 하고자 한다.

수년 전 나는 생전 처음으로 성서를 통독해 본 적이 있다. 필요한 곳만 부분적으로 읽다가 아직까지 성서를 한 번도 통독하지 않았다는 것이 부끄럽게 생각되어 창세기부터 요한계시록까지 내리 읽어 볼 생각을 하게 된 것이다. 독서가 느려 다 읽는데 몇 개월이 걸렸던 것 같다. 솔로몬이 다윗의 아들이라는 것도 그때 처음으로 알았다.

그러나 그런 개별적인 사실들보다 훨씬 강력하고 또 지금도 뚜렷한 기억으로 남아 있는 것이 있다. 그것은 구약을 다 읽고 신약으로 넘어가던 때의 강한 인상이다. 신약은 이미 젊은 시절부터 숱하게 읽어 전혀 새로운 것이 아니었음에도 불구하고 구약의 세계를 떠나 신약의 세계로 접어드는 것은 완전히 새로운 세계로의 진입처럼 느껴졌던 것이다. 마치 오랜 기간에 걸쳐 황야와 산, 사막 등만 걷다가 어느 날 어느 산등성이 위에 올라서는 순간, 눈앞에 끝없이 펼쳐진 망망대해를 보는 것처럼 그것은 완전히 다른 세계였다. 말하자면 나는 옛 언약의 세계를 넘어 새 언약이 얼마나 다른가를 여실히 체험하였던 것이다.

그 체험이 워낙 강렬하고 생생하여 나는 과연 어디에서 육지와 바다의 차이가 생기고 있는지를 생각해 보았다.

그것은 멀리서 찾을 것이 없었다. 예수가 스스로 그것을 밝히고 있었기 때문이다. 그것은 다른 무엇보다 죄sin와 그 대척점에 있는 의인義認, justification에 대한 이해의 차이에서 비롯되었다. 율법주의자들과 바리사이인들을 비난하고 오히려 세리들과 죄인들을 가까이 했던 예수는 죄와 의인에 걸쳐서 완전히 다른 이해를 가지고 있었다. 전통적인 죄와 의인에 비한다면 예수의 이해는 시쳇말로 엄청난 반전反轉이었다. 반전된 세계가 내게는 저 산등성이에서 바라본 망망대해처럼 느껴졌던 것이다.

이를 테면 바리사이인과 세리를 두고 예수가 적용한 의인의 논리는 전형적인 것이었다.

두 사람이 기도하러 성전에 올라갔다. 한 사람은 바리사이였고 다른 사람은 세리였다. 바리사이는 꼿꼿이 서서 혼잣말로 이렇게 기도하였다. '오, 하느님! 제가 다른 사람들, 강도짓을 하는 자나 불의를 저지르는 자나 간음을 하는 자와 같지 않고 저 세리와도 같지 않으니, 하느님께 감사드립니다. 저는 일주일에 두 번 단식하고 모든 소득의 십일조를 바칩니다.' 그러나 세리는 멀찍이 서서 하늘을 향하여 눈을 들 엄두도 내지 못하고 가슴을 치며 말하였다. '오, 하느님! 이 죄인을 불쌍히 여겨 주십시오.' 내가 너희에게 말한다. 그 바리사이가 아니라 이 세리가 의롭게 되어 집으로 돌아갔다. 누구든지 자신을 높이는 이는 낮아지고 자신을 낮추는 이는 높아질 것이다. 「루가복음」 18 : 10~14

얼핏 보기에 별것 아닌 것 같은 이 역설은 인류의 역사를 뒤집어 놓았다. 1500년 후 이 역설을 잊고 그리스도교가 타락에 접어들었을 때 마르틴 루터가 환기했던 논리, "사람은 선행에 의해서가 아니라 믿음에 의하여 의롭게 된다"는 논리도 바로 예수가 세리의 비유로 보여 주었던 이 역설의 재현이었을 뿐이다.

문제는 내가 논어를 읽고 또 논어에서 나름대로 숨겨졌던 새로운 관점을 '발견'하였다고 생각했을 때, 그 논어의 관점이 적어도 내게는 신약성서의 관점과 너무나도 친근하게 여겨졌다는 것이다. 당시 나는 논어의 세계와 맹자의 세계 사이에서 별 공통점을 느끼지 못하고 있었다. 문화적으로 물줄기가 같고 논어의 세계가 가지고 있는 기초적인 몇 가지 기반을 맹자의 세계가 공유하고 있었고, 심지어 맹자 자신이 공자를 생민生民 이래의 유일한 성인으로 선포하고 있었음에도 불구하고 결정적인 영역에 걸쳐서는 나는 오히려 이질감을 느꼈던 것이다. 그 이질감을 나는 논어와 신약성서 사이에서는 느끼지 못하였다. 그리고 그것이 바로 15년 전 『논어의 발견』을 펴낼 때 "『맹자』나 『중용』은 「마태복음」만큼도 참고되지 않았다"고 쓰게 된 실제 이유였던 것이다.

　그렇다면 왜 구약의 세계와 신약의 세계 사이에서 느꼈던 육지와 바다만큼의 현격한 차이를 서로 물줄기가 다른 두 세계, 논어와 신약 사이에서는 느끼지 못했던 것일까? 아니 오히려 왜 나에게는 두 세계가 마치 한 울타리 안에서 오래 전부터 함께 있었던 듯 친근한 사이로 느껴졌던 것일까? 나는 바로 그것이 예수가 죄와 의인에 걸쳐 보여 주었던 저 역설에 기인한 것이라고 생각한다. 공자가 논어를 통해 보여 준 것이 바로 그런 역설이었기 때문이다. 물론 논어의 세계에는 죄라는 개념 자체가 없다. 그러니 의인의 개념인들 있을 리가 없다. 그러나 매우 높은 수준의 무지無知의 개념이 있었고 또 죄와 그 구조에서 유사한, 잘못過이라는 개념이 있었다. 신약에서와 크게 다르지 않은 악의 개념도 있었다.

　무지, 잘못, 악 등에 걸쳐 보여 준 공자의 이해 안에 바로 그 역설이 포함되어 있다. 천국이 겨자씨가 되고 겨자씨가 천국이 되는 반전이 예수에게만이 아니라 공자에게도 있었다. 그 반전은 주자도 거의 눈치 채지 못했던 것이다.

나는 이미 여러 차례 무지, 잘못, 악 등에 걸친 공자의 이해가 어떤 것인지를 밝혔기 때문에 이 자리에서 거듭하여 그것을 설명하지는 않으려 한다. 이해를 돕기 위해 그동안 발표한 글 중에서 일부를 소개하면 다음과 같다.

무지를 극복하는 공자의 비방秘方은 우리가 상식적으로 가정할 수 있는 '많이 아는 것'이 아니었다. 왜냐하면 인간은 아무리 많이 알아도 무지의 영역은 끝없이 넓어서 그 극히 작은 일부분을 정복하기도 어렵기 때문이다. …… 자신의 지적 상태에 정직하고 솔직할 때에만 무지는 비로소 제 모습을 드러내면서 인간의 판단에 역설적으로 참여하고 그런 역설적 양상을 통해 무지를 넘어서는 것이다. 무지가 여전히 무지 가운데에 있으면서 정직과 성실과 끝없는 배움의 자세에 의거하여 드디어 무지를 넘어서는 역설, 그것을 공자는 앎이라 불렀다. ─불이과不貳過

그는 무지를 극복하기 위하여 전지全知를 요구하지 않았고 과오를 넘어서기 위하여 무오無誤를 요구하지도 않았다. 또 이 세상의 악을 몰아내기 위하여 벌선伐善을 지지하지도 않았다. 그는 오히려 그런 발상들이 이 세상을 맹목적 어리석음으로, 또 끝없는 갈등이나 점증하는 악의 제국으로 만들어 갈 것을 우려하였다.
그는 단지 무지도 과오도 악도 인간의 운명으로 수용한 다음, '그럼에도 불구하고' 자신에 대한 무한 정직과 이 세상에 대한 사랑을 통해 무지에서 해방되고 과오를 벗어나고 악을 넘어서는 기적과도 같은 길을 역설적으로 제시하였던 것이다. ─불이과不貳過

예수의 논리와 공자의 논리가 동일하게 견지하고 있는 역설의 지점이 시야에 들어오는가? 예수는 깨끗하게 살아온 것을 자부하던 바리사이 대신 차마 고개도 들지 못하고 있던 죄 많은 세리에게서 의로움을 보았다. 공자는 앎의 실체를 더 많은 앎에서가 아니라 모른다는 사실을 인정하는 것에서 찾았다. 잘못을 넘어서는 것에서도 그는 마찬가지 논리였다. 심지어 선의 실질도 구악舊惡, 즉 불선이 갖는 겸허한 자인에서 구했을 뿐이었다.

두 사람의 이 기막힌 역설은 오직 무한 정직의 궤도에서만 가시화되는 듯하다. 그들 간의 전율할 유사성이 오롯이 드러나는 것도 어쩌면 같은 지점일 것이다.

9 공자, 그는 과연 누구인가?

15년 전, 『새번역 논어』의 출간을 위한 마지막 작업의 일환으로 책날개에 실을 공자의 프로필을 써야 할 단계가 있었다. 그때의 막막하고 기묘한 느낌을 나는 지금도 잘 기억한다. 길어야 원고지 세 매의 범위 내에서 과연 뭐라고 써야 이 인물에 대한 바른 소개가 될까? 생각해 보자. 무슨 말로 이 인물을 원고지 세 매 속에 구겨 넣겠는가? 결국 나는 모든 책의 저자 소개와 마찬가지로 그가 언제 어디에서 태어났다는 무력한 말로 시작할 수밖에 없었다. 그때 내가 썼던 공자의 프로필이다.

공자의 성은 공孔, 이름은 구丘, 자는 중니仲尼로서 B.C. 551년 중국 노魯나라 창평향昌平鄕 추읍鄹邑에서 태어났다. 사士의 신분이었던 그는 일찍부터 학문에 매진하여 비교적 젊은 나이에 노나라의 뛰어난 지식인으로 인정받았으며 많은 제자들을 거느렸다. 그는 매우 박학다식하였을 뿐 아니라 인간의 본성을 꿰뚫는 날카로운 혜안으로 어짊仁, 중용中庸 등의 독창적인 개념에 입각한 인본주의적 사상을 전개하였다. 또 그는 패권주의에 물든 중원의 현실을 바로잡기 위하여 덕德에 의한 정치를 주장하였으며 예禮를 인성도야의 중요한 수단으로 제시하였다. 그는 평생을 주로 교육과 정치적 자문에 종사하였다. 일선 정치에 참여한 적은 없어 보이나 50대 초반에는 외교담판에 국군國君을 수행하는 등 비중 있는 정치적 역할을 담당하기도 하였다. 그러나 노나라의 정치적 파행에 따라 56세 되던 해, 그는 제자들을 거느리고 노나라를 떠나 위衛, 진陳, 채蔡 등지에서 약 12년 동안을 체재하게 된다. 이 기간 중에도 그는 역시 젊은이들을 가르치고 그 나라의 권력자들에게 조언을 하는 등 열정적인 활동을 전개하였으나 결과는 기대에 미치지 못하였다. 애공 11년, 그는 68세의 나이로 고국에 돌아왔으며 그 후 국로國老로 대접받으며 여전히 학문과 제자 교육에 정진하다가 B.C. 479년, 73세의 나이로 세상을 떠났다. 그의 사후 제자들은 그의 어록인 논어를 집성하였고 이 책의 심대한 영향력에 따라 그는 유교문화권에 있어서 최고의 사표師表로 자리 잡게 되었다.

당시나 지금이나 나는 이 글을 비교적 잘 썼다고 생각한다. 더 이상 뭐라고 쓰겠는가? 그러나 거기에 과연 공자가 있는가? 없다. 나는 그의 머리카락 하나도 그려 내지 못했다는 것을 잘 안다. 공자의 프로필을 작성해 본 것은 작지만 기묘한 체험이었고 오래도록 영감의 소재로 남았다.

공자 그가 누구인가 하는 것은 그와 가장 가까운 위치에 있었던 제자들에게도 곤혹스러운 화두였다. 대표적인 예가 논어에도 기록되어 있으니 공자와 함께 외유 중이던 자로가 채나라에서 저 유명한 섭공葉公을 만나 "공자가 어떤 사람이냐?" 하는 질문을 받았을 때였다. 그 순간의 자로를 자주 상상해 본다. 얼마나 황당했을까? 자로가 아니라 다른 제자였다 해도 마찬가지였을 것이다. 자로는 결국 아무 말도 하지 못했다. 그나마 "그분은 노양공 22년 창평향 추읍에서 태어나신 분으로 ……" 하지 않았으니 나보단 나은 셈이다. 자로가 그만큼 순수한 사람이었기에 부답不答도 가능했던 것이다. 솔직히 자공子貢 정도만 되었어도 무언가 설익은 대답을 하고야 말았을 것이라 생각한다. 공자는 이 기회를 멋지게 활용하였다.

"너는 왜 그의 사람됨이 발분하면 먹는 것을 잊고 즐거움으로써 근심을 잊으며 장차 늙음이 오리라는 것도 모르고 있는 사람이라고 말하지 않았느냐."

女奚不日,其爲人也,發憤忘食,樂以忘憂,不知老之將至云爾. 7/20

나는 세상에 이보다 더 멋진 자기소개를 본 적이 없다. 공자의 모든 것이 다 들어 있다. 모자라지도 않고 넘치지도 않는다. 이렇듯 간단한 공자를 향하여 수많은 제자들은 평생을 두고 다가갔지만 그에 이를 수 없었다는 것이 아이러니고 신비다. 공자에게로 가면 그토록 간단하고 명쾌한 것이 제자들에게로 가면 천근만근이 되는 것이다. 스승은 저렇게 분명하게 앞에 서 계신데 왜 우리에게는 잘 보이지 않는 것일까? 제자들은 어리석게도 스승이 우리에게는 자신을 다 보여 주지 않고 무언가를 숨기고 있을 것이라 생각했다. 그것을 눈치 챈 공자는 이렇게 해명했다.

"너희들은 내가 자신을 숨기고 있다고 보느냐? 나는 너희들에게 아무것도 숨기지 않았다. 나는 무엇을 하든 너희들과 함께하지 않은 것이 없으니 그것이 바로 나다."

子曰:二三子以我爲隱乎?吾無隱乎爾.吾無行而不與二三子者,是丘也. 7/25

나는 너희들과 함께하지 않은 것이 없었다는 말은 결국 제자들이 자신을 보지 못했음을 말한 것이다. 공자는 그들의 모든 퇴로를 차단하고 더 이상 달아날 길이 없는 막다른 골목으로 제자들을 몰아갔다. 전체 논어는 어쩌면 공자는 누구인가 하는 질문과 그에 대한 끝없는 모색의 구도로 환원시킬 수도 있을 것 같다. 생각하면 예수도 마찬가지였다. 그를 엘리야라고도 하고 예레미아라고도 하고 세례자 요한이 되살아난 자라 하기도 하고 그리스도라 하기도 했던 것은 결국 모든 것이 예수가 누구냐 하는 문제에 달려 있었기 때문이다. 어떻게 보면 그리스도교라는 것도 결국 예수를 그리스도라고 생각하는 사람들의 신앙체계에 지나지 않는 것이다.

공자도 세상을 떠나는 날까지 이 의문의 핵심이었고 또 그는 제자들이 이 의문의 바른 궤도를 벗어나지 않도록 세심하게 신경을 썼다. 스스로를 숨기지 않았다고 했던 것도 그런 노력의 일환이었다. 또 자신의 다재다능함이 결코 군자됨과는 무관한 우연적 요건임을 강조한 자한편 제6 大宰問於子貢 章의 변명도 마찬가지 목적에서였다.

그랬던 그가 B.C. 479년 세상을 떠났다. 제자들은 그의 존재와 가르침을 멸실시킬 수 없다는 생각에 논어를 편찬했다. 일부 제자들은 후학 양성을 통해 스승의 가르침을 전승하였다. 제자 자하子夏는 진晉나라로 가서 분열 건국된 위魏나라의 유학을 일으켰다. 제齊나라에서는 이본異本 논어가 출현하기도 했다. 그렇게 명맥을 이어 가면서 공자가 남긴 말들은 많은 뜻있는 이들의 마음에 깊은 감동을 일으켰다. 이들 후학들에게도 공자라는 사람이 과연 어떤 사람이었는가 하는 것은 당연히 최대의 관심사였을 것이다.

집 잃은 개 혹은 광야를 헤매는 짐승

공자가 죽고 나서 논어의 구절과 떠도는 이야기들만으로 그를 접한 수많은 사람들 사이에서 그는 어떤 사람으로 인식되었을까? 그가 죽고 대략 380여 년의 세월이 흐른 후 더 이상 주周나라가 아닌, 한漢이라는 낯선 왕조의 역사가 사마천에 의해 수집된 자료에 의하면 다음과 같은 이야기가 아마도 그의 사후에 출현한 그에 대한 첫 번째 형상화가 아니었나 한다.

공자가 정나라에 갔을 때 길이 어긋나 제자들을 찾지 못하고 홀로 성곽의 동문

東門에 서 있었다. 어떤 정나라 사람이 자공子貢에게 말하기를 "동문에 어떤 사람이 있는데 그 이마는 요임금을 닮았고 목덜미는 고요皐陶를 닮았으며 어깨는 자산子産을 닮았더군요. 그러나 허리 이하는 우임금보다 세 치가 짧았는데 초췌한 행색이 마치 집 잃은 개와도 같았습니다" 하였다. 자공이 공자를 만나 들은 대로 얘기를 했더니 공자가 웃으며 말했다. "모습이야 그런 성현들을 닮았겠느냐마는 행색이 집 잃은 개喪家之狗와 같더라는 말은 과연 그러했겠구나! 과연!"

孔子適鄭,與弟子相失,孔子獨立郭東門.鄭人或謂子貢曰：東門有人,其顙似堯,其項類皐陶,其肩類子産,然自要以下不及禹三寸.累累若喪家之狗.子貢以實告孔子.孔子欣然笑曰：形狀,末也.而謂似喪家之狗,然哉！然哉！

이 일화는 공자가 외유 중 자신의 조언을 귀담아 들어주는 위정자도 없고 자신의 가르침을 알아듣는 제자도 없던 외로운 상황을 배경으로 하고 있다. 그가 오갈 데 없는 노인이 되어 고국으로 돌아갈 것을 생각했을 때, 깊은 실의에 젖었던 것은 논어에도 잘 기록되어 있다.5/22 그 점에서 사람들은 정나라에서의 이 조그마한 에피소드가 기막히게 그의 생애를 잘 압축하고 있다고 생각했을 것이다. 사마천도 바로 그런 점에서 이 일화가 신빙성이 높다고 믿고 사실史實로 채택했던 것 같다.

그러나 아니다. 이 일화는 후대의 위작이다. 청대의 유명한 고증학자 최술崔述도 정나라 사람이 단 한 번도 보았을 리 없는 태곳적의 요임금, 우임금, 고요의 신체적 특징을 어떻게 알고 공자의 모습과 비교할 수 있었겠느냐 한 것은 당연한 지적이었다. 그러나 설혹 그런 지적이 없었더라도 훨씬 더 중요한 위작의 증거가 그 일화에는 내재해 있다. 이 일화에서 공자는 '집 잃은 개'로 표현되었다. 그것은 공자는 누구인가 하는 저 기나긴 물음에서 공자 사후에 등장한 첫 번째 역사적 대답이 아닐까 한다.

집 잃은 개. 이 일화의 생산자도, 그것을 유통시킨 자도, 또 그것을 「공자세가」에 수록한 사마천도 이 형상화에 동의했다. 심지어 일화 안에서 공자 자신마저도 이 형상화에 공감을 표했을 정도였다. 인류의 성인이면서 그럼에도 불구하고 알아주는 이 없는 낯선 나라의 길거리에서 제자들과 헤어져 두리번거리고 있는 늙은이, 집 잃은 개처럼 초췌한 행색, 얼마나 그럴듯한 형상화인가! 2천 년이 넘는 세월 동안 사람들은 이 일화의 사실 여부를 떠나 그 소묘만큼은 너무나도 탁월하다고 생각해 왔던 것이다.

그러나 그랬을까? '집 잃은 개'는 규정하려야 규정할 수 없었던 공자에 대한 무리한 규정이었을 뿐이다. 살아생전 공자는 제자들의 그 어떤 규정도 막고 차단했지만 더 이상 그럴 수도 없게 된 사후, 낯선 후학들에 의해 그는 그럴듯한 규정으로 태어났던 것이다. 그를 신격화한 것도 아니고 영웅시하지도 않았다. 오히려 초라함이라는 역설을 통해 그의 남다름을 그려 내었으니 얼마나 멋진가! 그들은 쾌재를 불렀을 것이다. 그들은 공자는 과연 누구인가 하는 당대 제자들의 무거운 과제로부터 벗어날 수 있었던 것이다. 그들에게 이제 공자를 안다는 것은 더 이상 강박적인 과제가 아니었다. 그를 아는 것은 이제 전적으로 우리의 임의성에 맡겨진 것이자 우리의 능력 이내의 것이 되고 말았다.

집 잃은 개, 이 첫 번째 규정은 공자 이해의 전환점이 되었다. 너무나도 당연히 거기서 소묘된 공자는 우리가 찾아야 할 공자가 아니었다. 공자가 살아 있었더라면 어떤 방식으로든 그것을 막았을 것이다. 공자를 안다는 것은 바야흐로 이 규정에 의해 세속화의 길로 접어들었다. 거기서 쉽게 얻은 공자의 모습은 바야흐로 석양빛에 물든, 찬란하지만 속된 공자상에 불과했다. 집 잃은 개라는 규정은 공자는 누구인가 하는 중단될 수 없는 질문을 중단시켰고 우리를 그 질문의 강박성에서 해방시켰던 것이다.

「공자세가」에는 이 일화가 형성되던 무렵의 것으로 보이는 또 하나의 일화가 수록되어 있다. 일화는 그 배경이 된 때가 진陳나라에서 양식은 떨어지고 제자들은 병이나 일어나지를 못하던 시절15/2의 일이라고 설정하고 있다. 어느 날 공자는 자신의 처소로 자로와 자공 그리고 안연을 번갈아 불러들여 다음과 같은 질문을 한다.

시에 이르되 "외뿔소도 아니고 호랑이도 아닌 것이 저 광야에서 헤매고 있네" 하였다. 나의 노선에 무슨 잘못이라도 있는 것이냐? 내가 이 상황에서 무엇을 해야 하겠느냐?
詩云,匪兕匪虎,率彼曠野.吾道非邪?吾何為於此?「孔子世家」

가장 먼저 불려 들어간 자로가 이렇게 대답을 했다. 우리가 어질지 못하고 지혜가 부족하기 때문에 사람들이 믿지 못하고 따르지 않는 것 아니겠습니까? 스승은 그러면 백이숙제는 무엇이 부족해서 수양산에서 굶어죽고 비간比干은 무엇을 잘못해서 비참한 죽음을 당했겠느냐 하는 반문으로 그의 의견을 배척했다.

이어서 들어온 자공에게 스승은 같은 질문을 한다. 자공은 선생님의 도가 너무 커서 천하가 받아들이지 못하는 것 같으니 차라리 수준을 조금 낮추는 것이 어떻겠느냐고 제안한다. 이에 공자는 최선을 다할 생각은 않고 사람들에게 받아들여질 생각만 한다는 것은 뜻이 원대하지 못한 탓이라고 자공을 비판한다.

마지막으로 들어온 안연. 그의 대답은 달랐다. 그는 "선생님의 도가 너무 커서 천하가 받아들이지 못하고 있지만 그것은 당연한 것이고 오히려 받아들이지 못한 연후에 군자다움이 드러나는 것입니다" 하였다. 공자는 안연의 그 말을 아낌없이 칭찬한다.

이 일화는 집 잃은 개의 일화와 거의 동일한 차원에 머물러 있다. 황량하기로 치면 집 잃은 개의 일화보다 조금 더 황량해 보인다. 집 잃은 개와 광야를 헤매는 짐승이 그 이미지가 비슷하다는 것은 차라리 큰 유사점이 아닐 수도 있다. 두 일화는 공자학단이 이미 '깊은 자의식'에 휘말려 있음을 공통적으로 보여 주고 있다. 집 잃은 개도, 광야를 헤매는 짐승도 바로 그런 자의식의 소산이었다. 공자학단의 원칙은 간신히 지켜지고는 있었지만 이미 현저히 힘에 겨운 모습이었다. 스스로의 원칙을 더 이상 유지하기도 어렵지만 그렇다고 해서 버릴 수도 없는 한계상황에서 형성된 자의식. 논어는 그 어느 곳에서도 그런 자의식을 보여 주지 않았다. 공자는 늘 경쾌하고 즐거웠다. 무겁고 진지한 면이 있다고 해도 그것은 경쾌하고 즐거운 것과 잘 맞물려 있었다. 공자에 관한 역사적 사실을 하나라도 더 건져서 후세에 남기고자한 사마천의 집요한 의지는 공자를 건진 것이 아니라 전국 초기의 심화된 위기 상황에 속수무책으로 말려들고 있던 초기 유가들의 황량한 자의식을 건져 올렸을 뿐이다.

이후 화가들은 뻐드렁니에 주름투성이의 못생긴 노인을 그의 초상으로 그리기 시작했다. 그것은 공자를 집 잃은 개나 광야의 짐승으로 형상화하였던 초기 유가들의 저 슬기로운 탈상식脫常識의 역발상逆發想을 이어간 것이었다. 그의 모습은 완성되었고 이제 그는 과연 누구인가 하는 진지한 물음은 사라졌거나 남아 있어도 한담閑談 이상의 것이 될 수 없었다.

노장의 물결에 맞서는 공자

이어서 또 다른 일화들이 생산되었다. 시대적으로 본다면 앞의 두 일화와 비슷할 것으로 보이지만 공간적으로 본다면 초나라 등의 남방 문화를 배경으로 출현한 것 같다. 그 전거典據도 앞의 일화들이 『사기』「공자세가」였던 것과 달리 논어 자체였다. 대표적인 기록은 논어 제18 미자편 6장에 보이는 다음 단편이다.

장저長沮와 걸익桀溺이 나란히 밭을 갈고 있었는데 공자께서 그 앞을 지나가시다가 자로子路로 하여금 나루터를 물어보게 하셨다. 장저가 말했다.

"저기 수레를 잡고 있는 자는 누구요?"

자로가 말했다.

"공구孔丘라는 분입니다."

(중략)

걸익에게 물으니 걸익이 말했다.

"당신은 누구요?"

자로가 말했다.

"중유仲由라 합니다."

걸익이 말했다.

"그러면 노나라 공구의 문도門徒요?"

자로가 대답했다.

"그렇습니다."

걸익이 말했다.

"도도히 흐르는 물처럼 천하가 다 이러하니 누가 그 흐름을 바꾸겠소? 당신도 사람을 피하는 선비를 따르기보다 차라리 세상을 피하는 선비를 따르는 것이 어떻겠소?"

그들은 고무래질을 그치지 않았다. 자로가 가서 있었던 일을 고하니 선생님께서 쓸쓸히 말씀하셨다.

"새나 짐승과는 함께 무리지어 살 수 없느니 내가 이 사람들 속에 섞여 살지 않는다면 무엇과 함께 살겠느냐? 천하에 도가 있다면 나도 굳이 바꾸려 들지 않을 것이다."

長沮桀溺耦而耕,孔子過之,使子路問津焉.長沮曰:夫執輿者爲誰?子路曰:爲孔丘.曰:是魯孔丘與?曰:是也.曰:是知津矣.問於桀溺.桀溺曰:子爲誰?曰:爲仲由.曰:是魯孔丘之徒與?對曰:然.曰:滔滔者天下皆是也.而誰以易之?且而與其從辟人之士也,豈若從辟世之士哉?耰而不輟.子路行以告.夫子憮然曰:鳥獸不可與同群,吾非斯人之徒與而誰與?天下有道,丘不與易也. 18/6

앞서 집 잃은 개의 일화처럼 이 작은 일화도 논어의 다른 단편과는 달리 일정한 상황으로 주어져 있다. 집 잃은 개에서는 정나라의 길거리에서 제자들과 길이 어긋나 혼자 서성이고 있던 공자가 주요 상황이었다. 여기서는 여행길에서 길을 모르던 공자가 자로로 하여금 나루터 가는 길을 누군가에게 물어보게 하면서 전개된 상황이다. 공교롭게도 그들은 공자에 대해 알고 있었다. 그 중 한 사람이 자로가 공자의 제자라는 것을 알고 낯선 제안을 한다. 이제 천하의 흐름은 그 누구도 바꿀 수 없다. 그렇다면 당신도 더 이상 피인지사辟人之士를 따르기보다는 피세지사辟世之士를 따르는 것이 어떻겠느냐 하는 것이었다.

이 제안은 공자학단의 역사에서 볼 때 매우 치명적인 것이었다. 당신들의 방식은 이제 더 이상 적용될 수가 없다. 다른 방식이 필요하다는 뜻이었기 때문이다. 제안은 세상 자체를 피하는 것이었다. 이를 전해들은 공자는 우리가 사람인 이상 사람과 더불어 살 수밖에 없음을 환기시키고 세상을 바꾸어 보려는 우리의 노력은 불가피한 것이라고 해명은 했지만 그 말에는 이미 그 어떤 적극성도 낙관적 전망도 없었다. 논어는 그 말을 하는 공자의 표정이 무연憮然했다고 기록하고 있다. 실의에 빠져 허탈했다는 뜻이다.

물론 이 기록도 역시 후대의 위작이다. 전반적으로 볼 때 이 기록은 앞서 언급한 '집 잃은 개' 그리고 '광야에 떠도는 짐승'의 일화에 비해 더 악화된 상황을 배경으로 하고 있다. 당연히 공자는 더 힘을 잃고 있다. 해는 뉘엿뉘엿 저물었고 마지막 잔광에 비친 공자의 모습은 더욱 처연하다. 일부 논어 독자들 중에서는 이 모습에 더 탐닉하는 독자들도 없지 않다. 그런 독자들에게는 저 걸익의 "도도히 흐르는 물처럼 천하가 다 이러하니 누가 그 흐름을 바꾸겠소?" 하는 말마저도 비장감을 더하고 있을 것이다. "안 될 줄 알면서도 하는 사람"知其不可而爲之者 14/41이라는 규정에 까닭 없이 방점을 치는 이유도 다르지 않다. 그러나 공자는 위작이 아닌 논어의 어느 곳에서도 이런 모습을 보이지 않고 있다. 이 처연한 일화가 노장사상의 대두와 근접해 있었던 것은 말할 나위도 없는 일이다. 같은 미자편에 나란히 기록된 다음 단편도 마찬가지다.

자로子路가 수행하다가 뒤쳐져서 한 노인을 만났는데 그는 지팡이로 대그릇을 메고 있었다. 자로가 물었다.

"노인께서는 우리 선생님을 보셨습니까?"

노인이 말했다.

"사지가 부지런하지 못하고 오곡五穀도 분간하지 못하니 누가 당신 선생이란 말인가?"

지팡이를 땅에 꽂고 김을 매자 자로는 손을 모으고 서 있었다. 노인은 자로를 붙들어 묵어 가게 하였는데 닭을 잡고 기장밥을 지어 대접했으며 자신의 두 아들을 인사시켰다.

이튿날 자로가 가서 있었던 일을 고하니 선생님께서 말씀하셨다.

"은자隱者다."

자로로 하여금 되돌아가서 그를 뵙게 하였으나 가보니 이미 떠나고 없었다. 자로가 말했다.

"벼슬을 하지 않는 것은 의로운 일이 아닙니다. 어른과 아이의 범절도 없앨 수 없거늘 하물며 임금과 신하의 의를 어떻게 없앨 수 있겠습니까? 제 한 몸 깨끗이 하려다가는 큰 인륜을 어지럽히게 됩니다. 군자가 벼슬하는 것은 그런 의로움을 행하려는 것입니다. 도道가 행해지지 않는다는 것은 이미 알고 있습니다."

子路從而後,遇杖人以杖荷蓧.子路問日:子見夫子乎?杖人日:四體不勤,五穀不分,孰爲夫子?植其杖而芸.子路拱而立.止子路宿,殺鷄爲黍而食之,見其二子焉.明日,子路行,以告.子日:隱者也.使子路反見之,至則行矣.子路日:不仕無義.長幼之節,不可廢也.君臣之義,如之何其廢之?欲潔其身而亂大倫.君子之仕也,行其義也.道之不行,已知之矣.
18/7

하조장인荷蓧杖人의 일화는 장저걸익의 일화보다 더 노장의 신비에 젖어 있다. 공자는 하조장인의 신비에 꼼짝없이 포섭되어 있고 단편에서의 역할도 조연은커녕 엑스트라에 가깝다. 마지막 자로의 뜬금없는 한마디는 이곳이 『장자』의 한 페이지가 아니라 여전히 논어의 한 페이지임을 알려 주려는 마지막 안간힘처럼 보인다. 그나마 일화 속에 끼어들지도 못하고 말미에 메마른 형식논리만으로 대롱대롱 매달려 있다. 역사는 이제 바야흐로 노장老莊의 세월을 맞고 있는 듯하다. 그리하여 저 200년 거친 전국戰國의 바다를 건너려 했던 것일까?

나는 종종 공자가 저 집 읽은 개나 더 후대로 가서 하조장인의 일화가 만들어지던 시대에 여전히 살았더라면 하는 가정을 해본다. 그는 그런 시대에서도 자신만의 고유한 당당함을 보여 줄 수 있었을까? 아니면 어떤 형태로든 실제 저 집 잃은 개처럼 풀이 죽거나 노장의 양상으로 휘어지고 말았을까? 그것은 예수를 프랑스 대혁명의 한가운데에 배치해 보는 것만큼이나 무익한 가정일까? 나에게 그것은 아직 별 진척이 없는 진행 중의 화두다. 다만 논어와 「공자세가」 등에 남아 있는 이 석양빛에 물든 황홀한 공자의 모습은 진짜 공자가 아니라는 것, 공자를 잃고 외롭게 남겨진 공문 후학들의 초췌한 의식이 '공자는 누구인가' 하는 떨칠 수 없는 물음 앞에 투영해 본 슬픈 허상이었다는 것만 말해 두기로 하자.

이후 공자를 기원으로 하는 유학은 계속되었지만 공자는 누구인가 하는 물음은 거의 사라져 버렸다. 대신 그의 무덤을 꾸미는 부질없는 일만이 지속되었을 뿐이다. 공자는 권력자들에 의해 문성왕文成王으로 추대되었고 공맹孔孟이라는 거룩한 복합어의 앞머리를 장식하였는가 하면 그의 말씀은 사서오경四書五經의 맨 앞자리에 봉헌되었다. 그러나 공자에 대한 탐구가 남아 있는 한 공자는 누구인가 하는 이 물음은 여전히 유효한 물음으로 남을 것이다.

최근의 한 중국인 학자는 공자에 관한 그의 방대한 저서에 『집 잃은 개』를 제명으로 사용하였다.[8] 그나마 그것은 이제 중국이 저 거친 문화대혁명의 경직성을 벗어나 '집 잃은 개' 속에 표현된 초기 유가들의 낮은 수준의 역설을 받아들일 만큼 유연성을 되찾고 있음을 의미하는 것이었다. 이 깊고 깊은 자본의 하얀 밤에 공자는 누구인가 하는 것은 여전히 우리들에게 주어져 있는 화두다. 그리고 그 화두는 논어가 독서의 대상으로 주어져 있는 한 영원히 완료될 수 없는 운명적 화두로 남을 것이다.

---

8) 리링(李零), 『집 잃은 개』 (김갑수역, 글항아리, 2011)

10 오늘날의 공자, 어디에 있나?

처참하게 버려져 있는 위대한 가능성

논어를 통해 공자라는 인물과 인연을 맺고 나서 늘 마음 한 구석에 자리 잡고 있었던 관심은 이 희유한 인물이 오늘날의 한국 사회에서 가지고 있는 의미 내지 역할이었다. 고려시대나 그 이전 시대는 차치하더라도 조선조로 넘어온 후 공자는 우리 민족이 가장 존경하던 세계사의 인물이었다. 아이들은 서당에서 논어를 거의 암송할 정도로 배웠다. 인의예지 등 동양사 최고의 가치들은 모두 그가 주창했던 핵심이었다. 그가 제대로 이해되었는지 여부에 관계없이 공자는 오늘날의 우리와 가장 가까웠던 왕조 500년 동안 우리가 그릴 수 있는 인간상의 맨 꼭대기에 자리 잡고 있는 위대한 인물이었던 것이다.

그러던 왕조가 새로운 문물의 도래 앞에서 여지없이 무너져 버렸다. 반도에 사람이 살기 시작한 이래 아마도 가장 대대적이고 급격한 문화 변동이었던 서구문명의 충격은 너무나도 커서 나라는 36년간 남의 나라의 식민지로 전락하는가 하면 이어진 독립국가마저 둘로 분단되는 사상 최대의 후유증을 겪기도 했다.

이 대대적인 문화 변동 과정에서 공자는 낡은 세계관의 종주로서 함께 무너지고 말았다. 이제 아이들은 논어를 배우지 않고 공자의 말을 외우지도 않는다. 공자는 유교적 가치관으로 유지되어 왔던 낡은 세계의 정점으로서 구시대의 죄상을 모조리 뒤집어쓰지 않으면 안 되었다. 정치적 권위주의,

양반과 상놈으로 나누어지던 불평등한 신분질서, 개인의 자유에 대한 집단주의의 억압, 남존여비, 서얼 차별, 심지어는 반민주적 세습 왕정까지 모든 낡은 것들의 원조로 공자는 지목되었던 것이다. 세월이 흘러 이제 유교적 세계관이 그다지 위협적인 요인으로 느껴지지 않게 된 최근에도 『공자가 죽어야 나라가 산다』는 책이 단지 그 제목의 공감력만으로 엄청난 베스트셀러가 된 것 역시 아직은 그 악몽이 다 끝나지 않은 때문이라 할 수 있다.

공자와 유교가 철저한 붕괴의 길을 걷는 사이에 고스란히 그 역방향에서 진행되어 왔던 것이 그리스도교의 전파였다. 그리스도교는 백수십 년 전만 해도 알려지지 않은 낯선 종교였다. 그리스도가 누구인지 그리스도교가 무슨 메시지를 가지고 있는지 대부분의 국민들은 몰랐다. 그러나 새로운 문물이 들어와 민족의 진로에 서광을 비출 때 그리스도교는 그 정신적 기반으로 흔쾌히 수용되었다. 가톨릭의 경우 그 경직된 교리가 많은 순교자를 낳는 갈등 과정이 없지 않았으나 전반적으로 그리스도교는 만인의 평등, 정치적 민주주의, 권위주의의 타파 등등 새로운 사회를 구성하는 정신적 명분과 희망적 좌표로서 모자람이 없었던 것이다.

그 모든 과정이 지난 오늘에 나는 생각해 본다. 지금 공자는 어디에 있는가? 지금 공자는 어떻게 되어 있는가? 큰 틀에서 볼 때 공자는 여전히 낡은 가치관의 정점이라는 혐의에서 벗어나지 못하고 있는 것 같다. 그래서인지 어느 일요일 집에서 글을 쓰다가 문득 이런 생각을 해보았다. 오늘 하루만 하더라도 자그마친 6만 곳이 넘는다는 전국의 교회에서 예수의 가르침은 어떤 형태로든 되풀이하여 강론될 것이다. 그 가르침을 들었을 신도들의 수도 줄잡아 수백만 명은 될 것이다. 그에 비해 공자의 가르침을 주제로 가진 모임이 과연 몇 군데에서 있었을 것이며 그에 참여한 사람은 과연 몇 명이나 되었을까? 백수십 년 전 전국 방방곡곡에서 댕기머리 아이들마저도 입에 달고 다녔던 한 성인의 가르침은 지금은 온전히 적막강산이 되고 만 것이다.

생각하면 예수는 역사적으로 거의 교류가 없던, 저 먼 색목인의 땅에 살았던 사람이다. 그에 비해 공자는 좁은 바다를 건너 서울에서 직선거리로 치면 부산까지 거리의 두 배 조금 넘는, 그야말로 지척에 살았던 사람이다. 문화적 인접성은 아마 그보다 더 가까웠다고 해야 할 것이다. 공자를 둘러싸고 애증이 뒤얽힌 것도 어쩌면 그런 역사적, 문화적, 지리적 근접성 때문이었는지도 모른다. 마치 가족 간의 애증이 남들과의 애증보다 더 치열하듯이.

그런 그가 이토록 방치되어 있다는 것을 나는 안타깝게 생각한다. 그것은 결코 유교문화와 관련된 안타까움이 아니다. 나는 지금까지 단 한 번도 이 땅에 유교 문화가 부흥해야 한다고 생각해 본 적이 없다. 심지어는 공자만이 우리에게 갈 길을 알려 주는 유일한 인물이라는 생각마저 해본 적이 없다.

다만 어느 누구에게나 마찬가지이겠지만 나도 나의 삶을 살아오면서 이 사람의 족적과 언행만큼은 내가 주목하고 생각해 보기에 부족함이 없겠다 하는 사람을 부단히 찾아왔다. 그 과정에서 나는 개인적으로 예수와 공자라는 두 사람을 만날 수 있었다. 그리고 그 사실만으로도 나는 60여 년에 걸친 나의 삶을 보람과 행운으로 여기고 있는 것이다. 나는 그것이 특히 한 사람이 아니라 복수의 사람이었다는 점을 더욱 다행스럽게 생각한다. 그것은 나의 지향이 그 어느 한 사람에 대한 집착을 떠나 그들이 의도하였던 바 목표에 대한 지향이 될 수 있도록 하는 데에 도움이 되었기 때문이다. 그래서 지금도 나는 결코 공자에 목을 걸고 있는 사람이 아니다. 그렇기 때문에 드물게만 발견되었던 그의 말을 더 존중하고 그가 가리킨 방향에 더 집중할 수 있었던 것이라고 생각한다.

그 점에서 나는 공자의 존재와 말에 대해 그 진실을 인지하지 못하고 있는 시대상이 안타까운 것이다. 예수에 대해서는 수많은 사람들이 그를 밝히는 일에 나서 있기 때문에 나 같은 천학비재가 구태여 거기에 무엇 하나 더 얹어 놓을 것이 없다는 사실을 받아들인다. 그래서 단지 배우고 따르는 것만으로도 벅찬 것이 사실이다. 그러나 공자의 처지로 돌아와 보면 그렇지 않다. 한마디로 그는 철저히 내팽개쳐져 있는 것이다. 서양인들은 문화의 이질성으로 인하여 공자를 잘 이해하지 못한다. 공자에 대한 서양의 이해는 아직도 초보적 수준을 벗어나지 못하고 있다. 그 사정은 앞으로 세월이 좀 더 흐른다 하더라도 크게 나아지지는 않을 것이다.

여건이 낮기로는 역시 동양 3국이라 할 수 있는데, 정작 공자가 태어났던 중국의 사정은 매우 황폐하다. 현재도 맹위를 떨치고 있는 이념의 영향이라고 할 수도 있겠지만 이념의 시대로 진입하기 이전에도 공자는 역시 묻혀 있었다. 그가 중국에서도 최고의 성인으로 우러러지고 있었다는 사실이 이 점을 비켜갈 근거는 되지 못한다. 일본이나 우리나라도 초라하기는 마찬가지다. 적지 않은 사람들이 공자에 경도해 있는 것은 사실이지만 솔직히 공자의 진정한 모습이 그들에 의해 포착되고 있다는 생각이 든 적은 한 번도 없었다.

경학계는 한 마디로 황폐하다. 대부분의 사람들은 『명심보감』이나 『중용』, 『대학』을 펼치던 속된 손으로 아무런 위화감 없이 논어를 펼치고 있을 뿐이다. 심지어 기업하는 경영자들이야말로 논어를 배워야 한다고 목소리를 높이며 그들이 가진 돈에나 눈독을 들이면서도 조금도 부끄러움을 느끼지 못하고 있는 것이 우리 경학계의 현실이다. 나 같은 사람이 그를 밝히는 일에 조금이라도 기여해 보겠다고 나서는 것은 무슨 대단한 능력 때문이 아니라 단지 그가 지나칠 정도로 내팽개쳐져 있다는 이 암담한 현실 때문이다.

아마 언젠가 더 좋은 세월이 돌아오게 되면 나의 이런 조바심이며 공연히 동분서주했던 것은 한때의 에피소드로 남을지도 모르겠다. 그러나 현재로서 나의 진단은 논어와 공자의 시대는 갔다는 것이다. 가도 아주 처참하게 갔다. 아무도 그에게서 희망은커녕 새로운 가능성을 엿보지 않는다. 심지어 그가 더 죽어 주는 것이 이 나라에 축복이라도 될 것처럼 생각하는 여건은 부인할 수 없는 사실이다. 그러나 이 암울한 자본의 시대, 거짓과 무반성과 헛된 처방만이 난무하는 시대에 우리가 원점에서부터 다시 길을 찾으려 할 때 생의 교사로 삼을 수 있는 사람을 찾는다면 과연 누가 있을까? 사람마다 다르겠지만 적어도 내게는 여전히 예수와 공자밖에는 없다. 처참하게 버려져 있는 위대한 가능성. 이 극단의 콘트라스트 위에 그가 있다. 어쩌면 생전의 그의 모습과도 너무나도 유사하게.

논어, 언제까지 한문 공부의 차원에만 머물 건가?

논어를 가르치고 배운다고 하면 무엇보다 선생이라는 사람이 칠판에 한문을 써놓고 줄줄 읽은 다음, 그 한문을 한 구절 한 구절 해석해 가며 뜻풀이를 하는 모습이 떠오를 것이다. 논어를 가르치고 배우는 현장은 어디나 비슷한 모습이다. 멀리 갈 것 없이 나 역시 처음에는 그렇게 논어를 강론했던 사람이다. 그러나 그때마다 나는 그 방법에 회의를 느끼곤 했다.

왜 꼭 이렇게 해야 하는가 하는 생각을 하지 않을 수 없었던 것이다. 나는 무엇보다 그리스도교의 경우와 대비를 해본다. 성서의 어디에 히브리어나 아람어가 나오던가? 번역된 한글 성서만으로도 그리스도교는 훌륭히 교본을 삼고 있다. 나는 논어도 번역된 한글 교본만으로 부족함 없이 공부할 수 있을 때가 와야 한다고 생각한다. 그러나 만약 어떤 모임에 논어 강사로 초빙되어 가서 한글로 된 논어만 제시하고 무슨 이야기를 한다면 사람들이 무어라고 할까? 당장 "저거 뭐야?" 하지 않겠는가? 심지어 논어 강좌에 나오는 사람들 중에는 아예 주된 목적이 한문 공부인 사람도 있다.

그러나 훨씬 더 심각한 문제는 논어를 강론하는 선생들에게 있다. 강론의 70~80% 비중을 그들 스스로 한문에 두고 있기 때문이다. 강론에서 그 부분을 걷어 내려 한다면 그들은 화들짝 놀랄 것이다. 마치 박쥐가 살고 있는 동굴 속으로 환하게 햇볕을 들여보내는 것만큼이나 충격적일 것이다. 듣는 자들의 대부분이 한문에 능통하지 못하다는 점에 기대어 선생 노롯을 하고 있는 강사들이 의외로 많다. 가끔 인터넷 동영상 사이트인 유튜브YouTube에서 그들이 펼치는 강의 동영상을 보기도 하는데, 한문 실력을 늘어놓다가 도가 지나쳐 엉터리 해자解字 실력까지 과시하는 데에 이르면 온몸이 오글거려 보고 있는 내가 쥐구멍을 찾고 싶을 때도 있다.

그러나 막상 한문의 필요성으로 말하자면 나보다 그 필요성을 더 절실히 느끼는 사람도 없을 것이다. 나는 논어 521개 단편 중에서 70여 개의 단편에 걸쳐서 전통적인 해석을 바꾸었다. 그러다 보니 나의 해석적 입장을 꼼꼼하게 변론하지 않을 수 없고, 그렇게 하자면 부득이 한문에서부터 시작하는 것이 불가피해지는 것이다. 그러나 그렇다고 해도 나는 원문을 둘러싼 해석 문제를 나의 종국적인 목표로 삼은 적은 한 번도 없었다. 어떤 경우에도 논어를 읽는다는 것은 2500여 년 전에 살았던 한 기적적 인물이 남긴 말의 의미를 깨닫고 배우는 일일 뿐이다.

논어 공부의 70~80%를 차지하고 있는 한문 공부를 내가 특별히 미워하는 이유는 바로 그런 진짜 공부가 불과 20~30% 안에 갇혀 있다는 생각 때문이다. 사력을 다하여 접근하여도 이루어질까 말까한 과제가 한문 공부의 뒤켠에 방치되어 있는 한 과연 무엇이 이루어질 것인가? 학문과 지혜가 고답적인 서당공부의 차원에서 벗어난 지도 벌써 한 세기가 지나지 않았는가? 그런데도 우리나라의 수사학洙泗學이 이토록 미몽에 잠겨 있는 것은 결코 본질적 부분이 될 수 없는 한문 공부가 참된 지적 감수성을 가로막고 있기 때문이 아닐 수 없다.

그래서 언젠가부터 실제 논어 강독을 할 때 꼭 필요한 경우가 아니라면 한문 문장을 읽지 않는 것을 실천해 보고 있다. 의외로 강의를 듣는 분들이 아쉬움도 불편도 토로하지 않았다. 아예 느끼지도 않는 것 같다. 그래서 기본 텍스트에서 한문 문장을 완전히 빼버리고 한글 문장만 소개하는 경우도 있지만 마찬가지로 어느 누구도 불만스러워 하지 않았다. 그것은 무엇이 더 중요한 것인가 하는 것을 듣는 사람들도 이해하고 동의할 수 있었기 때문이라고 생각한다.

설혹 한문으로 논어 공부를 하더라도 궁극은 논어 공부가 되어야지 한문 공부가 되어서는 안 된다. 그 점에서 논어를 들여다볼 때 『논어』와 나 사이에 한문이 가로놓여 있다면 그것은 아직 준비가 덜 된 것이라고 나는 늘 주장해 왔다. 한문이 보이지 않아야 한다. 경학의 잡다한 지식도 궁극적으로는 불필요하다. 오직 나의 체험과 논어 속 공자의 체험이 서로 빤히 마주보는 상태로까지 가지 않으면 공자의 말은 제대로 이해될 수 없다. 논어는 그런 특별한 장치를 가지고 있는 특별한 기록이라는 사실을 알 필요가 있다.

나는 그것을 위해서라도 깔끔하고 사족 없는 한글 논어 교본이 출현해야 한다고 믿는다. 그래서 나는 언젠가는 나의 『새번역 논어』의 순 한글판을 내고 싶다. 한자가 하나도 나오지 않는 이 순한글판 논어를 생각하면 나는 공연히 가슴이 설렌다. 불필요한 해의解義니 강설講說이니 하는 것도 최대한 자제하고 논어를 읽는 데 꼭 필요한 최소한의 해설만을 담아서 폭넓게 많은 사람들이 읽을 수 있는 논어를 내고 싶은 것이다. 그것은 나이가 어린 청소년들이나 많이 배우지 못한 사람들에게 잘 읽힐 수 있는 책을 낸다는 것과는 다른 문제다. 제대로 번역된 한글 논어는 쉽고 접근이 용이한 책을 말할 뿐 아니라 쓸데없는 관심사나 매개가 가급적 배제된 논어를 말한다. 무슨 대단한 한문 실력이나 역사적, 경학經學적 지식이 요구되지 않는 논어, 가능한 한 공자가 가르침을 베풀던 그 당시, 그의 제자들에게 필요했던 것만 담은 논어를 말한다.

낡은 권위, 뭔가 있어 보이는 듯한 외형으로부터 과감히 벗어나야 한다. 그러나 그것은 의외로 쉬운 일이 아니다. 사정이 논어에 비하면 현저히 나은 성서를 둘러싸고도 읽기 쉬운 현대어 판본이 다수 나와 있지만 구투의 한글 개역판에 끊임없이 이끌리고 있는 것은 대표적 사례라 할 수 있다. 그것이 예수의 말을 존댓말로 해야 하느냐 하는 문제에까지 이르면 상황은 자못 심각하다. 그 점에서 논어든 성서든 늘 원초적 상황으로 돌아가려는 노력이 필요하다. 긴 역사는 그 원초적 상황에 불필요한 손때를 묻혀 왔다. 역사와 문화가 오래되면 오래된 금동 제품처럼 원래의 빛깔과 광택을 잃어버리는 경우가 드물지 않다. 손때는 익숙하고 편안하지만 기본을 잃고 거짓된 타성 속을 헤매는 것도 바로 그 손때에 길들여지는 탓이다.

"학이시습지하니 불역열호아, 유붕이 자원방래하니 불역낙호아" 누군가는 이런 낭랑한 소리에서 향수도 느끼고 고적한 아름다움도 느낄 것이다. 그러나 누군가는 그런 의고적 취미 속에 안주해 있거나 잠들어 있는 논어 정신을 일깨워야 한다. 그 속에서 칼날처럼 시퍼런 진실을 끄집어내어 그 옛날 춘추시대의 현실 속에서 그러했던 것처럼 오늘의 현실 속에 불편하고 위태로운 구도로 배치해야 한다. 어느 곳, 어느 때에도 진실은 결코 나긋나긋하지 않았다.

예수는 긴 옷을 입고 품에 한 마리 어린 양을 안은 채 석양이 비낀 동산을 그림처럼 거닐던 사람이 아니었다. 공자도 그 잔잔한 가르침 앞에서 제후도 대부도 경건히 머리를 조아리던 사람이 아니었다. 논어도 마찬가지다. 논어가 한문 공부의 축 늘어진 타성에 젖은 의고적 문헌으로 남아 있는 한 그것은 곰팡이밖에 무엇을 생산하겠는가. 능력만 된다면 논어를 그 원초적 상황에서처럼 위험하고 불온한 문건으로 되돌려 놓는 것이 나의 꿈이다.

II

공자의 3대 관점

1 수기修己
이 세상에 이바지하려 하지 마라

가. 위기지학為己之學

공자의 가르침을 일컬어 일명 위기지학為己之學이라 한다. 자신을 위한 배움이라는 뜻이다. 배운다는 것은 다 자신의 향상을 위해 배우는 것이니 누구나 당연하다고 생각할 것이다. 그러나 이 말은 위인지학為人之學, 즉 남을 위해 배우는 것과 나란히 놓고 보면 상황은 그렇게 간단치가 않다.

배운다는 것은 자신을 위인 것일까 남을 위한 것일까? 우리는 대부분 다음과 같이 간단한 절충을 시도할 것이다. 배움은 나를 위한 것이면서 동시에 남을 위한 것이라고. 우리의 상식은 그렇게 절충을 하고 마무리 지을 것이다. 문제는 일찍이 공자가 그런 절충을 받아들이지 않았다는 사실이다. 가장 대표적인 단편은 14/25다.

子曰 : 古之學者爲己, 今之學者爲人. 14/25

풀이하면 다음과 같다.

"옛날의 배우는 사람들은 자기를 위해 배웠으나 요즈음의 배우는 사람들은 남을 위해 배운다."

이 말에는 명백히 남을 위해 배우는 행태에 대한 부정적 시선이 담겨 있다. 여기서 혼란이 일어난다. 바로 공자가 의도했던 혼란이기도 하다.

그런데 뒷구절 今之學者爲人에 대한 일반적 해석은 거의 대부분 "요즈음의 배우는 사람들은 남에게 보이기 위해 배운다"로 되어 있다. 그냥 "요즈음의 배우는 사람들은 남을 위해 배운다"고 하면 될 것을 원문의 명백한 표현, 爲人을 훼손해 가며 이렇게 억지 해석을 하고 있는 이유는 무얼까?

이유는 뻔하다. 왜 남을 위해 배우는 것이 문제가 되는지를 이해할 수 없었기 때문이다. 정자程子가 爲人을 欲見知於人也라고 주석한 것이나 주자朱子가 그의 해석을 꼼짝없이 추종할 수밖에 없었던 것도 모두 그 때문이었다. 이런 해석에서는 공자가 상식의 수면에 자신의 말을 던져 의도적으로 일으키려 했던 파문이 발생하지 않는다.

공자는 이 말을 통해 사람들로 하여금 "남을 위해 배우는 것이 무슨 문제라도 있다는 건가?" 하는 곤혹감을 갖게 하려 했던 것이다. 이제 남을 위해 배운다는 것이 무슨 문제가 있는지 공자의 의도는 어디에 있었는지를 알아보기 위해 다른 진술 하나를 추적해 보자.

자로가 군자에 대해 묻자 선생님께서 말씀하셨다.

"경敬으로써 자신을 닦는다."

자로가 말했다.

"그러할 뿐입니까?"

선생님께서 말씀하셨다.

"자신을 닦아 사람들을 편안케 한다."

자로가 말했다.

"그러할 뿐입니까?"

선생님께서 말씀하셨다.

"자신을 닦아 백성을 편안케 한다. 자신을 닦아 백성을 편안케 하는 것은 요임금과 순임금도 오히려 부심했던 것이다."

子路問君子.子曰 : 脩己以敬.曰 : 如斯而已乎?曰 : 脩己以安人.曰 : 如斯而已乎?
脩己以安百姓.脩己以安百姓,堯舜其猶病諸. 14/45

무심해 보이는 스승과 제자 사이의 이 대화에는 만만치 않은 긴장이 흐르고 있다. 군자에 관한 자로의 질문을 받은 공자의 첫 답변은 "경으로써 자신을 닦는다"였고 그에 대한 자로의 반응은 "그러할 뿐입니까?"如斯而已乎?였다. 이 반응은 공자의 답변이 마음에 들지 않고 성에 차지도 않는다는 뜻이다. 자로는 무언가 확 와 닿는 것, 거창한 것을 기대했음에 틀림없다. 공자는 처음부터 자로의 그런 심리를 꿰뚫고 있었다. 그래서 첫 답변도 일부러 그의 기대를 충족시키지 못할 "경으로써 자신을 닦는다"를 제시했던 것이다. 다분히 의도적인 답변이었다는 것이다.

불만에 찬 1차 반응을 거치고서야 공자는 마지못한 듯 "자신을 닦아 사람들을 편안케 한다"脩己以安人고 대답을 일부 수정한다. 사실 남 또는 사람들을 편안케 하는 것安人은 자신을 닦는 것脩己에 저절로 뒤따라오는 것이므로 엄밀히 말하면 구태여 수정이라고 할 것도 아니다. 다만 자로가 무언가 좀 더 와 닿고 가시적인 것을 원했기 때문에 그에 약간 맞추어 준 것에 지나지 않는다.

그런데도 자로의 반응은 여전히 "그러할 뿐입니까?"如斯而已乎?였다. 공자는 또 한 번 대답을 수정한다. 그것이 "자신을 닦아 백성을 편안케 한다"脩己以安百姓였다. 사람들人을 백성百姓으로 바꾼 것이니 결국은 그 말이 그 말이다. 다만 자로의 눈으로 볼 때 백성은 조금 더 그럴듯한 대상이었을 것이다.

그리고 차제에 공자는 못을 박아 버린다. "자신을 닦아 백성을 편안케 하는 것은 요임금과 순임금도 오히려 부심했던 것이다"修己以安百姓,堯舜其猶病諸. 수기가 무엇인지 정확히 통찰할 수 없는 자로였지만 요순의 위대성은 자로도 알고 있었다. 공자는 요순을 등장시켜 자로를 더 이상 달아날 수 없도록 퇴로를 차단하고 있는 것이다.

공자는 처음부터 "자신을 닦아 백성을 편안케 한다"修己以安百姓고 말할 수도 있었다. 그런데 "백성을 편안케 한다"安百姓는 말은 마치 내놓기 싫은 것을 내놓는 것처럼 자로의 불만 섞인 반응에 밀려 미적거리며 내놓았다.

왜일까? 결론부터 제시하자면 修己以安百姓의 실천적 장場은 단지 修己였기 때문이다. 공자의 첫 번째 답변이 그래서 나온 것이었다. 그러나 자로를 비롯한 많은 젊은이들은 단지 安人 내지 安百姓에만 관심이 쏠려 있었다. 공자가 볼 때 그것은 본말이 뒤바뀐 것이었다. 安人이나 安百姓이 우선된 관심에서는 그 어떤 새로운 것, 더 나은 것도 만들어 내지 못했다. 그 점에서 그런 관심은 공자가 볼 때 막다른 길이었다. 사랑하는 제자들이 막다른 길로 들어서지 못하도록 하는 것은 공자로서는 당연한 조치였다.

위기지학爲己之學은 논어의 도처에서 강조되고 있다. 그러나 그 의의는 대체로 간과되었고 또 그것이 얼마나 일관된 공자의 관점인가 하는 것도 거의 포착되지 못했다. 그것은 안타까운 일이었다. 그러나 공자는 지치지 않고 위기지학을 강조했다. 자로와의 대화에서 제시했던 수기修己는 자공과의 대화에서도 변함없이 강조되고 있는 것을 볼 수 있다.

자공子貢이 말했다.

"만약 백성들에게 널리 베풀어서 많은 사람을 구제할 수 있다면 어떠합니까? 가히 어질다 할 수 있겠습니까?"

선생님께서 말씀하셨다.

"어떻게 어진 정도이겠느냐? 필시 성인의 경지일 것이니 요임금과 순임금도 그 문제만은 부심했었다. 실로 어진 자는 스스로 서기를 바라서 남을 세우고 스스로 통달하기를 바라서 남을 통달시키며 가까운 데서 능히 예例를 드니 그것이 어짊의 비결이라 할 수 있다."

子貢曰 : 如有博施於民, 而能濟衆, 何如? 可謂仁乎? 子曰 : 何事於仁, 必也聖乎! 堯舜 其猶病諸. 夫仁者, 己欲立而立人, 己欲達而達人, 能近取譬, 可謂仁之方也已. 6/30

자공은 위에 소개한 단편14/45에서 자로가 가졌던 것과 마찬가지로 백성에게 널리 베풀고 중생을 구제한다는 장대한 일에 벅찬 기대를 가지고 있었던 것 같다. 물론 공자는 그런 욕망이 수기에 대한 관심을 제치고 등장하는 것을 언제나 경계해 왔다. 스승의 방침을 익히 알고 있는 자공은 여기서 도전적인 질문을 던진 것이다.

"만약 백성들에게 널리 베풀어서 많은 사람을 구제할 수 있다면 어떠합니까? 가히 어질다 할 수 있겠습니까?"

자공으로서는 스승의 평소 가르침을 정면으로 거스르는 질문을 한 셈이다. 앞서 언급한 바와 같이 "남을 위해 배우는 것이 무슨 문제라도 있다는 건가?" 하는 문제를 도발적으로 제시하여 스승의 반응을 보려는 것이 분명했다. 자공의 이 의도를 공자가 모를 리 없었다. 어쩌면 자공의 이 질문은 그동안 공자가 의도적으로 유도했던 것이라 해도 과언이 아니었다. 뒤이은 공자의 답변은 완전히 자공의 허를 찌르는 것이었다.

"어떻게 어진 정도이겠느냐? 필시 성인의 경지일 것이니 요임금과 순임금도 그 문제만은 부심했었다."

평소와 마찬가지로 밖으로 베푸는 일에 대해 무언가 제동을 걸 것이라고 생각했던 것과는 달리 공자는 오히려 거기에 엄청난 의의를 부여하고 나왔다. 자공으로서는 예상치 못했던 역공이었다. 공자는 자공의 도전을 되치기로 넘기고 있는 셈이다. 이 팽팽한 시소에서도 공자는 자로와의 대화에서와 마찬가지로 요순을 받침점으로 삼고 있다. 그런데 자공을 어리둥절할 정도로 띄워 놓고 나서 이어지는 공자의 말은 이러했다.

"실로 어진 자는 스스로 서기를 바라서 남을 세우고 스스로 통달하기를 바라서 남을 통달시킨다."

상황은 여기서 완전히 뒤집어진다. 너의 말처럼 널리 베풀어 중생을 구제하는 것은 좋다. 그러자면 거기에는 방법方이 있다. 그것은 "네 스스로 서고자 하여 남을 세우고 네 스스로 통달하기를 바라서 남을 통달시키는 것"이다. 또 천하 만민과 너 자신이 동심원처럼 이어져 있음을 알고 자기 자신近에게서 천하 만민의 관한 비유(예시)를 들 수 있게 되면 그것이 어짊을 실천하는 방안이 된다고 말한 것이다.

앞서 공자와 자로와의 대화14/45에서 나온 용어들로 보자면 자공은 바로 수기修근를 뺀 안인安人과 안백성安百姓만을 들어 질문을 했고 공자는 그것이 요순도 고심했을 정도로 위대한 과제임은 틀림없지만 그 요체는 역시 수기修근임을 드러내 보인 것이다. 도시하면 다음과 같다.

	실천의 장(場)	연계된 결과
자로와의 대화 (14/45)	수기이경(修己以敬)	안인(安人), 안백성(安百姓)
자공과의 대화 (6/30)	기욕립(己欲立) 기욕달(己欲達)	입인(立人) 달인(達人) –박시어민, 능제중(博施於民,能濟衆)

여기서 己欲立而立人,己欲達而達人을 두고 "자신이 서고 싶으면 남을 세워 주고 자신이 달하고 싶으면 남을 달하게 한다"는 해석이 널리 유포되어 있다는 것은 기가 찰 노릇이다.[1] 자신을 뒤로 하고 오히려 남을 앞세우니 어짊이 아니냐는 논리인 것 같다. 그것은 어짊은커녕 엎어놓은 탐욕에 불과하다. 마치 대부분의 이타주의가 엎어 놓은 이기주의에 불과하듯이.

공자는 베푸는 일을 근본적으로 부인하지는 않았다. 다만 그런 욕망들이 직접적으로 발현進取되는 한 그것은 아무것도 개선시킬 수 없다는 입장이었다. 오히려 공자는 세상을 향한 그런 직접적 욕망들이 자신을 되돌아보고 변화시키는 더 근본적인 실천을 대부분 가로막고 있음을 안타까워했던 것이다.

위기지학爲己之學으로 집약할 수 있는 이 원리는 공자가 자공子貢과 중궁仲弓에게 동일하게 들려주었던 다음 말에서 가장 날카로운 표현을 얻는 듯하다.

중궁仲弓이 어짊에 대해 묻자 선생님께서 말씀하셨다.

---

1) 이런 해석의 기원은 『논어의소(論語義疏)』에서 황간(皇侃, 488~545)이 말한 己若欲自立自達,則必先立達他人, 즉 "자신이 만약 서거나 달하고자 한다면 반드시 먼저 다른 사람을 세우거나 달하게 하여야 한다"는 것이다. 송대 성리학자들은 이 해석에 대해 침묵하였는데 그것은 이를 대체할 마땅한 다른 발상이 없었기 때문으로 보인다. 그로 인하여 후대 학자들은 황간의 해석을 따를 수밖에 없었다. 바른 해석의 단서는 子欲善而民善矣(12/20)에서 찾을 수 있다.

"문을 나서기를 귀한 손님을 맞는 것처럼 하고 백성을 부리기를 큰 제사를 올리는 것처럼 하여라. 자기가 하고자 하지 않는 바를 남에게 베풀지 마라. 나라에 있어서도 원망하지 말고 대부의 가家에 있어서도 원망하지 마라."

중궁이 말했다.

"제가 비록 불민하나 그 말씀을 잘 받들겠습니다."

仲弓問仁.子曰：出門如見大賓,使民如承大祭.己所不欲,勿施於人.在邦無怨,在家無怨.仲弓曰：雍雖不敏,請事斯語矣. 12/2

자공子貢이 물었다.

"한 마디 말로서 일생 동안 행할 만한 것이 있습니까?"

선생님께서 말씀하셨다.

"그것은 서恕다. 자기가 하고자 하지 않는 바를 남에게 베풀지 마라."

子貢問曰：有一言而可以終身行之者乎?子曰：其恕乎!己所不欲,勿施於人. 15/24

두 단편에서 공자가 공통되게 이야기하고 있는 것은 "자기가 하고자 하지 않는 것을 남에게 베풀지 마라"己所不欲,勿施於人는 것이다. 두 제자에게 똑같은 말을 들려주고 있다는 것은 그 말이 공자의 사유 속에서 수없이 반추되던 주제임을 말해 주고 있다.

주절에 해당하는 물시어인勿施於人, "남에게 베풀지 마라"만 보면 공자가 평소 남들과 세상에 대해 무언가를 베풀고 기여하고자 하는 들뜬 의욕을 경계하던 바로 그것이다. 물론 조건절의 조건이 있다. 스스로 하고자 하여 남에게 저절로 베풀어지게 해야 한다는 것이다. 공자는 스스로 서고자 하여 남을 세우라고 했고 스스로 달하고자 하여 남을 달하게 하라 했으며 스스로 선하고자 하여 백성들을 선하게 하라 했던 것이다. 己所不欲,勿施於人, 즉

"자기가 하고자 하지 않는 것을 남에게 베풀지 마라"는 말은 己欲立而立人, 즉 "스스로 서고자 하여 남을 세우라"는 말에 두 개의 부정어, 不과 勿을 개입시켜 요지를 다이내믹하게 강조한 것에 불과했다.

중용의 저자가 이 기소불욕, 물시어인己所不欲, 勿施於人을 "남이 내게 행하기를 원치 않는 것이라면 자신도 남에게 행하지 마라"는 뜻으로 곡해하고 그렇게 해석하기에는 아무래도 무리했던 이 원문을 임의로 시저기이불원, 역물시어인施諸己而不願, 亦勿施於人으로 변조한 것은 이 단편의 비극적 운명이었다. 상식적으로 그렇게 해석되기는 어려웠던 이 말은 『중용』의 저자가 변조한 쪽으로 흘러가면서 더 이상 의문의 여지를 잃은 교훈으로 굳어지고 말았다.

그러나 이 말은 이제 『중용』이 변조해 놓은 곡해의 길에서 벗어나야 한다. 그리고 공자의 원문과 진의로 돌아가지 않으면 안 된다. 기소불욕, 물시어인己所不欲, 勿施於人은 저 위기지학을 강조하는 공자의 강렬한 모토였다. 자기 자신과 이 세상을 동심원적 구조로 파악하면서, 아니 더 나아가 자기 자신과 이 세상을 아예 동일한 뿌리를 공유하고 있는 동심同心적 존재로 파악하면서 자신을 개선하는 것만이 바로 남과 이 세상을 개선하는 유일한 실천 기제임을 깨닫고 자기 개선을 위해 노력하라는 공자의 위대한 조언이었다.[2]

안연은 누구보다 공자의 이 요구사항이 중요하고도 기본적이란 사실을 잘 알고 있었다. 공자가 각자 자신의 소원을 말해 보라는 이례적인 제안을 했을 때 안연은 망설이지 않고 자신의 소원이 "원무벌선, 무시로"願無伐善, 無

---

2) 己所不欲, 勿施於人에 대한 새 해석은 쉽게 수용되기 어려울지도 모르겠다. 그러나 欲이 원래 적극적으로 무언가를 하고자 하는 것, 施가 예외 없이 무언가 좋은 것을 베푸는 것을 의미한다는 사실을 염두에 두고 원문을 읽을 필요가 있다. 또 그에 앞서 "자신이 하고 싶지 않는 것을" 운운하는 전통적 해석은 남에게 베풀기를 워낙 좋아하여 만인의 호감을 사고 있던 자공에게 평생의 과제로 삼으라고 하기에는 도무지 걸맞지 않다는 점도 생각해 보아야 할 것이다.

施勞라고 말했다. "선을 내세우지 않고 헛되이 베풂이 없기를 원합니다"라는 말이었다. 무도한 자들을 죽여 세상을 유도하게 만들려던 계강자처럼 이 세상을 선하게 만들겠다고 나서지 않고 수기의 차원을 간과한 채 무작정 이 세상에 베풀려고만 하는 도로徒勞의 무모함이 없기를 바란다는 뜻을 전통적 경학은 한 치도 읽어 내지 못했다. 이를 단지 "나의 선함을 자랑하지 않고 남들에게 노고로움을 끼치지 않기를 원합니다" 하는 안이한 해석으로 받아들인 전통 경학은 안연이 애초부터 자기자랑을 늘어놓거나 남에게 노고로움을 끼칠 사람이 아니었다는 사실은 도무지 안중에 없었다.

> "남이 나를 알지 못하는 것을 한탄할 일이 아니라 내가 남을 알지 못하는 것을 한탄할 일이다."
>
> 子曰 : 不患人之不己知,患不知人也. 1/16

나의 부족에 먼저 유의하라는 이 말은 바로 수기를 잊고 내가 이 세상을 위해 무언가를 해야 한다는 성급한 의욕을 앞세우지 않도록 경계한 것이었다. 같은 취지의 이 말이 표현만 바뀌어 논어에 반복적으로 등장하고 있다는 것은 공자가 그만큼 모든 제자들에게 기회만 있으면 수기를 강조했다는 것을 단적으로 보여 주고 있다.

> 선생님께서 말씀하셨다.
>
> "위상이 없음을 고민하지 말고 어떻게 하면 설 것인가를 고민하여라. 아무도 나를 알아주지 않음을 고민하지 말고 알아줄 만큼 되기를 구하여라."
>
> 子曰 : 不患無位,患所以立.不患莫己知,求爲可知也. 4/14

선생님께서 말씀하셨다.

"남이 나를 알아주지 않음을 한탄할 것이 아니라 자신이 능히 그리하지 못함을 한탄하여라."

子曰 : 不患人之不己知,患其不能也. 14/32

선생님께서 말씀하셨다.

"군자는 자신의 무능함에 대해 부심할 뿐 남이 나를 알아주지 않는 것에 대해 부심하지 않는다."

子曰 : 君子病無能焉,不病人之不己知也. 15/19

위기지학을 본질로 하는 공자의 많은 진술들은 무엇보다 정치의 문제로 갔을 때 가장 선명하게 나타난다. 위기지학은 인간의 보편적 원리이기도 하지만 정치라는 특수한 장에서 훨씬 더 그 본질을 선명히 보여 주고 있다. 12/20은 어쩌면 그 전형적인 것이다.

계강자가 공자께 정치에 대해 물었다.

"만약 무도無道한 자를 죽여 백성들로 하여금 유도有道한 데로 나아가게 한다면 어떻겠습니까?"

공자께서 대답하셨다.

"당신이 정치를 하신다면서 어떻게 죽이는 방법을 쓰십니까? 당신이 선하고자 하면 백성들도 선해집니다. 군자의 덕은 바람이고 소인의 덕은 풀이라서 풀 위로 바람이 불면 풀은 반드시 눕게 됩니다."

季康子問政於孔子曰 : 如殺無道以就有道,何如?孔子對曰 : 子爲政,焉用殺?子欲善而民善矣.君子之德風,小人之德草.草上之風必偃. 12/20

소위 일벌백계一罰百戒를 통해 무도를 엄단하려는 방안은 동서고금 어디에서나 흔히 동원되는 방법이다. 공자는 그 방법이 정도正道가 아님을 망설이지 않고 말한다. 그리고 제시하는 정도는 변함없이 일관되어 있다. "당신이 선해지고자 하면 백성들은 선해집니다."子欲善而民善矣. 그것은 "스스로 서고자 하여 남을 세운다"는 원칙을 고스란히 정치 현실에 적용한 것이었다.

己欲立而立人　　→　　子欲善而民善矣

6/30　　　　　　　12/20

계강자는 이번에는 일벌백계가 아닌 새로운 방안을 제시한다. 권장하는 방안이었다. 어쩌면 계강자는 12/20에서 제시했던 일벌백계 방안에 비하면 조금 더 나은 방안이라고 생각했는지도 모른다.

계강자季康子가 물었다.
"권장하여 백성들로 하여금 공경스럽고 충성스러워지도록 하는 것이 어떻겠습니까?"
선생님께서 말씀하셨다.
"엄숙히 정사에 임하면 공경스러워지고 효성과 자애를 다하면 충성스러워집니다. 선을 거양하여 가르치는 것이 불가능하면 권장하게 됩니다."
季康子問 : 使民敬忠以勸,如之何?子曰 : 臨之以莊則敬,孝慈則忠.擧善而敎,不能則勸. 2/20

공자는 여전히 정도만을 제시한다. "엄숙히 정사에 임하면 공경스러워지고 효성과 자애를 다하면 충성스러워집니다"臨之以莊則敬,孝慈則忠. 다시 말해서 선을 거양하여 가르치는 것舉善而教이다. 결국 당신 자신이 장중莊重하고 효자孝慈하기만 하면 된다는 것이다. 그리고 그것이 불가능할 때 비로소 권장하는 방안이 나타난다는 것이다.[3] 공자는 계강자가 새롭게 주장한 이 권장도 정도가 아님을 분명히 밝혔다. 돌이켜볼 때 일벌백계와 권장, 이 두 방안은 이 세상을 바꾸어 보겠다는 사람들이 오늘날에도 변함없이 동원하는 가장 대표적인 방안이라는 사실에 놀라지 않을 수 없다.

위정자에게 이 수기修己의 원리를 적용하고 있는 것은 논어에서 지속적이고도 일관된 모습으로 나타나고 있다. 얼핏 보았을 때 이 수기 중심의 정치는 지나치게 단순해 보이기도 한다. 그래서 이런 이상주의적 정치가 복잡다단하고 수많은 변수들이 뒤얽힌 현실정치를 모두 포괄할 수 있는 원칙이 될 수 있을까 의심하는 것은 있을 수 있는 일이다. 그러나 깊이 생각해 보면 매번 그 방법의 단순성은 정치 현실의 엄청난 복잡다단성을 모두 포괄하고 있다는 놀라운 사실을 확인하는 것으로 귀결된다. 공자의 사유가 그러했을 것이고 그것은 그 방법을 철칙으로 이해하게 하였을 것이다. 그리고 그 이해는 그 방법에 관한 공자의 확고한 믿음으로 나타났을 것이다. 공자의 모든 언급에서는 한 치의 망설임도 엿보이지 않는다.

계강자季康子가 공자에게 정치에 대해 묻자 공자께서 대답하셨다.

"정치란 바로잡는 일입니다. 당신이 올바름으로써 앞장선다면 누가 감히 올바르지 않겠습니까?"

---

3) 이 단편에 대한 전통적 해석은 도저히 이해할 수 없는 해석 중의 하나다. 使民敬忠以勸을 "백성들로 하여금 경충하고 부지런히 힘쓰게 하는 것"이라 해석하는 것은 도무지 어떤 발상에서 나온 것일까? 이 잘못된 해석으로 인하여 舉善而教不能도 "선을 거양하고 불능한 자들을 가르치면" 하는 쪽으로 잘못 흘러가고 말았다. 勸은 권장(勸獎)의 권이지 권면(勸勉)의 권이 아니다.

季康子問政於孔子.孔子對曰:政者,正也.子帥以正,孰敢不正? 12/18

논어에서 공자가 들고 있는 예는 너무나도 많고 일관되어 있어 구태여 다열거할 필요가 없을 정도다. 압축하면 수기 이외의 아무것도 아닌 이 예들을 요점만으로 정리할 경우 다음과 같다.

경으로써 자신을 닦음修己以敬	→ 백성을 편안케 함安百姓	14/45
스스로 서고자 함己欲立	→ 남을 세움立人	6/30
스스로 달하고자 함己欲達	→ 남을 달하게 함達人	6/30
당신이 선해지고자 함子欲善	→ 백성들이 선해짐民善	12/20
자신을 바르게 함正其身	→ 남을 바르게 함正人	13/13
올바름으로 앞장섬子帥以正	→ 누가 감히 바르지 않겠나孰敢不正	12/18
자신을 바로잡음其身正	→ 명령하지 않아도 행함不令而行	13/ 6
당신이 욕심내지 않음子之不欲	→ 도둑질 하지 않음不竊	12/19
장중히 매사에 임함臨之以莊	→ 경건해짐敬	2/20
효성스럽고 자애로움孝慈	→ 충성스러워짐忠	2/20
자신이 하고자 함己所欲	→ 남에게 베풂을施於人	15/24
북극성이 제자리를 지킴北辰居其所	→ 뭇별들이 둘러싸고 돎衆星共之	2/ 1
굽은 것 위에 곧은 것을 둠擧直錯諸枉	→ 백성들이 따름民服	2/19

이상적인 정치에서도 그것은 마찬가지였다. 위대한 정치지도자가 천하만민을 위해서 하는 일은 아무것도 없다. 하는 것이라고는 오로지 수기修己밖에 없는데 무엇을 하겠는가? 아무것도 하지 않고 다만 천명을 부여한 하늘을 우러러 자기 자신을 공경히 한 채 북극성처럼 스스로의 입지를 지켰을

뿐이다.

선생님께서 말씀하셨다.

"아무것도 하지 않고 다스린 이는 곧 순임금이실 게다. 실로 무엇을 하셨겠느냐? 스스로를 공경히 한 채 똑바로 남면하셨을 뿐이다."

子曰 : 無爲而治者,其舜也與.夫何爲哉?恭己正南面而已矣. 15/5

위기지학의 일관된 적용이었다. 비정치적 차원과 정치적 차원, 개인적 차원과 집단적 차원이 분리되지 않는다는 것은 공자의 가르침이 가진 한결 같은 모습이었다. 초점을 자기자신에 두는 한 그것은 단지 수기였다. 그리고 바로 그 초점을 세상에 두는 한 우리는 그것을 무위라고 불렀다. 그것은 같은 것이었다.

나. 자공子貢과 안연顔淵의 경우

수기修己, 그것은 쉬운 일이 아니다. 자신을 돌아보고 자신의 한계를 넘어 나아간다는 것은 어느 누구에게도 간단한 일이 아니다. 이미 14/45에서 공자가 수기를 제시했을 때 자로가 "그러할 뿐입니까?"如斯而已乎? 하고 불만스런 대답을 했을 때 어려움은 단적으로 드러났다.

자신을 닦고 향상시킨다는 것은 보통의 사람에게는 아예 그림 자체가 그려지지 않는 막연한 일일 수도 있었던 것이다. 그러나 그림이 그려지고 수기의 위치가 파악되면 그때부터 모든 것은 더욱 어려워진다. 그것이 수기의 길이다. 공자는 수기가 쉬운 일도 흔한 일도 아님을 잘 파악하고 있었다.

선생님께서 말씀하셨다.

"다 되었나보다! 나는 능히 자신의 잘못을 보아 속으로 스스로와 쟁송할 수 있는 자를 보지 못하였다."

子曰 : 已矣乎!吾未見能見其過,而內自訟者也. 5/27

자신의 잘못을 보아 스스로 쟁송한다는 것能見其過,而內自訟, 그것이야말로 수기의 핵심일 텐데 그것이 얼마나 어렵고 드문 일인가 하는 것은 공자가 그 일을 실천하는 자를 "한 번도 본 적이 없었다"고 한 데에서 단적으로 드러나 있다.

얼마나 어렵고 드문 일이었기에 공자가 "한 번도 보지 못했다"고 하였을까! 그 말은 정말로 한 번도 보지 못했다는 뜻이다. 그냥 강조하기 위해 한 말이 아니었다. 그 말을 표현된 대로 엄밀히 해석하면 공자가 늘 칭찬해 마지않던 안연도 예외가 아니었다고 보는 것이 옳을 것이다. 실제 안연도 그것을 충분히 실천하지는 못하였다. 그만큼 간단치 않고 드문 일이었지만 공자는 그것이 모든 사람이 걸어야 할 피할 수 없는 길이었기에 모든 사람에게 가혹하리만치 예외 없이 요구했다.

우리는 현실에서 흔히 "사람은 잘 바뀌지 않는다"는 말을 한다. 사람은 타고난 역량의 한계가 있기에 그것을 끌어안고 한평생을 고군분투하는 것일 뿐 실제로 변화하는 일은 거의 없다는 숙명론이 만연해 있다. 그러나 이런 숙명론적 인식은 공자가 수기를 실천하는 사람을 본 적이 없다고 한 절망적 현실에 맞닿아 있기는 하지만 그것이 인간 본래의 운명이라 할 수는 없는 것이다.

공자의 생애는 스스로 그런 변화가 가능함을 증명해 보인 경우라고 할 수 있다. 그것은 어떻게 가능했을까? 바로 남들과 달리 모든 것을 자기 자신에게서 찾고 구했기 때문이다.

선생님께서 말씀하셨다.

"군자는 자신에게서 찾고 소인은 남에게서 찾는다."

子曰 : 君子求諸己, 小人求諸人. 15/21

공자는 제자들에게 남에게서 구하지 말고 자기 자신에게서 구하기를 일관되게 요구했다. 그리고 그것을 몸소 실천해 보였다. 그것이 바로 공자가 자공 앞에서 고백했던 저 "하늘을 원망하지 않고 남을 탓하지 않았다"不怨天, 不尤人. 14/37는 것이다. 또 안연이 다다른 경지로 공자가 인증해 주었던 저 "노를 옮기지 않았다"不遷怒. 6/3는 것이기도 하다. 불천노不遷怒는 불원천, 불우인不怨天, 不尤人의 다른 표현이었을 뿐이다.[4] 그리고 그것은 안연이 수기의 길에 들어섰음을 보여 주는 가장 뚜렷한 증표이기도 했다.

그러나 천신만고 끝에 세상과 남들을 향한 출구 없는 길에서 자기 자신을 향한 길로 접어들더라도 그것은 여전히 쉬운 일이 아니었으니 미로迷路는 자기 자신의 안에도 도사리고 있었기 때문이다. 논어에는 이런 수기의 길이 얼마나 쉽지 않은 길이며 그 길에서 어떤 착종이 발생하는지를 보여 주는 단편이 자공과 안연 두 제자의 사례로 나타나고 있다. 그 중 제자 자공에게서 나타났던 사례는 매우 흥미롭다.

---

4) 불천노(不遷怒)를 주자가 해석한 것처럼 怒於甲者, 不移於乙, 즉 갑에게서 얻은 분노를 을에게 풀지 않는 것으로 해석하면 상황은 터무니없이 세속화된다. 세속적인 분노(怒)는 안연 같은 사람과는 거의 무관한 감정이다. 여기서 말하는 노(怒)는 발분(發憤)이라고 할 때의 분(憤) 또는 강개(慷慨)를 이야기한다고 볼 것이다. 안연은 발분을 함에 있어 타인이나 세상, 운명 등에 돌리지 않았다는 말이다.

자공은 남에게 베풀기를 좋아하고 이 세상과 매우 유화적有和的이었던 자신에 대해 스승이 항상 주의를 주고 수기의 과제를 깨닫도록 촉구한 데에서 적잖은 압박감을 느끼고 있었던 것 같다. 그에 따른 가장 1차적인 반응이 논어에 수록되어 있다는 사실은 흥미로운 일이다. 언젠가 자공은 공자가 물어보지도 않았는데 느닷없이 이런 말을 했다.

"저는 남이 저에게 가하는 것도 바라지 않고 저도 역시 남에게 가하지 않고자합니다."

子貢曰 : 我不欲人之加諸我也, 吾亦欲無加諸人. 5/12

도대체 무슨 말일까? 왜 자공은 묻지도 않았는데 스승에게 이런 말을 하고 있을까? 그것은 타인과 세상에 대한 출구 없는 관심에서 돌아서 바야흐로 수기의 과제를 요구 받고 소화하는 과정에서 자공이 그 요구를 잘못 이해하고 있는 모습을 보여 주고 있는 것이다. 그는 자신의 타고난 외향적 체질과 스승의 요구인 수기 사이에서 갈등하다가 난데없이 독아론獨我論으로 접어들었던 것이다.

독아론은 오늘날도 젊은이들이 사회성을 갖추어 가는 과정에서 흔히 접어들곤 하는 샛길이다. 자기 자신이라는 좁은 영역을 넘어 남들과 복잡하게 뒤얽힌 사회적 관계로 나아가는 과정에서 중심을 잃고 휘청거릴 때 흔히 흔들리는 중심을 되잡는 손쉬운 방법이자 이론이 독아론이다. 나도 남의 삶에 개입하지 않고 남도 내 삶에 개입하지 않기를 바란다는 것이다. 보통 그것은 복잡한 인간관계의 피로함에서 돌아와 자아의 고요한 중심성을 확보하려는 본능적 욕구에서 비롯된다. 그 점에서 독아론은 이행기적, 성장기적 특징을 가지고 있다. 다만 당시 자공에게는 스승의 집요한 요구가 가중되고 있었다는 점이 약간의 특이점이었다. 말하자면 스승의 요구인 勿施於人을 자공은 자신의 無加諸人에 연결시키고 있었던 것이다. 그리고 자신의 이 어설픈 독아론적 해법을 스승으로부터 인증받고 싶어 어느 날 불쑥 이 말을 꺼내었을 것이다. 말할 나위도 없이 공자는 자공의 상태를 정확히 꿰뚫어 보았다. 그리고 대답했다.

"사賜야, 네가 이르러야 할 바가 아니다."

賜也, 非爾所及也. 5/12

　　이 대답이 전통적으로 "사야, 네가 이를 수 있는 경지가 아니다"는 뜻으로 해석되어 왔다는 것은 어처구니없는 일이었다.[5] 공자는 아직 어리고 미숙했던 자공의 이 잠정적 지향이 진정으로 추구해야 할 지향이 아님을 담담히 말해 주었다. 자공은 스스로의 어설픈 견해를 공자로부터 인증 받으려 하다가 자애로운 질정을 받았던 셈이며 그 소중한 경험을 공문의 후배 학도들에게 전해 주기 위해 스스로 이 기록을 남겼을 것이다.

　　그러면 자공의 노력은 이후 어떻게 전개되었을까? 얼마 되지 않는 논어의 단편들을 통해 그것을 추적하는 일은 쉬운 일이 아니다. 그러나 단서가 전

---

5) 이 해석은 자공의 말을 "나도 남에게 가해하지 않고 남도 내게 가해하지 않기를 바란다"는 뜻으로 해석해 온 전통적 해석이다. 그것은 높은 경지라기보다 그저 속된 목표에 불과하다. 만약 높은 경지의 일이어서 자공이 도달할 수 없다는 뜻이었다면 所及 대신 可及을 썼을 것이다. 所及은 논어에는 다른 용례가 없고 『좌전』에 다섯 번의 용례가 나온다. 은공(隱公) 5년, 은공이 물고기를 구경하러 길을 떠나려 하자 장희백이 충간하며 임금의 몸가짐은 사소한 것도 모두 법도에 맞아야 하는데 물고기를 구경한다는 것은 하인들이나 할 일이지 "임금께서 할 일이 아닙니다"(非君所及也) 하는 기록이 있다. 또 소공(昭公) 25년에는 한 측근이 소공에게 계씨를 제거하는 정변을 건의하자 "너 따위가 간여할 일이 아니다"(非小人之所及也)라고 나무란 용례도 보인다. 능력이 미친다는 뜻의 可及과는 달리 所及은 非와 결합하여 모두 걸맞지 않거나 부적절한 계획, 목표라는 뜻을 가지고 있다.

혀 없는 것은 아니다. 20개 편으로 구성되어 있는 논어에서 유독 제자들의 발언만을 모아놓은 제19 자장편에 뜻밖에도 자공의 후속적 노력으로 추정되는 두 개의 단편이 남아 있다. 그것은 기적이라고 해야 할까?

제19 자장편은 그 마지막 여섯 개 장에 자공의 발언을 담고 있다. 이 중 세 개 장은 공자에 대한 자공의 높은 평가를 담고 있다. 공자의 이름을 후세에 길이 남기겠다는 자공의 분명한 의지가 담긴 단편들이다. 또 한 개 장은 공자가 누구로부터 배웠느냐 하는 끈질긴 외부의 관심에 대한 해명의 필요성에서 기록된 것 같다. 공자가 누군가로부터 배운 것이 아니라 스스로 노력하여 자신을 이룬 성인임을 주장하고 있다는 점에서 어쩌면 공자를 평가한 세 개 장과 궤를 같이한다고 볼 수도 있는 단편이다.

이 네 개 장을 빼면 순수한 자공의 진술은 두 개가 남는다. 공자와의 대화도 아니고 후배들에 대한 자공의 유일한 가르침이라 할 수 있는 이 두 개 장은 왜 기록되고 편성되었을까? 두 단편을 주목해 보자.

자공子貢이 말했다.

"주紂의 선하지 못함이 알려진 것처럼 그렇게 심했던 것은 아니다. 그런 까닭에 군자는 하류에 처하기를 싫어한다. 천하의 악이 다 거기로 돌아가기 때문이다."

子貢曰 : 紂之不善,不如是之甚也.是以君子惡居下流,天下之惡皆歸焉. 19/20

자공子貢이 말했다.

"군자의 잘못은 마치 일식이나 월식과 같아서 잘못이 있으면 모든 사람들이 다 그것을 보게 되고 잘못을 고치면 모든 사람들이 다 그것을 우러르게 된다."

子貢曰 : 君子之過也,如日月之食焉.過也,人皆見之.更也,人皆仰之. 19/21

자공이 스스로 기록하고 편입시킨 것으로 추정되는 이 두 단편은 자공이 공자학단의 후배들을 위해 의도적으로 남긴 것이 틀림없는 듯하다. 일찍이 공자로부터 기소불욕, 물시어인己所不欲,勿施於人을 필생의 과제로 부여받았던 자공이 아닌가! 그가 부여받은 필생의 과제와 씨름한 결과를 두 개 정도의 단편으로 남긴다는 것은 어쩌면 제자로서 최소한의 책임감 때문이었는지도 모른다.

들여다보면 이 두 단편은 거의 같은 주제를 다루고 있다. 다시 말해서 군자가 스스로를 다스리고 다스리지 못한 결과가 이 세상에 어떻게 영향을 미치는지를 나름대로 설명하고 있다는 것이다. 일식이나 월식 그리고 하천이 그 설명 원리로 등장하고 있다는 것도 흥미로운 점이다. 자공은 스승의 요구를 수용하는 한편 자기 나름대로 자기 변화가 어떻게 이 세상의 변화로 연결되는지 자기 나름의 논리를 만들었던 것이다.

물론 자공이 일식과 월식 그리고 하천을 예로 들어 설명한 이 두 단편이 과연 공자가 말하고 싶었던 바로 그 경지와 원리를 보여 주는가 하는 것은 논란의 여지가 있다. 나는 자공의 논리가 그러기에는 미흡했다고 본다. 공자의 논리는 그보다는 더 높은 곳에 있었기 때문이다. 다만 자공이 젊은 날의 독아론을 비롯하여 제 나름의 논리를 찾아 진지하게 고민하고 애써 온 모습에서 깊은 애정을 느끼게 된다.

수기의 문제가 안겨 주는 독특한 어려움은 안연에 이르러 또 다른 양상을 보여 주고 있다. 그에게 수기의 어려움은 차라리 수기의 고통이라고 해야 할 만한 것이어서 자공의 경우와는 또 다른 것이었다. 공자는 이미 안연을 평가하는 자리에서 그가 남모르는 공허와 '길 잃음'에 시달리고 있음을 지적한 바 있다.

선생님께서 말씀하셨다.

"회回는 천명天命에 가까웠으나 자주 공허에 빠졌고 사賜는 천명을 받지 못하고 보배로운 것만 늘려 갔으나 짐작하면 자주 적중했다."

子曰 : 回也其庶乎,屢空.賜不受命而貨殖焉,億則屢中. 11/20

屢空을 자주 "쌀궤가 비었다"數至空匱也고 해석해 온 전통적 해석은 논어의 대화들이 어떤 실존적 상황에서 이루어지고 있는지에 대한 인식을 전적으로 결여하고 있다. 안연은 수기의 길에서 자공이 겪었던 것과 일부는 비슷하게, 일부는 크게 다르게 혼선을 겪고 있었다. 이 단편의 기록자였음에 틀림없어 보이는 자공은 일련의 동병상련에서 안연이 겪고 있는 이 정신적 고통과 혼란에 공감할 수 있었고 그것이 나름대로 매우 의미 있는 것이라 여겨져 기록으로 남겼을 것이다.

안연顏淵이 탄식하며 말하였다.

"쳐다보면 더욱 높아지고 파면 더욱 견고해지며 앞에 있다 여기고 바라보면 어느새 뒤에 있구나. 선생님께서는 차근차근 사람을 잘 이끌어 주시니 학문으로써 나를 박학하게 하시고 예로써 나를 다잡아 주신다. 그만두고자 하여도 그럴 수도 없고 나의 재주는 이미 다하였는데 우뚝하게 아직도 서 있는 것이 있는 듯하여 비록 그것을 따르고자 하지만 따를 길이 없구나."

顏淵喟然歎曰 : 仰之彌高,鑽之彌堅,瞻之在前,忽焉在後.夫子循循然善誘人,博我以文,約我以禮.欲罷不能,旣竭吾才,如有所立卓爾,雖欲從之,末由已已. 9/10

수기의 길은 멀고 거기서 방향과 중심을 제대로 잡는다는 것은 더욱 만만치 않은 일임을 전형적으로 보여 주는 사례가 아닐 수 없다. 안연은 무엇을 어떻게 해야 할지 몰랐다. "쳐다보면 더욱 높아지고 파면 더욱 견고해지며 앞에 있다 여기고 바라보면 어느새 뒤에 있다"는 이 진술은 마치 인류의 모든 종교적 정진이 안고 있는 내밀하고 깊은 실상을 대변하고 있는 것 같다. 예수와 석가가 각각 광야와 보리수 아래에서 금식하며 시험을 견뎌야 했다는 신화적 표현 정도로만 남아 있는 것을 안연의 경우 우리는 보다 구체적이고 인간적인 고백으로 듣고 있는 것이다.

공자는 이런 위기에 봉착해 있던 안연에게 극기복례克己復禮를 지침으로 내려 주었다. 예는 이미 그 자체가 세상과의 관계이고 세상과의 관계를 수기 속에서 되살리는 것이 바로 복례라는 비법이었다. 공자가 처방한 극기복례는 안연으로 하여금 자기 자신己을 더 이상 동떨어진 세계가 아니라 마치 자성磁性을 띤 존재가 자장에 반응하는 것처럼 이 세상이라는 거대한 자장 속에서 민감하게 조율해 가는 방법이었을 것이다.

안연의 경우와 결코 동일한 경우라고 말할 수는 없지만 전국 초기 양주楊朱를 중심으로 전개되었던 독특한 사상인 위아론爲我論도 어쩌면 수기의 길이 얼마나 쉽지 않은 길인가를 단적으로 보여 주는 예시가 아닐까 한다. 양주의 사상이 공자의 위기지학에서 단서를 얻은 것이든 그렇지 않은 것이든 그것은 맹자 당시 천하를 반분하고 있었다는 맹자의 증언으로 볼 때 결코 만만치 않은 수준과 내용을 갖춘 사상이었을 것이다.

오늘날 양주의 위아론은 "내 몸의 털 하나를 뽑아서 천하를 이롭게 할 수 있다 하더라도 나는 그렇게 하지 않겠다"拔一毛而利天下不爲는 극단적인 소묘 하나로 남아 있다. 그 소묘의 이면을 추적해 볼 때 양주의 사상은 마치 공자가 14/25에서 "요즈음의 배우는 사람들은 남을 위해 배운다"今之學者爲人는 말이나 15/24에서 "자신이 하고자 하지 않은 것을 남에게 베풀지 마라"己所不欲,勿施於人는 다소 극단적인 말을 통해 베풂의 논리에 휩쓸리고 있던 제자들에게 강한 제동을 걸곤 하던 것과 높은 유사성을 가지고 있다.

그 원형이 거의 남아 있지 않아 더 깊이 추적할 수는 없지만 묵자와 더불어 천하 사상계를 반분하고 있었으면서도 맹자로부터 지나치게 폄하되어 심지어 금수禽獸의 사상으로까지 비판받았던 이 양주의 위아론은 위기爲己 내지 수기의 단계가 얼마나 진지하고 심각한 단계인지를 잘 보여 주는 것이었다. 모르기는 하지만 이 위아론은 수기의 단계가 가지는 고유한 어려움을 정면으로 뚫고 나가지 못하고 훗날 쾌락주의나 양생론養生論으로 주저앉았을 가능성이 높아 보인다. 그 또한 수기의 길이 얼마나 어려운 길인가를 보여 준 또 하나의 예증이었다 하겠다.

다. 도식圖式 속으로 사라진 수기

위기 내지 수기의 차원은 이상에서 언급한 몇몇 예시들과는 또 다른 방식으로 길을 잃을 수도 있다. 나는 그것을 『대학』과 『중용』에서 본다. 그 기본적인 구도는 수기를 남들과 세상을 위한다는, 일련의 더 발전된 단계들을 준비하는 '선행적 단계'로 보는 것이다. 여기에 이르러 수기는 더 이상 모든 것이 아니라 모든 것의 한 부분이 된다. 말하자면 모든 것의 선행적 부분 내지 기초적 부분이 되는 것이다.

일찍이 공자와 자로와의 대화에도 이 문제가 암시되어 있다. 군자를 묻는 자로의 질문에 대해 공자는 "경으로써 자신을 닦는다"修己以敬라고 단순하게 답한다. 그러나 이 대답에 성이 차지 않은 자로가 "겨우 그것뿐이냐"고 불만을 토로하자 스승은 "자신을 닦아 사람들을 편안케 한다"修己以安人는 말로 그를 달랜다. 그리고 그것은 급기야 "자신을 닦아 백성을 편안케 한다" 修己以安百姓는 데로까지 발전한다.

엄밀하게 말하면 그 세 대답은 동일하고 핵심은 여전히 "경으로써 자신을 닦는다"일 뿐이다. 공자가 대답을 점차적으로 확장시킨 것은 단지 자로의 안목을 고려하여 약간의 후퇴를 해준 것에 불과 했다. 그러나 전국시대로 진입하자 유학은 약간의 후퇴를 넘어 전면적인 후퇴를 단행한다. 이른바 『대학』의 저자[6]를 필두로 한 일군의 사변적 유학자들이 공자가 무심히 수기이안인修己以安人 내지 수기이안백성修己以安百姓으로 설명해 준 것을 단서로 저 팔조목八條目이라는 단계별 수행 과제를 제시했던 것이다.

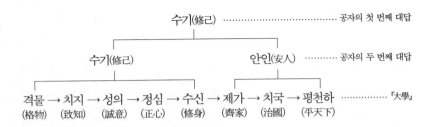

이 팔조목八條目은 수기가 안고 있는 본질적인 과제를 착종시켜 버렸다. 공자가 제자들에게 제시했던 것은 수기 한 가지밖에 없었다. 그러나 전국시대의 유학자들은 수기를 여덟 가지의 현란한 과제들 사이 어딘가에 모호하게 구겨 넣고 말았다. 수기修己는 팔조목 중의 수신修身과 같은 것인지 다른 것인지도 애매한 상태[7]로 더 이상 전체가 아닌 1/8의 과제가 되어 스멀스멀

---

6) 『대학』의 저자는 오랫동안 증자로 알려져 왔다. 그러나 청대의 고증학은 그것이 증자의 저술이 아니라 본격적인 전국시대 유학자의 저술임을 밝혔다. 이름을 남기지 않은 이들을 앞으로는 단지 『대학』의 저자로 호칭코자 한다. 자사(子思)로 알려져 온 『중용』의 저자도 마찬가지다.
7) 수기(修己)와 수신(修身)은 비슷해 보이지만 엄밀한 의미에서 같지 않다. 수기(修己)의 기(己)는 남 그리고 세상과 개념적으로 대립해 있다. 그러나 수신(修身)의 신(身)은 이미 그런 차원이 아니다. 신(身)은 더 이상 남과 세상에 대립하지 않고 제가의 가(家), 치국의 국(國), 평천하의

팔조목의 한 틈바구니로 종적을 감추고 말았던 것이다.

전국시대로 진입하면서 공자의 가르침은 그 입체성을 잃는다. 수신은 평면화되어 실천성을 잃는 대신 높은 관념성을 띄게 된다. 훗날 정자나 주자가 수사洙泗의 원류源流보다 체질적으로 더 좋아할 수밖에 없었던 바로 그 평면성과 관념성이다. 팔조목의 단계들은 철저히 선후로 이해되었다. 공자의 가르침에는 수기밖에 없기 때문에 원래 선후라는 것이 있을 수 없다. 물론 안인安人과 안백성安百姓이 있었지만 그것은 수기와 동시적이었기 때문에 역시 선후로 따질 것은 아니었다. 그러나 『대학』의 저자는 이를 완전한 선후 관계로 만들고 말았다.

> 사물의 이치가 밝혀진 뒤에야 앎이 지극해지고 앎이 지극해진 뒤에야 뜻이 성실해지고 뜻이 성실해진 뒤에야 마음이 발라지고 마음이 발라진 뒤에야 몸이 닦이고 몸이 닦인 뒤에야 집안이 건사되고 집안이 건사된 뒤에야 나라가 다스려지며 나라가 다스려진 뒤에야 천하가 태평해진다.
>
> 物格而后知致,知至而后意誠,意誠而后心正,心正而后身修,身修而后家齊,家齊而后國治,國治而后天下平. 『大學』

팔조목의 나열 자체도 현학적 관점을 드러낸 것이었지만 그것들이 선후 관계로 줄지어 선 것은 그것들이 철저히 관념이며 따라서 상응하는 구도적求道的 체험이 전혀 뒷받침되어 있지 않았음을 말하는 것이었다. 주자는 대학의 저자가 만들어 놓은 이 부질없는 여덟 조목을 활용하여 성리학의 왕국을 최종적으로 구축했다.

천하(天下)로 이어지는 하나의 단계일 뿐이다. 말하지만 수신은 수기의 타락 개념이다.

공자가 알았더라면 기겁을 했을 일들이다. 수신 아래에 줄줄이 덧붙은 정심, 성의, 치지, 격물 그 어느 것에서도 공자가 수기에서 바랐던 진정한 과제의식을 엿볼 수가 없다. 그것은 비극적인 일이 아닐 수 없었다. 훗날 주자가 『대학』을 중심으로 구축했던 온갖 사변적 체계가 왕양명王陽明의 도전을 받은 것은 그 점에서 불가피한 것이었다.

청대의 고증학에 이르러 밝혀진 바와 같이 『대학』의 번다한 언설은 공자나 증자의 발언과는 아무런 상관이 없는 전국시대 유학자들의 관념에 불과했다. 최술崔述은 그의 『수사고신여록洙泗考信餘錄』에서 다음과 같이 말하고 있다.

> 『대학』은 증자가 지은 것이 아니다. …… '대학지도'大學之道 이하의 경문經文도 결코 공자의 말투는 아니다. …… 『대학』의 글은 번다하면서 곡진하고 대구對句도 많다. 글의 시기로 따진다면 틀림없이 전국시대이지 공자나 증자의 말은 아니다.
> 大學非曾子作. …… 大學之道以下亦殊不類孔子之言. …… 大學之文繁而盡, 又多排語. 計其時當在戰國, 非孔子曾子之言也. 『洙泗考信餘錄』

결국 전국시대에 와서 공자의 수기는 『대학』에서 길을 잃은 이후 더 이상 그 종적을 찾을 수 없게 되었고 훗날 주자는 이 관념의 길을 부질없이 계승하였을 뿐이었다. 진짜 자기를 찾는 일은 자기를 세상의 한 특별한 부분一身으로 이해하면서 완전히 사라지고 만 것이다.

라. 모든 것으로서의 수기

수기의 궤도에 올라선다는 것은 말할 수 없이 어려운 일이었다. 안연의 누공屢空은 전형적인 것이었다. 공자는 그런 안연에게 극기복례克己復禮를 그의 새로운 지향점으로 제시했다. 그것이 모든 사람에게 공통된 지향점이 될 수 있는지 또 그것의 구체적 실천은 어떠해야 하는지는 모든 사람들이 자신의 숨겨진 현장에서 외롭게 탐색할 수밖에 없을 것 같다.

공자가 다양한 각도에서 강조한 위기爲己 내지 수기修己는 그가 논어 단편을 통해 전하고자 했던 취지에 접근하는 것만도 이만저만 어려운 일이 아니다. 그러나 터무니없는 해석과 오해의 가시덤불을 헤치고 간신히 그 취지에 접근했다 하더라도 그렇게 접근한 과제가 현실감 있는 과제로 다가오는 것은 또 다른 문제다. 논리적으로 접근하면 그것이 맞다는 것을 인정하면서도 현실 속으로 돌아가면 도무지 어렴풋하고 먼 아지랑이처럼 가물거리기만 하는 것이 이 수기라는 과제의 특징이다.

그것은 모든 위대한 과제의 운명이기도 하다. 수련이 잘 된 궁수弓手는 바늘구멍만한 과녁을 큰 황소만하게 본다. 예수는 한 알 겨자씨에서 공중의 새도 그 가지에 깃드는 거목을 보았다. 그 역이 속인들의 현실이다. 공자가 모든 것이라고 본 수기가 대부분의 사람들에게는 도무지 미미하거나 아무 것도 아닌 것으로 보이는 것도 그 때문이다. 무릉도원으로 들어가는 입구는 덤불에 가려져 잘 보이지 않는다. 그래서 언젠가 이 어려운 문제에 좀 더 쉽게 접근하기 위해 이런 테제를 만들어 본 적이 있다.

사람은 자신의 안에서 이룬 것 이상의 것을 자신의 밖에서 이룰 수 없다.

자신이라는 말 그리고 그 안이니 밖이니 하는 말이 가진 어폐와 위험성에도 불구하고 이 말을 이해하고 그에 동의하는 사람은 의외로 많았다. 공자의 말을 속화시키는 문제점은 있지만 공자의 말에 이르는 길에서 징검다리로 삼을 수는 있을 것으로 본다. 그리고 그 테제에 이런 테제까지 나란히 배치해 본다면 우리는 수기 이외의 어디로도 달아날 수 없을 것이다.

　사람이 자신의 안에서 이룬 것은 어떤 식으로든 자신의 밖에서도 이루어진다.

　놀랍게도 공자는 여러 곳에서 이 두 번째 테제와 관련한 견해를 피력하였다. 그것은 남들이 자신을 알아주고 인정해 주는 것에 연연하지 말 것을 강조한 여러 이야기에서 단적으로 드러나고 있다.

　선생님께서 말씀하셨다.
　"남이 나를 알지 못하는 것을 한탄할 일이 아니라 내가 남을 알지 못하는 것을 한탄할 일이다."
　子曰 : 不患人之不己知,患不知人也. 1/16

　공자가 이 점을 얼마나 반복적으로 강조하였는가 하는 것은 이 말이 표현만 조금씩 달리하여 거듭된 데에서 찾아볼 수 있다.

　"아무도 나를 알아주지 않음을 고민하지 말라."
　不患莫己知. 4/14

　"남이 나를 알아주지 않음을 한탄하지 말라."

不患人之不己知. 14/32

"남이 나를 알아주지 않는 것에 대해 부심하지 않는다."

不病人之不己知也. 15/19

심지어 우리가 너무나도 잘 아는 학이편 1장의 "남이 알아주지 않아도 섭섭해하지 않으니 또한 군자가 아니냐?"人不知而不慍,不亦君子乎? 하는 말도 바로 그것의 일환임을 다시 한 번 인식할 필요가 있다.

왜 공자는 남이 나를 알아주는 것에 대해 신경을 쓰지 말라고 이토록 강조했을까? 나는 이 강조에서 두 가지를 본다. 하나는 그것이 바로 반수기反修己이기 때문이다. 남이 나를 알아주기를 바라는 태도는 무작정 나아가 무언가를 이루려 하는 것進取으로 결코 수기를 돌보지 않는다. 또 하나, 그런 태도는 수기를 통해 이룬 것은 저절로 이 세상에 영향을 미친다는 사실을 모른다는 것이다. 공자는 이 신비한 문제를 몇 개의 단편에서 다루고 있다.

선생님께서 중궁仲弓에게 말씀하셨다.
"얼룩소의 새끼가 붉고 뿔이 반듯하다면 비록 쓰지 않으려 하더라도 산천의 신이 그를 버리겠느냐?"
子謂仲弓曰 : 犁牛之子,騂且角,雖欲勿用,山川其舍諸? 6/6

제례를 예로 들고 있어 선뜻 다가오지 않는 측면이 있지만 공자의 말은 매우 신비한 삶의 한 양상을 말하고 있다. 붉고 뿔이 반듯騂且角하기만 하다면 설혹 쓰지 않으려勿用 하더라도 산천의 신은 그를 버리지 않을 것이라는 사실이다. 그 전형적인 존재가 공자 자신일 것이다. 결코 무용하게 내버려지지 않는다는 이 사실은 다른 한 단편에서 훨씬 현실적인 모습으로 그려지고 있다.

중궁仲弓이 계씨季氏의 가재家宰가 되어 정사에 대해 묻자 선생님께서 말씀하셨다.

"관리들을 먼저 바로잡되 작은 잘못은 용서하고 훌륭한 인재를 등용하여라."

중궁이 말했다.

"훌륭한 인재인지를 어떻게 알고 등용합니까?"

선생님께서 말씀하셨다.

"네가 아는 사람을 등용하여라. 네가 알지 못하는 사람이라 해도 다른 사람들이 그를 내버려 두겠느냐?"

仲弓爲季氏宰,問政.子曰：先有司,赦小過,擧賢才.曰：焉知賢才而擧之?曰：擧爾所知.爾所不知,人其舍諸? 13/2

산천의 신까지 등장하는 6/6의 거대 원칙에 비하면 훨씬 현실적인 구도로 클로즈업된 이 단편은 사람됨은 결코 헛되이 묻혀 버리거나 외면되지 않는다는 사실에 대한 공자의 깊은 믿음을 보여 준다. 공자는 어디서 이런 믿음을 갖게 되었을까? 그것은 가장 내밀한 그 어떤 것도 가장 공연公然함을 통찰한 결과가 아닐 수 없다. 그것은 공자가 안연에게 말한 바, 저 "어느 하루 자신을 이겨 내고 예를 되찾는다면 천하가 어짊에 돌아올 것이다"一日克己復禮,天下歸仁焉 12/1고 했던 말의 신비를 고스란히 반영하고 있다. 공자의 일생은 자신의 바깥으로 한 발자국도 나가지 않은 삶이었다. 그것이 그가 천하로 나아간 비결이기도 했다.

수기가 당장 와 닿지 않는다는 사실에 절망할 필요는 없다고 본다. 정작 논어의 주역들이었던 자공에게도 자로에게도 수기는 마찬가지로 시야에 좀처럼 들어오지 않는 과제였다. 그런 제자들에게 공자가 지치지 않고 수기를 말했다는 것은 그것이 어려운 것임에도 불구하고 걸어야 할 유일한 길이었기 때문이다. 우리가 결코 절망해서는 안 되는 이유도 마찬가지다. 다른 길은 없다.

정리를 하면, 공자는 수기를 '모든 것'이라고 보았다. 알파도 수기고 오메가도 수기였다. 수기 '이후'에 다른 것이 없고 수기 '바깥'에 다른 것이 없다는 생각이었다. 전국시대의 유학이나 송대의 유학은 바로 그 이후와 바깥을 설정하면서 공자의 자취를 놓쳐 버렸다. 어쩌면 이 비밀이 공자의 모든 것이다.

마르크스는 그의 「포이에르바하에 관한 테제」에서 이렇게 말한 적이 있다.

"철학자들은 세상을 여러 가지로 해석만 해왔다. 그러나 중요한 것은 세상을 변화시키는 것이다."

The philosophers have only interpreted the world, in various ways. The point, however, is to change it. 「Thesen über Feuerbach」

그 말은 그의 묘비명으로 남았다. 그 말에 담아 공자의 한결같았던 가르침, 수기를 이야기해 본다면 아마 다음과 같은 것이 되지 않을까?

"사람들은 이 세상만 변화시키려 해왔다. 그러나 중요한 것은 자신을 변화시키는 것이다."

2 불이과 不貳過
무지와 과오와 악에서 벗어나는 길

일반적으로 사람들은 유교를 종교로 생각하지 않는다. 그것은 유교가 기독교나 불교처럼 그 가르침을 따르고 전파하는 데 특별한 형식을 갖추고 있지 않기 때문이다. 그러나 만약 종교를 인간이 가지고 있는 무지라든가 탐욕, 허물, 죄악 등을 근본적으로 넘어서는 높은宗 가르침敎이라 정의한다면 유교도 당당히 종교의 하나라고 말할 수 있다.

왜냐하면 유교도 여타의 종교들과 마찬가지로 인간의 그런 근원적 문제들을 넘어서는 길을 제시하고 있기 때문이다. 더구나 그 길이 일반적인 상식의 연장선에 놓여 있지 않고 여타 종교들과 마찬가지로 상식을 월등히 넘어서는 모종의 실천적 기전을 갖추고 있기 때문이다. 그렇다면 여기에서 종교로서의 유교가 갖추고 있는 그 실천적 기전이 어떠한 것인지 살펴볼 필요가 있을 것이다.

가. 무지無知

먼저 논어에서 무지의 문제가 어떻게 다루어지고 있는지 살펴보자. 공자는 아는 것에 대해 다음과 같이 아주 짧으면서도 함축적으로 이야기한 적이 있다.

선생님께서 말씀하셨다.

"유由야, 너에게 아는 것을 가르쳐 주랴? 아는 것을 아는 것으로 하고 모르는 것을 모르는 것으로 하는 것, 그것이 바로 아는 것이다."

子曰 : 由,誨女知之乎?知之爲知之,不知爲不知,是知也. 2/17

워낙 유명한 단편이라 다들 들어 보았을 것이다. 소크라테스에게 이 명제는 생애의 명제이기도 했다. 그러나 이 단편은 가만히 들여다보면 결코 당연한 이야기도 아니고 쉽게 이해될 이야기도 아니다. 왜 그런가? 아는 것을 아는 것으로 하는 것은 그렇다 치더라도 모르는 것을 모르는 것으로 하는 것이 어떻게 아는 것이 되는가 하는 반문이 가능하기 때문이다. 상식적으로 이야기하면 모르는 것은 그것을 모르는 것으로 하더라도 여전히 모르는 것으로 남을 수밖에 없는 것 아닌가? 그것이 건전한 상식이 아닌가? 어떻게 모른다는 것을 인정한다고 해서 그것이 아는 것이 되겠는가 말이다.

공자의 말은 그냥 좀 더 솔직할 것을 요구한, 평범한 이야기였을지도 모른다. 왜냐하면 모르는 것을 모르는 것으로 할 때 비로소 우리는 겸손하게 모르는 것에 대해 조금씩 더 배워 갈 수 있을 테니까 말이다. 그런 전향적 자세를 강조하다 보니 말이 그렇게 된 것이지 엄밀한 의미에서 모른다는 것을 아는 것이 바로 아는 것이 되지는 않을 것이다. 그렇게 생각하지 않는가? 그러나 이 말이 만약 공자가 아닌 다른 사람의 말이었다면 그렇게 생각하는 것이 맞을지도 모른다. 문제는 그 말을 공자가 했고 공자는 논어의 어느 곳에서도 단지 강조를 하기 위하여 과장된 표현이나 논리를 사용하지는 않았다는 것이 그렇게 결론짓기 어려운 이유다.

결국 우리는 다시 "아는 것을 아는 것으로 하고 모르는 것을 모르는 것으로 하는 것, 그것이 아는 것"이라는 이 신비한 말로 되돌아갈 필요가 있다.

다만 그 말의 자구만 들여다볼 것이 아니라 그 말에 담긴 체험적 측면 앞에 우리 자신의 체험을 맞세워 놓고 양자가 상조相照하는 가운데 안다는 것이 가지는 구조와 의미를 짚어 보는 진지한 노력이 필요하지 않을까 한다.

우리의 깊은 체험 가운데에는 지식수준이 높은 사람이나 낮은 사람에 관한 일반 통념과는 달리 어떤 사람의 '알고 모르는 것'에 관해 그보다 한 차원 높은 사정을 인지하는 모종의 체험적 변수가 있다. 말하자면 알고 모르는 것에서 세속적 차원의 통념이 있는가 하면 그와는 또 다른 차원의 인식이 있다는 것이다. 이 다른 차원의 인식은 확실히 앎을 둘러싼 우리의 상식적이고 평균적인 인식을 넘어서는 지평을 가지고 있다.

주목할 것은 우리 체험 속에 있는 이런 예각적 요소가 안다는 문제와 관련하여 누구에게나 현존하고 있고 그것이 앎의 문제에서 훨씬 시사적이라는 것이다. 아는 것이 정말 아는 것이 아니고 모르는 것이 정말 모르는 것이 아닐 수도 있다는 이런 체험은 어떻게 발생하는가? 어쩌면 이런 체험적 요소가 바로 공자가 말한 저 "아는 것을 아는 것으로 모르는 것을 모르는 것으로 하는 것이 아는 것"이라는 원칙을 정초 짓는 데에 더 결정적인 요인이 되지 않았겠느냐 하는 것이다.

사람이 아는 것에 대해 자만을 한다는 것이 반드시 자신이 전지全知함을 주장해서만은 아니다. "이 정도면 인간과 세상에 대해 나름대로 판단력을 행사할 수 있겠다. 더 이상 지혜로워진다면 좋겠지만 이 정도만 되어도 큰 아쉬움은 없다"는 생각에서 보통 지적 자만이 시작된다. 단지 그 생각이 다른 판단 내지 가치관들과 상충할 때 자신도 모르게 폐쇄적, 반동적 기전이 작동되면서 비로소 아집과 자만으로 발전하는 것이 보통이다. 그리고 그런 문제적인 아집과 자만의 순간, 당사자의 인지 기능의 매우 영적인 어떤 부분이 폐색閉塞에 이르는 것 같다. 기묘한 것은 이 폐색을 아주 평범한 사람들도 잘 느낀다는 사실이다.

반대로 아는 것이 아무리 보잘것없다 하더라도 자신이 잘 모른다는 사실에 대해 겸허하고 자신이 알고 있는 것도 제한되고 부분적일 수밖에 없음을 인식하고 있는 사람은 역시 그 인지 기능의 영적인 부분이 어딘가로 열려 내밀히 소통하고 있다는 사실을 느낄 수 있다. 말하자면 모든 인지 내지 지식은 생장점生長點을 가지고 있으며 그 생장점은 자신의 지적 상황과 관련하여 당사자의 정직한 자기 인식이 있을 때 비로소 활성화되는 어떤 부분이다. 식물의 생장점과 마찬가지로 그것은 극히 주변적인marginal 부분을 형성하고 있지만 동시에 전체를 죽일 수도 있고 살릴 수도 있는 매우 특별한 부분이 된다.

그렇다면 자신의 알고 모르는 데에 따른 솔직한 인정이 무엇보다 중요해지는데 그런 태도는 어떻게 확보되고 담보되는가? 공자에 의하면 그것은 호학好學을 통해 확보되고 담보된다. 만약 누군가가 자신은 별로 아는 것이 없고 모르는 것이 많다고 인정하면서도 그의 태도 어디에서도 배우고자 하는 열망이 엿보이지 않는다면 그것은 앞서의 인정이 진정한 인정이 아니기 때문이라 할 수 있다. 만약 아는 것이 없다고 입으로만 말한다 해서 그것이 진정한 인정이 된다면 천하에 지자가 되지 못할 자가 누가 있겠는가? 호학이라는 만만치 않은 실천적 장場이 그 담보로서 제시되어야 하고 그것은 결코 시늉만으로 이루어질 수 있는 것이 아니기에 결국 아무나 "나는 아는 것이 없다"고 설익은 겸손을 부릴 수가 없는 것이다.

논어에 보면 공자가 스스로 잘 한다고 내세우는 덕목이 별로 없다. 어짊, 지식, 덕, 용기, 의로움 등등의 덕목 중에서 공자가 자랑했던 덕목은 하나도 없다. 그러나 한 가지만큼은 자랑하는 것이 있었으니 그것이 바로 호학이다. 호학만큼은 공자도 도무지 겸양이라는 것을 몰랐으니 때로는 매우 이례적으로 느껴질 정도다. 그러나 생각하면 호학을 자랑한다는 것은 결국 자신이 모른다는 것을 인정하는 것이나 다름없다. 그렇기 때문에 모른다는 것이 자랑이 될 수 없듯이 호학은 아무리 자랑하더라도 자랑이 될 수가 없는 관계에 있다.

선생님께서 말씀하셨다.
"열 집 남짓한 마을에도 필시 나만큼 충신忠信한 사람은 있을 것이나 그도 나만큼 배우기를 좋아하지는 못할 것이다."
子曰 : 十室之邑,必有忠信如丘者焉,不如丘之好學也. 5/28

공자는 도처에서 제자들에게 호학을 강조했다. 그것만이 자신의 무지를 인정하는 유일한 방법이었고 그럴 때에만이 무지를 극복하고 앎의 차원으로 나아갈 수 있었으니까 말이다. 이제 공자가 '무지'와 '무지하다는 것을 아는 것'과 '호학' 그리고 '무지의 극복'을 어떤 관계로 엮었는지 다양한 단편을 통해 알아보자.

선생님께서 말씀하셨다.
"배움에 있어서는 미치지 못한 자세로 하여라. 오히려 그것을 잃어버릴까 두렵구나."
子曰 : 學如不及,猶恐失之. 8/18

상식적으로 말한다면 배움은 그 마지막에 무지의 정복이 기다리고 있을 것이다. 가능하고 못하고를 떠나서 배움은 전지全知를 목표로 삼게 된다. 그러나 공자는 "배움은 미치지 못한 듯이 하라"고 충고하고 있다. 만약 스스로 미쳤다고 생각하면 그 순간 이미 얻은 것도 잃어버리고 말 것이 두렵다는 것이다. 어쩌면 이 말은 앎은 그것을 얻고자 노력하고 있는 동안에는 가지고 있는데 그것을 가지고 있다고 생각하는 순간에는 오히려 잃어버리게 된다는 묘한 역설이다.

이 관계는 안다는 것을 무슨 소중한 재화를 얻는 것처럼 여기는 한 풀리지 않는 관계다. 안다는 것은 어쩌면 우리가 얻어 갈무리할 수 있는 무엇이 아니라 단지 개방적인 자세를 통해 그것이 우리 안으로 간단없이 개입하게 하는 일련의 진행형의 상태를 말하는 것처럼 보인다. 미치지 못한 듯한 자세로 배우라는 이 단편의 미묘한 동역학動力學은 다음 단편에 이르러 여전히 상식을 넘어서는 동역학으로 이어진다.

선생님께서 말씀하셨다.
"산을 쌓는 데에 비유해서 말하자면 한 삼태기의 흙을 덜 쌓고 그치더라도 나는 그만둘 것이며 평지에 비유해서 말하자면 비록 한 삼태기의 흙을 부어서라도 나아감이 있다면 나는 갈 것이다."
子曰 : 譬如爲山,未成一簣,止,吾止也.譬如平地,雖覆一簣,進,吾往也. 9/18

배우는 자가 마지막 고비에서 자신이 다 이른 것처럼 여기고 배움을 그칠 때 공자도 더 이상 도와주지 못한다는 것, 반대로 이제 갓 배움을 시작했다 하더라고 한 발짝의 나아감이 있다면 공자는 그를 도와주러 가겠다는 것이다. 공자의 이야기는 배우는 자가 지금 어떤 단계에 와 있느냐 하는 것은 별로 중요하지 않다는 뜻이다.

배웠다고 하는 부분이 크든 작든 간에 아직 모르는 부분에 비하면 아무것도 아니기 때문에 배우는 자세의 개방성 내지 정직성을 통해 그 모르는 부분을 선취先取하는 것의 의의는 실로 막중한 것이다. 그가 어린 소년을 가르치겠다고 나섰을 때 다른 제자들이 그런 행동을 의아하게 여겼던 것도 바로 그들이 그런 정직성을 통해 아직 모르는 거대한 부분을 아는 것으로 선취하게 되는 비의秘義를 이해하지 못했기 때문이라 할 수 있다.

호향互鄕에 사는 함께 말하기 어려운 아이를 만나시니 문인들이 의아스럽게 생각하였다. 이에 선생님께서 말씀하셨다.
"그의 나아감에 함께하는 것이지 그의 물러남에 함께하는 것이 아니다. 그렇다면 무엇이 심하다는 것이냐? 사람이 자신을 깨끗이 하여 나아가면 그 깨끗함에 함께해 주는 것이지 그의 모든 행적을 감싸주는 것은 아니다."
互鄕難與言童子見,門人惑.子曰:與其進也,不與其退也.唯,何甚!人潔己以進,與其潔也,不保其往也. 7/31

호향의 동자를 만난 것은 공자가 9/18에서 밝혔던 바, 한 삼태기를 부어서라도 나아감이 있다면 기꺼이 가겠다고 했던 원칙의 적용이었을 뿐이다. 앞의 문제에서 공자는 철저히 그 자세의 개방성에 모든 것을 걸고 있었다. 한 삼태기를 덜 쌓고 그치더라도 자신 또한 손을 뗄 수밖에 없다고 했던 것도 마찬가지였다.

선생님께서 말씀하셨다.
"주공周公의 재능과 같은 아름다운 점이 있다 하더라도 교만하고 인색하게 군다면 그 나머지는 볼 것도 없다."
子曰:如有周公之才之美,使驕且吝,其餘不足觀也已. 8/12

자신이 가장 존경하는 주공을 직접 예로 들어가며 설혹 주공과 같은 재능을 지녔다 하더라도 교만하고 인색하게 군다면 그는 더 이상 아무것도 아닐 것이라는 이 극단적인 표현은 공자가 이 문제에서 발견한 원칙이 얼마나 예외 없는 원칙이었는지 짐작케 한다. 공자의 말에서 재才는 당연히 지知를 기초로 하고 있었을 것이며 그 점에서 설혹 재를 지로 바꾸어도 문장은 내용상 아무 지장 없이 성립할 것이다. 이 모든 것을 종합한 것처럼 공자는 어느 날 어린 제자 자장에게 배우는 자세와 그에 따른 기본 방침을 이렇게 가르쳐 주었다.

> 자장子張이 녹을 위해 배우자 선생님께서 말씀하셨다.
> "많이 들어 의심스러운 것은 제쳐 놓고 나머지를 신중히 말하면 허물이 적을 것이다. 많이 보아 위태로운 것은 제쳐 놓고 나머지를 신중히 행하면 뉘우침이 적을 것이다. 말에 허물이 적고 행동에 뉘우침이 적으면 녹은 그 가운데에 있다."
> 子張學干祿, 子曰 : 多聞闕疑, 愼言其餘, 則寡尤. 多見闕殆, 愼行其餘, 則寡悔. 言寡尤, 行寡悔, 祿在其中矣. 2/18

결국 무지를 극복하는 공자의 비방秘方은 우리가 상식적으로 가정할 수 있는 '많이 아는 것'이 아니었다. 왜냐하면 인간은 아무리 많이 알아도 무지의 영역은 끝없이 넓어서 그 극히 작은 일부분을 정복하기도 어렵기 때문이다. 또 설혹 그 일부분을 안다 하더라도 그 나머지를 포함한 전체를 알기 전에는 알고 있다는 일부분 또한 모르는 전체와의 관계 속에서 어떻게 의미와 색채를 달리하게 될지 모르기 때문에 늘 불완전하다고 볼 수밖에 없다. 그렇기 때문에 의심스럽고 위태로운 것을 제쳐놓는 것은 물론 그 아는 것에 대해서마저도 매우 신중하지 않으면 안 되었다.

이렇게 자신의 지적 상태에 정직하고 솔직할 때에만 무지는 비로소 제 모습을 드러내면서 인간의 판단에 역설적으로 참여하고 그런 역설적 양상을 통해 무지를 넘어서는 것이다. 무지가 여전히 무지 가운데에 있으면서 정직과 성실과 끝없는 배움의 자세에 의거하여 무지를 넘어서는 역설, 그것을 공자는 앎知이라 불렀다.

나. 과오過誤

과오에 대한 공자의 입장은 무지에 대한 입장을 고스란히 되풀이한 것이라 할 수 있다. 다만 그것은 인지認知의 영역이 아니라 말이나 행동의 영역에서 빚어진다는 점에서 차이를 지닐 뿐이다. 따라서 인지의 영역에 걸쳐 공자가 보여 준 입장을 이해한다면 과오에 대한 공자의 입장을 이해하는 것은 적어도 그 형식논리에 있어서만큼은 그다지 어려운 일은 아니라고 할 수 있다. 과오에 관한 공자의 언급 중 가장 대표적인 것은 다음 단편이다.

> 선생님께서 말씀하셨다.
> "잘못이 있음에도 고치지 않는 것을 바로 잘못이라 한다."
> 子曰 : 過而不改,是謂過矣. 15/30

잘못을 규정하여 그는 "잘못이 있음에도 고치지 않는 것"이라고 했다. 그 말은 잘못이 있더라도 고치려고만 한다면 그것은 잘못이 아니라는 말이 된다. 또 달리 말해 보면 잘못은 그 고친 결과에 의해 극복되는 것이 아니라 그것을 고치려고 하는 자세에 의해 극복된다는 뜻도 된다. 언뜻 보면 그 말이 그 말 같지만 하늘과 땅의 차이가 있다.

잘못이 완벽한 언행에 의해서만 극복되는 것이라고 보는 시각은 기이하게도 이 세상을 더 많은 잘못들의 뒤엉킴으로 몰고 갈 뿐이다. 그래서 쉬운 방안이 어려운 방안이 되고 간단한 일이 복잡한 일이 되고 만다. 공자의 권고는 매우 쉽고 간단한 것이었다. 그리고 그것은 고스란히 무지의 문제를 바라보는 공자의 시각, 무지의 문제에 대처하는 공자의 방법, 바로 그것이었다. 학이/8의 언급도 그런 시각에서 보면 예사롭지 않은 점이 눈에 띈다.

선생님께서 말씀하셨다.
"…… 잘못이 있다면 고치기를 꺼리지 말아라."
子曰 : …… 過則勿憚改. 1/8

평범해 보이지만 평범하지 않은 단편이다. 공자의 말은 간결하면서도 정확하고 빈틈이 없는 특징이 있다. 그것은 치밀하게 계산되어 있어서라기보다 체험의 진정성이 수반되어 있어서일 것이다. 꺼릴 憚자가 들어가 있다는 것을 예사롭게 보아서는 안 된다. 잘못이 있다면 "고쳐라"改라고 할 수도 있었지만 그는 "고치기를 꺼리지 말아라"勿憚改라고 했다. 이 조그마한 차이가 평범한 선생과 공자의 차이를 만들었고 통속적 가르침과 위대한 종교의 차이를 만들었다.

이 말 역시 과오의 극복이란 과오의 완전한 극복, 평면적 극복이라는 결과에 있는 것이 아니라 그것을 고치려고 하는 자세에 있다는 것을 지시하고 있다. 이 말의 이면에는 인간은 영원히 일차적인 과오로부터는 자유롭지 못하다는 인식이 자리 잡고 있다. 그렇지만 그것은 절망적 운명론으로 귀결되지는 않는다. 우리가 무지를 인정하고 그것을 넘어서기 위한 진지한 배움의 자세를 가질 때 무지를 극복하듯 과오에서도 마찬가지라는 것이 공자의 역설적 인간 이해인 것이다.

애제자 안연이 죽은 후 공자가 애공과 대화하는 자리에서 그를 회상하며 진술한 것으로 되어 있는 문장 중에도 과오에 대한 그의 시각이 일관성 있게 피력되어 있다.

> "안회라는 자가 있어서 배우기를 좋아했습니다. 그는 노怒를 옮기지 않았고 잘 못을 이중으로 하지 않았는데 불행히도 단명하여 일찍 죽었습니다."
>
> 有顔回者好學, 不遷怒, 不貳過, 不幸短命死矣. 6/3

이 단편에는 원래의 대화11/7에는 들어 있지 않던 불천노, 불이과不遷怒,不貳過라는 매우 낯설고 수준 높은 구절이 끼어들어 있는데 그렇게 끼어든 사정은 다른 곳에서 언급토록 하겠다. 다만 그 중 불이과不貳過라는 구절이 공자의 매우 탁월한 구조적 사유를 담고 있으며 "한번 저지른 잘못을 다시 저지르지 않았다."는 주자류의 해석 따위로는 도저히 접근할 수 없는 혜안이라는 사실만 환기하고자 한다.

한계를 지닌 인간이 어쩔 수 없이 저지르는 과오는 일과一過다. 그런 차원에서 일과는 공자도 요순도 피할 수 없는 인간적 조건이다. 그러나 그 과오를 저지르고도 고치지 않고 오히려 합리화하거나 꾸미려 들 때, 과오는 이과貳過가 되면서 비로소 진짜 과오過가 되는 것이다. 모든 진짜 과오는 그 점에서 강박성強迫性을 띄고 있다. 나쁜 의미의 적극성이라 해도 좋다. 일과는 그런 의미에서 강박성이나 적극성을 가지고 있지는 않다. 일과는 과오로서는 소극적인 것이다.

안연에게도 당연히 일과는 있었을 것이다. 그러나 그는 그것을 고치려 하였고 합리화하려 들지 않았기 때문에 이과가 되지 않았고不貳過 그래서 결과적으로 과오를 넘어설 수 있었던 것이다. 이 독특한 사유가 공자를 다른 평범한 제자諸子들과 완전히 다른 차원의 인물로 성별聖別시키는 종교적 변수였던 것이다.

훗날 자하子夏가 자신의 제자들에게 들려주었던 이야기도 마찬가지로 과오를 둘러싸고 인간이 그 어리석음에 기하여 벌이게 되는 과오의 적극성을 지적하고 있다.

> 자하가 말하였다.
> "소인은 잘못이 있으면 반드시 꾸민다."
> 子夏曰 : 小人之過也必文. 19/8

누군가가 공자와 애공과의 대화를 구성하면서 평소 공자가 안연에 대하여 그의 장점으로 인정하였음에 틀림없어 보이는 "과오를 이중으로 하지 않는 점"不貳過을 끼워 넣은 점, 자하가 자신의 제자들에게 과오에 대한 공자의 강조사항을 너무나도 정확히 재전再傳하고 있는 점을 보면 공자가 평소 과오가 가지고 있는 이 구조적인 측면을 얼마나 제자들에게 강조하였던가를 미루어 짐작할 수 있다.

자신의 잘못 앞에서 솔직해지고 이중의 과오貳過로 넘어가지 않는 도덕적 순수성이야말로 공자가 바라던 자세였지만 세상은 이미 그런 순수성을 잃고 있었다. 그는 한탄하여 말했다.

> "다 되었나보다! 나는 능히 자신의 잘못을 보아 속으로 스스로와 쟁송할 수 있
> 는 자를 보지 못하였다."

已矣乎!吾未見能見其過,而內自訟者也. 5/27

　　어느 누구도 강요하지 않고 오직 자신이 자신에게 부과하는 이 과제에 온전히 접근할 수 있는 자는 공자의 주변에서 찾아볼 수 없었던 것 같다. 위나라의 대부 거백옥이 보낸 한 사자使者에 대해 공자가 높이 평가한 것은 이런 암담한 여건 속에서 나오지 않았을까 한다.

　　거백옥蘧伯玉이 공자께 사람을 보내자 공자께서 그와 더불어 앉아 물었다.
　　"부자夫子께서는 무엇을 하고 계십니까?"
　　그가 대답했다.
　　"부자께서는 그 잘못을 적게 하려고 하시나 아직 능히 그리하지 못하십니다."
　　사자가 나가자 선생님께서 말씀하셨다.
　　"훌륭한 사자다. 훌륭한 사자다."
　　蘧伯玉使人於孔子,孔子與之坐而問焉,曰:夫子何爲?對曰:夫子欲寡其過而未能也.使者出.子曰:使乎!使乎! 14/26

　　이과貳過, 즉 진짜 과오의 강박성 내지 적극성은 어떻게 하여 생기는 것일까? 공자는 논어에 등장하는 다른 여러 개념들에서와 마찬가지로 그것을 철학적으로 탐구하는 모습을 별로 보여 주지 않고 있다. 그런 가운데 논어 이인편 7장에 이르러 공자가 언급하고 있는 것은 어쩌면 매우 예외적인 것이라고 해야 할까? 공자는 잘못過을 각자가 귀속되어 있는 집단性黨과 관련시키고 있는 것을 볼 수 있다.

　　"사람의 잘못이란 각자 자기 집단에 치우쳐 있는 것이다. 이 잘못을 보는 것이 곧 어짊을 아는 것이다."

人之過也,各於其黨.觀過,斯知仁矣. 4/7

공자는 인간의 잘못이 발원하는 근거가 자기 집단黨[8]에 치우쳐 있는 것임을 밝히고 있다. 그 집단은 다양해서 신분, 종족, 혈통, 사회계층, 종교, 국가, 민족 등등이 될 수 있다. 어떤 사람도 그런 집단의 일원이 아닐 수 없다는 사실은 누구도 앞서 말한바 저 일과一過로부터 벗어날 수 없다는 지적과 동일한 말일 것이다. 거기에서의 편향적 시각이 잘못을 만드는 일차적 조건이 된다는 이야기다. 그리고 그 잘못에 대해 폐쇄적 내지 강박적 반응을 보이면 이과貳過의 단계로 넘어가지만 반대로 그 집단성의 조건을 보고 비로소 다른 집단의 조건과 사정을 겸하여 인식하면서 내가 속한 집단과 다른 집단을 아우르는 더 높은 지평을 생각하게 될 때 그것이 바로 어짊을 아는 것이라고 그는 밝히고 있다. 그리고 그것은 과오를 넘어서는 것이기도 할 것이다.

공자는 과오를 저지르는 것을 인간의 운명적 한계로 생각하였음에 틀림없다. 그러므로 그것을 넘어 절대적 무오無誤에 이르는 것을 가능하다고 보지 않았다. 만약 공자가 당시의 제자들이나 사람들에 대하여 그것을 요구하였다면 그것은 마치 히브리 문화의 전통에서 행위를 통해 의로움에 이르기를 요구한 율법주의자들이나 바리사이인들과 다름없었을 것이다.

그러나 공자는 단지 과오를 고치기를 "꺼리지말 것"勿憚만을 요구하였다. 과오를 저지르고도 고치려 들지 않는 것, 그것이 바로 과오라는 공자의 정의에 의하면 고치려 드는 한 그는 이미 과오를 벗어나 있는 것이다. 이때의

---

8) 우리가 그 집단성을 의식하는 경우도 있지만 의식하지 못하는 경우도 많다. 그 성격을 이해할 때 黨을 오늘날 말하는 진영(陣營)으로 풀이하는 것도 좋은 방법일 것이다.

공자는 너무나도 예수를 닮아 있다. 불이과不貳過라는 말을 만든 공자는 천재였을까? 아니 천재였다기보다는 그런 구조가 보일 때까지 인간의 궁극을 파내려 간 성실과 정직성에 기하여 그를 바라보아야 할 것이다.

　불이과不貳過는 비록 과오를 이야기하며 나온 말이지만 무지와 과오, 그리고 후술할 악을 바라보는 시각에까지 모두 동일한 원칙이 적용되고 있다는 점에서 이 세상의 모든 문제를 바라보는 원칙으로서의 대표성을 가지지 않을까 한다.[9] 공자의 길이 보여 주고 있는 이 상식을 넘어서는 위대한 원칙을 이해하지 못하는 한 아직도 우리에게 공자는 알려진 인물이 아니다.

다. 악惡

인간이라는 주체의 무지와 과오가 빚어내는 다양한 현상을 사회나 역사라는 지평에서 객관적 실체客體의 형태로 바라보았을 때 우리는 그것을 악惡이라 부른다. 악과 관련된 논어의 단편은 많지 않다. 그것은 그리스 문화와 달리 동아시아 문화는 모든 문제를 인간의 책임 있는 행동 내지 선택의 문제로 바라보는 것을 좋아했고, 그것을 객관화시켜 놓은 존재, 실체, 개념의 형태로 다루는 것을 좋아하지 않았던 탓이라 할 수 있다. 공자도 당연히 그런 전통 속에 있었기 때문에 악惡이나 죄罪 등의 개념을 거론하는 것은 드문 일이었다. 그러나 드물게나마 언급한 악의 문제는 대단히 시사적이었다. 공야장/23이 그 중의 하나다.

---

9)　이 장 전체에 대해 불이과(不貳過)라는 제목을 붙인 것은 그런 관점에서이다.

선생님께서 말씀하셨다.

"백이와 숙제는 구악舊惡을 생각했던 것이 아니라 그것이 드물게 쓰이는 것을 원망하였다."

子曰 : 伯夷叔齊, 不念舊惡, 怨是用希. 5/23

이 단편에 대한 종래의 해석은 舊惡이라는 말이 무엇인지 몰랐기 때문에 터무니없는 쪽으로 빗나갈 수밖에 없었다. 번역은 천편일률적으로 다음과 같이 이루어졌다.

선생님께서 말씀하셨다.

"백이와 숙제는 옛날의 악(혹은 원한)을 염두에 두지 않았기에 남을 원망하는 일이 드물었다."

이런 해석은 백이숙제의 설화와도 아무런 관련성이 없을 뿐 아니라 문법적으로도 이만저만 억지스럽지 않다. 舊惡을 과거에 누군가가 내게 행했던 악행 정도로 해석하다 보니 이런 물에 물 탄 듯한 어정쩡한 해석이 나오게 된 것이다.

해석상 관건은 역시 구악舊惡이다. 구악이란 무엇인가? 단편에는 그에 대한 설명이 전혀 없다. 그리고 논어의 다른 어디에도 구악에 대한 설명은 없다. 그러다 보니 이 낯선 개념으로 인하여 이 단편이 제대로 해석되지 못했던 것도 무리는 아니었다. 이것은 마치 일백 개의 조각으로 전체 그림을 맞추어야 하는 퍼즐에서 단 한 개의 조각만을 주면서 전체 그림이 무엇인지를 알아내라는 주문과도 같다. 그런데 이런 무리한 일이 논어에서는 가능하다. 논어는 그만큼 특별하다. 舊惡을 두고 진행되는 우리의 깊은 침잠沈潛은 어느 순간 그 전체 그림을 떠올린다. 그 순간 우리는 환희한다.

그러나 사람마다 여건이 다를 수 있는 그 어려운 방법에 의존하기 전에 양화/16에 등장하는 고질古疾이라는 개념이 공야장/23에서 결여된 구악에 대한 설명을 잘 대신해 주고 있다는 것은 다행스런 일이 아닐 수 없다

선생님께서 말씀하셨다.

"옛날에는 사람들에게 세 가지 병통이 있었는데 오늘날에는 그것이 없어지지 않았나 한다. 옛날의 과격한 이는 거리낌 없이 행동했으나 오늘날의 과격한 이는 제멋대로 행동한다. 옛날의 자긍하는 이는 고지식했으나 오늘날의 자긍하는 이는 성내고 사납게 군다. 옛날의 어리석은 이는 솔직했으나 오늘날의 어리석은 이는 속이려 들 뿐이다."

子曰 : 古者民有三疾, 今也或是之亡也. 古之狂也肆, 今之狂也蕩. 古之矜也廉, 今之矜也忿戾. 古之愚也直, 今之愚也詐而已矣. 17/16

이 단편에서 옛 사람들이 가지고 있었다는 세 가지 병통三疾은 각각 과격함狂과 긍지矜[10]와 어리석음愚이다. 그것은 오늘날今도 마찬가지다. 다만 그 병통의 양상이 소박하고 솔직했다는 점에서 오늘날과는 다를 뿐이다. 병통을 병통으로 인정하고 있었기 때문이다. 반대로 오늘날의 사람들이 가지고 있는 세 가지 병통도 마찬가지로 과격함과 긍지와 어리석음이다. 그러나 그 양상은 이미 옛날의 병통과는 다르다. 제 멋대로 하고蕩, 성내고 부딪히고 忿戾, 숨기는詐 것은 병통을 병통으로 인정하지 않는 데에서 비롯된 것이다.

---

10) 矜은 마땅한 역어가 없어 긍지라고 풀이하였으나 여기서 말하는 矜은 자긍심 내지 우월감 중에서도 얼마간 부정적인 의미를 지닌 것이다. 말하자면 약간의 자만심이 들어 있는 긍지다.

옛날의 병통古疾은 병통으로서의 성격이 소극적이었다고 한다면 오늘날의 병통今疾은 병통으로서의 성격이 적극적이다. 앞서 잘못이 있는데도 이를 고치려 하지 않는 것過而不改과 유사한 것이 오늘날의 병통今疾이 가진 구조적 특징이라 하겠다.

세 가지 병통(三疾)	옛날(古)	오늘날(今)
과격함(狂) 긍지(矜) 어리석음(愚)	분방함(肆) 고지식함(廉) 곧음(直)	제멋대로 함(蕩) 성내고 부딪침(忿戾) 숨김(詐)

이 "병통"을 둘러싼 고금古今의 사유체계에 "구악"舊惡을 대입시켜 보자. 구악은 고질과 마찬가지로 공자로서는 회복시켜야 할 세계였다. 그 세계는 악이 없는 세계가 아니라 악은 여전히 있으되 그 순수성이 살아 있는 세계를 말한다. 공야장/23은 바로 그 점을 말하고 있다. 고질古疾과 금질今疾이 어떻게 개념적으로 배치되어 있는지 알 때 우리는 그에 대입하여 구악舊惡의 개념을 파악할 수 있는 것이다.

고질(古疾)　　—　　금질(今疾)

↕　　　　　　↕

구악(舊惡)　　—　　신악(新惡)

백이숙제는 순수성이 살아 있는 악, 옛날의 악舊惡을 그리워했으며 그것이 사라져 가는 오늘날의 악, 신악新惡이라 부를 수 있는 악, 순수성이 사라지고 적극성 또는 강박성을 띤 악을 원망했다는 말이다. 공자는 이상적인 사회로서 병이 없는 세상, 악이 없는 세상을 목표로 하지 않았다. 어느 시대에나 그러한 희망의 일차원성은 오히려 새로운 병과 악을 낳는 순환고리가 되었을 뿐이다. 그는 다만 병과 악이 자기폐쇄성에 떨어지지 않고 원시적 순결을 유지하기를 바랐던 것이다. 백이숙제가 수양산에서 부른 통절한 원망의 노래, '채미가'采薇歌는 구악과 신악의 사이에서 고통스러워하던 태고太古의 전범적典範的 인물들을 잘 그려 내고 있다.

> 저 서산에 올라
> 고사리를 캐노라
> (무왕은) 폭력으로써 폭력을 바꾸되
> 그 잘못을 모르는도다
> 신농神農, 우虞, 하夏의 시대는 홀연히 지나갔으니
> 이내 몸 어디로 돌아갈꼬
> 아아, 가리로다
> 천명도 이미 쇠하였나니

> 登彼西山兮 采其薇矣
> 以暴易暴兮 不知其非矣
> 神農虞夏忽焉沒兮 安適歸矣
> 吁嗟徂兮 命之衰矣

공자가 본 당시의 신악新惡은 스스로를 꾸미고 합리화하기에 분주했고 그런 후안무치함이 공자로 하여금 역설적으로 구악을 정직하고 순결한 사회의 지표로 보았던 것이다. 그것은 일찍이 백이숙제가 고통스럽게 노래하던 그 구도를 고스란히 되풀이하는 것이 아닐 수 없었다. 전통적 해석의 잘못읽기는 바로 공자의 이러한 사유체계, 다분히 반어적이고 역설적인 인식의 체계를 소화하지 못하는 데에서 생겨났다. 그리고 이러한 입장은 전술한 무지의 문제, 과오의 문제에서 견지되었던 입장이 악이라는 객관적 실체를 두고 일관성 있게 되풀이된 것이기도 하다.

공자의 관점에서 볼 때 악은 악이 자신의 악 됨을 인정하지 아니하고 거짓을 행하는 데에서 비롯되고 있고 그 점에서 신악新惡이다. 그 거짓의 내력을 투시하는 것觀過이 어짊을 아는 것知仁이고 어짊을 알 때 그 내력은 투시되고 악은 사라진다. 그것은 기적 같은 일이다. 이인/4에서 공자는 다음과 같이 언급하고 있다.

선생님께서 말씀하셨다.
"진실로 어짊에 뜻을 둔다면 악은 없다."
子日 : 苟志於仁,無惡也. 4/4

"진실로 어짊에 뜻을 둔다면 악한 짓은 하지 않을 것이다"는 전통적 해석으로는 아무런 의미를 건질 수 없다. 공자는 그런 미온적인 내용을 담아 이말을 한 것이 아니다. 그는 어짊이라는 별세계, 그 앞에서 바야흐로 악이 사라지는 하나의 신비로운 체험을 말하고 있는 것이다. 자기 자신에 대해서는 무한정직으로, 타인에 대해서는 무한이해로 나타나는 어짊 앞에서는 저 신악마저도 그 실체를 잃고 해체된다고 할까? 공자는 안연의 입을 빌려 악에 대응하는 기본자세는 선으로써 그것을 척결하는 것이 아님願無伐善 5/26을 밝히기도 했다.

공자의 관점에서 보았을 때 우리는 영원히 우리의 무지와 더불어 살 수밖에 없고 그런 한 역시 과오를 떨칠 수 없고 또 악이 만연한 세상에서 벗어날 수 없다. 공자는 바로 그런 인간의 조건을 인정하고 수용했다. 그는 무지를 극복하기 위하여 전지全知를 요구하지 않았고 과오를 넘어서기 위하여 무오無誤를 요구하지도 않았다. 또 이 세상의 악을 몰아내기 위하여 벌선伐善을 요구하지도 않았다. 그는 오히려 그런 발상들이 이 세상을 맹목적 어리석음으로, 또 끝없는 갈등이나 점증하는 악의 제국으로 만들어 갈 것을 우려하였다.

그는 단지 무지도 과오도 악도 인간의 운명으로 수용한 다음, '그럼에도 불구하고' 자신에 대한 무한 정직과 이 세상에 대한 사랑을 통해 무지에서 해방되고 과오를 벗어나고 악을 넘어서는 기적과도 같은 길을 역설적으로 제시하였던 것이다

3 양단을 넘어서

가. 양단兩端이란 무엇인가?

논어 자한편 7장에는 매우 중요한 단편 하나가 수록되어 있다. 다수의 논어 단편이 그러하듯 그것은 짧고 간단하다. 그러나 그것은 볼 때마다 경탄을 금치 못한다. 그리고 그것이 그렇게 방치되어 있다는 사실에 자신도 모르게 한숨을 쉬게 된다. 마치 쓰레기장에 버려져 있는 금덩어리를 보는 것 같다. 단편은 다음과 같다.

> 선생님께서 말씀하셨다.
> "내가 아는 것이 있는가? 아는 것 없다. 못난 사람이 있어 내게 물어 오면 나는 막막하다. 나는 단지 그 양단을 두드려 주는 것이 고작이다."
> 子曰 : 吾有知乎哉? 無知也. 有鄙夫問於我, 空空如也, 我叩其兩端而竭焉. 9/7

마치 소크라테스의 긴 삶을 읽는 것 같다. 그만큼 모든 것이 압축적으로 들어 있다. 그 속에 얼마나 대단한 것이 들어 있는지 알아보기 위해 일단 하나하나 차분히 접근해 보는 것이 좋을 것 같다.

먼저 吾有知乎哉? 無知也다. 내가 아는 것이 있는가? 아는 것 없다. 공자의 차분한 자문자답이다. 말 그대로일 뿐이다. 아는 것이 있는지를 스스로 물었고 아는 것 없다고 스스로 답한 것이다. 주자가 말한 것처럼 결코 겸사가 아니다. 주자가 논어 구절을 해설할 때 공자께서 겸손히 하신 말씀이라고 한 것은 죄다 잘못된 것이라고 보면 틀림없다. 공자는 겸손하기 위해 겸사를 발한 적은 한 번도 없었다. 그는 실제 안다고 할 만한 것이 없었던 것이다. 이 자문자답은 공자의 완벽한 지식론이다. 그리고 그 단순함은 그 지식론의 위대성을 보여 주는 것이다. 일단 그 점만 확인하고 넘어가기로 하자.

有鄙夫問於我,空空如也. 못난 사람이 있어 내게 물어 오면 나는 막막하다. 鄙夫, 즉 못난 사람이라는 말은 왜 갑자기 튀어 나왔는가? 이유가 있다. 나처럼 아무것도 아는 것이 없는 사람에게도 물어올 정도의 사람이라는 점에서 그렇게 표현한 것이다. 그러므로 상대를 낮춰 말한 것처럼 보이지만 사실은 아무것도 모르는 자신을 낮춰 말한 셈이다. 그래서 함부로 남을 비하한 말이 되지 않는 것이다. 막막하다는 것은 아는 것이 없으니 막막하다는 뜻이다. 주자는 이 막막함을 비부의 막막함으로 풀이했다. 여기서 주자와 함께 전통적인 해석은 잘못된 길로 접어든다. 정약용이 날카롭게 지적한 바와 같이 이 막막함은 비부의 막막함이 아니라 공자의 막막함이다. 아는 것이 없으니 마땅히 대답해 줄 것도 없고 따라서 막막한 것이 당연하다. 그렇게 공자의 진술은 일관되어 있다.

그리고 저 我叩其兩端而竭焉. 문장은 드디어 클라이맥스에 이른다. 나는 그 양단兩端을 두드려 주는 것이 고작이다. 무슨 말인가? 결국 이 말의 요점은 양단이라는 말과 두드린다는 말에 있다. 먼저 양단이란 무엇을 말하는 것일까?

역대의 논어학자들은 안타깝게도 양단을 깊숙이 성찰한 흔적이 별로 없다. 주자는 양단을 종시終始, 본말本末, 상하上下, 정조精粗라고 했다. 그것은 『대학』의 物有本末,事有終始에 착상한 고주古注를 대책 없이 따른 것이었다. 고

주는 윤돈尹焞의 자세한 해석에 따르면 안목이 높은 사람은 높은 대로 낮은 사람은 낮은 대로 근기에 맞추어 때로는 고원高遠하게 때로는 비근卑近하게 남김없이 가르쳐 준다는 뜻이라고 한다. 그래서 우리나라의 모든 논어 번역 서들은 한결같이 이 문장을 이렇게 번역했다. 실제 유명하다는 논어 번역서 들에서 발췌한 것들이다.

- 나는 그 양쪽 끝을 잡아 다 밝혀 준다
- 나는 이쪽 끝에서 저쪽 끝까지 다 들추어내어 아는 것을 다하여 일러 준다
- 나는 성의를 다하여 처음부터 끝까지 가르쳐 준다
- 나는 그 질문의 시말을 완전하게 파악한 후 그것을 가르쳐 주는 데 힘을 다한다.

더 열거하더라도 모두 마찬가지다. 결국 전통적 해석은 내가 비록 아는 것은 없지만 무지한 사람이 내게 물어 오면 정성껏 작은 문제에서부터 큰 문제까지 남김없이 가르쳐 준다는 뜻이 된다. 한마디로 공자의 의도를 전혀 종잡지 못하고 있다.[11] 그 바람에 마지막에 나오는 竭焉도 공자가 혼신의 힘 을 다하는 것이 되고 말았다. 이러한 해석은 아무 생각 없이 거름을 지고 고 주와 신주의 뒤를 따라간 결과다.

우리는 양단에서부터 다시 접근해야 한다. 우리말에도 양단이라는 말이 있지만 독립적 어휘로 쓰이는 경우는 없다. 간신히 '양단간'兩端間이라는 관 용적 표현 속에 남아 있을 뿐인데 '두 갈래 중 어느 쪽이든' 하는 뜻이니 대 단한 의미가 있을 리 없다. 그러나 그나마 성리학자들이 견강부회하고 있는

---

11) 양단을 터무니없게 해석한 주자에 비하면 『中庸』의 저자가 공자의 말이라 하여 "두 끝을 잡고 그 가운데를 백성들에게 쓰시니"(執其兩端,用其中於民)라고 소개한 문장에서는 오히려 양단의 의미 를 보다 근접되게 드러나 있다. 주자가 왜 『中庸』의 이 용례마저 돌아보지 못했는지 의문스럽다.

종시終始보다는 더 나은 어의를 엿보여 주고 있다.

결론부터 말하자면 양단이라는 것은 막대기의 양쪽 끝과 같은 것이다. 그것은 인간의 일정 수준 이상의 지적 활동에서 나타나는 이원적二元的 편향성偏向性이다. 나는 그 점에서 양단을 "인식 상의 양단화兩端化 현상에서 나타나는 바의 서로 대립하고 있는 양쪽 단端"이라는 동어반복을 통해 어설프게 정의하고 싶다. 공자가 6/29나 13/21에서[12] 사용한 바 있는 중中, 즉 '가운데'를 동시적 개념으로 요청하고 있는 개념이지만 中은 경험적으로 볼 때 양단에 비해 후발적 개념으로 보인다. 도시하면 다음과 같다.

中

端 .... ● .... 端

인류사의 여러 철학과 사회사상에서 그 모습을 보여 주고 있고 특히 오늘날에 와서 소위 진보와 보수, 좌우의 대립이라는 각도에서 첨예화되어 있기는 하지만 그 원리를 이야기하는 것은 의외로 간단하지 않은 듯하다. 어쩌면 그것은 영원히 우리에게 그 양상이나 작동원리를 보여 주고 또 그 극복을 지시할 수는 있지만 그 생성원리를 보여 주지는 않을 것 같은 생각도 든다. 공자 또한 그 양상과 극복은 이야기하였지만 그 원리를 이야기하지는 않았다. 우리가 할 수 있는 것도 결국 공자가 할 수 있었던 범위 내에 있겠지만 어쩌면 그 극복 속에 원리가 암시되어 있을 가능성은 있을 것 같다.

이제 양단을 이렇게 어설프게나마 규정할 때 두드린다叩는 것은 어떤 행

---

12)　子曰 : 中庸之爲德也, 其至矣乎!民鮮久矣.(6/29)와 子曰 : 不得中行而與之, 必也狂狷乎. 狂者進取, 狷者有所不爲也.(13/21)

위를 말하는 것일까? 공자에게 그것은 양단의 각각으로 하여금 그것이 가진 제약성을 스스로 깨닫게 하기 위한 최소한의 자극과 조장을 말하는 것으로 보인다. 우리가 줄탁동시啐啄同時, 즉 병아리가 알에서 깨어나기 위해 노력하는 순간, 병아리와 어미닭이 각각 알 안팎에서 부리로 알을 쫄 때 그 바깥에서 어미닭이 쪼는 행위啄가 바로 그 두드림에 해당한다.

양단을 두드리는 행위는 본질적으로 소극적일 수밖에 없는 행위다. 또 그 결과라고 해봐야 질문자로 하여금 무언가 대단한 것을 깨닫게 하는 것도 아니다. 구태여 깨닫게 하는 것이 있다면 자신이 모른다는 것 또는 편중되어 있다는 것을 깨닫게 하는 정도다. 따라서 叩, 즉 '두드린다'는 말은 그것이 결코 능동적 행위가 되지 못하는, 미약하고 소극적인 행위에 불과하다는 뜻에서 선택된 용어다. 그 말이 묘하게 저 쫀다啄는 말과 느낌이 닮은 것도 우연이 아닐 것이다. 전체적인 기능과 역할만을 보면 어쩌면 叩는 대략 한 세기 후 낯선 그리스 땅에서 태어나 온갖 것을 꼬치꼬치 따져 묻던 저 소크라테스의 산파술産婆術에 그 방법이 고스란히 전해진 것 같기도 하다.

너무나도 보잘것없는 행위이기 때문에 공자는 그것을 해주는 것 이상의 무엇을 더 할 수 없다는 뜻에서 竭焉이라고 했다. 결코 열과 성을 다했다는 뜻이 아니다. 아무것도 아는 것이 없어 해줄 것이 그 초라한 것밖에 더는 없기 때문에 竭焉이라 했던 것이다.

논어에 공자가 말한 양단 두드리기의 모습이 예시되어 있다면 그것은 무엇보다 11/23이 아닐까 한다.

자로子路가 물었다.
"들으면 바로 행해야 합니까?"
선생님께서 말씀하셨다.

"아버지와 형이 계시는데 어떻게 듣는다고 바로 행하겠느냐?"

염유冉有가 물었다.

"들으면 바로 행해야 합니까?"

선생님께서 말씀하셨다.

"들으면 바로 행해야 한다."

공서화公西華가 말했다.

"유由가 '들으면 바로 행해야 합니까' 하니 선생님께서 '아버지와 형이 계시지 않느냐'고 하시고 구求가 '들으면 바로 행해야 합니까' 하니 선생님께서 '들으면 바로 행해야 한다' 하시니 저는 도무지 이해가 되지 않아 감히 묻고자 합니다."

선생님께서 말씀하셨다.

"구는 물러서는 까닭에 나아가게 한 것이고 유는 남들과 함께하는 까닭에 물러서게 한 것이다."

子路問：聞斯行諸?子曰：有父兄在,如之何其聞斯行之?有問：聞斯行諸?子曰：聞斯行之.公西華曰：由也問,聞斯行諸,子曰,有父兄在.求也問,聞斯行諸,子曰,聞斯行之.赤也惑,敢問.子曰：求也退,故進之.由也兼人,故退之. 11/23

넓게 보면 제자들에 대한 공자의 모든 가르침이 다 양단 두드리기의 일환이라고 해야겠지만 이 단편은 보다 단순하면서도 선명하게 양단 두드리기의 모습을 보여 주고 있다. 수많은 전통적 해석자들이 叩其兩端의 해석에서 바른 착상에 이르지 못했던 데에는 양단이 어느 특정인에게 모두 갖추어져 있는 복수의 인지認知적 요소라고 생각했기 때문이다.

말하자면 양兩이라는 말에 걸렸던 것이다. 그러나 실제 두드려지는叩 것은 그 어느 한쪽이라고 보아야 할 것이다. 공자는 자신의 이러한 교육적 경험을 종합하고 추상화하다 보니 마치 한 사람을 둘러싸고 叩其兩端이 일어나는 것처럼 그림이 그려지게 되었고 그것이 그나마 제대로 작동되지 않는 해석자들의 지적 상상력을 방해했던 것으로 보인다.

이제 이 장대한 단편 9/7이 제대로 그 모습을 드러내었는지 모르겠다. 여하튼 소크라테스의 전체 생애가 다 들어 있다고 해도 과언이 아닐 이 위대한 단편은 그동안 한 번도 제대로 드러날 기회가 없었다는 끔찍한 사실을 다시 한 번 환기키로 하자. 그리고 양단화 현상이라는 이 현상이 2500년을 사이하고 있음에도 얼마나 변함없는 모습으로 우리의 삶에 나타나고 있는지를 느껴보자.

나. 급진성狂과 결곡함狷

양단을 언급하는 과정에서 제기되었던 문제를 조금 다른 차원에서 훨씬 성숙된 모습으로 열어 보이고 있는 단편이 13/21이다. 그 중요성과 위대성으로 말할 것 같으면 논어의 수많은 단편 중에서도 확실히 수준급에 해당한다. 그 원문은 이렇다.

子曰 : 不得中行而與之,必也狂狷乎.狂者進取,狷者有所不爲也. 13/21

이제 이 중요하고 위대한 단편에 담긴 공자의 깊은 인간 통찰을 드러내기 위해서는 이 단편에 대한 오랜 세월에 걸친 잘못된 해석을 함께 이야기하지 않으면 안 된다는 것이 안타까운 일이다. 우선 그동안 통용되어 오던 전통적 해석을 소개하면 다음과 같다.

전통적 해석

선생님께서 말씀하셨다.

"중행을 실천하는 사람을 얻어 그와 함께하지 못한다면 차라리 급진적인 사람이나 결곡한 사람을 얻겠다. 급진적인 사람은 진취적인 데라도 있고 결곡한 사람은 하지 않는 바라도 있기 때문이다"

얼핏 보았을 때 내용에 애매한 구석은 별로 없다. 中行이라는 말은 중행자中行者라는 뜻으로 해석되었고 그런 중행자를 제자나 동지로 얻어 그들과 함께 한다면 좋겠지만 그런 사람을 얻을 수 없다면 차선책으로 반드시 광자狂나 견자狷를 얻어 그들과 함께하겠다. 왜냐하면 광자는 진취적인 데라도 있고 견자는 인간으로서 해서는 안 될 짓 따위를 하지 않는 바라도 있기 때문이다 하는 뜻이다.

있을 수 있는 말이다. 세상에는 최선이라고 할 1급의 사람이 있겠지만 현실적으로 그런 사람은 만나기 어려운 것도 사실이다. 그러니 1급의 사람을 만날 수 없다면 2급의 사람이라도 만나 함께하고 싶다는 것이니 이 소원이 뭐가 잘못되었다고 할 것인가? 그러나 잘못되었다.

이 빗나간 해석의 기원은 맹자孟子였다. 그는 만장萬章과의 대화에서 공자가 했던 이 말을 소개하면서 그 말 뒤에 자신의 의견을 붙였다. 그리고 그 의견이 모든 왜곡의 원천源泉이 되고 말았다.

맹자의 왜곡된 해석

맹자께서 말씀하셨다.

"중행을 실천하는 사람을 얻어 함께하지 못할 바에야 차라리 급진적인 사람이나 결곡한 사람을 택하겠다. 급진적인 사람은 진취적인 데라도 있고 결곡한 사람은 하지 않는 바라도 있기 때문이다. 공자께서 어찌 중도의 사람을 얻고 싶지 않으셨겠는가만은 반드시 얻을 수는 없었기 때문에 그 차선책을 생각하신 것이다."

孟子曰 : 孔子不得中道而與之,必也狂獧乎!狂者進取,獧者有所不爲也.孔子豈不欲中道哉.不可必得,故思其次也. 『孟子』盡心章句 下

맹자의 이 어처구니없는 발상이 공자의 깊은 인간 통찰을 뒤집어 버렸다. 왜 이 발상이 잘못된 것인가 하는 것은 구구히 설명하지 않기로 하겠다. 왜냐하면 바른 해석을 보면 그 이유는 저절로 짐작될 수 있을 것이기 때문이다. 바른 해석은 다음과 같다.

바른 해석

선생님께서 말씀하셨다.

"중행中行을 얻지 못하고 간여하면 반드시 급진적으로 되거나 결곡하게 된다. 급진적인 자는 나아가 취하려 하고 결곡한 자는 하지 않는 바가 있다." 13

우선 中行은 그냥 중행이지 중행자를 의미하지 않는다. 따라서 與之도 중행자와 함께한다는 뜻이 아니라 시대 현실이나 어떤 사안에 함께한다 내지 개입한다는 뜻이다. 必也狂獧乎도 광자나 견자를 얻겠다는 뜻이 아니다. 중행을 얻지 못한 상태에서 시대 현실 등에 함께하면 반드시 狂해지거나 獧해

13] 『새번역 논어』와 『논어의 발견』 개정판에서도 狂과 獧은 여전히 '과격하다'와 '완고하다'라는 말로 번역하였다. 고심 끝에 여기서는 역어를 바꾸었다. 狂은 급진적이라는 번역으로 바꾸었다. 지나치게 현대적이고 정치사회적 느낌을 주는 것은 사실이지만 실제 그런 측면이 있기 때문이다. 그러나 獧을 보수적이라는 말로 번역할 수는 없었다. 獧은 자신을 타락하고 거짓된 세상으로부터 지켜 내려는 소극적 자세(操守)를 말한다. 결국 제3의 용어로 결곡하다는 말을 채택하였지만 잘 쓰이지 않는 용어라는 점에서 여전히 만족스러운 용어는 아니다.

진다는 뜻이다. 말하자면 공자가 관찰한 바 불완전한 인간의 정치사회적 행태학이다.

狂은 오늘날의 레디컬radical이라는 용어와 유사한 것으로 급진적이라는 말로 번역하였다. 현실 속에 뛰어들어 잘못된 것을 직접 바꾸어 보겠다는 의지를 강하게 가지고 있다. 광자는 그 점에서 자신이 원하는 것을 직접 '나아가 취하려 한다'進取는 데에서 외형적 특징을 보여 준다. 다시 말해서 공자가 말한 進取는 긍정적 의미에서가 아니라 부정적 의미에서 사용되고 있다. 중행을 얻지 못한 단계가 가지게 되는 잘못된 방법이라는 뜻이다. 오늘날 진취進取라는 말이 가지는 사전 상의 긍정적 정의도 바로 맹자의 이런 잘못된 해석에 연원을 두고 있다는 것을 알아 둘 필요가 있다.

반대로 狷은 스스로의 고결함에 대한 강한 의지를 가지고 있다. 자전적 해석으로 '조수操守하다'라는 말이 비교적 정곡을 찌르고 있다. 맹자가 부연하여 말한 不肯不潔之士, 즉 '깨끗하지 않은 것을 닮고 싶어 하지 않는 선비'도 역시 일리 있는 말이다.

狷이라는 잘 쓰지 않는 용어를 풀이함에 있어 가깝고도 쉬운 한자 하나를 말하라면 역시 '守'라 할 수 있다. 후한 때의 포함苞含도 수절守節이라 하였으니 마찬가지 해석적 입장이었다. 견자狷者는 스스로를 지킨다守는 데에 강한 중점을 두고 있는 것이다. 번역에서는 결곡하다[14]라는 말을 선택하였다. 그러나 이런 태도는 현실을 개변시키지 못한다는 특징이 있다. 공자가 말한 바 有所不爲다. 오늘날의 사회 속에서도 얼마든지 그 구체적 양상을 발견할

---

14) 우리말에서 狷에 대한 역어를 찾는 것은 매우 어려운 일이다. 다만 자주 쓰지는 않지만 들어는 보았고 대략 의미도 안다고 할 만한 말로 '결곡하다'는 말이 있다. 원래는 潔曲이라는 한자였다가 사용과정에서 한자를 잃어버린 말로 보이는데 아쉬운 대로 狷에 대한 역어로 그만한 말이 없는 것 같다.

수 있는 인간 행태가 2500년 전 공자에 의해 그려졌다는 것이 신기하지 않은가?

이제 대략 이 단편과 관련하여 맹자가 어떤 잘못을 저질렀는지 짐작이 되리라 믿는다. 또 공자가 말하고자 한 뜻, 중행에 미달한 인간의 양단화될 수밖에 없는 행태학이 대충이라도 머릿속에 그려졌을 것으로 생각한다.

사실 공자의 주변에는 狂者들이 많았다. 이유를 분명히 말하기는 어렵지만 기이하게도 狷者들은 별로 많지 않았다. 논어의 이곳저곳에 狂者들의 흔적이 흩어져 있지만 전통적 해석은 그것을 주목하지 못했다. 특히 그가 노나라를 떠나 약소국들을 전전하며 현지에서 만났던 젊은이들 중에서 우리는 광자들을 발견할 수 있다. 이를테면 공자가 진나라에 있을 때 했다고 한 탄식은 주목할 만한 것이다.

선생님께서 진나라에 계실 때 말씀하셨다.
"돌아가야겠구나! 돌아가야겠어! 나를 따르는 젊은이들은 급진적이고 단순하여 찬란하게 기치는 세웠으나 그것을 어떻게 마름질해 나가야 할지는 알지 못하는구나!"
子在陳曰 : 歸與!歸與!吾黨之小子狂簡,斐然成章,不知所以裁之. 5/22

전통적 해석은 오당吾黨을 노나라의 '내 고향마을'로 해석하는 등 완전히 오리무중을 헤매고 있다. 이 황당한 해석도 마찬가지로 『孟子』에 나오는 만장萬章의 질문, "공자께서 어찌 진나라에 계시면서 노나라의 과격한 선비를 생각하셨습니까?"孔子在陳,何思魯之狂士 하는 근거 없는 이야기[15]에 영향을 받

---

15) 何思魯之狂士라는 질문은 역시 논어 5/22에 대한 맹자(또는 萬章)의 잘못된 독해에서 나

은 것이 분명하다.

그러나 공자의 진의는 그런 데에 있지 않았다. 오당吾黨은 그냥 나의 당黨, 무리이라는 뜻이었다. 공자는 단지 진나라 현지에서 자신을 따르던 진나라의 젊은이들吾黨之小子이 과격하고 단순하여狂簡 거창하게 기치는 세우고 있으나 그것을 어떻게 구현해야 할지 그 방법론에 대해서는 전혀 모르고 있는 현실에 절망감을 표하였던 것이다. 바로 그 현지의 젊은이들이 대부분 광간지사狂簡之士들이었을 것이다. 진陳나라는 인근의 초楚나라나 진晉나라 등의 강대국 사이에 끼어 끊임없이 시달리고 있었기 때문에 젊은이들이 광간함에 휩싸일 여지가 어느 나라보다 컸을 것이다.

그뿐이 아니었다. 주의 깊게 단편들을 살펴보면 광간지사狂簡之士들의 흔적은 더 발견된다. 이를테면 공자가 자신의 조카사위로 삼은 남용南容을 평하는 자리에서 했던 말을 유심히 살펴보자.

선생님께서 남용南容을 두고 말씀하셨다.
"나라에 도가 있어도 추구함을 폐하지 않겠고[16] 나라에 도가 없더라도 처형은 면할 사람이다"
하고 당신 형의 딸을 그에게 시집보내셨다.
子謂南容：邦有道不廢,邦無道免於刑戮.以其兄之子妻之. 5/2

왔을 것이다. 전체 문장은 다음과 같다. 萬章問曰：孔子在陳曰：盍歸乎來,吾黨之士,狂簡進取,不忘其初.孔子在陳,何思魯之狂士. 『孟子』盡心 下

16) 邦有道不廢가 그동안 "나라에 도가 있으면 버려지지 않고"라고 하여 반드시 관직에 쓰임을 받는다는 뜻으로 해석된 것은 크게 잘못된 것이다. 나라에 도가 있다 하여 반드시 쓰임을 받는다는 것은 현실적으로도 있을 수 없는 일이다. 不廢는 도를 추구하고 배우기를 포기한다는 뜻이다. 6/12에서 염유가 역부족을 호소했을 때 공자가 力不足者,中道而廢라고 했을 때의 그 廢다.

공자가 말하고 있는 "나라에 도가 있어도 추구함을 폐하지 않겠고 나라에 도가 없더라도 처형은 면할 사람"을 뒤집어 놓으면 어떻게 될까? "나라에 도가 있으면 추구함을 폐하고 나라에 도가 없으면 처형을 당할 사람"이 될 것이다. 그런 사람이 누구일까? 바로 광간지사인 것이다. 남용은 그렇지는 않은 사람으로 묘사가 되어 있기 때문에 정작 그는 광간지사는 아니다. 그렇지만 큰 틀에서 볼 때 남용도 광간지사에 근접한 인물로서 그런 인물이 가진 전형적인 문제점을 바야흐로 넘어선 사람이라는 점에서 그를 긍정적으로 평가하고 있는 것이다.

뿐만 아니라 5/1에 나오는 공야장公冶長도 공자가 자신의 사위로 삼으려고 결심하던 당시 감옥에 갇혀 있었다. 그 점에서 역시 예사롭지 않은 인물이었고 결국 남용에 준하여 평가할 만한 사람이 아니었을까 한다. 사위와 조카사위로 삼은 젊은이들이 모두 이런 예사롭지 않은 인물이었다는 것은 공자의 주변이 어떤 인물들로 둘러싸여 있었는지를 시사해 준다.

3/24에 등장하는 저 의문의 의봉인儀封人과 그 수행자들, 느닷없이 멀리서 공자를 찾아왔다가 공자에 대한 실망 속에 돌아가야 했던 그 사람들도 마찬가지였을 것이다. 그리고 그 모든 광간지사들과 그 밖의 뜻있는 사람들은 공자가 통찰한 양단화의 어느 한쪽을 이루고 있었던 사람들이었다.

다. 지나침過과 미치지 못함不及

과유불급過猶不及이라는 말을 모르는 사람은 별로 없을 것이다. "지나친 것은 모자라는 것과 같다"는 말이다. 논어 11/17에 나오는 공자의 말로 공자와 제자 자공子貢이 자장子張과 자하子夏라는 두 제자를 두고 누가 더 나은지를 논하는 자리에서 나온 말이다.

　자공은 공자보다 31세 연하의 제자로 48세 연하였던 자장이나 44세 연하였던 자하보다는 한참 선배였기 때문에 어린 후배들을 놓고 스승과 이런 의견을 나눌 정도는 되었던 것이다. 원문은 다음과 같다.

> 자공子貢이 물었다.
> "자장子張과 자하子夏 중에서 누가 더 낫습니까?"
> 선생님께서 말씀하셨다.
> "자장은 지나치고 자하는 모자란다."
> 자공이 말했다.
> "그렇다면 자장이 더 낫습니까?"
> 선생님께서 말씀하셨다.
> "지나친 것은 모자라는 것과 같다."
> 子貢問：師與商也, 孰賢? 子曰：師也過, 商也不及. 曰：然則師愈與? 子曰：過猶不及.
> 11/17

　어떤 중대한 사안을 두고 대화를 하던 중에 나온 얘기도 아니었고 인간의 보편적 성향을 다루는 철학적 대화 중에 나온 얘기도 아니었다. 대화의 피상만을 보면 평범하기 짝이 없는 대화였다. 그러므로 오늘날에 와서 과유불급이라는 말이 운위되는 방식은 어쩌면 그 범위가 너무 확장되고 그 수준도 너무 심각해진 것이 아닌가 하는 생각이 들 법도 하다.

　그러나 공자의 말에는 충분히 그럴 만한 요인이 있었다. 비록 어린 제자들을 평하는 자리에서 나온 말이었지만 過나 不及에는 인간의 온갖 행태에 적용해도 부족함이 없을 만큼 진지한 무언가가 있었다. 이를테면 오늘날에 와서 보수와 진보로 첨예하게 나누어진 인간 행태에까지 이 말이 의미 있게 적용되고 있는 것은 대표적인 예일 것이다. 오늘날 이 말은 이제 더 이상 어린 두 제자를 평하는 차원에만 머무를 수는 없어 보인다.

그런 인식을 기초로 과유불급이라는 말을 다시 생각해 볼 때 이 말에는 어떤 의미가 깃들어 있는가? 과유불급이라는 말이 가진 오랜 역사적 권위 때문인지 이 말은 많은 사람들에게 지나치게 그 결론만으로 부각되어 있는 것 같다. 다시 말해서 이 말은 '지나친 것은 모자라는 것과 같다. 그러므로 어느 쪽이 더 낫다고 할 수 없다. 결국 둘은 무승부다' 하는 결과만으로 받아들여져 있다는 것이다. 과연 그럴까? 둘은 똑같고 결국 무승부일까? 이 오래된 통념에 잠시 의문을 가져 보자.

의문을 제기하는 데에는 몇 가지 단서가 있다. 자공은 "그렇다면 자장이 더 낫습니까?" 하고 물었다. 즉 "자하가 더 낫습니까?" 하고 묻지 않았다는 것이다. 이 질문은 우연한 것이 아니었다. 방향성이 있었다는 것이다. 즉 지나친 쪽이 더 나으냐고 물은 것이다. 질문이 우연이었다면 "자하가 더 낫습니까?", 다시 말해서 "모자라는 것이 더 낫습니까?" 하는 질문이 될 수도 있었을 것이다. 그러나 사정은 그렇지 않았다. 자공의 질문 가능성은 "오직 자장이 더 낫습니까?" 쪽에만 있었고 그것이 이 단순한 대화를 좀 더 깊이 들여다보게 하는 숨은 이유인 것이다.

공자의 대답도 그 점에서는 마찬가지였다. 그는 과유불급過猶不及, 즉 "지나친 것은 모자라는 것과 같다"고 대답했다. 설혹 자공의 질문이 "자하가 더 낫습니까?" 하는 것이었다 하더라도 공자는 결코 "불급유과"不及猶過 즉 "모자라는 것은 지나친 것과 같다"는 대답은 하지 않았을 것이다. 그 점이 포인트가 된다. 단지 논리적으로만 따진다면 A는 B와 같다는 말이나 B는 A와 같다는 말이나 아무런 차이가 없을지도 모른다. 그러나 이 대화에는 그런 기계적 논리

이상의 논리가 적용되고 있었다.

왜 단순 무승부로만 알고 있었던 대답 과유불급을 둘러싸고 이런 문제가 발생하는 것일까? 왜 과유불급이라는 말은 성립하는데 불급유과라는 말은 성립하지 않을까? 다시 말하지만 이 대화가 애초부터 방향성이 있었다는 사실에서 비롯된다. 외형적으로 과는 불급과 대등하게 병치되어 있지만 발생론적으로 볼 때 과는 불급을 앞지르고 있었으며 단지 그 지나침으로 인하여 공자의 평가에 의해 미끄러져 내려와 결과적으로 불급의 옆에 병치되어 있다는 것이다. 다소 난해해 보일지도 모르겠다. 그러나 바로 그 점에 이 과유불급이라는 말이 가지는 중요한 시사점이 숨어 있다.

논점을 오늘날의 현실 속으로 끌고 가보자. 흔히 보는 바와 같이 진보를 과過의 양상으로, 보수를 불급不及의 양상으로 연결시키는 것은 지나친 단순화이거나 시대차를 무시한 견강부회라 할지도 모르겠다. 그러나 그런 위험을 피하기 위하여 이 과유불급을 2500년 전의 경전 속에만 처박아 둘 수는 없는 일이다. 과와 불급은 역사의 단계에 따라 매우 다양한 양태를 가지고 있지만 결국은 그 시대가 결하고 있는 무언가를 적극적으로 구현해 보려는 사람들과 그런 결여를 별로 느끼지 않고 주로 현상을 유지해 보려는 사람들의 입장일 뿐이다. 구조적 동일성은 의외로 긴 세월도 가볍게 뛰어넘는 것을 우리는 종종 본다. 과와 불급, 진보와 보수에서 우리는 바로 그런 전형을 볼 수 있다.

진보의 입장에서 볼 때 시대의 결여에 대해 별 인식이 없는 보수는 이해하기 어려운 존재다. 그래서 진보는 보수를 경멸하기 쉽다. 특히 진보는 드러난 문제를 평면화하여 제도를 갈아엎거나 누군가를 정죄定罪하는 등의 거친 작업에 빠지면서 스스로를 심판자로 자임하는 경향을 보이곤 하는데 그럴수록 보수에 대한 경멸은 더욱 고조되는 경향이 있다.

공자가 지나친 것은 모자라는 것과 같다고 한 것을 이 경우에 적용하면 바로 진보의 이런 단순성, 평면성 내지 자만에 대한 경고가 된다. 자신이 가장 싫어하고 비웃는 대상과 같아진다는 것이 얼마나 치명적인 평가가 되는지는 진보 자신이 더 잘 알 것이다. 과유불급이라는 말은 그런 의미에서 지나침에 기울어져 있는 자에게는 그 어떤 판정보다 혹독한 판정인 것이다. 상대방을 향해 뱉은 침이 자신의 얼굴에 떨어진다고 생각해 보라. 극히 담담해 보이는 한 마디 안에 뼈를 베고 지나가는 칼날이 느껴지는 것은 공자의 발언에서만 느낄 수 있는 무자비한 특징이다.

그렇다면 불급不及에 대한 공자의 생각은 어디에 있었던가? 불급은 미치지 못하는 것이다. 지나친 것과는 엄밀하게 말해서 차원이 다르다. 주자는 과유불급을 말하는 논어 주석에서 "현명하고 지혜로운 자의 지나침이 비록 어리석고 못난 자의 미치지 못함보다 나아 보이기는 하나 중용을 잃기는 마찬가지다"賢知之過, 雖若勝於愚不肖之不及, 然其失中則一也. 『論語集注』11/17라고 하였다.

물론 주자의 이 말은 『중용』에 나오는 말17을 이어받은 것이지만 기본적으로 과過의 주체를 '현명하고 지혜로운 자'賢知로, 불급不及의 주체를 '어리석고 못난 자'愚不肖로 설정하고 있다는 점이 흥미롭다. 그것은 논어에서는 공자도 자공도 말하지 않았던 것이다. 만약 그것을 오늘날의 진보와 보수에 그대로 적용해 본다면 어떻게 될까? 진보적 가치를 지지하는 사람들은 '賢知계층'이 되고 보수적 가치를 따르는 사람들은 '愚不肖계층'이 될까? 단언하기는 어렵지만 우리의 경험은 최소한 그 개연성은 보여 주고 있는 것이 사실이다.

---

17) 『중용』은 공자의 입을 빌려 다음과 같이 말하고 있다. 子曰 : 道之不行也, 我知之矣, 知者過之, 愚者不及也. 道之不明也, 我知之矣, 賢者過之, 不肖者不及也. 물론 이 말이 실제 공자의 말일 가능성은 낮다. 전국 초기 나름대로 안목 있던 어느 유가의 말이었다고 보아야 할 것이다.

공자는 과는 불급과 같다고 하여 지나친 측의 경각심을 일깨우는 데에 불급을 비교치로 삼고 있다. 과는 평가의 직접적 대상이 되고 있지만 불급은 그렇지 않다. 도대체 공자는 모자란 측을 어떻게 보았기에 "모자라는 것과 같다"는 말로써 지나침을 비판하고 있을까? 그것을 모자라는 측, 다시 말해서 보수 측은 생각해 볼 필요가 있다. 그리고 왜 불급유과不及猶過, 즉 "모자라는 것은 지나친 것과 같다"라는 말은 성립조차 되지 않는지 생각해 보아야 한다. 그것도 생각할 수 없다면 정말로 모자라는 것이 아닐 수 없다.

둘은 결국 같다. 다만 그 같다는 말은 진보의 지나침, 즉 스스로를 더 이상 추궁하지 않고 자신이 이미 충분히 슬기롭고 의로우며 그것만으로 충분히 이 세상을 바루고 심판할 수 있을 것처럼 여기는 저 평면성과 경박성을 되돌아보도록 하기 위한 것이었다.

같기 때문에 공자는 그 둘을 양단兩端이라고 불렀다. 즉 중용으로부터 이격離隔해 있는 '양쪽 끝'이라 했던 것이다. 양단은 서로 대립하면서 서로에 대해 이단異端이 된다. 물론 이 이단은 대략 다른 편이라는 말과 같이 일단은 가치중립적인 용어였다. 중세 그리스도교가 말하던 정통의 대립개념으로서의 이단heterodoxy과는 상관이 없는 뜻이다. 공자는 이 양단의 상호작용과 관련하여 매우 중요한 한마디를 남겼다.

선생님께서 말씀하셨다.
"이단을 공격하는 것은 해로울 뿐이다."
子曰 : 攻乎異端,斯害也已. 2/16

공자는 양단이 단순한 대립을 넘어 서로를 공격하는 경향을 말하고 있는 것이다. 공격은 항상 과過 쪽, 현대적 구도로 가져와 말한다면 진보 쪽에서 먼저 시작한다. 이것이 진보의 운명적 어리석음이다. 보수의 원래 모습은 어리석은 만큼 순수하다.

공자는 그것을 원愿, 곧 순진함, 질박함[18]이라고 불렀다. 그러나 진보의 공격을 받으면 결국 보수도 공격적 성향을 띠게 된다. 그 점에서 보수의 공격은 언제나 반격이고 이념시대의 살벌한 용어로 얘기한다면 반동反動이 된다. 공자는 이런 공격과 반동을 경고했다. 그가 공격을 반대한 데에는 공격이 아무런 생산적인 작용도 하지 못한다는 통찰이 있었음에 틀림없고 그 점이 우리를 놀라게 한다.

주자가 攻을 전공의 뜻으로 해석하여 이후 攻乎異端이 마치 양묵楊墨, 노불不佛 따위를 공부하는 것처럼 알려져 온 것은 한마디로 참극이었다. 주자는 공자가 이 말을 통해 무엇을 얘기하려 했는지 전혀 의중을 알지 못했다. 박세당朴世堂이 攻이 전공이 아닌 공격임을 밝혀낸 것은 탁월한 안목이었다.

공격은 왜 일어나는 것일까? 이 세상의 평균적 수위를 벗어나 한 단계라도 더 알고 더 깨닫는다는 것은 결코 예사로운 일이 아니다. 그것은 단지 지적으로 한 걸음을 더 나아가는 것만이 아니라 그 한 걸음에 상응하는 존재의 전체 수위水位를 높이는 일이 되기 때문이다.

무엇보다 하나 더 높아진 수위는 이 세상의 평균적 수위와의 관계를 설정하지 않을 수 없게 된다. 그 바람직한 관계가 바로 어짊仁이다. 다른 용어로 말한다면 사랑이나 자비라 하여도 좋을 것이다. 어짊은 알고 깨닫게 하는 힘이자 그 알고 깨달은 것을 떠받치는 힘이다. 만약 어짊이 이 관계를 설정해 주지 않는다면 알고 깨달은 것은 유지될 수 없게 된다. 이것은 매우 신비한 일이다.

---

18) 子曰 : 狂而不直,侗而不愿,悾悾而不信,吾不知之矣. 8/17

선생님께서 말씀하셨다.

"앎이 그에 미쳤더라도 어짊이 그것을 능히 지키지 못하면 비록 그것을 얻더라도 반드시 잃고 말 것이다."

子曰：知及之,仁不能守之,雖得之,必失之.知及之,仁能守之,不莊以涖之,則民不敬.知及之,仁能守之,莊以涖之,動之不以禮,未善也. 15/33

지知와 인仁을 연결시키고 있는 공자의 이 말은 결코 간단치 않은 말이다. 하나를 더 깨달은 자가 떠안아야 할 연계된 덕목은 만만치가 않다. 앎은 결코 좁은 각도에서 말하는 지력智力에 의해서만 뒷받침되는 것이 아니다. 그점을 많은 사람들이 놓치곤 한다. 그 점을 놓칠 때 앎은 위기에 빠진다. 하나의 앎을 가지게 된다는 것은 단지 하나의 앎만 가지는 것이 아니라 그 하나 더 가지게 된 앎이 그 이외의 이 세상 모든 것과 가지게 되는 새로운 관계를 가지는 것이며 그에 따른 엄청난 도덕적 의무를 걸머지는 것이다. 어짊은 그래서 필요한 것이다.

공격은 앎이 어짊의 뒷받침을 받지 못하고 흔들리기 시작할 때에 일어난다. 조금 더 안다고 생각하는 자들이 알지 못하고 깨닫지 못한 자들을 공격 대상으로 삼는 것은 자신의 흔들리는 위상을 유지하기 위한 편법이다. 그것은 자기 자신에게도 공격 대상에게도 결코 도움이 되지 않는다. 공격은 오히려 각자의 입장을 폐쇄적으로 만드는 심각한 폐단만 조장할 뿐이다. 그것은 날카로운 목소리에도 불구하고 앎을 형해만 남기고 유실함으로써 자기 붕괴에 이르며 나아가 불급한 측을 반동적으로 도사리게 만든다. 공격과 반동의 이러한 폐쇄성은 모든 악의 심각한 원천이 된다. 그 죄는 발생학적으로 볼 때 전적으로 과한 측, 다시 말해 진보 측에 있다.

과유불급 – 생각하면 참으로 무서운 말이다. 인간의 행동이 가지고 있는 운명적 패턴을 남김없이 통찰한 자가 아니면 할 수 없는 말이다. 지나친 것은 미치지 못한 것과 같다. 그러나 과와 불급 그 각각이 갖는 정체성은 서로 다르고 걸어야 할 이정 또한 같지 않다. 지나친 쪽은 공자의 준엄한 경고를 새겨들어야 할 것이고 미치지 못한 쪽은 왜 공자가 그런 경고마저 하지 않았는지, 왜 공자가 주로 광간지사들의 틈바구니로 다니며 가르쳤는지를 부끄럽게 되돌아보며 어쩌면 지나친 쪽보다 더 긴 이정을 찾아 분발하고 나서야 할 것이다.

라. 가운데의 하찮음中庸

공자는 6/29에 이르러 드디어 중용中庸을 언급한다. 中이 전승된 관점인지 공자의 창의적 강조인지는 분명하지 않다. 『서경』 대우모大禹謨편의 저 유명한 "인심은 오직 위태롭고 도심은 오직 은미하니 오로지 정성을 다하고 진실을 다하여 그 가운데를 잡을진저"人心惟危,道心惟微,惟精惟一,允執厥中 하는 말에서 비롯되었을 것으로 전통적 해석은 보았다. 그러나 청대에 와서 염약거閻若璩, 1636~1704에 의해 대우모편이 위고문僞古文으로 밝혀짐에 따라 이 전통적 이해는 엄청난 충격에 휩싸이게 되었다.

만약 윤집궐중允執厥中을 중용의 연원에서 제외한다면 中은 사소한 용례만 있을 뿐 전혀 비중 있게 사용된 전례가 없는 셈이 된다. 그렇다면 中은 공자가 주목하고 강조함으로써 비로소 의미심장한 개념으로 등장했다고 볼 수밖에 없다. 中보다 더 그러한 것이 庸이다. 庸에는 확실히 공자의 강한 의도가 엿보인다. 中庸이라는 이 복합용어는 공자 이전의 그 어느 누구에 의해서도 사용된 적이 없다.

선생님께서 말씀하셨다.

"가운데의 하찮음中庸이 덕이 되니 그 얼마나 지극한가! 백성들은 오래 유지하
는 일이 드물구나."

子曰 : 中庸之爲德也,其至矣乎!民鮮久矣. 6/29

일체의 부연 설명 없이 中庸은 하늘에서 떨어지거나 땅에서 솟아나기라
도 한 것처럼 논어 6/29에 단 한 번, 불쑥 등장하고 있다. 이것은 공자가 중
요한 개념이나 사유의 틀을 창의적으로 만들어 사용했음을 강력히 시사하
고 있다. 中庸도 그렇고 兩端이나 異端도 그렇고 舊惡도 그렇고 貳過도 그렇
다. 물론 그것을 처음 발설했을 때에는 최소한 일부 제자들은 이해할 수 있
을 정도의 설명이 뒤따랐을 것이다. 안연처럼 그것을 충분히 이해한 제자들
이 있는가 하면 이해하지 못한 대다수의 제자들도 있었을 것이다.

중용이 공자가 필요로 해서 만든 용어라면 庸은 필시 평범하고 보잘것없
다는 가장 일반적 자의字意에 기하여 채택되었을 가능성이 높아 보인다. 그
점에서 庸을 평상平常으로 본 주자의 설명은 옳았다. 다만 그 평상은 무언가
그럴듯한 것이 숨어 있는 듯한 형이상학적 평상이 아니라 그냥 별것 아니라
는 뜻에서의 평상이었다.

공자가 파악한 中은 그 외형이 狂이나 狷에서와 같이 두드러지거나 모나
지 않았을 것이다. 공자는 중中의 그런 외견상의 평상적임, 하찮음, 미온적
성격庸을 강조함으로써 바로 그것이 덕이 된다爲德는 저 엄청난 역설을 보여
주려 했을 것이다. 다시 말해서 가운데中의 하찮음庸, 그것이 덕이 된다는 것
이다. 그 점에서 이 단편이 가지고 있는 극적劇的, dramatic인 성격을 간과해서
는 안 된다. 이 단편에서 우리는 가운데의 하찮음이 덕이 된다고 하는 저 역
전逆轉의 팡파르를 들을 수 있어야 한다!

가운데의 하찮음으로서의 중용은 공자가 양단화 현상의 와중에서 착상한 개념임에 틀림없다. 그리고 지금까지도 그것은 논어 이외에 그 어떤 전적에서도 적절한 설명을 얻지 못하고 있다. 이른바 자사子思가 썼다고 알려져 온 『中庸』은 중용이라는 용어를 10여 회에 걸쳐서 사용하고 있지만 그 어느 곳에서도 중용의 구조나 본질을 보여 주지 못하고 있다.

한마디로 『중용』에는 '중용'이 없다. 군자는 중용이요 소인은 반중용이니라 따위의 하나마나한 이야기, 中也者, 天下之大本也 따위의 관념적이면서도 동어 반복적인 이야기밖에 무엇이 있는가? 喜怒哀樂之未發을 中이라고 한다는 말을 나는 이해하지 못한다. 솔직히 말하면 이해하고 싶지도 않다. 동양의 긴 역사에서 중용을 제대로 밝히고 있는 전적은 나는 처음도 논어요 마지막도 논어라고 본다.

이 중용을 나는 크게 강조하고 싶지는 않다. 왜냐하면 나는 공자가 중용을 단지 소극적 개념으로 극히 조심스럽게 사용하였을 것으로 보기 때문이다. 중용이 소극적 개념이라는 것은 그것이 양단의 반사적 개념이기 때문이다. 말하자면 허상虛像이다. 중용은 우리의 삶 속에 선재先在해 있지도 않고 그 실체도 없고 처소도 없다. 당연히 선험적인 것도 아니다. 만약 그 처소가 있다면 양단이 스스로를 반성하는 자리가 그곳일 것이다. 그리고 만약 그 실체가 있다면 양단이 고통스럽게 자신을 돌아보고 극복해 가는 중에 어렴풋이 반조되던 그것이 그것일 것이다.

그러므로 중용은 직접적인 추구의 대상이 될 수 없다. 그 점에서 중도와 중용이 소리 높이 외쳐지는 모든 경우는 대부분 거짓이다. 중용은 '이것도 저것도'도 아니고 '이것도 저것도 아닌 것'도 아니다. 물론 '이것 반, 저것 반'은 더더구나 아니다. 중용은 다만 자기반성을 통해서만 나타나고 자기 극복으로서만 구현된다.

중용의 이러한 성격을 간과해서는 안 된다는 것은 중용을 배우는 데에 무엇보다 중요하다. 그것은 어쩌면 진리의 성격과도 연관되어 있는지도 모른다. 모든 진리는 '~이다'의 형태가 아니다. 오랜 체험은 우리에게 그것을 알려 준다. 모든 진리는 '~이 아니다'들에 의해 조금씩 좁혀지는 비부정지대非否定地帶로 우리에게 다가오고 또 있다.

진리는 우리에게 정면으로 그 존재를 노출하는 일이 없다. 진리는 영원히 우리가 등으로 접근할 수밖에 없는 무엇이다. 우리가 그것을 정면으로 바라볼 수 있다고 생각하면 우리는 결국 안연처럼 "앞에 있다 여기고 바라보면 어느새 뒤에 있구나"瞻之在前,忽焉在後 하는 참담한 처지에 빠지고 말 것이다. 중용은 그런 점에서 위험한 진리다. 그리고 그 위험을 알고 경계하는 한에서 간신히 유효한 진리다.

공자가 양단, 이단, 광견, 과불급, 중용을 언급한 것은 그의 천재적 통찰력을 다시 한 번 확인하는 지점이다. 그때그때 살펴보았던 구조들은 서로 상관되어 있고 어쩌면 우리가 잘 알지 못하는 동일한 원리에 의해 나타났을 수도 있는 것들이다. 그러나 이 과와 불급, 광과 견, 진보와 보수는 결코 서로 겹쳐지는 개념은 아니다. 그 점을 주의할 필요가 있다.

이를테면 중용의 저자가 언급했던 바 불급의 주체인 愚不肖를 광과 견의 구조에 등장하는 狷者에 오버랩 하는 것은 전혀 맞지 않다. 왜냐하면 狷者는 분명히 만만치 않은 수준의 지식인으로 보이기 때문이다. 현대적 개념인 진보와 보수를 그대로 공자가 언급했던 광견, 과불급의 구조에 오버랩하는 것도 역시 마찬가지다. 단지 양단이라는 기본적 구조의 유사성이 그 각각의 논리가 가진 특수성과 섬세한 차이들을 무시할 이유는 아니기 때문이다. 각 경우에 따른 이런 차이점들을 신중히 고려해야 할 필요성은 文과 質, 史와 野 등도 역시 양단화 현상의 일환으로 보게 될 경우 더욱 커질 것이다.

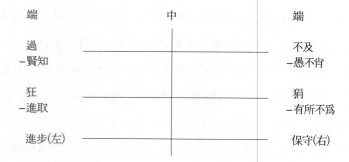

오늘의 현실 속에서도 공자가 열어 보였던 양단화 현상은 여전히 우리의 진지한 접근을 기다리고 있다. 깊숙이 자리 잡은 정치적 좌우 양단화와 그 비생산적 전개를 생각하면 그것은 더욱 절실해진다. 오직 자신을 둘러싸고 무엇이 어떻게 잘못되어 있는지를 스스로 성찰할 때에만 타개될 수 있는 이 문제가 그동안 거의 전적으로 묻혀 있었다고 해도 과언이 아닌 몇몇 단편들의 발굴을 통해 도움 받을 수 있기를 간절히 바란다.

Ⅲ

논어 깊이 읽기

1 아이러니

선생님께서 말씀하셨다.

"배워서 때에 따라 익히니 또한 기쁘지 않으냐? 벗이 있어서 멀리서 찾아오니 또한 즐겁지 않으냐? 남이 알아주지 않아도 섭섭해하지 않으니 또한 군자가 아니냐?"

子曰 : 學而時習之, 不亦說乎? 有朋自遠方來, 不亦樂乎? 人不知, 而不慍, 不亦君子乎?

1/1

논어를 전혀 읽어 보지 않았다는 사람도 이 구절만큼은 알고 있다는 논어 제1편 1장이다. 그 뜻도 크게 어렵지 않아 대부분의 사람들이 알고 있는 그대로다. 그런데 이 단편은 논어에서도 매우 뛰어난 단편으로, 공자의 진면목을 유감없이 보여 주는 많지 않은 단편 중의 하나다. 비록 짧은 몇 마디 말이지만 논어가 그 전체를 통하여 보여 주고자 하는 핵심적인 내용을 고스란히 담고 있다고 해도 과언이 아니다. 그 점이 논어 독자들에게는 아직 널리 인지되지 않은 점이다.

여기서 공자는 자신의 고유한 세계를 숨김없이 보여 주고 있다. 그것이 어디에 드러나 있는가? 배우고, 익히고, 멀리서 벗이 찾아오고, 사람들이 몰라주어도 섭섭해하지 않는, 별것 아닌 모습들 아래에 드러나 있다. 자세히 볼 수만 있다면 아주 풍성히 드러나 있다. 그것을 공자는 기쁨으로, 즐거움으로 그리고 명예로운 군자상으로 규정하고 있는 것이다.

문장은 평서문이 아니다. 부정문에다 의문문으로 두 번이나 곤두박질을 하고 있다. 그것은 不亦~乎에 집약되어 있는데 이 문장의 비밀을 담고 있는 부분이기도 하다. 이 부분으로 인하여 문장은 한껏 출렁이고 있고, 그 출렁임을 통해 글의 아이러니가 발산되고 있다.

그렇다. 이 짧은 문장에는 아이러니가 담겨 있다. 어째서 아이러니가 담겼을까? 공자는 단지 낯선 자신의 세계를 제시하고 있을 뿐이다. 다만 이 낯선 세계가 당시의 세속적 세계 위에 던져지고 있는 것이다. 세속적 세계는 공자의 말의 표면에는 전혀 등장하고 있지 않다. 단지 그 이면에 깔려 있다. 어떻게 그것을 단정하는가? 亦이라는 말이 그것을 보여 준다. 공자는 자신의 세계를 또한亦 있는 세계로 제시하고 있기 때문이다. 또한 기쁘고 또한 즐겁고 또한 군자다운 것이 있기 위해서는 기왕의 기쁘고 즐겁고 군자다운 것이 전제되어야 하는 것이다. 그 기왕의 것은 고대광실일 수도, 넓은 영토일 수도, 대부의 지위일 수도, 자자한 명성일 수도 있겠지만 공자는 그에 대해서는 한마디 언급이 없다. 다만 亦자의 이면에 모든 것을 암묵적으로 깔고 있을 뿐이다. 그리고 그것에 대해서는 비판이나 배척마저도 없다. 마치 그것도 인정이라도 하는 양 그 곁에 자신의 세계를 슬그머니 병치시키고 있다. 그래서 보이지 않게 어울리지 않는 두 세계가 어깨를 나란히 하고 서 있는 것이다. 바로 이 불편하고 우스꽝스러운 공존 상황이 아이러니를 발생시키고 있는 것이다.

플라톤의 초기 저작, 특히 『변론』이나 『크리톤』 같은 작품에서 최초로 아이러니를 발견한 사람은 키르케고르였다. 아테네인들의 세속적 세계에 소크라테스의 별난 세계가 개입하다 보니 아이러니가 발생할 수밖에 없었다. 그가 만들어 낸 아이러니에서 아테네인들은 심한 모욕감을 느꼈고 그래서 그를 제거하였던 것이다. 어쩌면 실제 상황은 단순한 아이러니를 넘었을는지도 모른다. 굳이 아이러니라 한다면 훨씬 충격적인 형태였을 것이다. "나의 실제 의도와 기여를 제대로 평가한다면 아테네 시민 여러분은 나에게 사형을 선고할 것이 아니라 영빈관에 데려가서 식사 대접을 해야 한다"는 말에서 극단적 아이러니, 아니 아이러니를 넘어 사람들의 허파를 뒤집어 놓는 어깃장을 엿볼 수가 있다.

예수에 이르면 아이러니 정도로는 이미 설명이 안 된다. 그는 삼십대 초반의 혈기 넘치는 젊은이였고 그런 완충적 세계를 수용하기에는 모든 것이 너무 완강하였다. 세상의 중심을 인간에 두지 않고 유일신에 두고 있었던 히브리 문화의 전통이 그러한 구도를 허용하지 않기도 했을 것이다.

그에 비하면 공자의 아이러니는 매우 순화된 형태였다. 자세히 관찰하지 않으면 아이러니로 보이지도 않을 정도다. 그러나 분명히 아이러니다. 그의 수준 높은 몇몇 발언을 아이러니라는 각도에서 바라보면 종전에는 볼 수 없었던 공자 특유의 색채와 명암을 발견할 수 있다. 그런 단편은 논어에 여러 개가 있지만 학이편 1장과 유사한 아이러니를 담고 있는 대표적 단편으로는 술이편 20장이 있다.

섭공葉公이 자로에게 공자에 관해 물었으나 자로는 대답하지 못했다. 이를 두고 선생님께서 말씀하셨다.
"너는 왜 그의 사람됨이 발분하면 먹는 것을 잊고 즐거움으로써 근심을 잊으며 장차 늙음이 오리라는 것도 모르는 사람이라고 말하지 않았느냐?"
葉公問孔子於子路,子路不對.子曰 : 女奚不曰,其爲人也,發憤忘食,樂以忘憂,不知老之將至云爾.

섭공은 대국 초나라의 지방장관으로 중원 천하에 명성이 자자한 정치인이었다. 공자와 그 제자들은 긴 외유기간 중 채나라에 들렀고 그때 당시 북방정책상의 임무를 띠고 채나라에 와 있던 섭공과 조우하였던 것으로 추정된다. 이미 공자라는 기이한 인물에 대해 나름대로 소문을 듣고 있었던 섭공은 공자의 제자인 자로子路를 만났을 때 "공자가 어떤 사람이냐"고 물었던 것 같다. 자로는 아무런 대답을 하지 못했다. 그 어색한 장면을 생각하면 2500년이 지난 지금도 절로 웃음이 나온다. 자로가 무어라고 대답할 수 있었겠는가? 벼슬이 높은가, 대단한 업적이 있나, 뭐 하나 내세울 것 없는 초라한 스승의 모습에 자로는 순간 얼마나 당혹스러웠을까?

그것을 전해 들은 공자가 너는 왜 이렇게 말하지 않았느냐고 하며 내놓는 말이 희대의 걸작이다. 아무리 둔감한 사람도 여기에 이르러서 만큼은 넘치는 아이러니를 느끼지 않을 수 없을 것이다. 공자를 제외한 누가 이처럼 허접한 말을 이처럼 당당히 할 수 있었겠는가! 그래서 역설적으로 이 말은 공자를 제외한 어느 누구도 할 수 없는 세기의 발언이 된 것이다.

그리고 그때 공자는 이렇게 말하였어도 전혀 차질이 없었을 것이다.

"너는 왜 그가 배우고 때에 따라 익히는 것을 기뻐하고 벗이 있어 멀리서 찾아오는 것을 즐거워하며 남이 알아주지 않아도 섭섭해하지 않는 사람이라고 말하지 않았느냐?"

화이부동 和而不同

신영복 선생의 화이부동 해석 비판

화이부동和而不同이라는 저 유명한 구절은 논어 자로편 23장에 나온다. 원문은 다음과 같다.

子曰 : 君子和而不同, 小人同而不和.

다른 많은 논어 단편들과 마찬가지로 이 단편에도 공자가 왜 이런 말을 하게 되었는지 전후좌우 상황이 없다. 그 어떤 부연설명도 없다. 한 마디로 뭉툭하고 불친절한 단편이다. 그동안 이 단편은 그 해석에서 별 이견이 없었는데 대부분 다음과 같은 뜻으로 해석함에 의견이 일치되고 있었다.

군자는 서로 융화하되 뇌동雷同하지 아니하며, 소인은 뇌동할 뿐 서로 융화하지 못한다.

뇌동으로 번역되는 同은 주자의 해석에 의하면 아비阿比한다는 뜻이라고 하는데, 아비란 아첨하고 빌붙는다는 말이다. 아첨하고 빌붙는 것이나 힘 있는 자에게 부화뇌동하는 것이나 결국 그것이 그것이다. 이 해석은 또 『춘추좌씨전』의 한 기록에 의해 막강하게 뒷받침되어 왔다. 『좌전』 자체가 신뢰성이 높은 역사기록인 만큼 거기서 해석이 내려진 和와 同을 무시하기 어려운 것은 사실이다. 원문의 기록은 매우 긴 까닭에 주요 부분만을 간추려 소개하면 다음과 같다.

제나라 임금이 사냥에서 돌아옴에 양구거梁丘據가 수레를 타고 마중을 나왔다. 이에 임금이 "양구거만이 나와 융화하는군!"唯據與我和夫 하였다. 재상 안자晏子가 옆에 있다가 "양구거도 역시 뇌동하는 것입니다. 어찌 융화함을 얻었겠습니까?"據亦同也,焉得爲和 하였다.

임금이 말하기를 "화和와 동同은 다른 것인가?"和與同異乎 하였다. 안자가 말씀 드리기를 "다릅니다. 화和는 마치 국을 끓이는 일과 같습니다. …… 임금이 좋다 하더라도 혹 좋지 못한 점이 있으면 신하는 그 좋지 못한 점을 말씀드려서 시정토록 하고 임금이 좋지 않다 하더라도 좋은 점이 있으면 그 좋은 점을 말씀드려 그릇된 점을 제거토록 해야 합니다. …… 그런데 양구거는 그렇지 못합니다. 임금께서 좋다고 하시면 양구거도 좋다고 하고 임금께서 좋지 않다고 하시면 양구거도 좋지 않다고 합니다. 국에 간을 맞추지 않고 물에 물을 타고서야 누가 그 국을 먹겠습니까?以水濟水,誰能食之 뇌동해서는 안 되는 이유가 바로 거기에 있습니다"同之不可,如是 하였다. 『左傳』昭公20年

정약용은 좌전의 이 구절에 대해 "화동和同에 대한 논의로서 이보다 더 자세히 말할 수는 없다"和同之辨,莫詳於此고 극찬을 했다. 실제 화와 동에 대한 『좌씨전』의 설명은 치밀하고 설득력이 있다. 아마 그것을 받아들였기 때문에 자로편 23장에 대한 해석은 과거나 지금이나 해석자들 간에 별로 이견 없었던 것으로 보인다.

그러나 화이부동에 대한 이 일관된 해석은 2000년대에 들어서 새로운 도전을 받게 되었다. 다름 아닌 성공회대학교의 신영복 교수가 전통적인 해석과는 완전히 다른 해석을 내놓았기 때문이다. 알다시피 그는 『감옥으로부터의 사색』 이후 각종 저술과 강의를 통해 높은 대중적 영향력을 지니고 있다. 또 고전에 대한 해박한 지식으로 화이부동에 대한 그의 새 해석은 비록 주류 해석을 바꾸어 놓지는 못했지만 제법 비중 있는 새 해석으로 자리를 잡은 듯하다.

그는 전통적 해석에 몇 가지 문제점을 제기하였다. 우선 화와 동에 대한 전통적인 해석이 대對를 이루지 못하고 있음을 혐의점으로 들었다. 또 한 가지는 앞 구절인 화이부동에서의 동은 뇌동의 의미로 사용되었으나 뒤 구절인 동이부화에서의 동은 동일하다는 의미로 사용되는 등 각각 다른 의미로 사용되고 있는 것을 두 번째 혐의점으로 들었다.

그러나 내가 보기에 그것은 아니다. 전통적인 해석도 대를 이루고 있고 뒤구절의 동도 뇌동의 의미로 풀이되고 있기 때문에다. 그러나 그것은 어쨌거나 별 상관이 없는 이야기다. 주된 이유는 그것이 아니기 때문이다. 그는 자신이 발견한 새로운 의미가 이 말의 진짜 의미이고 전통적인 해석은 공자의 진의가 아니라고 판단을 했던 만큼 그런 상황에서 문장이 대를 이루는지 전후 절에서 同이 같은 뜻인지 여부는 구구히 따질 필요도 없다. 그렇다면 주변적인 문제를 따지기보다 신영복 선생이 제시하고 있는 새 해석을 직접 들어 보는 것이 더 효과적일 것 같다.

화는 다양성을 인정하는 것을 의미합니다. 관용과 공존의 논리입니다. 반면에 동은 다양성을 인정하지 않고 획일적인 가치만을 용납하는 것을 의미합니다. 지배와 흡수합병의 논리입니다. …… 따라서 위 구절은 다음과 같이 읽는 것이 옳다고 생각합니다.

"군자는 다양성을 인정하고 지배하려고 하지 않으며, 소인은 지배하려고 하며 공존하지 못한다."[1]

이렇게 결론을 내린 그는 다양성을 인정하지 않고 지배하려 하는 대표적인 것으로 자본주의를 든다. 그리고 극좌도 극우도 모두 그런 논리에 빠져들고 있다고 경고한다. 또 중국의 중화주의가 새로운 동同의 논리가 될 위험이 있음을 경고하는가 하면 우리나라의 통일론도 동의 논리에 의거할 수도화의 논리에 의거할 수도 있음을 지적하며 바람직한 통일은 화의 논리에 기반을 두어야 할 것임을 강조하고 있다.

그가 주장하는 화와 동의 논리가 어떤 것인지는 대략 이해가 되리라 생각한다. 과거 권위주의적인 문화가 지배적이던 시절, 그가 말하는 同의 논리는 자주 들어왔던 것이다. 물론 지금도 여전히 유효하고 주목할 가치가 있는 논리다. 그래서 그가 주장하는 논리 자체가 옳은가 그른가 하는 것에 대해서는 거듭 되풀이할 필요가 없을 것 같다. 그것이 옳은 말이라는 데에는 전혀 이의가 없다. 그것은 앞서 『좌전』에 기록된 안자의 말이 너무나도 옳고 설득력 있는 말이라는 것과 조금도 다르지 않다.

문제는 과연 공자가 이 말을 하였을 때 그의 진의가 어디에 있었느냐 하는 것이다. 특히 동同에 대한 해석이 관건이 아닐 수 없다. 주자를 중심으로 광범위하게 인정되어 온 뇌동의 의미로 볼 것이냐 아니면 신영복 선생이 주장하는 바, 지배와 다양성을 인정하지 않고 모든 것을 하나의 가치로 몰아가려는 의지로 볼 것이냐다.

나의 결론부터 먼저 제시하겠다. 나는 이 두 가지 설이 모두 공자의 진의는 아니었다고 본다. 두 가지 설이 제가끔의 의미와 교훈을 가지고 있는 것

---

1) 신영복, 『강의 - 나의 동양고전 독법』 (돌베개, 2004)

은 부인할 수 없다. 그러나 정작 공자가 이 말을 하였을 때의 진의眞意는 그 둘 어느 것도 아니라는 것이다. 그렇다면 내가 보는 공자의 진의는 무엇인가? 나는 앞 문장 화이부동에서든 뒤 문장 동이부화에서든 동同은 모두 같다, 동일하다는 뜻, 同자의 가장 일반적이고 보편적인 의미로 사용되었다고 본다. 그렇다면 해석은 다음과 같이 될 것이다.

"군자는 서로 융화하나 같지는 않고 소인은 같으면서도 서로 융화하지 못한다."

이 해석은 사실 나의 새로운 해석은 아니다. 이 해석적 입장은 이른 바 까마득한 고주古注의 입장이다. 고주는 주자의 『논어집주』보다 대략 1000년 전에 나온, 정현鄭玄, 마융馬融 등 한대와 삼국시대 학자들의 해석을 모아 놓은 『논어집해論語集解』의 주석을 말한다. 기왕 고주에 동의하는 입장임을 밝혔으니 나의 구구한 설명 대신 고주의 설명을 직접 들어 보기로 하자.

군자는 마음이 화목하나 그들이 보는 견해는 각각 다른 고로 같지 않다고 하였다. 소인은 즐기고 좋아하는 바가 같으나 제가끔의 이익을 다투는 고로 화목하지 못하다 하였다.
君子心和, 然其所見各異, 故曰不同. 小人所嗜好者同, 然各爭其利, 故曰不和也. 『論語集解』

하안何晏의 이 해석은 덜고 보탤 것도 없이 바로 공자의 발언 취지였다고 본다. 주자가 고주를 알고 있었음에도 불구하고 同을 뇌동의 의미로 본 것은 『좌전』의 권위와 그 문장의 설득력에 이끌린 결과가 아닐까 한다. 사실 同이 뇌동이나 맞장구의 의미로 쓰이는 것은 매우 이례적인 일이다. 수록된 일화에서도 제나라 임금은 안자晏子가 和와 同이 어떻게 다른지 긴 설명을 하고 서야 말뜻을 이해할 수 있었다.

『좌전』은 공자 사후에 나온 만큼 공자가 이 기록을 보았을 리 만무하고 또 和而不同이라는 말이 나오는 것이 아니라 단지 和와 同이 나올 뿐이다. 따라서 『좌전』의 특수성에 근거하여 공자의 보편성 있는 발언을 해석한 것은 애초부터 무리였다고 본다. 同은 일반적으로 '같다'는 의미이고 특별한 상황이 아닌 한 누구든 당연히 '같다'는 의미로 말하고 듣는 것이 상식이다. 이런 의미에서 주자의 신주를 공자의 진의로 보기는 어렵다는 것이 나의 견해다.

그렇다면 신영복 선생의 새 해석은 어떤가? 나는 그가 同의 의미를 관념적으로 확장한 데에 문제가 있었다고 본다. 同은 같다는 뜻이고 不同은 같지 않다는 뜻인데 신영복 선생의 해석에 오면 同은 획일화하는 것, 지배하려 하는 것이 되고 不同은 차이를 인정하고 다양성을 수용하는 것을 뜻한다. 나는 아무리 한자가 일정하게 그 의미를 확장할 수 있는 뜻글자로서의 속성이 있다고 하지만 同과 不同이라는 단순한 말에서 듣는 사람이 과연 그런 의미까지 간취할 수 있었을까 하는 의문이 들지 않을 수 없다. 同이 과연 그런 정도로까지 확장되어 사용된 전례가 있는지도 의문스럽다. 과문의 탓인지는 모르겠지만 나는 아직까지 그런 전례를 본 적이 없다.

그러나 그보다 더 의문스러운 것은 과연 공자가 살았던 춘추시대 후반이 다양성과 획일성이 문제가 되던 시대였느냐 하는 것이다. 우리나라에서도 다양성과 획일성이 자주 거론되던 시기는 소위 군사문화가 다른 체질의 문화를 극도로 통제하던 시기에 집중되어 있다. 2000년대만 들어서도 그런 이야기는 현저히 누그러진 것이 사실이다. 지구상의 다양한 문화권, 제가끔의 역사를 보더라도 그런 논의가 등장하는 문화와 시기가 있고 그렇지 않은 문화와 시기가 있다. 공자가 살았던 춘추시대 말기는 내가 아는 한 다양성과 획일성 내지 그에 준한 프레임을 통해 현실 문제를 보던 시대는 아니었다. 공자는 그 시대의 문제를 바라보는 몇 가지 공자만의 독특한 프레임을 가지고 있었다. 그것은 공자를 이해하는 데 매우 중요한 문제로서 그것을 보느냐 못 보느냐에 따라 다수의 논어 단편을 바르게 해석하느냐 못하느냐가 좌우될 정도로 매우 중요한 관건이다. 그런데 다양성과 획일성 내지 공존과 지배는 춘추 후반의 문제를 인식하는 프레임으로서는 어디에서도 발견되지 않고 있다. 또 공자의 다른 어떤 발언에서도 등장하지 않고 있다.

따라서 신영복 선생의 해석은 그 자체로서는 의미가 있고 음미해 볼 만한 주제임에 틀림없지만 그렇다고 해서 그것이 공자의 발언 의도였다고 보는 것은 무리라고 생각한다. 공자는 단지 세속적 가치에 얽매인 '한 통속'임에도 불구하고 서로 갈등하고 싸우는 소인들의 모습과 그런 잇속을 떠나 생각은 서로 다르지만 예를 잃지 않고 화목하는 군자의 모습을 대비적으로 언급했던 것이다. 이 시대에서도 얼마든지 발견할 수 있는 두 인간상이 아닐 수 없다.

논어 단편이 잘못된 해석에 이르는 데에는 여러 가지 유형이 있다. 화이부동이 신주에 이르러 무리한 해석을 따르게 된 것은 공자의 말과는 아무런 연관 없이 생겨난 『좌전』의 일화가 우연히 和와 同을 취급했고, 그것이 그 자체로서 비교적 높은 설득력을 갖추고 있었기 때문이다. 말하자면 『좌전』이 바로 옆에서 해석자들의 시선을 빼앗았던 것이다. 유사하게 신영복 선생의 해석은 다양성과 획일성을 둘러싼 경직된 현실이 역시 너무 가까운 위치에서 해석자의 시선을 빼앗은 결과가 아닐까 한다. 논어를 해석하는 일, 그 화자의 마음에 이르는 일은 2500년이라는 세월의 간격만큼이나 쉬운 일이 아니라는 것을 새삼 느끼게 된다.

3 순수함과 순진함

언젠가 누군가로부터 "사람은 순수한 사람이 있고 순진한 사람이 있다. 순수한 것은 좋지만 순진해서는 안 된다"는 말을 들은 적이 있다. 어떤 전거가 있어서 한 말이 아니라 그 사람의 경험에서 우러나온 생각이었던 것 같다. 나중에 그 말을 곱씹어 보았는데 나름대로 일리가 있는 말이었다. 어원만으로 따져 본다면 순수純粹라는 말이나 순진純眞이라는 말이나 모두 '잡스러운 것이 섞이지 않았다'는 뜻의 순純자를 공유하고 있고 수粹나 진眞도 글자는 다르지만 내용으로 들어가면 역시 비슷해서 큰 차이가 없다. 다만 용례를 보면 순수라는 말이 맑고 깨끗하다는 뜻 외에 다른 부가적인 의미가 없는 반면 순진이라는 말은 순수하기는 하되 어딘가 알아야 할 것을 모르는 데에서 비롯된 부정적인 의미가 개입해 있다. 따라서 누군가가 순진하다고 하는 말에는 '안타깝다', '딱하다', '바보 같다'는 의미가 곁들여 있는 것을 느낄 수 있다.

사람이 나이가 들어도 순수함을 그대로 지닌 사람이 있는가 하면 나이가 들면서 세상물정에 절어 땟국이 번지르르한 사람이 있다. 전자와 같은 사람을 만나면 반갑고 기분이 상쾌해진다. 반대로 후자와 같은 사람을 만나면 부담스럽고 피곤하다. 순수함을 그대로 지닌 사람은 어떻게 그리 되며 그것을 잃은 사람은 또 어떻게 그리 되는가?

간단히 얘기하면 이런 것이 아닐까 한다. 불순한 사람을 만나 그들로부터 피해를 보는 일이 잦게 되면 결국 사람은 그들의 사술과 불신에 맞서는 경계적警戒的 인식과 행위 패턴을 갖추게 된다. 그리고 그것이 높은 개연성에까지 이르면 결국 부정적 인간관과 세계관이 굳어지게 된다. 그래서 결국 불순한 사람과 똑같은 사람이 되고 마는 것이다.

오늘날의 세상을 둘러보면 어디에서나 쉽게 발견할 수 있는 이런 양상이 2500년 전 공자가 살았던 춘추시대에서도 똑같이 시현되고 있었다면 당연하다고 해야 할까 아니면 의외라고 해야 할까? 논어 헌문편 33장에 나오는 공자의 한마디는 마치 오늘날의 상황 한 조각을 그대로 옮겨다 놓은 것 같다.

선생님께서 말씀하셨다.
"사술詐術에 미리 대처하지 말고 믿지 못할 것이라고 억측하지 마라. 그럼에도 역시 그런 점을 먼저 깨닫는 사람이 슬기로운 사람이다!"
子曰 : 不逆詐, 不億不信. 抑亦先覺者, 是賢乎! 14/33

不逆詐, 즉 상대방이 속이거나 술수를 쓸 것詐에 대응하여 인식과 자세를 맞세우지逆 말라는 말이다. 왜? 공자는 아무런 이유도 제시하지 않고 있다. 추정컨대 그렇게 함으로써 우리는 그 사술이 비롯되는 저급한 인식과 가치관에 자신의 눈높이를 맞추게 되기 때문이 아닐까 한다. 이어지는 얘기도 마찬가지다. 不億不信, 즉 믿지 않을 것 혹은 믿지 못할 것이라고 지레 억측하지 말라不億는 것이다. 불신을 전제로 하고 사람을 대하거나 판단하면 결국 그 사람과 그를 둘러싼 세상이 어떻게 되겠는가? 앞서 말한 것처럼 불순한 사람과 똑같은 사람이 되고 말 것이다.

그렇다면 기만과 술수로 가득 찬 세상을 살아가는 방법은 무엇인가? 누

군가가 자신을 기만하든 술수를 쓰든 마치 그가 한없이 정직하고 선의로 가
득한 것처럼 여기고 행동하란 말인가? 그런 것은 아닐 것이다. 세상에는 남
을 기만하려 드는 사람, 신뢰하기 어려운 사람이 있고 그것을 아는 것은 불
가피하고 필요한 일이다. 공자의 말은 그럼에도 불구하고 모든 대인 관계의
기본적 조율을 그런 기만과 불신에 초점을 맞춘 채 풀어 나갈 수는 없다는
점을 말한 것이라 여겨진다. 어떤 상황에서도 선의와 신뢰에 기초하여 말과
행동의 장場이 마련되는 것은 포기할 수 없는 원칙임을 공자는 강조하였던
것이다. 그래야 순수함을 잃지 않게 된다. 그런데 이어지는 공자의 언급이
재미있다.

> 그럼에도 역시 그런 점을 먼저 깨닫는 사람이 슬기로운 사람이다!
> 抑亦先覺者,是賢乎!

抑억이라는 말은 주로 문두에 쓰이는 전치사로서 상황이 반전되는 의미
를 가진다. 번역 시에는 도리어, 오히려, 그럼에도 등으로 많이 번역된다. 선
의와 신뢰에 바탕을 둔 우리의 자세에도 불구하고 현실적으로는 여전히 기
만과 불신으로 다가오는 사람이 있을 것이다. 공자는 그런 경우 순진하게
나가다가 기만을 당하는 것이 결코 슬기로운 것이 아님을 말하고 있다. 알
아차릴 것은 재빨리 알아차려서 기만이나 배신을 당하지 않도록 하라는 것
이다. 순진하게 당하고만 있어서는 안 된다는 이 얘기는 다분히 공자다운
데가 있다.

문제는 순수성을 유지하기 위해 선의와 신뢰에 바탕을 두되 그러면서도
상대의 기만성과 불신성을 간파해야 한다는 것이 구체적으로 어떤 상황을
말하는 것일까? 나는 이렇게 생각한다. 우리는 인간을 그 완전한 선의와 신

뢰에서부터 사술과 기만, 거짓에 이르기까지 그 폭넓은 전체 스펙트럼에 걸쳐 모두 파악하고 이해하지 않으면 안 된다는 것이다. 그러나 그 전체 스펙트럼을 다 등치等値의 현상으로 이해한다면 그런 이해는 아무런 의미가 없다. 그것은 우리의 인식을 삶의 속된 현실에 어떠한 구심점도 없이 방치하는 결과밖에 초래하지 않을 것이다. 선의와 신뢰에 기반을 둔 인간의 행위에는 모든 인간 행위가 발원하고 또 귀결할 원천적 의미가 주어지지 않으면 안 될 것이다. 그리고 사술과 기만, 거짓에는 인간이 그 약함과 어리석음으로 인하여 야기된, 부서지기 쉽고 잠정적인 의미가 부여될 수밖에 없을 것이다. 이 차별적인 스펙트럼에 의해 비로소 지켜야 할 순수는 지켜지며 피해야 할 사술은 피해지게 된다.

순수하되 순진해서는 안 된다던 누군가의 말은 결국 맞는 말이었다. 다양한 경험은 우리를 어리석은 순진에 내버려 두지 않는다. 그러나 그런 경험치들 속에서 우리가 확보하는 날카로운 인간 논리는 우리를 그 무수한 경험치들의 어지러움에도 불구하고 언제까지나 순수하게 지켜줄 것이다.

2500년 전 춘추시대, 공자가 남긴 이 짧은 한마디, 마치 바로 어제 저녁, 맥주 한 잔 마시며 평소 존경하던 어떤 선배로부터 들은 이야기 같지 않은가?

4 덕이란 무엇인가?

15년 전에 나온 나의 책 『논어의 발견』에는 중용이나 어짊, 의로움 등의 주제를 다루고 있는 사상론이라는 편이 있다. 이 사상론편에서 나는 원래 덕德을 주제로 한 글을 한 꼭지 넣고 싶었다. 그런데 어쩌다가 결국 그 글을 쓰지 못한 채 책을 출간하고 말았다. 그것이 그동안 매우 아쉬웠다.

어쩌다가라고 하였지만 실은 덕이라는 주제가 매우 막연하였고 그로 인하여 글을 풀어 나갈 실마리를 찾지 못했던 것이 가장 큰 이유였다. 15년 세월이 지났지만 그 막연함이 해소되었거나 잡히지 않던 실마리가 잡혔다는 생각은 들지 않는다. 변화가 있다면 쓰지 못한 아쉬움이 15년 동안 누적된 것이라 할까? 그 누적된 아쉬움을 자양삼아 이 주제 앞에 다시 한 번 서볼 생각을 하게 되었다.

덕이라는 말은 매우 오래된 말이다. 동양의 가장 오랜 전적이라 할 수 있는 『서경』에도 덕이라는 말은 숱하게 출현하고 있다. 『서경』에 기록되어 있는 덕이라는 말을 일별해 보면 그것은 자주 사용된 만큼이나 당시의 관용적 표현이기도 했던 것 같다. 그렇지만 거기에 역시 대단한 무게가 실려 있다는 것을 느낄 수 있다.

따라서 왕께서는 오직 덕을 공경함에 빠르셔야 합니다. 왕께서 자신의 덕을 베푸시는 것이야말로 하늘의 명이 영원하기를 비는 것입니다.

肆惟王,其疾敬德.王其德之用,祈天永命『書經』召誥

주나라 건국 초기에 주공周公과 더불어 많은 역할을 했던 소공召公이 아직 어리던 제2대 성왕에게 올리는 충고 가운데 나오는 말이다. 이 충고에서 덕은 왕에게 요구되는 가장 중요한 사항이고 그것을 베푸는 것만이 천명을 보존하는 길로 강조되고 있다. 훗날 공자에 이르러 강조된 덕은 이러한 전통적 이해를 충실히 계승한 것이었다.

『서경』의 시대는 그렇다 치고 공자의 시대에 이르러서는 어떠했을까? 춘추시대를 살았던 사람들은 덕이라는 것에 대해 충분한 이해를 가지고 있었을까? 바로 그 당시를 살았던 공자의 증언은 이렇다.

선생님께서 말씀하셨다.
"유由야, 덕을 아는 자는 드물구나."
子曰 : 由,知德者鮮矣. 15/4

그는 덕을 아는 자는 드물었다고 증언하고 있다. 제자 자로를 깨우친다는 특별한 의도를 지닌 것이기는 했지만 그것은 역시 덕에 대한 당시의 빈약한 인식을 가감 없이 담고 있었을 것이다. 공자의 이 말이 당시의 덕을 이야기하는 바탕이 되어야 할 것 같다. 춘추시대의 사람들도 그 의의를 제대로 알지 못했던 덕의 구현을 위해 공자가 언급한 이야기들을 되짚어 보는 것, 그것이 무엇보다 필요한 순서일 것 같다.

우선 공자는 덕을 정치의 요체로 생각하고 있었고 그로 인하여 덕정德政이라는 말은 공자의 정치학을 표방하는 대명사였다는 사실을 알아 둘 필요가 있다.

선생님께서 말씀하셨다.

"정치를 덕으로써 하는 것은 비유하자면 북극성이 제자리를 지키고 뭇 별들이 그를 둘러싸고 도는 것과 같다."

子曰 : 爲政以德, 譬如北辰, 居其所, 而衆星共之. 2/1

덕에 의한 정치의 효용을 강조한 것으로 이보다 더 강렬한 표현이 없을 것이다. 밤하늘 별들의 그 장대한 운행 한복판, 북극성의 자리에 덕을 배치한다는 것은 덕의 세계를 체험적으로 목도한 사람이 아니고는 결코 발언할 수 없는 것이었다. 사막이나 바다 한가운데에서 길을 잃은 사람에게 북극성의 존재가 가지는 의미처럼 덕이 거칠고 황무한 사회 질서 가운데에서 그런 동축적動軸的 의미를 가진다면 어찌 위대한 실체가 아니겠는가? 그러나 이 단편은 정치와 덕의 관계가 그렇다는 것이지 정작 덕이 어떤 작용을 하며 어떤 경위로 그런 결과를 낳는 지는 말하고 있지 않다. 그런 아쉬움을 조금이나마 덜어 주는 것으로서 덕의 작용을 언급하고 있는 단편이 같은 편 3장이다.

선생님께서 말씀하셨다.

"정령政令으로 이끌고 형벌로 다스리면 백성들은 겨우 따르게는 되겠지만 부끄러워할 줄 모르게 된다. 덕으로 이끌고 예로 다스리면 부끄러워할 줄 알게 되고 또 저절로 갖추어 갈 것이다."

子曰 : 道之以政, 齊之以刑, 民免而無恥. 道之以德, 齊之以禮, 有恥且格. 2/3

여기서 덕으로 하는 정치는 백성들로 하여금 부끄러움을 갖게 한다는 말을 통해 드물게 그 작용에 대해 언급하고 있다. 또 그것은 정령으로 이끄는 것이 백성들의 행위를 외적으로 강제하고 통제하는 것과 대비되면서 바람직한 행위를 자율적으로 유도하는 기전으로 제시되어 있다. 이를테면 어떤 특정의 행위를 정령政으로 정하여 금지시키고道 그런 행위를 하였을 때 형벌刑로서 다스린다면齊 백성들은 일단 그런 행위를 하지 않게는 될 것免이다. 그러나 그 결과는 부끄러움을 모르게 되는 것이다. 악행을 하지 않게 되는 동기가 외부의 강요와 통제이기 때문에 백성들은 그 외형만 만족시키고 말 뿐이라는 것이다.

그에 비해 덕에 의한 정치는 다르다. 덕은 마음의 자세나 태도라고 할 수 있다. 그렇다고 해서 그것이 추상적인 상태로 직접 영향력을 갖는 것은 아니며 역시 일련의 '언행'을 통해 영향력을 갖는다. 다시 말해서 언행을 보고 들음에 의하여 위정자의 덕은 국민의 생각과 가치관에 영향을 미치고 그들의 언행을 조정하기에 이르게 된다. 그리고 그 과정은 전적으로 자율적인 것이다. 덕의 이러한 작용과 위력에 관해서는 논어에 나오는 것은 아니지만 『맹자』에 공자의 말이라고 인용되고 있는 다음과 같은 말이 있다.

공자께서 말씀하셨다.
"덕이 전파되는 것은 파발을 두어 명령을 전달하는 것보다 빠르다."
孔子曰 : 德之流行, 速於置郵而傳命. 『孟子』 公孫丑上

거기에는 당연히 공명과 감화라는 과정이 있을 것이다. 그러나 왜 공명이 생기고 감화가 발생하는지를 알려면 덕이라는 것 자체가 좀 더 밝혀지지 않으면 안 될 것이다. 그러나 아쉽게도 덕 그 자체에 대한 더 접근된 이야기는 결코 많지 않다. 공자의 대부분의 말들이 그렇지만 우리는 단편적인 것처럼 보이는 여러 이야기들을 섭렵하면서 덕의 작용과 실체를 더듬어 보는 것이 불가피할 것 같다.

선생님께서 말씀하셨다.
"군자는 덕을 마음에 두고 소인은 영토領土를 마음에 둔다."
子曰 : 君子懷德, 小人懷土. 4/11

이 말에서 군자와 소인은 위정자의 유형으로 보이고 懷德과 懷土는 바로
그 군자인 위정자와 소인인 위정자의 행태로 보인다. 군자인 위정자가 마음
속에 품는 바 주요 관심사는 바로 덕이다. 반대로 소인인 위정자의 주요 관
심사는 영토다. 춘추시대의 역사를 보면 영토에 대한 권력자들의 욕심이 얼
마나 치열했는지를 여실히 볼 수 있다. 어느 나라가 어느 나라를 쳐서 어떤
땅을 빼앗았다. 담판을 통하여 어떤 땅을 돌려주었다. 어떤 땅을 두고 어느
나라와 어느 나라가 다투었다. 어떤 나라가 어떤 나라를 멸망시키고 병합하
였다. 이런 일들이 춘추시대의 역사에서는 그야말로 다반사였다. 소인인 위
정자로서는 어느 땅을 빼앗고 빼앗기느냐 하는 것이 절박한 관심사가 되는
것도 이해할 만한 일이었다.

그러나 공자는 다른 가치관을 제시했다. 군자인 위정자는 그런 여건에도
불구하고 덕에 관심을 가져야 한다는 것이었다. 덕은 단지 한 조각의 마음
에 불과하다. 그러나 그것은 주변을 불러들인다. 아득한 옛날 은나라가 멸망
하기 전, 서백西伯(훗날의 문왕)이 다스리던 주나라는 한갓 제후국에 지나지 않
았지만 이미 천하의 3분의 2를 차지하고 있었다. 수많은 제후국들이 자발적
으로 주나라에 병합해 왔거나 또는 주나라의 지휘에 따랐기 때문일 것이다.
그것은 순전히 서백이 보여 준 덕의 힘 때문이었다. 그럼에도 불구하고 주나
라는 겸손히 은나라를 받들며 제후국이기를 넘어서지 않았던 것 같다. 논어

는 그 한 단면을 기록으로 남기고 있다.

"천하의 삼분의 이를 가지고 있으면서도 은나라에 복속하였으니 주나라의 덕은
가히 지고의 덕이라 말할 수 있겠구나!"
三分天下有其二, 以服事殷, 周之德, 其可謂至德也已矣! 8/21

이윽고 서백이 죽고 그의 아들 발發(무왕), 무왕은 더 이상 유지될 수 없는
은나라를 멸하고 주나라를 세웠다. 문왕이 보여 준 덕은 한 조각의 마음에
지나지 않지만 결국 천하를 불러 모으는 힘을 발휘한다는 것을 주나라는 그
건국과정을 통해 여실히 입증해 보인 것이다. 그러나 덕에 대한 이해를 높
여 주는 말로 나는 다음 한 마디보다 더 중요한 말이 없다고 생각한다.

선생님께서 말씀하셨다.
"나는 보임새 좋아하듯 덕을 좋아하는 자를 보지 못하였다."
子曰 : 吾未見好德如好色者也. 9/17

공자의 이 탁월한 한마디는 먼저 그 내용으로 들어가기에 앞서 好色을 '여
색을 좋아하는 것'으로 해석하여 온 전통적 시각에서 벗어날 필요가 있다.
결론부터 이야기하자면 여색을 좋아한다는 것은 덕을 좋아한다는 것과 대
비될 어떠한 논리적 연관성도 가지지 않는다. 하나의 글자를 놓고 따지기
이전에 그렇게 해석된 말은 전혀 공자의 말답지가 않다. 필연성도 없고 논리
도 없다. 심지어 그런 의미로 사용된 전례마저 없다.
그러나 공자가 '세련된 말과 의젓한 모습'巧言令色의 위험을 경계한 것처럼
色을 겉모습이나 보임새, 외식外飾으로 규정한다면 이 말이야말로 순식간에

공자가 아니면 할 수 없는, 가장 공자다운 말로 일신된다. 그리고 好色이 그렇게 규정될 때 비로소 저 好德이 제 모습으로 살아나는 것이다. 남들에게 어떻게 보일 것인가, 어떻게 하면 멋지고 권위 있고 대단한 것처럼 보일까 하는 관심이 好色이라면 그 문장에서 호덕은 무엇이 되어야 할까? 그것은 적어도 남들이 어떻게 볼 것이냐를 떠나 있는, 자기 자신만의 내밀한 자리에서 추구되는 진정성 있는 그 무엇이 아닐 수 없을 것이다.

이제 조금 더 근접하여 공자가 언급한 덕을 다루어 보자. 논어에는 덕과 관련하여 방금 이야기한 好德, 즉 덕을 좋아한다는 말이 있는가 하면 崇德, 즉 덕을 숭상한다는 말이 있다. 아마 그 말뜻은 『서경』에 등장하는 敬德, 즉 덕을 공경한다는 말과 크게 다르지 않을 것이다. 그런 숭덕에 대하여 한 번은 제자 자장이, 한 번은 제자 번지가 물었다. 같은 질문이었지만 매번 그러했듯 공자의 대답은 조금씩 달랐다.

자장子張이 덕을 숭상하는 것에 대해 묻자 선생님께서 말씀하셨다.
"충성과 믿음을 주로 하고 의로운 데로 나아가는 것이 덕을 숭상하는 것이다."
子張問崇德.子曰 : 主忠信,徙義,崇德也. 12/10

번지樊遲가 선생님을 따라 무우舞雩 아래에서 거닐며 말했다.
"감히 덕을 숭상하는 것에 대해 묻고자 합니다."
선생님께서 말씀하셨다.
"좋은 질문이다. 일하는 것을 우선으로 하고 그 결과는 나중으로 하는 것이 덕을 숭상하는 것이 아니겠느냐?"
樊遲從遊於舞雩之下,曰 : 敢問崇德,…… 子曰 : 善哉問!先事後得,非崇德與? 12/22

제자들의 입장과 여건에 따라 항상 그에 걸맞은 처방을 내리는 공자임을 고려하면 여기서 한 답변을 그대로 보편화하는 것은 바람직한 것이 아닐 것이다. 그러나 이 답변이 덕을 숭상하는 일에 해당하며 덕의 한 면모라는 사실 또한 부인할 수 없을 것이다. 공자는 자장에게 "충신함을 주로 하고 의로운 데에로 나아가는 것"이 덕을 숭상하는 일이라고 말했다. 바꾸어 말하면 충신하지 못하고 의로운 일을 회피하는 것은 덕을 숭상하는 일이 못 된다는 뜻일 것이다. 특히 의로운 데에로 나아간다는 것은 이로움의 유혹을 뿌리치고 나가는 고독한 결단을 전제로 한다.

또 번지에게는 "일하는 것을 우선으로 하고 그 결과는 나중으로 해야 한다"고 했다. 역시 일보다 그 결과에 더 연연해한다면 그것은 덕을 숭상하는 것이 못 된다는 뜻일 것이다. 정도를 밟아 차근차근 이루어 내는 결과가 아니라 편법과 억지를 통해 원하는 결과에 도달하려는 생각은 결코 덕을 만들어 내지 못한다는 뜻을 담고 있다.

이 두 답변에서 어떤 그림이 그려질 수 있을까? 덕은 고독하고 어렵고 참을성 있게, 무엇보다 외부의 시선을 의식함이 없는 정직성을 통해 배태되는 무엇임을 말해 주고 있다. 이 외부의 시선을 의식하지 않는 철저한 진정성은 어쩌면 다음 단편에서 가장 두드러진 모습을 보여 주고 있는 듯하다.

선생님께서 말씀하셨다.

"태백泰伯은 가히 덕德이 지극했던 사람이라 할 수 있겠다. 세 번이나 천하를 사양하였는데도 백성들은 일컬을 것이 없었으니!"

子曰 : 泰伯其可謂至德也已矣.三以天下讓,民無得而稱焉. 8/1

태백泰伯 혹은 太伯은 주나라 임금 고공단보古公亶父의 맏아들이자 훗날 문왕이 되는 창昌의 큰아버지였다. 태백에게는 중옹仲雍과 계력季歷이라는 두 동생이 있었는데 막내동생 계력이 창을 낳자 창에게서 성스러운 길조가 엿보였다. 아버지 고공단보가 계력을 경유하여 창에게 군주의 지위를 물려주려는 뜻을 내비치자 태백은 계력에게 순조롭게 기회를 넘겨주기 위해 아우 중옹과 함께 주나라를 떠나 먼 오나라 땅으로 달아난다. 그리고 몸에 문신을 하고 머리를 잘라 주나라의 임금이 될 수 없음을 표시하였다.

이처럼 지덕至德은 눈에 띄지 않아 아예 일컬어지지도 않을 수 있다는 것은 기막힌 말이 아닐 수 없다. 그것은 지덕이 호색의 완전한 대척점에 자리 잡고 있음을 말해 주는 것이다. 그렇다면 과연 누가 아무런 보상도 주어지지 않는 덕의 실천자가 되려 하겠는가? 덕행이 눈에 띄어 즉각적인 보상이 주어진다면 그것이야말로 세속적 욕망의 대상으로 전락하지 않을 수 없을 것이다. 그러나 공자의 말처럼 그 순수성이 아무도 알아주지 않고 아무런 보상으로도 연결되지 않는다면 그것은 이 세상이 너무나도 불공정하다는 뜻이 될 것이다. 마치 사마천이 그의 「백이열전」에서 백이숙제가 굶어 죽고 안연이 가난하게 살다 죽은 것과 온갖 악행을 저지르던 도척이 부귀영화를 누리다가 천수를 다하고 죽은 것을 비교하며 과연 "하늘의 뜻이라는 것이 옳은 것인가 그른 것인가?"所謂天道,是邪非邪. 하고 참담하게 외치던 저 딜레마에 이르지 않을 수 없을 것이다. 어쩌면 바로 이런 곤혹과 딜레마를 예상이라도 한 듯이 공자가 남긴 한 마디가 논어에 남아 있다는 것은 얼마나 다행스런 일인가?

선생님께서 말씀하셨다.
"덕은 외롭지 않고 반드시 이웃이 있다."
子曰:德不孤,必有鄰. 4/25

이미 너무 널리 알려져 조금도 새삼스럽지 않은 단편이다. 그러나 이 닳고 닳아 더 이상 전해 줄 의미를 담고 있지 않을 것 같은 단편을 다시 한 번 들여다보자. 그는 "덕은 외롭지 않다"고 했다. 왜 이 말을 했을까? 덕이 외롭다는 인식이 전제되어 있지 않다면 이런 말을 할 리도 없다는 것을 진지하게 생각해 볼 필요가 있다. 바로 앞에서 했던 이야기, 덕은 누가 보고 있다든가 누군가에게 보여 줄 것을 전제하지 않은, 자신만의 자리에서 외롭게 추구하는 진정성이고 정직성이라 하지 않았던가? 그래서 본질적으로 덕은 외로울 수밖에 없는 것이다. 그런 덕을 공자는 이 단편에서 당당히 "외롭지 않다"고 한 것이다. 왜? 덕은 이웃이 있기 때문이라는 것이다.

이웃이 있다. 그래서 덕은 외롭지 않다. 이 말은 참으로 절묘한 말이 아닐 수 없다. 이웃이 무엇인가? 만약 그를 둘러싼 모든 세상이 다 그를 잘 알고 이해하고 지지한다면 우리는 그런 세상을 이웃이라고 부르지 않는다. 이웃은 그를 둘러싸고 있는 크고 넓고 낯선 세상이 그를 알아주지 못하고 있는 것을 전제로, 그를 가까이에서 알고 이해하는 소수의 주변 사람들을 지칭하는 말이다. 이를테면 내가 서울에 산다 해서 천만 서울 시민이 다 내 이웃은 아니다. 이웃은 맛있는 음식을 만들었을 때 나누어 먹고 즐겁고 슬픈 일이 생겼을 때 함께 기뻐하고 마음 아파해 주는 소수의 주변 사람만을 가리키는 말이다. 이웃이 소중하고 따뜻한 것은 그를 둘러싼 더 큰 주변이 낯설고 황량하기 때문이다. 다시 말하면 외롭지 않음은 외로움과 등을 맞대고 있으며 이제 막 그 외로움을 벗어나는 지점에서 형성되는 것이다.

그러므로 덕은 외롭지 않고 이웃이 있다는 말은 어쩌면 덕의 존재방식과 본질에 가장 어울리는 말이 아닐 수 없다. 그 말은 덕행을 숭상하여 노력하는 사람들을 향한 공자의 너무나도 적절한 위로와 격려의 말이다. 덕의 상황은 기실 외로우면서도 외롭지 않고 황량하면서도 따뜻한, 아이러니적 상황이다. 말하자면 세속의 영광에 눈길을 보내는 한 외롭고 황량하지만 진실에 대한 확신을 가지고 있다면 그것은 외롭지 않고 언제나 위로받을 수 있는 상황이 되는 것이다. 말할 나위도 없이 그것은 바로 공자 자신의 상황이었을 것이다.

덕은 외부의 눈을 의식하지 않고, 충신함을 주로 하여 의로운 일에 뛰어들며, 어려움을 회피하지 않고 선한 목표를 향하여 참고 묵묵히 매진하는 가운데에 확보되는 무엇이다. 그것은 마치 저 태평양 한가운데에서 소리 없이 형성되는 저기압과도 같다. 저기압은 스스로를 의식하지조차 않고 다만 자기 몰두에 의해 고요히 만들어진다. 그리고 역사의 나비 한 마리가 거기에 작은 날갯짓을 부여할 때 이윽고 거대한 태풍으로 일어서기도 하는 것이다.

덕이라는 말은 다행히도 오늘날 우리나라 사람들의 생활 속에 그 쓰임이 살아남아 있다. 그것은 어쩌면 매우 복된 조건인지도 모른다. 그러나 생활 속 덕의 쓰임새를 보면 그 용례가 점점 쇠미해져 가고 있다는 것을 느낀다. 가장 전형적으로 많이 쓰이던 누가 "덕이 있다"든가 누가 "덕이 없다"든가 하는 말도 이제는 별로 쓰이지 않는다. 심지어 "부덕의 소치" 따위의 의례적인 말마저 점점 줄어들고 있다. "덕분"이라는, 그 의미가 본뜻에서 너무 멀어져 파생어라고 하기조차 힘든 말이 겨우 남아 있을 뿐이다. 그나마 그렇게라도 남아 있는 말 또한 어쩌면 우리 세대가 마지막이 아닐까 하는 서글픔마저 느낀다. 살찐 여성을 후덕하다고 하는 은어 속에 그 잔재를 남기고 있는 언어 현실은 어쩌면 우리의 의식에서 덕이라는 말이 의미 있게 울릴 수 있는 마지막 공간마저 무너져 가고 있다는 느낌을 준다.

세상은 온통 어떻게 보이느냐 하는 데에 정신이 팔려 있다. 모든 것은 호색好色과 종색從色 일변도로 흘러가고 있다. 그 결과는 끔찍하다. 우리가 생각하는 것 이상으로 끔찍하고 우리가 예상하는 것 이상으로 만연되어 있고 우리가 짐작하는 것 이상으로 우리의 판단력을 마비시키고 있다. 다시 덕이라는 것에 우리의 관심을 돌릴 필요가 있다. 호덕이 되든, 경덕이 되든, 숭덕이 되든 덕의 자리로 돌아가 우리의 찌든 마음과 타락한 정신을 재정립해야 하지 않겠는가? 그리고 망각하고 있는 덕을 다시금 관심의 대상으로 삼기 위해서는 무엇보다 저 공자의 절망적 탄식, "유야, 덕을 아는 자 드물구나"로 조용히 되돌아가지 않으면 안 될 것 같다.

5 음악 마니아 공자의 음악 이해

공자와 관련하여 음악 이야기를 꺼내는 것에 대해 이상하게 생각하는 사람들이 있을지도 모르겠다. 공자 하면 임금에게 충성하고 부모에게 효도하는 것 정도만 생각하는 선입견이 폭넓게 깔려 있는 탓이다. 그러나 논어에는 의외로 음악 관련 단편이 많이 나오는데 거기에 수록된 공자의 언급을 생각하면 공자를 음악과 무관한 사람이라고 여기는 것이 오히려 이상할 정도다. 이 잘못된 선입견은 단 하나의 단편만 마주해도 바로 깨어질 수 있다.

> 선생님께서 제齊나라에 계실 때 소韶를 들으시고 석 달 동안 고기 맛을 모른 채 말씀하셨다.
> "음악을 하는 것이 이런 경지에까지 이를 줄은 미처 몰랐구나!"
> 子在齊聞韶,三月不知肉味.曰 : 不圖爲樂之至於斯也! 7/15

비록 짧은 단편이지만 음악에 대한 공자의 이해나 몰입의 정도를 충분히 짐작할 수 있는 기록이 아닐 수 없다. 공자가 제나라에 간 것은 공자의 나이 30대 후반의 일로 추정되고 있다. 소韶는 순임금의 음악으로 알려져 있는데 순임금의 재세시기가 B.C. 2100년 무렵이었음을 생각하면 공자 당시에도 이미 1600년 전의 음악이었다. 웬만해서는 들어 보기 어려운 음악을 그는 제나라에 가서야 처음으로 들어 보았던 모양이다. 그리고 석 달 동안 고기 맛을 모른 채 "음악을 하는 것이 이런 경지에까지 이를 줄은 미처 몰랐구나!" 하고 감탄을 했다는 이야기다.

물론 우리는 소를 처음 들었던 공자의 음악적 체험을 오늘날 다시 추체험할 수는 없다. 다만 개략적인 상황만을 짐작할 뿐인데 그나마 "석 달 동안 고기 맛을 몰랐다"三月不知肉味는 말은 매우 이해하기 어렵다.

오늘날에도 음악에 대한 광적 마니아들은 많지만 그런 사람에게 음악에 심취하는 것과 고기 맛을 아는 것 사이에 어떤 관련성이 있는지를 묻는다면 어떤 답변이 나올까? 아마 관련성을 인정받기는 어렵지 않을까 하는 생각이 든다. 음악은 청각에 관련된 사항이고 고기 맛은 미각에 관련된 사항인데 하나의 감각에 지나치게 사로잡히면 다른 감각에는 둔감해지는 것이 가능할까? 선뜻 받아들이기 어려운 일이다. 어쨌든 공자가 음악적 감수성이 무척 예민한 사람이었고 요즈음으로 치면 굉장한 마니아였던 것은 이 단편을 볼 때 틀림없는 사실이 아니었을까 한다. 이 단편 외에도 논어에는 음악과 관련한 단편이 생각보다 자주 나온다. 일별하면 다음과 같은 것들이다.

선생님께서는 다른 사람과 함께 노래를 부를 적에 잘 부르면 반드시 다시 부르게 하신 후 따라 부르셨다.

子與人歌而善,必使反之,而後和之. 7/34

노래를 부르는 공자. 어쩌면 상상하기 어려운 모습이지만 논어는 분명히 여러 사람들과 어울려 즐겁게 노래를 부르는 공자의 모습을 남기고 있다. 자신이 직접 나서서 부르기보다 누군가가 잘 부르면 한 번 더 부르게 하고 자신은 따라 부르는 것도 마치 오늘날 노래를 부르는 어떤 장소에서든 충분히 있을 법한 광경이다. 어쩌면 그런 행동에 따르는 섬세한 심리적 측면도 오늘날 예상할 수 있는 것과 별로 다르지 않았을지도 모른다. 또 다른 단편 하나는 구태여 말하자면 연주 비평에 속하는 것이다.

선생님께서 말씀하셨다.
"악사장 지摯가 처음 연주했을 때 관저關雎의 마지막 장은 양양하게 내 귀를 가득 채웠다."
子曰:師摯之始,關雎之亂,洋洋乎盈耳哉! 8/16

언급하고 있는 내용은 짐작하기 어렵고 기록자의 기록 취지도 분명치는 않다. 하지만 이 단편은 어렴풋하게나마 음악에 대한 그의 유별난 관심과 그 수준을 보여 주고 있는 것으로 보인다. 추정컨대 공자가 관저의 마지막 장을 듣고 감동적으로 한마디 언급한 것을 어느 제자가 소중한 언급이라 생각해서 기록으로 남긴 것이 아닐까 한다. 위 언급을 연주 비평이라고 한다면 다음 언급은 어쩌면 구체적인 음악 이론이라고 해야 할지도 모르겠다.

선생님께서 노나라의 악사장에게 말씀하셨다.
"음악에 대하여는 알 수 있습니다. 처음 시작할 때에는 흩어진 것들이 모이는 듯하고 따르다 보면 조화가 이루어지고 명료해지고 찬연해지니 이로써 이루어지는 것입니다."
子語魯大師樂曰:樂其可知也.始作,翕如也.從之,純如也,皦如也,繹如也,以成. 3/23

이 단편도 의미를 종잡기는 매우 힘든 단편이다. 해석도 일반적인 해석의 예를 따랐지만 실제 어떤 뜻이었는지는 모호한 바가 없지 않다. 일반적으로는 음악이 연주되는 전체 과정을 처음과 중간 그리고 마지막으로 나누어 각

단락에 따른 음악적 효과를 이야기한 것으로 보고 있다. 나는 음악적 경험이 깊어짐에 따라 음악이 인간에게 미치는 효과를 설명한 것일 가능성을 조금 더 높게 보지만 역시 확실치는 않다. 다만 이 단편에서도 공자가 노나라의 악사장과 대화하고 있다는 점, 악사장에게 "음악은 알 수 있습니다" 하고 자신 있게 말하고 있다는 점, 음악의 어떤 측면에 대해 전문가인 악사장에게 구체적으로 설명하고 있다는 점 등이 음악에 대한 공자의 이해 수준이 녹록치 않았음을 짐작케 한다. 특히 이 단편의 말미에서 공자가 음악을 이룬다는 것以成과 관련시키고 있는 부분은 주목할 필요가 있지 않나 한다.

음악에 대한 공자의 남다른 관심과 식견은 단순한 개인적 취향이나 관심에 그친 것은 아니었던 것 같다.

선생님께서 말씀하셨다.
"내가 위衛나라에서 노魯나라로 돌아온 후에야 음악이 바르게 되었고 아雅와 송頌이 각각 제자리를 잡게 되었다."
子曰：吾自衛反魯,然後樂正,雅頌各得其所. 9/14

자신의 노력으로 음악이 바르게 되었다樂正고 평가하고 있다는 것은 그만큼 공자의 역할이 적극적이었고 실천적이었음을 말해 주는 것으로 보인다. 즉 그는 뒤바뀌고 혼란스러운 음악을 각각 제자리를 찾아갈 수 있도록 하는 데에 구체적으로 기여하였던 것 같다. 아마 공자의 이런 개입이 있기 전에는 아雅가 연주되어야 할 예법상의 자리에서 송頌이 연주된다든지 그 반대가 된다든지 하는 부적절한 일이 자주 일어났던 모양이다. 어쨌든 매우 중요한 음악 정책의 현장에 공자가 있었던 것은 틀림없어 보인다. 15/11에 보면 안연이 나라를 다스리는 것에 대해 묻자 "음악은 소무韶舞로 하고 정나라의 음악은 추방하라"樂則韶舞,放鄭聲.는 구체적인 방안까지 제시하는 것을 볼 수 있다. 그러나 음악에 대한 이러한 여러 언급 중에서도 8/9의 다음 구절만큼 의미 있고 중요한 언급은 없지 않을까 한다.

선생님께서 말씀하셨다.
"시를 통해 일어나고 예를 통해 서며 음악을 통해 이룬다."
子曰:興於詩,立於禮,成於樂. 8/9

시와 예와 음악을 각각 그 일어나고興 서고立 이루는成 기능에 입각하여 설명하고 있는 이 언급은 사실 공자가 아닌 그 어떤 제가의 학설에서도 발견되지 않고 있다. 따라서 그것은 공자만의 독특한 발견이라 할 수 있다. 시에서는 인간의 기뻐하고 슬퍼하고 그리워하고 원망하는 등의 상정常情에 눈뜨는 기능을, 예에서는 인간이 사회적 존재로서 서로 인정하고 존중하고 돕고 갈등을 조화롭게 극복하는 기능을 각각 발견한 것도 공자의 높은 안목을 보여 주는 것이다. 그러나 그 모든 단계를 거쳐 음악에서 이루는成 기능을 발견했다는 것은 높은 안목 정도에 그칠 일이 아니라고 생각한다. 역사상 음악에 대해 가장 높은 이해를 보여 준 그 어떤 사람도 아마 공자가 음악에 부여한 이러한 이해에 범접하지는 못했을 것이다.

공자 이전에도 음악은 이미 예와 결합하여 '예악'禮樂이라는 복합용어로 통용되고 있었고, 그것은 지금의 '문화'라는 말과 거의 같은 의미를 지닌 것이었다. 음악은 각 시대나 각 나라의 문화가 그 정신의 가장 승화된 모습을 보여 주는 기전이라고 생각한 듯하다. 음악을 제외하고 다른 무엇이 그런 기능을 하는지 생각해 보면 공자의 안목이 갖는 남다름이 손끝 어딘가에서 가물가물 느껴지는 것도 같다.

6 경제의 본질은 굶주림이다

논어 위령공편 32장에는 쉬우면서도 어려운 단편 하나가 나온다. 쉬우면 쉽고 어려우면 어렵지 쉬우면서도 어렵다는 말은 무슨 말인가 할 것이다. 이야기를 들어 보면 왜 이 그런 표현을 사용하는지 이해를 할 것이다. 먼저 이 단편의 원문을 보자.

子曰:君子謀道,不謀食.耕也,餒在其中矣.學也,祿在其中矣.君子憂道,不憂貧. 15/32

길지도 않은 단편이다. 대충 훑어볼 때 어려워 보이는 한자라고는 餒뇌 자 정도인데 주림, 굶주림이라는 뜻을 가지고 있다. 그렇다면 해석은 크게 어려울 것이 없다. 풀이하면 이렇다.

선생님께서 말씀하셨다.
"군자는 도道를 도모하지 먹는 것을 도모하지 않는다. 밭갈이는 굶주림이 그 가운데에 있고 배움은 녹이 그 가운데에 있다. 군자는 도를 근심하지 가난을 근심하지 않는다."

일단 풀이가 되었다. 쉬운가 어려운가? 일견 쉬워 보이는데 사실은 쉬운 것이 아니다. 무엇이 문제인가? 군자는 도를 도모하지 먹을 것을 도모하지 않는다는 첫 부분은 대체로 수긍이 되는 것 같다. 그러나 耕也, 餒在其中矣 즉 "밭갈이는 굶주림이 그 가운데에 있다"는 말은 무슨 말인가? 의외로 많은 사람들이 이 말에 이르러 갈피를 잡지 못하는 것 같다. 말하자면 이 부분은 이 단편을 이해하는 데에 기묘하게도 최대의 걸림돌이 되고 있다. 먼저 이 구절을 해설하고 있는 숱한 논어 번역가들의 말을 들어 보자.

먹을 것을 위하여 농사를 지어도 때 아닌 재변을 만나면 굶주림을 당할 때가 있고 ─L씨 감수역

농사를 지어도 굶주림이 때로는 있을 수 있고 ─K씨

농사를 짓더라도 흉년이 들면 굶주리게 된다. ─H씨

농경은 생활을 안정시키는 길이기는 하지만 기아의 요소도 내재한다. ─다른 L씨

먹을 것을 찾기 위해 땅을 파면 팔수록 배가 더욱 고파진다. ─중국 리링李零

더 많은 번역 사례를 들더라도 모두가 거기서 거기다. 중국의 리링이 거의 만담 수준에 가까운 해석을 하고 있는 것을 제외하면 나머지 네 명의 해석은 비슷하다. 이런 해설들은 이 구절에 대한 이해를 위해 해석자들이 얼마나 고심하였는지를 잘 보여 준다. 심지어 영역 논어로서 가장 많이 읽히고 있는 아서 웨일리Arther Waley의 『The Analects of Confucius』도 이 부분에 대해서 이렇게 번역하고 있다.

Even farming sometimes entails times of shortage

결국 웨일리도 위 네 사람의 해석과 유사한 차원에 머물러 있음을 알 수 있다. 이 숱한 이상한 해석들의 원천은 역시 주자였다. 주자는 이 구절에 대해 다음과 같이 말했다.

耕,所以謀食,而未必得食

즉 "밭갈이는 먹을 것을 꾀하는 것이나 그것이 반드시 먹을 것을 보장할 수는 없다"는 뜻이다. 주자가 이렇게 어정쩡하게 논리를 구성해 놓은 것을 모든 사람들이 속수무책으로 따라간 셈이다. 그것은 주자의 해석에 적극 공감해서라기보다는 다른 해석 가능성이 엿보이지 않았기 때문이라 할 수 있다. 역시 그런 입장에 있는 한 일본인 해석자는 이런 일반적인 입장을 다음과 같은 말로 좀 더 상세히 피력하고 있다.

耕也餒在其中, 이 구절은 예로부터 독자를 고민스럽게 하고 있다. 해석이 여러 갈래로 나뉘어진다. 나는 이렇게 생각한다. 농업 생산에 힘쓰더라도 천재天災나 인해人害로 인하여 기아에 봉착하는 것에서는 벗어날 수 없다. 공자 당시에는 오히려 그러한 위험성이 더 컸으며 농경이라는 말은 재해 관념을 그 이면에 수반하고 있었을 것이다. 바로 그렇기 때문에 耕也餒在其中이라 말한 것이다. [2]

심지어 『논어의소論語義疏』에서 황간皇侃, 488~545은 농사를 짓더라도 더러

---

2) 히라오카 다케오(平岡武夫), 『論語』(集英社, 1980)

는 소출을 남들에게 빼앗기는 경우도 많았기 때문이라는 이유를 달았으니 이 구절이 해석자들을 얼마나 괴롭혔는지 짐작이 간다. 그러나 공자가 이 말에 담고 있는 뜻은 주자가 말한 것과도, 웨일리나 나 히라오카가 말한 것과도 다른 것이었다. 쉽고도 어려운 이 구절은 사물의 본질을 투시하는 공자의 통찰력, 특히 고도의 추상 능력을 보여 주고 있다. 주자를 포함하여 숱한 해설자들은 바로 그 추상 능력에서 공자를 따라잡지 못하였기 때문에 모두 이 단편의 진의를 비껴갈 수밖에 없었던 것이다.

밭갈이, 즉 생계를 도모하기 위한 모든 노력은 굶주림에 대응한 것이다. 그러므로 농경은 그 본질에 굶주림이 들어 있다. 농사가 흉년이 들어 먹을 것이 부족한 경우에만 굶주림이 있는 것이 아니라 풍년이 들어 먹을 것이 남아돈다 하여도 역시 밭갈이의 본질은 굶주림이기를 넘어서지 못한다. 이를테면 풍요마저도 굶주림에서 멀어졌다는 점에서 결국 굶주림으로부터의 거리로 측정이 되고 그 점에서 굶주림의 운명에서 벗어나지는 못하는 것이다. 이 점을 공자는 보았고 주자는 보지 못하였다.

그것이 파악되지 못하니 이어지는 學也,祿在其中矣도 역시 야릇한 해석을 얻게 된다. 배움에는 녹이 그 가운데에 있다는 말도 누군가는 노골적으로 "배움을 거쳐 드디어 관직을 얻어 녹봉을 받게 되면 그것이 농사를 직접 짓는 것보다 더 나은 결과가 된다"는 기막힌 해석을 하기도 했다. 그러나 여기서 말하는 녹은 녹봉이라는 협의의 녹에 구애될 것이 아님이 분명하다. 그것은 차라리 『서경』에 나오는 저 천록天祿이라는 말과 맥락을 같이 하는 것이다. 배움이 가져다주는 녹은 즐거움이고 생명이다. 그에 비하면 밭갈이 속에 움직이고 있는 것은 굶주림이고 공포와 죽음이라 할 수 있다.

이런 해석의 벽을 넘어 다시 담담한 눈으로 공자의 말을 바라보면 이 말은 매우 깊은 지혜를 담고 있다. 밭갈이의 본질을 굶주림으로 보는 시각은 오늘날의 세상을 대상으로 한다 하여도 달라질 것이 없다. 그것은 단순한 농업 활동에 국한되지 않고 산업혁명 이후 변모된 광범위한 경제적 활동에도 고스란히 적용된다. 경제란 무엇인가? 사전적 정의에 의하면 그것은 '인간이 살아가기 위하여 필요로 하는 재화 중에서 그 양이 한정되어 있어 매매나 점유의 대상이 되는 재화를 생산하고 분배하고 소비하는 활동'이 아닌가? 그런 경제의 본질은 공자의 높은 추상 능력에 의하면 여전히 굶주림이고 헐벗음이다. 사물을 관통해 보는 공자의 안목은 외외한 것이 거의 두려울 지경이다.

경제에 얽매인 오늘날의 삶은 굶주림의 수성獸性에 묶인 삶이다. 오늘날 우리가 국가적 삶의 모든 비중을 두고 있는 곳, 그 어떤 나라도 피할 수 없이 빠져드는 한계가 바로 경제다. 그리고 그 경제의 본질은 예나 지금이나 변함없이 굶주림인 것이다. 공자는 그것을 도모하지 않아야 한다고 했다. 과연 어느 쪽이 옳은가? 오늘날의 모든 국가들이 한결같이 목을 매고 있는 경제 제일주의가 옳은가? 그것을 도모하지 않아야 한다는 공자의 말이 옳은가? 아니면 그때는 그때고 지금은 지금이라고 선을 긋고 말 것인가?

극히 최근에야 소수의 예언자적 정신을 중심으로 현저히 다른 목소리들이 나오고 있다. 그들은 인간의 경제적인 활동 그 자체를 총체적으로 회의하기 시작하였다. 과연 경제는 무엇에서 비롯하였으며 무엇을 지향하고 있는가? 이 근원적 물음 앞에서 답은 궁색하기만 하다. 결국 그들 예언자적 소수는 공자와 마찬가지로 이 거대한 경제의 본질적 자리에서 굶주림을 보고 있는 것 같다. 인간의 그 엄청난 영위가 결국은 굶주림에 대한 대응이었고 그래 보았자 굶주림을 벗어나지 못하고 손오공이 부처님 손바닥 안에서 놀 듯 굶주림 안에서 맴돌고 있다는 자각을 하기 시작한 것이다. 인간의 그 엄청난 영위가 단지 굶주림에 대한, 굶주림 안에서의, 굶주림의 몸부림이었고 결국 그 무한 증폭된 행위들이 모여 굶주림의 왕국을 건설하고 있다는 사실을 인지해 가고 있는 것이다. 풍요 속에 엿보이는 저 바닥없는 맹목성은 바로 우리가 굶주림 앞에서 목도했던 공포의 다른 모습에 지나지 않는다.

굶주림은 우리가 그것을 견디고 필요한 대응을 해야 할 것인지는 모르겠으나 공포감 속에서 증폭되어 거대한 경제의 왕국을 그 위에 건설할 터전은 아니라는 생각이 모아져 가고 있는 것이다. 이제 그 목소리들이 점점 커질 날이 다가오고 있다. 그렇다면 우리는 2500여 년 전을 살았던 한 인물, 공자의 놀라운 추상 능력을 다시 한 번 돌아볼 필요가 있지 않을까? 그뿐 아니라 그에 마주하여 배움의 녹을 설정하고 있다는 사실은 또 어떤가? 그리고 한 번쯤 이런 화두를 띄워 놓고 끝없는 상념에 빠져 볼 필요도 있지 않을까?

經濟也, 餒在其中矣!

7 말과 글, 그 거짓되기 쉬운 도구

말言에 대한 공자의 태도는 확실히 유별난 데가 있었다. 논어에 나오는 말에 대한 공자의 언급을 모아 보면 그 일관성에 있어 한 치의 예외도 없음을 알 수 있다. 말을 유창하게 잘 한다는 것은 그 자체가 실천에서 진정성 없음을 드러내는 지표일 수도 있다는 것이다.

> 사마우司馬牛가 어짊에 대해 묻자 선생님께서 말씀하셨다.
> "어진 자는 그 말이 힘겹다."
> 사마우가 말했다.
> "말이 힘겨우면 어질다 할 수 있겠습니까?"
> 선생님께서 말씀하셨다.
> "그것을 행하기가 어려운데 그것에 대한 말이 힘겹지 않을 수 있겠느냐?"
> 司馬牛問仁.子曰:仁者其言也訒. 曰:其言也訒,斯謂之仁已乎?子曰:爲之難,言之得
> 無訒乎? 12/3

말과 실천에 관한 가장 전형적이고 대표적인 단편이라 할 수 있다. "옛사람들이 말을 하지 않았던 것은 자신의 됨됨이가 그 말에 미치지 못하는 것을 부끄러워했기 때문이다"古者言之不出,恥躬之不逮也 4/22는 말도 표현만 다를 뿐 사실상 똑같은 얘기다. 이런 생각에 대해서는 다른 견해가 있을 수 있을 것이다. 사람이 자신의 입장을 분명히 밝히고 남들과 필요한 논의를 하려면 말을 잘 할 필요가 있지 않느냐 하는 것이다. 공자 당시에도 그렇게 생각하는 사람은 있었다.

어떤 사람이 말하였다.
"옹雍은 어질기는 하나 말재간이 없습니다."
선생님께서 말씀하셨다.
"말재간이야 무슨 소용이 있겠습니까? 능란한 구변으로 남을 제압하면 남들로부터 미움만 자주 받게 됩니다. 그가 어진지는 모르겠지만 말재간이야 무슨 소용이 있겠습니까?"
或曰 : 雍也, 仁而不佞. 子曰 : 焉用佞? 禦人以口給, 屢憎於人. 不知其仁, 焉用佞? 5/5

공자는 제자 중궁仲弓, 雍의 말재간 없음을 적극 변호하고 있다. 만약 유창한 달변이 실천의 문제에 장애가 되지 않는다면 공자도 구태여 중궁의 말재간 없음을 옹호하지 않았을 것이다. 공자의 이러한 견해는 당시로서는 거의 받아들여지지 않는, 거의 공자만의 견해였다. 오늘날과 조금도 다르지 않게 당시도 말을 잘 하는 것이 환영받고 인정받는 시대였다. 공자 자신도 그런 객관적 현실을 잘 알고 있었다.

선생님께서 말씀하셨다.
"축타祝鮀와 같은 말재간이 없다면 송조宋朝와 같은 미모를 지녔다 하더라도 요즈음 세상에서는 남아나기 어렵겠구나!"
子曰 : 不有祝鮀之佞, 而有宋朝之美, 難乎免於今之世矣! 6/16

축타는 위나라의 대부로서 말 잘 하기로 중원 천하에 소문이 자자한 사람이었다. 공자도 무엇이 통하는 가치관인지 알고 있었지만 그는 상반된 길, 즉 말을 잘 하지 못하는 쪽을 지지하고 있었던 셈이다. 공자는 세련된 말과 의젓한 외모를 같은 차원에 놓고 두 가지 모두 어짊인 경우는 드물다고 말했다. 결국 말言이란 겉모습色과 같이 허위에 떨어지기 쉬운 것임을 밝힌 것이 아닌가 한다.

선생님께서 말씀하셨다.
"세련된 말과 의젓한 모습이 어짊인 경우는 드물다."
子曰 : 巧言令色,鮮矣仁. 1/3

논어에는 공자의 행동이나 태도만을 소묘하고 있는 제10 향당편이 있는데 거기에 보면 말과 관련하여 아주 특이한 공자의 모습 한 가지가 기록되어 있다.

공자께서 향리에 계실 때에는 묵묵하신 것이 마치 말을 할 줄 모르는 사람 같았으나 종묘나 조정에 계실 때에는 거침없이 발언하시되 다만 삼가서 하셨다.
孔子於鄕黨,恂恂如也,似不能言者.其在宗廟朝廷,便便言,唯謹爾. 10/1

공자는 동네 사람들의 눈으로 보았을 때 거의 말을 하지 못하는 사람 같았던 모양이다. 오죽 말을 하지 않았으면 마치 말할 줄 모르는 사람 같았다고 하였을까. 이 과묵은 공자의 일상이 거의 상시적인 선정禪定의 상태와도 같았음을 말해 주는 것이 아닐까 생각한다. 공자의 모든 말이 매우 짧으면서도 깊은 함축미를 가지고 있는 점, 그러면서도 논리적으로 어떤 흠결도 보이지 않는 점은 바로 그의 말이 그 바닥을 알 수 없는 침묵 속 사유로부터 건져졌기 때문일 것이다.

공자는 글에 대해서는 아무런 언급을 남기지 않고 있다. 왜 그럴까? 당시는 종이가 발명되기 전이라 글이 오늘날과 같이 손쉬운 의사 전달 수단이 아니었기 때문일 것이다. 다시 말해서 당시로서는 글에 대해는 말과 유사한 차원에서 언급할 여건 자체가 아니었다는 뜻이다. 그렇다면 오늘날, 글이 말 못지않게 간단하고도 즉각적인 의사표현 수단으로 자리 잡게 된 상황에서는 글도 역시 거짓이 개입할 여지가 높은 영역이 되지 않을까?

나는 그 가능성이 높다고 본다. 공자가 유창한 말에 대해 부단히 경고를 했고 예수도 외식外飾으로 길게 기도하는 사람들에 대해 신랄히 비난했듯 그들 또한 오늘날 문자로 활발히 소통하는 이 세상에 있었다면 글로 꾸며지는 이 거짓과 외식을 결코 그냥 넘기지는 않았을 것으로 본다. 화려한 미문, 교묘한 논리, 이곳저곳에 발표하는 번다한 글들, 무수한 저서들을 공자도 예수도 역시 참된 실천을 외면하는 수단으로 규정하지 않았을까?

말을 유창하게 잘 하지 못하는 사람이나 글을 멋지게 쓰지 못하는 사람은 알려질 기회를 갖지 못하는 전도된 현실 때문만은 아니다. 평생을 두고 가야 할 배움의 길에서 말과 글에 대한 유혹에 빠지는 것은 예나 지금이나 변함이 없었을 터인데 오늘의 현실을 놓고 볼 때 말과 글의 유혹에 휩쓸리지 않고 더 근원적인 문제에 매진할 것을 당부하는 그런 목소리 깊은 스승이 어딘가에는 있을 것으로 믿어 본다. 말과 글의 소란한 그늘에 가려진 채로나마.

8 명예욕을 어떻게 볼 것인가?

어떤 친목 모임에서였다. 한담이 오가는 가운데 누가 "인간의 온갖 욕망 중에서 가장 집요하고 극복하기 힘든 욕망이 바로 명예욕"이라는 이야기를 했다. 대부분 고개를 끄덕이는 분위기였다. 여러 사람이 여러 얘기를 했지만 뚜렷한 결론은 없었다. 어쩌면 그날의 얘기는 명예욕을 극복해야 할 욕망으로 전제하고 있었다는 점에서 애초부터 결론을 내기 어려운 것이 아니었나 한다. 명예욕은 확실히 일반적인 욕망과는 다른 특징이 있다. 한편으로 그것은 부정적인 욕망의 한 가지로 여겨지는 측면이 있는가 하면, 다른 한편으로는 매슬로Maslow의 자아실현욕구처럼 더 높은 차원을 향해 나아가고, 그 달성으로 인하여 주위로부터 인정받는 것을 긍정적으로 받아들여야 할 측면이 있기 때문이다.

논어에는 명성聞과 관련한 공자의 언급이 딱 두 번 나오고 있는데 공교롭게도 그 중 한번은 명성의 긍정적 측면을, 한번은 부정적 측면을 언급하고 있다. 자한편 22장은 그 중 긍정적 측면을 보여 주고 있는 단편이다.

선생님께서 말씀하셨다.
"후진들을 두려워할 만하다. 어떻게 새로 등장할 자들이 지금만 못하리라고 단정할 수 있겠는가? 그러나 사십, 오십이 되어도 세상에 알려지지 않는다면 그 또한 두려워할 바가 못 된다."

子曰:後生可畏.焉知來者之不如今也?四十五十而無聞焉,斯亦不足畏也已. 9/22

이 말은 명성을 직접 주제로 하고 있는 말은 아니다. 후진을 두려워할 만하다는 말을 하는 가운데 사십, 오십이 되어도 세상에 이름이 알려지지 않는 후진이라면 구태여 두려워할 필요가 없다는 이야기를 하는 가운데 부수적으로 명성의 긍정적 모습이 등장하고 있다. 이 말은 그 정도 나이가 되어도 명성이 나지 않는 것을 공자가 오히려 부정적으로 보고 있다는 사실도 함께 보여 주는 것이다. 여기에는 자신을 닦는 일修己에 성과만 낸다면 누군가가, 때로는 하늘이 그를 알아보고 이 세상을 위해 일정한 역할을 맡길 것이라는 공자 특유의 믿음이 드러나 있기도 하다. 그러나 어리고 당돌했던 제자 자장과 나눈 한 대화, 안연편 21장을 보면 명성과 관련하여 오늘날의 부정적 시각에 가까운 관점이 분명히 드러나 있다.

자장子張이 물었다.
"선비는 어떻게 해야 경지에 이르렀다 할 수 있겠습니까?"
선생님께서 말씀하셨다.
네가 경지에 이르렀다 하는 것이 무엇이냐?"
자장이 대답했다.
"나라에서도 반드시 이름이 나고 대부의 가家에서도 반드시 이름이 나는 것입니다."
선생님께서 말씀하셨다.
"그것은 이름이 나는 것이지 경지에 이른 것이 아니다. 실로 일정한 경지에 이르렀다는 것은 성품이 곧고 의를 좋아하며 말을 헤아리고 표정을 살피는가 하면 깊이 생각하여 사람을 다루니 그렇게만 하면 나라에 있어서도 반드시 일정한 경지에 이르고 대부의 가에 있어서도 반드시 일정한 경지에 이를 것이다. 그러나 이름이 난다는 것은 겉으로는 어진 모습을 취하나 행동은 그와 어긋나게 하며 그런 식으로 사는 데에 아무런 회의도 갖지 않는 것이니 그렇게 하면 나라에 있어서도 필경 이름은 나고 대부의 가에 있어서도 필경 이름은 나게 될 것이다."

子張問:士何如斯可謂之達矣?子曰:何哉,爾所謂達者?子張對曰:在邦必聞,在家必聞.子曰:是聞也,非達也.夫達也者,質直而好義,察言而觀色,慮以下人.在邦必達,在家必達.夫聞也者,色取仁而行違,居之不疑,在邦必聞,在家必聞. 12/21

자신의 이름이 세상에 알려져 명성이 자자하게 되기를 바라는 야망에 부푼 제자 자장의 물음에 대해 공자는 진정한 달통과 그렇지 않고 세상에 명성만 나는 것이 어떻게 다른지를 구체적으로 설명해 주고 있다. 심지어 명성에 대해서는 "겉으로는 어진 모습을 취하나 행동은 그와 어긋나게 하며 그런 식으로 사는 데에 아무런 회의도 갖지 않는다"면 과연 명성이 나게 될 것이라고 하여 매우 신랄한 비판을 하고 있다. 9/22와 12/21을 비교해 보면 긍정적 입장과 부정적 입장의 차이를 한 눈에 파악할 수 있다.

어떻게 된 걸까? 공자의 입장에 일관성이 없었던 것일까? 그렇지 않다. 공자는 늘 질문자의 상황에 따라 달리 대답했던 것은 잘 알려진 사실이다. 9/22에서 이야기할 때 공자는 명성이 나는 것에 대해 극히 원칙적인 이야기를 했던 것이라 생각된다. 그러나 자장은 신중하지 못하고 조급히 결과를 보고 싶어 하는 특별한 성격의 소유자였다. 오죽하면 자유子游나 증자曾子마저 어려운 일을 잘 해내기는 하지만 어짊의 길을 함께 걷기는 어려운 친구라 했을까?[3] 공자는 명성에 집착하는 자장의 선후가 도착된 자세를 나무란

---

3) 子游曰 : 吾友張也,爲難能也,然而未仁. 19/15
　　曾子曰 : 堂堂乎,張也!難與並爲仁矣. 19/16

것이다. 열심히 자신을 닦고 배우면 변화된 사람됨에 따라 저절로 명성이 나겠지만 명성이 나고자 욕망한다 해서 사람됨이 바뀌지 않는다는 것이다. 그것은 공자의 여러 언급을 통해 볼 때 당연한 귀결이었다.

공자가 명성 그 자체를 부정적으로 보지 않았다는 것은 제나라 경공景公 과 백이숙제伯夷叔齊를 비교하는 언급에서도 선명하게 드러나고 있다.

> "제나라의 경공景公은 사두마차 천 대를 가지고 있었으나 죽는 날에 백성들이 덕
> 이 있다 일컫지 않았다. 백이숙제는 수양산 아래에서 굶어 죽었지만 백성들이
> 오늘에 이르기까지 그들을 일컫고 있다."
> 齊景公有馬千駟,死之日,民無德而稱焉.伯夷叔齊餓于首陽之下,民到于今稱之.
> 16/12

결국 공자는 인간적 완성의 결과로서 이름이 남는 '명예로움'과 그런 결 과를 먼저 염두에 두고 서투르게 행동하게 되는 '명예욕'을 분리시켰던 것 이라 생각한다. 그날 친목 모임의 대화가 맴을 돌 수밖에 없었던 것은 명성 을 둘러싼 이 양면성을 제가끔의 취지에서 바로 보지 못하고 뒤섞인 상태에 서 이야기를 이어나갔기 때문이 아니었나 한다. 명예, 명성과 관련된 이러 한 몇 가지 논어 단편에 대한 검토를 토대로 이제 문제의 단편 위령공편 20 장을 살펴보기로 하자.

> 선생님께서 말씀하셨다.
> "군자는 생애를 다하고 나서 이름이 일컬어지지 않을까 우려한다."
> 子曰 : 君子疾沒世而名不稱焉. 15/20

매우 짧은 단편으로 이 단편은 다시 한 번 군자가 자신의 생애를 이름 없는 풀꽃처럼 살다 가는 것에 동의하지 않았다는 사실을 확인시켜 준다. 우리나라가 아직도 초야에 묻혀 말없이 사는 것에 대해 동경을 갖기도 하는 것은 조선조의 암담한 현실에서 비롯된 은자적 지향과 일제 식민지 시대의 막힌 구조에서 야기된 현실 도피의 지향이 잔존해 있기 때문으로 보인다. 어쨌든 이 단편은 적어도 춘추시대에는 군자가 명성이 나는 것을 결코 회피하지 않았고 오히려 추구하기까지 하였다고 보는 해석에 별 이견은 없다. 다만 이 단편에 나오는 '沒世'라는 말을 두고 오랜 세월 두 가지 해석이 엇갈려 왔다. 하나는 위에 소개한 바 "생애를 다하고 나서"라는 해석이고 다른 하나는 "생애를 다하도록"이라는 해석이다. 말하자면 명성이 나는 시점이 사후냐 생전이냐로 해석이 나뉘어 온 것이다. 공자의 언급 의도는 두 해석 중 어떤 쪽이었을까?

6세기 경 양梁나라의 황간은 그의 『논어의소』에서 몰세를 죽은 이후身沒 以後로 규정하고 있다. 그래서 사후론死後論의 대표주자가 되었다. 그러나 주자는 『논어집주』에서 몰세에 대해 이렇다 할 입장을 표명하지 않았다. 그래서 다수의 사람들은 황간의 고주를 따르지 않는 해석을 시도하였다. 청대의 전대흔錢大昕도 그 중 한 사람으로 "명예가 살아 있는 중에 기피할 것이 아니라면 '죽을 때까지'로 해석하는 것이 옳다"고 하였다. 말하자면 생전론生前論인 셈인데, 정약용이 누구보다 강한 생전론자였다. 그는 "몸이 마치도록 명성이 없다면 죽어서도 또한 명성이 있을 수 없다"고 강하게 사후론을 비판하였다. 이런 주장의 배경에는 9/22 후생가외後生可畏장에 나오는 "사십, 오십이 되어도 세상에 알려지지 않는다면 그 또한 두려워할 바가 못 된다"고 한 말이 강력한 논리적 뒷받침이 되고 있다. 사십, 오십이 되어서도 명성이 나지 않는 것이 문제라면 생애가 끝날 때까지도 명성이 나지 않는 것을 우려하는 것은 너무나도 당연하다는 논리다. 과연 공자의 진의는 전대흔이나 정약용처럼 생전론 쪽이었을까?

나는 공자의 진의가 황간의 고주, 즉 사후론 쪽이었을 것으로 생각한다. 공자는 이미 後生可畏章에서 명성이 나는 것에 대해 그것이 군자의 노력과 성취에 따른 당연한 반응임을 밝혔다. 다만 문제는 자장과의 대화에서 공자가 신랄하게 성토하였듯이 명성이 나는 것 자체를 직접적인 목표로 삼는 것은 완전히 다른 문제라는 사실이다. 명성이 나는 것은 이렇듯 그것을 받아들이는 태도에 따라 양면성을 지니는 것이다. 그것은 당연한 것이면서 매우 위험한 것이다.

그런데 지금 문제의 단편은 명성을 직접적인 대상으로 삼고 있다. 그것도 제3자의 명성을 말하는 것이 아니라 자기 자신의 명성을 말하고 있다. 구태여 비교하자면 제3자의 명성을 이야기하는 後生可畏章보다 자기 자신의 명성을 말하는 자장과의 대화에 가까운 단편이다. 몰세가 생전을 의미한다면 자장과의 대화에서 공자가 강력하게 비판하였던 명성에의 추구를 이 단편에서는 옹호하는 꼴이 되지 않겠는가? 그러나 몰세가 사후를 얘기한다면 사정은 달라진다. 죽음이 개입함으로써 그 문제가 극복되고 해소되기 때문이다. 죽음 이후에 이름이 일컬어지지 않을 것을 우려한다면 그것은 구태여 부정적 욕망이 되지 않을 것이다. 공자는 명성에 대한 기대를 사후의 문제로 다룸으로써 이 문제를 절묘하게 해결한 것으로 보인다. 결국 황간이 맞고 정약용이 틀린 셈이다.

호랑이는 죽어서 가죽을 남기고 사람은 죽어서 이름을 남긴다는 우리의 오랜 속담은 그런 점에서 훌륭한 집단적 슬기의 한 편린이 아니었나 생각한다.

6 어짊仁

1999년 『논어의 발견』이 처음 발간되었을 때 한 일간지에서 책에 대한 리뷰를 내며 기사 제목을 "공자의 핵심 사상은 중용이다"로 뽑았다. 아마도 그 책의 제2편 사상론에 수록된 11개의 글 중에서 중용에 관한 글을 맨 앞에 배치했던 것이 오해의 빌미가 되었던 모양이다. 중용을 가장 앞에 배치한 것은 그동안 중용 관련의 단편이 너무나도 오역에 묻혀 왔었고 재발견된 중용 관련의 사유가 공자만의 매우 독특한 면모를 보여 주고 있는 점을 부각시켜 보려는 의도가 있었기 때문이다. 따라서 공자의 핵심사상이 중용이라는 보도는 구태여 말한다면 오보라고 해야 할 것이다.

공자의 사유를 분야별로 나누어 놓고 그 중 어떤 분야가 더 핵심적이고 더 중요하다고 말하는 것은 엄밀히 얘기할 때 어폐가 있다. 이른바 일이관지一以貫之의 논어가 아닌가! 그러나 그런 어폐에도 불구하고 인仁, 즉 어짊은 다른 어떤 분야보다 더 높고, 구별되는 의의를 지니고 있다. 나는 이 전통적 평가에 이의를 제기할 생각은 추호도 없다. 공자는 무엇보다 어짊이라는 초점에 의해서 다른 제자諸子들과 구별되고 또 성별聖別된다.

동양 정신의 전개에서 공자에 의해 제기되었던 어짊은 물리학에서 뉴턴의 중력에 비견할 만한 의의를 지니고 있다. 그러므로 어폐에도 불구하고 굳이 공자의 핵심 사상을 말하라면 나 또한 그것이 어짊이라고 말하기를 주저하지 않을 것이다.

그럼에도 불구하고 많은 학자들은 어짊에 대한 접근을 꺼리고 있다. 그것은 어짊 자체가 가지고 있는 거대한 포괄성, 개념에 의해 잘 포착되지 않는 특성에서 비롯되고 있다. 그리고 공자 자신도 어짊에 대해서는 좀처럼 말하지 않았다는 사실을 접근을 꺼리는 근거로 제시하기도 한다. 실제 공자는 어짊에 대해 잘 말하지 않았던 것이 사실이고 말을 하더라도 "이러이러한 것을 어짊이라고 보기는 어렵다"든가 "그가 어진지는 모르겠다"는 식으로 부정적 접근을 하거나 "어진 자는 말을 쉽게 꺼내지 못한다"처럼 어짊의 한 단면만을 이야기하곤 했다. 그 때문에 어느 누구도 공자가 이것이 어짊이다 하고 속 시원하게 말한 느낌을 받지 못했던 것이다. 공자도 좀처럼 말하지 못했던 것을 난들 어떻게 말할 수 있겠는가 하는 것이 다수 학자들의 이유 아닌 이유였다. 멀리 갈 것 없이 나 자신이 바로 그러했다.

언젠가부터 나는 나의 그런 점을 조금씩 되돌아보게 되었다. 어짊 자체가 접근하기 어려운 것은 사실이고 공자 자신도 어짊에 대해서는 잘 언급하지 않았던 것도 사실이다. 그러나 논어에 보면 숱한 제자들이 어짊에 대하여 남다른 관심을 가지고 있었고 어쩌다 공자의 입에서 어짊에 대한 언급이 조금이라도 나오면 모든 촉각을 모아 그 의중을 탐색하곤 했다. 그런 간절한 관심을 누가 조성했는가? 바로 공자가 조성했다. 공자는 어짊에 대해 비록 드물게 언급했지만 그 드문 언급이 제자들의 관심을 온통 그곳으로 모이도록 만들었던 것이다. 한언罕言, 즉 드물게 말하는 것은 불가피한 것이었으면서도 어쩌면 그 자체가 공자가 취한 강력한 방법이었을 수도 있다는 생각이 들자 나는 많은 것을 달리 생각하게 되었다. 정말로 배워야 할 것은 공자의 여러 답변에 앞서 "어짊이 무엇입니까?"問仁 하고 묻던 제자들의 저 간절하던 질문이 아닐까? 그런 간절함을 갖추는 것이 답을 찾는 것보다 우선되어야 하지 않을까 하는 생각을 하게 되었던 것이다.

어짊을 둘러싼 또 다른 문제는 어짊에 관한 개념적인 접근의 문제다. 비단 어짊뿐만 아니라 논어에 등장하는 다른 여러 주제들을 둘러싸고 나는 이미 여러 차례 개념적 접근의 위험성을 경고하였다. 그것은 지금도 변함이 없다. 그러나 언젠가부터 거기에도 약간의 조율이 필요함을 느꼈다. 그것은 공자가 부각시킨 몇몇 주제들에 대한 접근이 개념적으로 이루어지는 것은 바람직하지 않지만 어차피 그것들이 언어적 소통의 대상이 되고 있는 한 그 자체가 이미 하나의 개념이라는 사실도 부인할 수 없다는 점이다. 게다가 오늘날의 세월이 옛날과는 달라 이미 서구문명의 광범위한 영향을 받았으며 그 결과 삶의 중요한 주제들에 대한 개념적 접근을 사유의 한 방법으로 일상화하고 있다는 사실도 감안해야 한다는 것이다. 그런 것들을 고려할 때 나는 어떤 절충이 가능하지 않을까 하는 생각을 하게 되었다. 즉 개념적인 접근을 아예 거부하기만 할 것이 아니라 개념화의 폐단에 빠지지 않는 범위 내에서 제한되게 그것을 수용하는 것도 도움이 되지 않을까, 다시 말해서 그런 접근이 지지知之에 안주하지 않고 궁행躬行으로 나아갈 수 있도록 유의만 한다면 제한된 범위 내에서나마 유익한 수단이 될 수도 있지 않겠는가 하는 것이다.

　그것은 어짊을 다른 종교의 유사 개념과 비교하는 문제에서도 마찬가지였다. 지난날 나는 어짊을 기독교의 사랑이나 불교의 자비와 비교하는 문제를 두고도 매우 부정적으로 얘기해 왔다. 어짊을 기독교나 불교의 유사 개념들과 비교하여 그 유사점이 무엇이며 그 차이점이 무엇인지를 따지는 경우는 현학적 취미에서 나온 경우가 많고, 대부분 진정성이 결여되어 있다고 보았기 때문이다. 어짊도 이해하기가 어렵고 기독교의 사랑이나 불교의 자비도 이해하기가 어려운데 하물며 그것들의 같고 다름을 말한다는 것이 과연 적절한 일이겠는가 하는 생각을 하지 않을 수 없었던 것이다.

대부분 어느 한쪽도 제대로 모르는 경우에 그것들을 비교하게 되고 길고 짧음을 이야기하기 쉬운 것이다. 나는 섣불리 비교하기에 앞서 어느 하나라도 그 자체의 문화적 여건과 종교적 논리에 좇아 진지하고 깊이 있게 이해하는 것이 더 필요한 일이라고 생각했던 것이다. 세월이 지났지만 그런 생각은 지금도 원칙적으로 크게 달라지지는 않았다.

그러나 이 경우도 역시 지금은 현학적이거나 경박한 형태의 비교가 아니라면 단순히 어짊의 옆에 여타 종교의 유사 개념을 잠시 세워 보는 것조차 무조건 기피할 일은 아니라고 본다. 왜 그런 조율을 하게 되었는지를 돌이켜 보면 역시 그것이 어짊의 어떤 측면에 대한 이해를 도와줄 수 있는 현실적 여지가 있다고 보기 때문이다. 이를테면 나는 그 단적인 사례로 공자가 언급한 어짊과 가장 가까운 위치에서 공명하는 개념이 역시 그리스도교의 사랑이 아닐까 하는 단순 대조만으로도 어짊에 대한 적지 않은 이해의 증진이 이루어진다고 본다. 어짊 자체의 포괄성과 의의가 워낙 높기 때문에 그런 높이에서는 서로 공명할 수 있는 것이 바로 이웃 종교의 유사 개념들밖에 없다는 사실도 고려해야 한다. 그 외로운 조건이 비교가 가진 명백한 위험성에도 불구하고 그것을 시도해 볼 근거가 되는 것 같다.

이를테면 제자 번지樊遲가 어짊에 대해 물었을 때 공자는 "사람을 사랑하는 것"愛人이라고 대답했다. 그 대답은 아마도 그리스도교에서 말하는 사랑의 개념에 외형적으로는 가장 근접한 규정이었을 것이다. 그러나 같은 제자가 다른 기회에 똑같은 질문을 했을 때에는 공자는 저번과는 달리 "어진 자는 먼저 어려움을 겪고 나서 결과를 얻는다"仁者先難而後獲고 대답하였다. 이것은 그리스도교의 사랑과 바로 견주기가 쉽지 않다. 외형적으로만 본다면 그것은 어짊이 그리스도교의 사랑과는 또 다른 범주를 가지고 있기 때문에 발생하는 것처럼 보인다. 그러나 한 발 벗어나 여유를 가지고 돌아보면 공자의 그 말은 기묘하게도 사도 바오로가 언급하였던 바 "사랑은 모든 것을 참으며 모든 것을 견디느니라"고 규정했던 것에서 유사성을 찾아볼 수 있다. 논어에 기록된 '어려움', 바오로 서간에 기록된 '참음과 견딤'은 결국 우리가 삶에서 양의 동서를 막론하고 인간 문제를 다루고 있다는 것, 그 다루는 방식이 무슨 물건을 이리저리 옮기고 조작하는 것과는 다르다는 데에서 온다. 어짊이든 사랑이든 그것이 어려움을 관통해야 하고 참음과 견딤을 필요로 하는 것은 모든 사람이 서로 다르지만 결국 동심원적으로 이어져 있고 우리가 바라는 바가 무엇이든 결국 모든 것은 인식의 자발적인 각성을 통해서만 가능하다는 사실 때문이 아닐 수 없다.

이런 것들 자체가 무슨 대단한 의미를 갖는 것은 아니다. 그러나 동서양을 나누어 가장 위대한 가르침으로 평가받는 두 종교가 사실 인간에 대한 기본적인 태도로 보이는 개념에서 일정한 차원이 공유되는 것은 당연한 일이며 오히려 서로 유사성을 갖지 않는다면 그것이야말로 이상한 일일 것이다. 그리고 그런 점을 대조적으로 고려하면서 어짊이 과연 무엇인가 하는 과제에 생각을 모아간다면 분명히 얻어지는 바가 있을 것이다.

어짊은 또한 불교와의 관련성에서도 그 일각을 보여 줄 수 있다. 어짊에 대응하는 불교의 개념은 자비다. 『화엄경』 보현행원품에 보면 "자비는 중생을 향한 보살의 마음이며 마치 나무의 뿌리가 물을 만나는 것처럼 대비심을 가지게 될 때 지혜라는 꽃과 열매가 얻어지는 것"이라고 설파하고 있다. 공자는 무엇이라고 하였던가?

앎이 그에 미쳤더라도 어짊이 그것을 능히 지키지 못하면 비록 그것을 얻더라도 반드시 잃고 말 것이다.

知及之, 仁不能守之, 雖得之, 必失之. 15/33

자비와 지혜, 어짊과 앎의 관계가 어떻게 형성되는가를 두 성현은 마치 서로를 모방이라도 한 듯이 그려 보이고 있다. 어짊은 앎의 근거가 된다. 어짊은 정서나 마음의 문제, 앎은 이성이나 두뇌의 문제로 나누어지는 것이 아닌 것이다. 어짊에 중대한 장애가 발생하면 앎이 왜곡되거나 와해된다. 재물에 대한 관심이 사람에 대한 관심을 종속적으로 만들거나 부차적으로 만들면 인간과 세상에 대한 지식도 불순해지고 병적인 것이 된다. 두 종교가 각각 보여 주는 자비와 지혜, 어짊과 앎의 상관관계는 알고 보면 매우 당연하고 간단한 것인데 오늘의 현실은 그 점을 까마득히 잊고 그 둘을 괴리시킨 채 다루고 있다. 논어는 불교와 더불어 그것을 깨우쳐 준다.

이제 개념적 접근을 지나치게 두려워하지 말고 논어가 보여 주고 있는 어렴풋한 길을 좇아 어짊의 전모를 찾아 나서 보자. 어짊이 무얼까 하는 문제에서 공자는 "이것이 어짊을 아는 것이다"知仁라고 명백히 말하고 있는 유일한 단편 하나를 남기고 있다. 제4 이인편 7장이 그것이다.

사람의 잘못이란 각자 자신의 집단에 치우쳐 있는 것이다. 이 잘못을 보는 것이 곧 어짊을 아는 것이다.

人之過也, 各於其黨. 觀過, 斯知仁矣. 4/7

공자는 우선 사람의 잘못은 모든 판단과 지향 등에 걸쳐서 자신이 귀속되어 있는 이해집단 내지 계층 등에 편향되어 있기 때문에 발생하는 것이라고 지적하고 있다. 다른 이해집단이 있고 다른 계층이 있다는 것을 알고 또 자신의 애초의 판단과 지향 등이 전체를 아우르지 못한 편향성에서 비롯된 것임을 관찰하고 그것을 내성의 계기로 삼게 되면 그 순간 어짊이라는 것이 무엇인지를 알게 된다는 말이다. 결코 어려운 말이라고 생각하지 않는다.

그러면서도 이 말은 인간이 가지는 잘못의 속성을 꿰뚫고 있고 또 그 잘못을 극복하는 방향을 지시하고 있다. 그리고 그 과정에서 저 어짊이라는 것이 과연 무엇인지 알게 된다고 공자는 놀라운 증언을 하고 있는 것이다.

기당其黨, 곧 제 무리의 한계를 넘어서는 문제, 이것은 어짊을 이해하는 데에 매우 중요한 요소다. 공자보다 대략 반세기 뒤, 전국 초기에 등장하여 소위 천하 사상계를 양자楊子와 반분하고 있었다는 묵자墨子는 저 유명한 겸애兼愛를 선포하였다. 그의 겸애야 말로 무엇보다 각자 자기 무리에 치우쳐 있는各於其黨, 편향성의 천하를 치유해 보려는 직접적인 의지였다. 공자가 어짊을 통해 극복하려 했던 것을 묵자는 겸애라는 이념을 통해 극복해 보려 했던 것이다. 공자의 방법이 입체적이었다면 묵자의 방법은 평면적이었다. 그래서 맹자에 이르러 나의 아버지와 남의 아버지, 나의 자식과 남의 자식이라는 예시를 놓고 논쟁할 때 묵가가 유가에 밀릴 수밖에 없었던 것도 그 이론의 평면성 때문이었다. 객관성 내지 제3자적 시각이라는 것을 선재先在시켜 놓은 것이 묵가의 입장이다.

그러나 경험적 진실에 기초한 공자의 학파는 인간이 주관적 입장을 벗어날 수 없다는 사실을 인정하고 있었다. 객관성이라든가 제3자적 시각이라는 것은 선험적으로 주어져 있는 것이 아니라 바로 인간이 자신의 무리에 치우쳐 있는 편향성을 통찰하고 그 잘못을 넘어서려는 의지를 가지는 그 순간에 비로소 하나의 이념형으로 의식 지평에 떠오르는 것임을 이해하고 있었던 것이다. 어짊이 스스로의 모습을 열어 보이는 것은 바로 그 후발적 순간이다.

이 깊은 정신에서 타자는 주자가 말한 바와 같이 推己及人의 양태로 접근된다. 무엇보다 모든 인간은 진지한 제가끔의 주체로서 인식되고 존중되는 것이 필요해진다. 제자 중궁仲弓이 어짊에 대해 물었을 때 공자는 다음과 같이 말했다.

"문을 나서기를 귀한 손님을 맞는 것처럼 하고 백성을 다스리기를 큰 제사를 올리는 것처럼 하여라."

出門如見大賓,使民如承大祭. 12/2

출문出門은 타자에게로 나아가는 것, 모든 '사람 대하기'對人를 상징하는 말이다. 큰 손님은 우리가 온갖 신경을 곤두세워 그 분의 사정을 고려하고 내력來歷과 입장을 헤아려야 하는 대상이다. 어짊에 이르려면 모든 사람을 그런 큰 손님처럼 대하라는 말이 된다. 피상에 기하여 아무렇게나 대해서는 안 된다는 것, 사물처럼 하찮은 존재로 대해서는 안 된다는 것, 어짊이 바로 거기에 있다는 것이 공자의 답변이었다.

사민使民은 정치권력이 국민을 움직이는 모든 행위를 말한다. 전쟁과 노역은 대표적인 것이지만 경제적, 사회적 모든 정책의 시행이 다 사민의 일환이다. 집단을 상대로 하는 모든 정치행위가 저 엄숙하고 경건하고 스스로를 낮추면서 그 대상을 우러러 존숭하지 않으면 안 되는 큰 제례처럼 이루어져야 한다는 것이다. 그것은 큰 손님을 맞는 것과 자연스럽게 이어지는 것이 아닐 수 없다. 그런 존중과 봉행奉行의 자세에서만 각자 제 입장에만 치우치는 편향성各於其黨을 넘어 객관성과 제3자적 시각에 이르는 것이다.

어짊에 관한 단편들 일곱 개가 집중적으로 몰려 있는 제4 이인편에 보면 다음과 같은 단편이 나온다.

"진실로 어짊에 뜻을 둔다면 악은 없다."

苟志於仁矣,無惡也. 4/4

여기서 惡은 '악'으로 읽고 악함, 나쁨으로 새기기도 하고 '오'로 읽고 미위함으로 새기기도 한다. 그러나 두 경우가 본질적으로는 크게 다르지 않다고 본다. 물론 악으로 새기는 경우 극도로 개념화된 서양의 evil과 동일시하기는 어려울는지도 모른다. 그러나 기묘하게도 공자가 이 말에서 의도한 것은 오히려 그 경우에 가깝다.

"진실로 어짊에 의지를 둔다면" 하는 강한 조건절로 인하여 무악야無惡也는 "악한 행동은 하지 않을 것이다"든가 "악한 마음은 품지 않을 것이다" 등의 미적지근한 결과절로 새길 수 없게 된다. 이 강한 조건절은 상식을 뛰어넘는 어짊의 효과를 드러내려는 공자의 의도에 의하여 악 그 자체 내지 미워할 일이 이 세상에서 사라지는 기적의 결과절로 이어지기 때문이다. 그래서 나는 과감히 無惡也를 "악은 없다"로 새겨 공자의 진짜 의도를 드러내었다.

어짊은 기적을 낳고 천하를 바꾼다. 어짊은 모든 악의 내면으로 들어가 그것의 고유한 적극성, 폐쇄성 내지 이과성貳過性[4]을 무장해제시킨다. 어짊은 악을 막다른 골목으로 몰아넣는 것이 아니라 악으로 하여금 돌아가 해소될 길목을 비춰 준다. 어짊은 우리의 양단화兩端化된 사고가 갖고 있는 폐쇄성, 반동성을 넘어서는 지평이다. 그것은 마치 형평을 잃고 기울어 있는 시소를 형평에 이르게 하는 방법으로 시소의 반대편을 누르는 것이 아니라 여전히 시소의 중심에서 형평을 잡으려는, 이 세상에서 가장 무모한 시도와도 같다. 그러나 그 진실이 통할 경우 모든 적극성의 악은 소극성의 악으로 바뀌고 결국 악 이전의 것들로 전환된다. 그렇게 하여 악이 없어지는 것이다. 깨어진 항아리의 물처럼.

어짊이란 단지 호의적 기질과 관대함을 말하는 것이 아니다. 공자가 궁극

4] 본서 Ⅱ-2 불이과(不貳過) 참조

적인 의미를 부여한 어짊은 그것을 실제 관철하게 될 경우 천하가 어짊에 돌아가는 기적을 연출한다.

> 안연顔淵이 어짊에 대해 묻자 선생님께서 말씀하셨다.
> "자신을 이겨 내고 예를 되찾는 것이 어짊을 도모하는 것이다. 어느 하루 자신을 이겨 내고 예를 되찾는다면 천하가 어짊에 돌아올 것이다. 어짊을 도모하는 것이 자기에게서 비롯되지 남에게서 비롯되겠느냐?"
> 顔淵問仁.子曰:克己復禮爲仁.一日克己復禮,天下歸仁焉.爲仁由己,而由人乎哉?
> 12/1

공학孔學의 별명이 위기지학爲己之學이다. '자기 자신을 위하는 공부'라는 뜻이다. 그리고 끝이다. 그것으로 모든 것이 완성된다. 그 옆에 따로 추구하여야 할 2단계로서의 위인지학爲人之學, 즉 남을 위한 공부의 단계를 두지 않는 데에 공학의 특징이 있다. 바로 그런 속성을 평면적으로 승계하여 전개한 것이 바로 전국 초기 양주楊朱의 위아론爲我論이었다.

위아론은 그 힘이 한때 천하를 반분할 정도였다고 하는 만큼 결코 만만치 않은 철학이었다. 어짊을 도모하는 것이 자기에게서 비롯되지 남에게서 비롯되겠느냐?爲仁由己, 而由人乎哉? 하는 평범해 보이는 한마디는 천하가 어짊에 돌아갈 것이다天下歸仁 하는 어마어마한 선언의 해명으로 제시된 것이었다. 안연에게 귀띔해 준 이 천기天機야말로 돌이켜 저 악이 사라지는 엄청난 일無惡也이 단지 어짊에 뜻을 두는 작은 단초에서 비롯된다던 언급을 상기시키고 있다. 모든 곳에서 공자는 어짊이 역설적 힘을 지니고 있음을 숨기지 않았다.

仁은 흔히 人과 二로 해자解字된다. 많은 해자가 자의字義를 찾는 경박한 수단이 되곤 하지만 仁의 해자만큼은 지금도 분명히 그 의의를 가지고 있는 것 같다. 仁은 두 사람의 상호 관계를 뜻하는 의도에서 만들어진 글자임이 분명해 보인다. 仁은 식자인識字人들 사이에서 그 의미가 형성되고 전승되고 내용과 그 수준이 심화되는 과정에서 지속적으로 창자創字 당시의 의도가 살아 움직였던 것으로 보인다. 그렇다면 어짊은 오늘날 너무 확산된 의미 영역을 두서없이 헤맬 것이 아니라 어쩌면 남을 대하는 자세 내지 남과의 관계라는 데에 초점을 맞추고 그 의미를 찾아볼 필요가 있지 않을까 한다. 그렇게 생각할 때 나는 논어에 나오는 공자의 저 많은 진술들 가운데에서 앞서 언급한 이인편 제7 人之過也章의 중요성을 새삼 주목하게 된다. 그것은 그 어떤 단편보다 나와 남, 내 편과 남의 편의 관계에 대한 직접적인 진술이었던 것이다. 그런 모든 점들을 고려하여 나는 어짊에 대한 개념을 다음과 같이 두서없이 정리해 본다. 물론 이것은 시론試論에 불과하고 어디까지나 잠정적인 것이다.

인仁, 어짊은 공자와 유교에 의해 제시된 최고의 덕목으로 그리스도교의 사랑, 불교의 자비에 준한 품성을 말한다. 인은 타인을 나에 대한 객체로 인식하는 차원을 넘어 자신과 동심원적 존재로 파악하고 인정하면서 제가끔의 주체로 세워가는 과정에서 갖추어야 할 품성이다. 그러므로 일상에서는 많은 부분이 너그러움과 관대함, 동정과 친애로 나타나는 것을 볼 수 있지만 그 안에는 자기 자신에 요구하는 도덕적 엄정성과 책임성이 동시에 존재한다는 의미에서 그런 일상적 감정을 넘어서는 전인全人 수준의 인격체가 갖는 총체적 대인품성對人品性을 지칭한다. 따라서 인은 그 의미 영역의 일부분은 현실적 삶에 있는 것이 사실이지만 공자가 보여 준 특별한 입장으로 인하여 그 나머지 부분은 인간이 스스로를 닦아 가는 과정에서 채워야 할 미완의 부분으로 남아 있는 매우 특수한 개념이라 할 수 있다.

이런 어설픈 규정으로 인의 전모가 드러날 수 있을까? 어떻게 말하든 인은 그 말 속에 잡히지 않는다. 규정 불가능한 인! 그러나 개념적 접근이든 비개념적 접근이든 우리는 일찍이 공자의 제자들이 보여 준 열정과 진지성을 가지고 인에 다가가려는 노력을 게을리 할 수 없다. 영원히 답이 아닌 문제의 영역으로 남을 인! 어쩌면 인간에게는 그런 영역이 있어야 하지 않을까? 『논어의 발견』사상론의 네 번째 글로 어짊을 썼을 때 밀려들던 그 미진한 느낌이 십수 년이 지난 지금도 크게 나아진 것 없다는 사실에 한계를 느낀다. 당시 나중에 책 교정을 보는 단계에서 조금 더 보필을 해야겠다고 생각했던 것도 그냥 넘어갈 수밖에 없었지만 변명하기도 어려운 긴 세월이 지난 지금까지도 그런 상태라는 것이 실로 부끄럽다. 어쩌면 어짊은 내게 영원히 그런 운명 속에 있는 것은 아닐까? 눈을 닦고 찾으면 그 어느 곳에서도 찾지 못하다가 삶의 어느 모퉁이에서 자신도 모르게 등 뒤에 묵직하게 닿아 오는 것으로서의 어짊이 과연 가능할까? 그런 형태로라도 그 신비로운 세계가 내게 다가와 줄 날을 기다린다.

10 정명

정명正名이라는 말은 논어에 단 한 번 나오는 말이다. 그러나 단 한 번 나오는 이 말로 인하여 정명론正名論이라는 말도 생기고 정명사상正名思想이라는 말도 생겼다. 전국시대에는 명가名家라는 학파도 있었는데 기록된 바는 없지만 역시 공자의 이 말에서 비롯된 학파였을 가능성이 높다. 한 발짝 더 나아가면 『노자도덕경』의 첫머리에 나오는 名可名, 非常名도 명가의 논지에 대한 비판적 의견이었을 가능성이 높다는 점에서 역시 이 정명에 뿌리가 닿아 있는 것이 아닐까 한다.

중용中庸이라는 말도, 성性이라는 말도, 어짊仁이라는 말도 나중에는 감히 범접하기조차 어려운 어마어마한 사상 체계로 커져갔지만 논어에 그 말들이 처음 나타났을 때의 모습은 한결같이 매우 소박했다. 정명도 마찬가지로 그 첫 모습은 소박하기 짝이 없었다.

자로가 말했다.

"위나라 임금이 선생님을 모시고 정치를 하면 선생님께서는 장차 무엇부터 하시겠습니까?"

선생님께서 말씀하셨다.

"반드시 명칭을 바로잡겠다."

자로가 말했다.

"그런 것도 있습니까? 선생님께서는 너무 우원하십니다. 그것을 바로잡아 뭐하겠습니까?"

선생님께서 말씀하셨다.

"조야하구나, 유由는! 군자는 자기가 알지 못하는 것에 대해서는 비워 두어야 하는 것이다. 명칭이 바르지 않으면 말이 조리가 없어지고 말이 조리가 없으면 일이 이루어지지 못하고 일이 이루어지지 않으면 예악이 일어나지 못하며 예악이 일어나지 않으면 형벌이 적절해지지 못하며 형벌이 적절하지 않으면 백성들이 손발 둘 데가 없어진다. 그러므로 군자는 무언가를 명명命名하면 반드시 말할 수 있게 되고 말하면 반드시 행할 수 있게 되니 군자는 그 말에 있어서 구차함이 없을 따름이다."

子路曰：衛君待子而爲政,子將奚先?子曰：必也正名乎!子路曰：有是哉?子之迂也.奚其正?子曰：野哉!由也.君子於其所不知,蓋闕如也.名不正則言不順,言不順則事不成,事不成則禮樂不興,禮樂不興則刑罰不中,刑罰不中則民無所錯手足.故君子名之必可言也,言之必可行也.君子於其言,無所苟而已矣. 13/3

정명이란 말뜻은 어렵지 않다. 명칭을 바로잡는다는 뜻이다. 명칭은 우리의 언어생활을 구성하고 있는 중요한 개념어라고 보면 크게 틀리지 않을 것이다. 사전에 등장하는 모든 어휘라고까지 할 것은 없지만 그 안에 삶의 중요한 범주, 가치, 이념 등을 담고 있는 어휘가 여기서 말하는 명이라고 보면 되지 않을까 한다. 그것은 적게 잡아도 수백 가지, 많게 잡으면 수천 가지가 될 수도 있을 것이다. 내가 논어를 처음 읽고 정신없이 빠져들고 있을 때가 80년대 초반이었다. 당시 신군부가 임자 없이 나뒹굴고 있는 권력을 무력으로 꿰차는 불의를 행하고 있을 때여서일까? 이 정명 구절과 관련하여 나의 뇌리를 상징처럼 지배하던 말은 다름 아닌 저 민주정의당民主正義黨이라는 당명이었다. 도대체 민주주의를 여지없이 짓밟고 불의를 내놓고 자행하던, 정당 이전의 패거리들이 민주 정의 당이라는 이름을 내걸고 있는 것이 마치 이 논어 자로편 3장에 관한 시대의 예시例示나 되는 것처럼 느껴지던 것이 지금도 기억에 생생하다.

그러니 정명을 둘러싸고 구태여 그 개념이 무엇이냐 하는 논란을 벌일 필요는 없어 보인다. 주자가 이 구절을 두고 위나라 임금 영공靈公의 지위가 아들인 괴외蒯聵에게 가지 않고 손자인 첩輒에게로 돌아간 것 때문에 나온 말처럼 주석을 단 것은 그 점에서 완전히 헛다리를 짚은 것이다. 정명의 뜻은 오늘날 우리가 명실상부名實相符라고 하는 말 바로 그것이다. 공자는 말이 실제와 부합하기를 바랐던 것이다. 말이 그럴듯하기만 할 뿐 실제와 부합하지 않을 때 말을 실제 쪽으로 끌고 가든 실제를 말 쪽으로 끌고 오든 명실의 자리를 일치시키는 것이 바로 정명이었다.

논어에는 이 정명을 직접 보여 주는 단편이 적지 않다.

선생님께서 말씀하셨다.
"나는 아직 굳센 사람을 보지 못하였다."
누군가가 말하였다.
"신정申棖이 있지 않습니까?"
선생님께서 말씀하셨다.
"신정은 욕심이 많으니 어찌 굳셈을 얻었겠느냐?"
子曰：吾未見剛者.或對曰；申棖.子曰；棖也慾,焉得剛? 5/11

굳셈剛이라는 명과 그 실에 해당하는 신정이라는 인물의 상부하지 않는 점을 지적하여 굳셈이라는 명을 바루고正 있는 구체적 현장이라 할 수 있다.

자유子游가 효도에 관해 묻자 선생님께서 말씀하셨다.

"오늘날의 효도라는 것은 능히 부양할 수 있는 것을 말한다. 개나 말에 이르러서도 모두 키울 수는 있는 것이니 공경하지 않는다면 무엇으로 구별하겠느냐?"

子游問孝,子曰:今之孝者,是謂能養.至於犬馬,皆能有養,不敬,何以別乎? 2/7

역시 효孝라는 명에 대한 잘못된 실을 고쳐 주고正 있는 모습이다. 논어의 많은 말들, 이를테면 군자니 어짊이니 의로움이니 하는 것에 대한 공자의 언급이 이렇게 정명이라는 각도에서 바라볼 수 있다는 것을 생각하면 왜 공자 사후 만만치 않은 한 학파가 이 정명이라는 말 한마디에서 발원하였는지 이해가 될 것이다.

말은 실제보다 느리게 형성된다. 말이 모습을 갖추고 등장할 때에 실제는 이미 빠져나가고 없는 경우가 많다. 그래서 공자는 교언영색, 즉 교묘한 말과 그럴듯한 외양을 좋아하지 않았다. 그 당시는 말이 의사전달의 거의 유일한 수단이었다. 요즈음처럼 글이 말과 더불어 의사전달의 수단을 반분하고 있는 세상이라면 공자는 교언영색만이 아니라 저 미사여구를 반드시 함께 언급했을 것이다. 신문을 펼치면 정치인들의 남용된 발언들이 질펀하다. 정말 공자가 아니라 나처럼 평범한 사람도 정명에 대한 생각을 아니할 수 없도록 만든다. 정의와 민주, 애국, 국민통합 등등 거창한 말을 누구나 쏟아 내고 있지만 국민은 무엇이 진짜고 가짜인지를 분간하기 어렵다. 그야말로 손발 둘 데가 없어지고 있는 것이다. 제발 너무 뻔한 거짓말, 허장성세, 말뿐인 말, 한 꺼풀만 벗겨 보면 그 속에 권력을 유지, 획득하려는 탐욕밖에 없는 말을 듣지 않고 살았으면 좋겠다. 거짓된 단견들이 그런 사이비 명名들을 쏟아 낼 때 국민들은 점점 더 우민화의 길로 빠져들게 되는 것이다.

11 위대한 개념들의 탄생

공자는 그의 생애를 통하여 인간이 자신의 존재와 삶을 이해하는 데에 필요한 몇 가지 중요 개념들을 탄생시켰다. 그것을 보고 있으면 공자가 스스로 "풀이만 하였을 뿐 만들어 내지는 않았다"述而不作고 한 말이 무색해질 지경이다. 이 개념들은 한마디로 인간과 세상을 보고 이해하는 틀이자 각도角度라 할 수 있다. 자각하든 못하든 우리는 이미 그런 개념들의 도움을 받아 인간과 세상을 바라보고 있다.

공자가 선보인 이런 개념들 중 일부는 지금까지도 효과적으로 작동하는 것이 있고 과거에는 작동하였으나 지금은 유교의 쇠퇴와 더불어 퇴조한 것도 있고 공자가 살아 있는 동안은 작동하였지만 공자의 죽은 이후 바로 작동을 멈추어 버린 것들도 있다. 그러나 현재 그 개념들이 어떻게 되어 있든 그것들에 진지하게 접근할 때마다 우리는 그것들이 빚어지던 당시의 지혜와 안목을 배우고 경탄하게 된다. 그런 의미에서 공자가 만들어 낸 위대한 개념이었다고 생각되는 사항들을 생각나는 대로 간추려 본다. 공자에 의해 위대한 개념들이 어떻게 탄생하게 되었는지를 살펴보는 과정이니 만큼 다른 목적의 글에서 다루었던 문제가 더러 중복이 되더라도 양해하여 주시기 바란다.

1) 어짊

어짊仁은 공자가 처음 사용한 말도 아니고 오직 공자만이 사용한 말도 아니다. 그러나 공자 이전에는 결코 주목받던 말도, 특별한 의미가 부여되어 있던 말도 아니었던 것 같다. 『서경』에 겨우 다섯 차례 사용되고 있으나 대부분 위고문僞古文에 속해 있고, 『시경』에도 단 두 차례 모습을 보일 뿐이다. 따라서 과거부터 있었던 것은 사실이지만 매우 드물게만 쓰이던 어짊이라는 용어는 공자가 특별한 의미를 부여하여 사용함으로써 비로소 수준 높은 개념으로 부상했다고 보는 것이 옳을 것이다. 그 점에서 이미 공자 이전부터 폭넓게 사용되면서 나름대로 의미가 부여되어 있던 덕德이나 예禮, 의義 등의 개념과는 사정이 많이 달랐다 할 수 있다.

그러나 논어에 기록되어 있는 바와 같이 공자는 어짊이라는 말을 결코 자주 사용하지는 않았다. 다만 드물게나마 사용할 때에 그는 듣는 사람들이 촉각을 곤두세울 만큼 이 말에 매우 진지한 의미와 높은 의의를 부여하였다. 그 결과 공자 사후 어짊은 공자의 사상을 대표하는 개념으로 자리 잡았다. 맹자의 시대에 와서 어짊은 의로움과 결합하여 인의仁義라는 복합개념으로 자주 불리었고 인의는 유학자들의 지향을 한마디로 표현하는 대표적 용어가 되었다.

어짊은 인간이 이 세상을 다른 사람들과 함께 엮어 가는 과정에서 가질 수 있는 온갖 서로 다른 입장들을 하나로 묶는 가장 넓은 울타리라 할 수 있다. 모든 제한된 것들, 단편적인 것들, 상대적인 것들은 어짊 안에서 스스로를 초극하며 완전을 지향한다. 어짊 안에서가 아닌 한 인간의 그 어떤 지향도 완전해질 수가 없다. 사르트르의 말을 흉내 낸다면 도를 추구하는 인간은 어짊의 형에 처해져 있다고도 할 수 있다. 그 위대한 개념이자 울타리가 바로 공자에 의해 발견되고 주창되었던 것이다.

2) 군자와 소인

군자君子와 소인小人도 공자 이전에 이미 출현해 있던 개념이다. 그러나 공자 이전의 군자는 아직도 통치 계급이라는 신분적 개념에 얽매여 있었고 소인도 그에 대비되는 일반 백성을 지칭하고 있었다. 공자는 이 전통적 개념의 군자와 소인에 자신의 가치관에 입각하여 독특한 의미를 부여하였다. 이를테면 멀리 갈 것도 없이 누구나 잘 아는 학이편 1장의 人不知而不慍, 不亦君子乎가 바로 그것이다.

지배그룹의 일원일 경우에만 지칭하던 군자를 두고 공자는 "남들이 알아주지 않아도 서운해하지 않으니 이 또한 군자가 아니냐?"고 했던 것이다. 혈통이나 사회 질서 속에서만 태어나던 군자가 공자의 새로운 개념 규정에 의해 그것들과 무관하게 태어날 수 있는 가능성이 열린 것이다. 뿐만 아니다. 신분상으로는 분명히 제후나 대부로서 지배계급에 속하는 사람을 두고도 영토에만 연연한다 하여 그들을 소인으로 분류하는 대담한 짓을 망설이지 않았다. 小人懷土. 4/11

용어의 이러한 획기적 사용은 아직도 신분적 분류가 일상적이었던 당시 현실에서는 적잖이 충격이었을 것이다. 또 당연히 공자는 그런 충격을 예상하고 용어를 사용하였을 것이다. 어쩌면 고의였는지도 모른다. 그런 조치의 한편에서 공자는 경계와 질시의 대상이 되기도 했을 것이다. 그가 송나라에서 환퇴桓魋로부터 당한 모종의 핍박은 실제 그런 유의 경계와 질시에서 비롯된 것이었다.

철학적 논의에서 자주 문제가 되는 것이 도식성圖式性이다. 군자와 소인은 전형적인 도식적 분류에 속한다. 나는 공자가 군자와 소인이라는 도식적 분류를 사용하는 것을 보고 도식성을 단지 부정적으로만 볼 것은 아니라는 생각을 하게 되었다. 그것은 부정적으로 흘러갈 소지를 지니고 있고 그 점에서 위험을 안고 있기도 하지만 동시에 그 도식의 대비 효과를 통해 그가 전하고자 하는 분명한 메시지를 담을 수 있는 장점을 가지고 있다.

오늘날 군자와 소인이라는 개념은 더 이상 사용되지 않고 있다. 만약 오늘날 누군가가 그 개념을 우리 현실 속에서 다시 사용하려 한다면 어떤 문제가 생길까? 세상이 두 쪽이라도 날듯 엄청난 쟁론이 벌어질지도 모른다. 공자는 바로 그런 위험한 개념을 만들어 사용했던 사람이었음을 생각할 필요가 있다.

3) 호학

호학好學을 공자가 만들어 낸 중요한 개념으로 보는 데에는 선뜻 동의하지 않을 사람도 있을 것이다. 왜냐하면 철학적 차원에서든 종교적 차원에서든 호학을 개념으로 보기는 어딘가 부적절해 보이기 때문이다. 그것은 단지 열심히 공부하는 것을 가리키는 말로 보이기 때문이다. 틀린 생각이 아니다. 공자도 짐짓 호학을 그런 평이한 뜻으로 사용할 때가 많았다. 그러나 나는 거기에 공자의 트릭이 숨겨져 있다고 본다. 다른 것은 몰라도 호학만큼은 공자가 내놓고 자랑하는 예외적 모습을 보인 것도 바로 호학을 별것 아닌 것처럼 받아들였기 때문이다.

호학은 앎知의 조건이다. 만약 공자를 인류가 낳은 최고의 지자知者로 인정한다면 그것은 바로 그가 호학을 하였기 때문이라 할 수 있다. 그런데 호학은 앎의 전제조건이 아니라 동시 조건이다. 배우기를 좋아하면 알게 되는 것이 아니라 배우기를 좋아하는 것이 바로 아는 것이라는 말이다. 거기에 호학의 감추어진 개념성이 있다. 물론 그가 창출한 대부분의 위대한 개념들과 마찬가지로 이 호학이라는 개념은 당시의 제자들도 그 숨겨진 의미를 잘 간취하지 못하였던 것 같고 그런 만큼 의미 있게 전승되지도 못하였던 것 같다.

4) 중용

공자가 만든 위대한 개념이라고 할 때 어쩌면 그에 가장 걸맞은 개념이 바로 중용中庸이 아닐까 한다. 중용이라는 말은 확실히 공자 이전에는 사용된 적이 없는, 공자가 최초로 사용한 말로 보인다. 논어 6/29에 딱 한 번 등장하는 이 말은 훗날의 유교가 거창한 사유체계로 발전시켜 간 것은 익히 알려진 사실이다. 사실 공자 이전에도 중中이라는 말은 있었다. 『서경』에도 몇 차례 中이 사용된 예가 등장하니 允執厥中, 各設中于乃心, 稽中德 등이 그것이다. 그 의미 또한 '어느 쪽에도 치우치지 않은 가운데'라는 의미에서 크게 멀지 않았다.

특이한 것은 이 전통적 中에 공자가 용庸이라는 말을 덧붙였다는 사실이다. 그것은 확실히 공자가 최초로 사용하였고 또 무엇보다 공자의 의도적 행위였다. 무슨 뜻에서 공자는 용을 덧붙였을까? 용은 무슨 뜻일까? 1500년도 훨씬 더 지나 정자程子는 용을 불역不易, 즉 변함없음, 늘 그러함의 뜻으로 해석하였고 주자는 평상平常의 뜻으로 해석하였다. 물론 그것은 이미 중용이 유교의 장엄한 문장紋章으로 자리 잡고 난 이후에 행해진 우주론적 내지 인성론적 해석이었다. 그 해석은 공자의 원래의 뜻과는 거리가 멀다.

나는 공자가 처음 이 합성어를 만들 때 아이러니를 개입시켰다고 본다. 다시 말해서 공자는 庸을 말 그대로 '볼품없는 평범함'으로 이해했으며 양단兩端의 그 어느 쪽도 아닌 중간의 어정쩡함, 이것도 저것도 아닌, 물에 물 탄 듯한, 미온적 양상을 개념화하였다고 본다. 그것은 겉보기에 미온적인 것 같지만 그런 中의 자세가 오히려 덕이 된다는 놀라운 선언이 공자에 의해 내려진 것이다. 심지어 공자는 바로 그 중용을 백성들은 오래 유지하지 못한다는 말로 그것이 얼마나 확보하기 어려운 미덕인지를 웅변하고 있다. 어짊을 말하면서 물과 불을 다 무릅쓰던 사람도 어짊만은 무릅쓰지 못하더라고 한 말과 동일한 의도를 지닌 아이러니라 할 수 있다.

중용은 공자가 만든 여러 개념들 중에서 오늘날에 이르기까지 가장 긴 세월을 유지해 온 개념이다. 그러나 그 개념 속에 공자가 합성시킨 내적 아이러니는 물론, 그 개념을 둘러싸고 야기될 수밖에 없는 외적 아이러니도 이제는 타성에 젖고 관념에 찌든 지 오래되고 말았다.

5) 양단 그리고 이단

양단兩端은 중용과 하나의 구도에서 태어난 개념이다. 중용은 빗나간 두兩 극단端 사이에서 치우치지 않으려 애쓰는 자세가 소극적으로 형성하는 위상이다. 따라서 중용과 양단은 동시 태생이다. 그런데 역사적으로 중용은 개념화에 성공한 반면 양단은 개념화에 실패하고 말았다. 아마 공자와 제자들이 학단을 형성하고 그 안에서 가르치고 배우던 당대에는 개념화가 이루어졌었을 것이다. 만약 그렇지 않았다면 양단이라는 개념이 비록 한 차례에 불과하더라도 논어 안에 관련 단편을 남기기조차 못했을 것이기 때문이다.

그러나 고주古注가 양단을 종시終始라고 어정쩡하게 해석하고부터는 주자를 비롯한 송대의 학자들조차 그 벽을 넘어서지 못함으로써 양단은 위대한 개념의 대열에서 탈락하고 말았다. 공자가 말한 "나는 양단을 두드려줄 뿐이다"는 뜻의 我叩其兩端而竭焉9/7도 "처음부터 끝까지 잘 가르쳐 준다"는 터무니없는 해석으로 흘러간 것은 어쩔 수 없는 귀결이었다.

양단이 궤도를 잃으면서 이단異端 역시 궤도를 잃었다. 객관적으로 양단인 것은 상호적으로는 이단이 된다. 그러나 주자는 그렇게 보지 못했다. 그는 양단과 이단이 똑같은 단端자를 쓰고 있음에도 불구하고 서로 무관한 용어로 보았다. 그러다 보니 하나의 구도 속에서 태어난 중용, 양단, 이단의 세 개념이 모두 서로 무관한 용어들이 되어 버렸다. 그에게 이단은 단지 정도에서 벗어난 사도邪道였을 뿐이다. 그러다 보니 攻乎異端, 斯害也已2/16라는 말도 그에게는 "이단을 전공하는 것은 해로울 뿐이다"는 뜻으로 풀이될 수밖에 없었다. 박세당 등이 드물게 주장한 이 말의 원래의 뜻 "이단을 공격하는 것은 해로울 뿐이다" 하는 말은 주자의 의식 지평에는 전혀 떠오르지 못했던 것 같다. 누군가가 옆에서 귀띔을 해주었더라도 정도가 아닌 이단을 공격하는 것이 어떻게 해로운 행위가 되는가 하는 딜레마에 봉착했을 것이다. 결국 주자의 잘못된 이해에 빠져 이 탁월한 용어는 공자가 이 용어를 창안하던 당시의 개념에서 완전히 멀어져 버렸다.

이후 이단은 주자학을 사문斯文으로 규정하며 불학佛學, 노장학老莊學 등을 사문난적斯文亂賊으로 배척하는 사상 통제의 지표가 되고 말았다. 조금 더 지나 천주학이 들어오자 천주교 박해에 적용된 것도 이 사문과 이단의 불행한 논리였다. 그러다가 서구문명이 본격적으로 내습한 후 이단은 저 heteronomy의 역어로 전락하여 공자의 사유에서는 영영 멀어지고 말았다. 그것이 이단이라는 용어가 걸어 온 비운의 역사였다. 이제 이 두 개념은 위대한 사유의 범주로서 창안자 공자의 사유로 돌아가 자신의 원초적 개념을 되찾을 수 있을지 가늠해 보아야 할 때가 되었다.

6) 광과 견

광狂과 견狷은 논어 제13 자로편 21장의 다음 단편에 나오는 개념이다.

> "중행中行을 얻지 못하고 간여하면 반드시 급진적으로 되거나 결곡하게 된다. 급
> 진적인 자는 나아가 취하려 하고 결곡한 자는 하지 않는 바가 있다."
>
> 不得中行而與之, 必也狂狷乎. 狂者進取, 狷者有所不爲也. 13/21

이 단편은 맹자가 공자의 의도를 짐작하지 못하고 이상한 해석을 선보인 이래 한 번도 제대로 빛을 보지 못해 왔던 단편이다. 狂을 급진적이다, 狷을 결곡하다라고 번역할 수밖에 없는 역어의 한계를 안고 있어 이 개념들을 둘러싼 문제를 논의하는 것은 쉬운 일이 아니다. 완전히 일치한다고 보기는 어렵지만 오늘날 우리 사회의 여건에서 나타나는 진보주의자들의 특징이 狂이고 보수주의자들의 특징이 狷이라고 보면 큰 흐름은 잡은 것이라 할 수 있다. 광자들은 나아가 취하려고 하는 점에서 문제점을 노출하고 있다. 그것은 공자가 진정한 변화는 오직 자신의 변화에서만 비롯된다는 원칙을 벗어나 있다. 그래서 중행을 얻지 못했다는 것이다.

견자들은 하지 않는 바가 있다. 광범위하게는 보수주의적 태도와 관련되어 있지만 이 진술에서 견자라고 할 때 공자는 특히 그들 중에서 스스로의 순수함과 온전함을 비타협적으로 지켜 내려는 일련의 순수한 자세를 가리키고 있었다. 狷을 '조수操守하다'라는 뜻으로 새기는 전통적 입장은 그 점에서 狷의 성격에 근접해 있다고 하겠다. 따라서 견을 무조건 보수적 태도라고 규정하는 것도 적잖이 문제점을 지니고 있다. 보수적 태도 중에서도 다분히 순수한 인간중심주의라고 할까.

어쨌든 다양한 적용 가능성, 각 역사 단계에서 조금씩 뉘앙스와 빛깔을 달리하며 현실 속의 인간 행태를 바라볼 수 있는 탁월한 구도로서의 광과 견은 양단과 이단이라는 형식의 한 가지 구체적 사례로 볼 수 있다. 이 모든 것들이 잠에서 깨어날 수 있을까? 그리하여 오늘날의 현실을 보고 그것을 넘어서는 데에 유효한 기여를 할 수 있을까? 너무 요원하여 차마 엄두가 나지 않지만 그렇다고 해서 그 과제가 사라지는 일은 없을 것이다.

7) 과와 불급

과過와 불급不及은 그것에 대한 공자의 간단한 평가를 포함하고 있는 과유불급過猶不及, 즉 "지나친 것은 모자라는 것과 같다"는 말로 널리 알려져 있다. 오늘날에 와서 이 말은 그냥 국어사전적 정의에 따라 말 그대로 이해되고 있을 뿐이다. 따라서 이 말에 공자의 치밀한 시각이나 인간 행위를 바라보는 철학적 구도가 있다고는 생각하지 않는 것이 보통이다.

『예기』 중용편은 출처 불명의 공자의 말로 이 평범해 보이는 과와 불급이 중용과 관련된 말임을 밝히고 있다. 더더구나 거기서 공자는 과를 지자知者의 행태와 관련시키고 불급을 무지자無知者의 행태와 관련시키고 있기도 하다.

> 공자께서 말씀하셨다. "도가 행해지지 못하는 이유를 내 아노니 지혜로운 자는 지나치고 어리석은 자는 미치지 못한다. 도가 밝아지지 못하는 이유를 내 아노니, 현자는 지나치고 불초자는 미치지 못한다."
>
> 子曰 : 道之不行也.我知之矣.知者過之,愚者不及也.道之不明也,我知之矣.賢者過之,不肖者不及也.『禮記』中庸

과와 불급을 앞서 언급한 광과 견에 그대로 겹쳐 놓는 것은 위험한 일이다. 초점과 강조되는 측면이 다르기 때문이다. 그럼에도 불구하고 양자 사이에는 중용을 중심으로 전개되었다는 동일한 구조적 특징이 있다. 광견과 마찬가지로 무한한 적용성과 논리적 전개의 가능성을 풍부히 안고 있는 개념으로서의 과와 불급은 역시 공자가 생전에 현실을 바라보고 제자들을 가르침에 활용하였던 위대한 개념에 속한다. 단지 일상적 용어로 널브러져 있던 이들 용어를 어떻게 되살리느냐 하는 것은 전적으로 우리들에게 주어져 있는 오늘의 과제가 아닐 수 없다.

이 단계에서 한 가지 돌이켜 생각해 볼 것이 있다. 중용이라는 개념과 양단 그리고 이단이라는 개념, 또 광과 견, 과와 불급 등의 용어는 모양은 다양하지만 결국 중용이라는 큰 틀 안에서 발생한 용어들이다. 왜 하필 공자가 창출한 다수의 위대한 개념들은 이렇게 중용과의 관련성 속에서 집중적으로 발생하고 있을까? 무심히 넘어갈 수도 있는 문제지만 한편으로는 짚고 넘어갈 필요도 있을 것 같다. 그러나 막상 짚어 보면 그것은 아주 당연한 일이다. 너무 당연하지 않은가? 서리는 가을에 내리고 또 난초 잎 위에 내리는 것이 아닌가? 그와 같이 중용을 둘러싼 위대한 개념들은 위대한 인본주의의 시대에, 중심을 잃고 흔들리는 시대에, 잃은 중심을 되찾으려는 위대한 정신을 둘러싸고 형성되는 것이 마찬가지로 당연한 일이었다. 고대 신정사회나 중세 가톨릭 사회에서 어떠한 형태의 중용 개념도 논의되지 않았던 것, 심지어 이理 중심의 성리학 사회에서도 실질적 의미의 중용론은 출현할 수 없었던 것에 반조해 볼 수도 있을 것이다.

8) 구악

구악舊惡은 말 그대로 '옛날의 악'을 말한다. 논어 5/23 伯夷叔齊,不念舊惡,怨 是用希에서 공자가 사용한 '옛날의 악'舊惡이라는 개념을 나는 공자의 그 어떤 개념보다 의도적으로 만들어진 공자다운 개념이라고 본다. 그 의도를 따라잡지 못한 종래의 해석은 구악을 구원舊怨 정도의 엉성한 의미로 풀어내어 백이와 숙제를 그저 넓은 마음과 훌륭한 인격의 소유자로 만들어 놓았을 뿐이다. 먼저 이 문구를 종래의 해석자들은 어떻게 번역했는지 나의 『새번역 논어』와 대조해 보자.

종래의 해석 : 백이와 숙제는 옛 원한을 마음에 두지 않았기 때문에 남을 원망하

는 일이 드물었다.

『새번역 논어』의 해석 : 백이와 숙제는 구악을 생각했던 것이 아니라 그것이 드물게 쓰이는 것을 원망하였다.

두 해석은 비슷하지조차 않다는 것이 한 눈에 드러나 있다. 종래의 해석은 굳이 풀이할 필요도 없을 것이다. 고사의 근거도 없고 표현된 그대로 얼빠진 해석일 뿐이다. 『새번역 논어』의 해석에 따를 경우 구악은 문장에는 나타나 있지 않은 '신악'新惡에 대비하여 바람직한 것, 되돌아가야 할 세계로 설정되어 있다. 말할 나위도 없이 백이숙제가 원망하고 있는 신악의 대표적 사례는 무왕의 은殷 정벌이었다. 그리고 그들이 그리워한 것, 이제는 그 쓰임이 드물어졌음을 원망하고 있는 구악의 세계, 그들이 채미가采薇歌에서 노래한 아득한 신농·우·하神農虞夏 시절 저 구악의 세계는 사라지고 말았다. 그러면 공자가 구악이라는 개념을 만들어 낼 때 구악과 신악은 어떻게 규정할 수 있는 것일까? 나는 다음과 같이 정리해 본다.

구악 : 미선未善하지만 그 미선함을 자인하고 선을 향한 노력을 그치지 않는 악.
신악 : 미선하면서도 그 미선함을 자인하지 않고 오히려 스스로 선하다고 주장하는 악.

어쩌면 매우 단순한 규정이지만 현실적으로는 공자와 같은 특별한 인물이 아닌 한 좀처럼 내놓을 수 없는 위대한 규정이라 생각한다. 그 점이 때로는 신기할 정도다. 선을 외치기보다 단지 구악의 회복을 외치고 있는 공자의 모습에서 나는 율법의 완벽한 실천과 도덕적 완성을 외치던 율법주의자나 바리사이인들과 달리 죄를 자인하는 세리들, 창녀들, 죄인들과 어울리며 그들이 천국에 더 가깝다고 했던 예수의 위대한 신약적 아이러니를 본다. 그것은 단지 우연이 아니다.

9) 불천노와 불이과

불천노不遷怒와 불이과不貳過라는 말 역시 논어에 딱 한 번 등장하는 말이다. 바로 애공이 제자들 중에 배우기를 좋아하는 자가 있느냐는 물음에 답하는 공자의 말 가운데에 등장하고 있다.

> 애공이 물었다.
> "제자 중에서 누가 배우기를 좋아합니까?"
> 공자께서 대답하셨다.
> "안회라는 자가 있어서 배우기를 좋아했습니다. 그는 노怒를 옮기지 않았고 잘못을 이중으로 하지 않았는데 불행히도 단명하여 죽고 말았습니다. 지금은 아무도 없어 배우기를 좋아한다는 자를 들어 보지 못했습니다."
> 哀公問 : 弟子孰爲好學? 孔子對曰 : 有顔回者好學, 不遷怒, 不貳過, 不幸短命死矣. 今也則亡, 未聞好學者也. 6/3

그런데 선진편 7장에 보면 이 단편과 거의 같은 단편이 나온다. 차이 나는 것은 질문자가 애공이 아니라 계강자로 되어 있고 공자의 답변은 거의 같지만 중간에 不遷怒,不貳過라는 말이 나오지 않으며 말미에 사족처럼 붙어 있는 未聞好學者也가 없을 뿐이다. 결론만 얘기하자면 11/7이 원본이고 위에 인용된 단편6/3은 이를 토대로 만들어진 반위작半僞作이다.

그런데 정말 주목할 만한 단편은 원본이 아니라 바로 이 반위작인 6/3이라는 사실이다. 중간에 실제 대화 내용이 아니었음에도 불구하고 들어가 있는 저 不遷怒,不貳過라는 말 때문이다. 우선 이 말은 평소 공자가 제자들에게 강조해서 가르쳤던 말이자 공자가 만들어 낸 매우 중요한 실천덕목이자 개념이었다고 나는 본다. 그리고 이 실천덕목은 공자가 안연만이 실천하고 있다고 공개적으로 인정하였던 것으로 보인다. 그것을 들은 어떤 제자가 이 단편을 애공과의 대화로 바꾸면서 안연의 한 모습으로 기억하고 있던 이 말을 추가하였던 것으로 본다.

왜냐하면 不遷怒,不貳過라는 말은 무심한 대화에 등장할 만한 말도, 애공이 알아들을 수 있는 말도 아닌, 고도로 추상적이고 관념적인 말이기 때문이다. 이 말은 공자의 사유 속에서 창안된 개념으로서 제자들에게 들려줄 때에도 모든 제자들이 다 이해하기는 어려웠을 것으로 본다. 不遷怒는 이곳에서 화난 것을 저곳으로 옮기지 않는다는 주자의 가당치 않은 해석도 있지만 "하늘을 원망하지 않고 남을 탓하지 않는다"不怨天,不尤人는 말처럼 자기 변혁의 자산으로 삼아야 할 분기憤氣를 자신의 바깥으로 옮기지 않는다는 뜻이다. 또 不貳過 역시 주자의 안이한 해석처럼 한 번 저지른 잘못은 두 번 다시 저지르지 않는다는 뜻이 아니라 누구나 지을 수 있는 1차적 잘못에 대해 그것을 합리화하고 정당화하는 2차적 잘못을 통해 비로소 '진짜 잘못'이 되는 어리석음을 벗어나 있다는 뜻이다. 공자의 사유에서 이 두 가지는 너무나도 중요한 의의를 지니고 있다. 누군가에 의해 기억되고 있다가 엉뚱한 반위작 속에 끼어들어 그 흔적을 남기고 있는 위대한 두 개념이 이제 우리가 오늘에 되살려야 할 중요한 삶의 원칙으로 그야말로 '간신艱辛히' 그 모습을 드러내고 있는 것이다.

공자가 남긴 많은 단편들이 오독에 묻혀 왔지만 그에 앞서 너무나도 중요한 개념들이 오해에 가려져 왔다는 사실을 우리는 인정할 필요가 있다. 가끔 논어를 읽을 때 공자의 안목 속에 엿보이는 그의 천재성에 놀라고 감탄할 때가 많다. 물론 그것은 천재성이라는 각도에서 볼 것이 아니라 그의 초인적 성실성과 정직성의 결과라고 해야 할 것이다. 설혹 그가 탄생시킨 위대한 개념들을 오늘날에 다 되살릴 수는 없다 하더라도 적어도 그 당시 제자들과의 생생한 대화 속에서 그 개념들이 쓰이던 현장성만큼은 오늘에 되살려 추체험해 볼 이유와 명분이 너무나도 크다.

12 학이편의 비밀

학이편은 논어의 제1편이다. 논어를 읽어 본 적이 없다는 사람도 학이편만큼은 읽어 보았을 정도로 널리 알려진 자료다. 분량도 원고지로 석 장이 채되지 않는다. 수록된 단편도 16개에 불과해서 논어에서 네 번째로 짧은 편이다. 그런 자료에 비밀이 있다면 믿겠는가? 논어는 금서도 아니었고 진시황 치세를 제외하고는 2500년 동안 변함없는 권장도서였다. 비밀이 있다면 결국 해석의 문제이거나 드러난 모습 한 층 아래에 담긴 모종의 2차적 문제일 것이다.

그렇다. 그런데 그것은 알려질 필요가 있는 것임에도 불구하고 지금까지 거의 알려지지 않았다. 그 점에서는 비밀인 것이 틀림없다. 그 비밀에 차근차근 접근해 보자.

그 첫 번째. 논어는 가장 짧게 정의할 때 누구나 '공자의 어록'이라고 한다. 그런데 학이편만큼은 공자의 어록이라고 정의하기는 어렵다는 것이 첫 번째 비밀이다. 공자의 어록이라는 말은 논어가 춘추시대 노나라에 살았던 공자라는 사람의 말을 그의 제자들이 멸실하지 않고 후세에 전하기 위해 남긴 자료라는 뜻이다. 그러나 막상 학이편만을 놓고 보면 그것을 단지 그렇게만 정의하기는 어렵다는 것이다. 왜? 앞서 얘기한 것처럼 학이편은 단지 16개 장으로 구성된 짧은 편인데 그 중에서 공자의 말씀을 기록한 장은 아홉 개 장에 불과하고 나머지 일곱 개 장은 모두 공자의 제자들, 즉 유자, 증자, 자하, 자공의 말씀으로 되어 있다. 만약 논어 전체가 그렇게 9:7의 비율로 구성되어 있다면 논어 521 개 장 중에서 228개 장은 제자들의 말씀으로 구성될 것이다. 그렇다면 논어를 더 이상 공자의 어록이라고 말하기는 어렵지 않을까? 대신 공자학단의 집단어록 정도로 성격이 달라져야 하지 않을까 하는 것이다.

그렇다면 학이편은 왜 그런 모습을 보이고 있을까? 나는 그 이유가 학이편을 편집할 당시의 목적이 공자의 어록을 만드는 것이 아니었기 때문이라고 본다. 그렇다면 학이편의 편집 목적은 무엇이었나? 결론부터 말하자면 학이편은 공자학단에 들어온 비교적 어린 학생들을 위하여 공문의 기초 윤리를 가르치는 것이었다. 그 어린 학생들은 요즈음에 맞추어 얘기한다면 대략 중학생 정도였을 것 같다. 그런 아이들에게 기초적인 것을 가르치기 위해서는 어쩌면 공자의 말씀은 너무 어려웠을 것이다. 그래서 이미 모아 놓은 공자의 말씀 중에서 가급적 기초적인 내용을 담고 있는 것들을 발췌했고 거기다가 어차피 그다지 어렵지는 않은 제자들의 말씀 중 일부를 골라 학이편 16개 장을 구성하였던 것이다. 그 결과 학이편에는 다른 편과 다른 묘한 특징이 생기게 되었다.

어떤 특징인가? 논어에 대해서는 고리타분한 교훈이라는 오랜 선입견이 있다. 별 대단한 것도 아니면서 공연히 권위를 내세우며 상대방에게 한 수 가르치려 드는 원론적 교훈에 대해서 사람들은 흔히 "공자님 말씀"이라고 비웃는다. 유독 논어에 대해서만 그런 선입견이 작용하고 있는 것이다. 모든 고전이 다 그런 것은 아니다. 이를테면 『노자』에 대해서는 비교적 심오하고 신비롭다는 느낌이 자리 잡고 있는가하면 『장자』에 대해서는 큰 스케일과 호방하고 거침없는 세계관이 일종의 선입견이 되어 있다. 그것은 실제 내용도 그렇지만 무엇보다 『노자』는 道可道非常道, 名可名非常名으로 시작하는 모두의 몇 구절이 특히 그런 인상을 남겼고 『장자』는 저 소요유편의 곤鯤과 붕鵬에 대한 웅장한 소묘가 그런 인상을 남겼기 때문이다.

그러나 논어의 초입, 학이편은 다르다. 거기에서는 어린 학도들에게 무언가를 가르치겠다는 편집자의 의도가 모든 것을 이끌고 있다. 제1 學而時習之章은 실제 매우 고차원의 안목과 취지를 지니고 있지만 이 편집자에게는 단지 배우고學 익힌다習고 하는 두 글자가 반가웠을 뿐이다. 조금이라도 기본기를 가르쳐 주겠다고 초조해하는 공자학단 교재편찬위원들의 근시안적 의도만이 작용하고 있었다는 것이다. 제2 其爲人也孝弟章도 마찬가지다. 편집자의 눈을 반짝하게 한 것은 그 말에 담긴 주제보다는 단지 효성과 우애孝弟 두 마디였을 뿐이다. 제3장의 "젊은이는 집에 들어가서는 부모에게 효도하고 집을 나와서는 공손하며"弟子入卽孝 出卽弟에 이르러서는 더 말할 나위도 없다.

어린 학도들에게 공문의 기본을 가르쳐 주려는 극히 단순한 취지는 2500년 동안 논어를 들추는 모든 이들, 어린 학도들은 물론이지만 그렇지 않은 모든 사람들에게까지 본의 아니게 전달되었던 것이다. 그런 요인들이 일반 대중들로 하여금 논어를 어딘가 고리타분하고 주입교육적 내지 교조적인 책이라는 느낌을 들게 했던 것이다. 만약 논어의 제1편이 학이편이 아니라 제13 자로편이 되어 정치의 요체나 다양한 정치평론이 주종을 이루었다면, 또는 제18 미자편이 되어 초나라의 미치광이 접여接輿를 비롯하여 장저長沮와 걸익桀溺 같은 은자들이 출몰하는 분위기였다면 논어에 대한 선입견은 크게 달라졌을 것이다.

기이한 것은 이 학이편의 편집취지는 제2 위정편에 어느 정도 이어져 있는 것이 감지될 뿐 더 이상 어디에서도 발견되지 않고 있다는 점이다. 어린 학도들을 가르치려는 목적이 단지 한두 편의 짧은 자료를 만드는 데에 그

쳤을 것으로 보이지는 않기 때문에 이 편집취지는 도무지 일관성을 보이지 않고 있다. 그러나 학이편만을 두고 보았을 때에는 역시 부인할 수 없는 사실이다. 그 점에서 학이편의 이 비밀은 더 이상 해결될 기미가 보이지 않는 미스터리로 남는다. 어쩌면 그 후 또 다른 편집 기회에 단지 한두 편만을 남기고 나머지는 다른 편집 취지에 따라 재편되었는지도 모른다. 그러나 그런 가정은 영원히 가정 이상의 것이 될 수 없을 것이다.

학이편에는 또 다른 비밀 한 가지가 들어 있다. 그것은 학이편에 포함된 제자들의 발언 일곱 개가 우연히 구성된 것이 아니라 당시 공자 학단 내부의 묘한 권력관계를 반영한 흔적이 엿보인다는 것이다. 우선 그 양상을 일별하면 일곱 개 중에 유자의 발언이 세 개다. 유자는 논어에 모두 네 번밖에 등장하지 않는 제자다. 그 중 세 번이 모두 학이편에 나온다. 나머지 단편은 증자의 발언이 두 번, 자하의 발언이 한 번, 자공의 발언이 한 번이다. 그 숫자로 서열을 세워 보면 다음과 같다.

유자 3-증자 2-자하 1-자공 1

그 중에서도 유자와 증자는 숫자도 많지만 논어에서 거의 유일하게 스승인 공자에 준하여 子라는 존칭으로 호칭되고 있는 사람들이라는 점을 주목할 필요가 있다. 또 그 배치 순서도 예사롭지가 않다. 제1편 1장은 공자의 유명한 學而時習之章이다. 그러나 제2장은 유자의 말씀으로 되어 있다. 제3장에 다시 공자의 말씀이 나오는가 하면 제4장에서는 이번에는 증자의 말씀이 나온다. 그 순서를 열거해 보면 다음과 같다.

1공자-2유자-3공자-4증자-5공자-6공자-7자하-8공자-9증자-10자공-
11공자-12유자-13유자-14공자-15공자-16공자

이 순서는 임의적인 것일까? 우연한 것일까? 유자의 발언은 두 번째로 제
시되어 있고 열두 번째와 열세 번째에 다시 나온다. 증자의 발언은 네 번째
와 아홉 번째에 나온다. 자하는 일곱 번째에 출현한다. 자공은 열 번째에 나
온다. 우연이라고 하기에는 의도가 엿보이는 배치가 아닐 수 없다. 의도가
있었다면 어떤 의도였을까? 특히 유자는 어떻게 공자에 이어 두 번째라는
영예로운 위치에 말씀이 올라 있을까? 공자 사후 공자학단의 변화를 보여
주는 기록은 많지 않다. 이를테면 공자가 죽고 나서 공자학단은 해체되었을
까? 아니면 누군가가 이끌었을까? 그 한 단서를 보여 주는 단편이 『맹자』에
남아 있다.

훗날 자하, 자장, 자유가 유약이 성인과 흡사하다는 이유로 공자를 모시던 바에 따
라 그를 모시고자 하여 증자에게 강권하니, 증자가 "그럴 수 없다. 장강과 한수의
물로 씻고 가을볕으로 말렸으니 희고 흰 것이 더 보탤 것이 없다"고 말했다.
他日,子夏子張子游,以有若似聖人,欲以所事孔子,事之,彊曾子,曾子曰：不可.江漢以濯
之,秋陽以暴之,晧晧乎,不可尚已.『孟子』滕文公上

이 기록에 따르면 자하와 자장, 자유가 유자를 지도자로 모시려고 증자의
동의를 얻기 위해 설득작업을 했다는 것을 알 수 있다. 증자의 답변은 그 이
유가 다소 모호하지만 거부의 표시였던 것은 분명해 보인다. 그러나 증자의
반대에도 불구하고 유자를 공자의 후계자로 추대하는 이 사업은 계획대로
추진이 되었고 결국 유자가 지도자로 되었던 것 같다. 그러나 유자는 공자

학단을 탄탄하게 이끌지는 못했던 것으로 보인다. 그에 관해서도 남은 기록이 거의 없지만 『사기』 「중니제자열전」에 매우 이상한 기록 하나가 남아 있다. 사료적 가치는 낮지만 굳이 인용하자면 다음과 같다.

공자가 죽자 제자들은 그를 사모한 나머지 유약有若의 모습이 공자와 닮아 제자들이 서로 상의하여 그를 스승으로 세워 공자를 모시듯 모셨다.

훗날, 한 제자가 나아가 "예전에 공자께서 행차를 하심에 저에게 우산을 준비시킨 적이 있었는데 과연 그날 비가 왔습니다. 제가 '선생님께서는 어떻게 비가 올 줄 아셨습니까?' 하고 물으니 '시에 이르기를 달이 필성에 걸리니 큰비가 올 징조로다 하지 않았느냐. 간밤에 달이 필성에 머물러 있었느니라' 하셨습니다. 그런데 훗날 달이 필성에 머물렀는데도 결국 비가 오지 않았습니다. 또 상구商瞿는 나이가 많아도 자식이 없어서 그의 어머니가 소실을 얻어 주려 했습니다. 그때 공자께서 상구를 제나라에 보내시려 하자 그의 어머니가 그런 사정을 말했습니다. 공자께서는 '걱정 마시오. 구瞿는 마흔 살이 넘어 아들 다섯을 두게 되리다' 하셨는데 과연 그렇게 되었습니다. 감히 여쭙노니 공자께서는 어떻게 이런 것들을 미리 아셨습니까?" 하고 물었다.

유약은 묵묵할 뿐 대응하지 못했다. 제자들은 일제히 일어나 "유자여! 그 자리를 비키시오. 그곳은 당신이 앉아 있을 자리가 못 됩니다" 하고 외쳤다. 『史記』 「仲尼弟子列傳」

이 황당한 얘기가 실제 있었던 이야기인지는 알 수 없지만 대략 지도자로 추대된 유자가 공자학단의 구성원들로부터 제대로 지지를 받지 못하였음을 말해 주기에는 충분한 자료이지 않을까 한다. 현재 논어에 남아 있는 유자의 말을 보면 유자는 어딘가 사변적인 요소를 강하게 지닌 사람이었던 것 같은데 유자가 이렇게 존경받지 못한 상태로 얼마 동안 공자학단을 이끌었는지는 알 수 없다. 그 기간은 짧았을 수도 있고 길었을 수도 있지만 어쨌든 유자가 공자 사후 공자학단의 초대 지도자였던 것을 부인하기는 어려울 것 같다. 그리고 이러한 점이 학이편 2장이라는 영예로운 위치에 유자의 말씀이 실리게 된 배경이 되지 않았을까 한다.

초대 지도자로서 불안정하게 역할을 하던 유자는 결국 어떤 시점에서 그 역할을 증자에게 넘겼던 것 같다. 사망 등에 따른 불가피한 인계였는지 학단의 총의에 따른 타율적 교체였는지 알 수 없지만 후자였을 가능성이 다소 커 보인다. 두 사람의 연령차가 많지 않았던 점, 증자가 비교적 오랫동안 지도자적 위치에 있었던 점 등이 그 근거다. 증자는 유자와 달리 공자학단에서 매우 강한 정신적 지도력을 발휘하였던 것 같다. 증자는 생전의 공자로부터 노둔하다魯는 평을 들었던 것처럼 매우 신중한 몸가짐 그리고 엄격한 자기관리로 제자들에게 깊은 존경을 받았던 것으로 보인다.

한편 자하는 진晉나라 쪽으로 가서 서하西河가에서 별도로 학단을 만들어 제자들을 양성했던 것 같다. 나중에 나이가 많아서는 진나라의 분열로 건국된 위魏나라 문후文侯의 스승이 되기도 했다. 그렇다면 학이편에 출현하는 공자의 제자 세 명은 모두 공자 사후 공자학단의 공식 지도자였다는 공통점을 발견할 수 있다. 세 번 출현하는 유자는 첫 계승자로서, 두 번 출현하는 증자는 두 번째 계승자로서, 한 번 출현하는 자하는 별도 학단을 창설한 계승자로서 위상을 가지고 있었던 것이다.

제10장에서 주 대화자로 나오는 자공을 그럼 어떻게 볼 것인가? 거기에서 자공은 주 대화자였던 것은 사실이지만 내용상의 주인공은 여전히 공자였다. 자공은 공자를 드러내는 그야말로 대화자에 불과하여 이 단편을 자공의 단편으로 보는 것은 좀 문제가 있다. 다른 단편에서 유자나 증자, 자하처

럼 직접 자신의 견해를 피력하는 형태가 아니었던 것이다. 그러므로 제10장
의 자공은 좀 다른 경우로 보아야 할 것이다.

공자학단에서 유자나 증자에 비해 훨씬 더 중요한 구성원이었으나 이미
세상을 떠난 지 오래된 안연이나 자로는 학이편에 등장하지 않는다. 또 살
아 있었던 것으로 보이지만 지도자로서의 위상을 가졌던 기록이 없는 자장,
자유 등의 이름도 눈에 띄지 않는다. 그리고 공부보다는 정치 현실에 더 관
심이 많아 공자 사후에는 아마 더 이상 학단에 몸담았을 것 같지 않은 염유
나 공서화 등도 전혀 모습을 나타내지 않고 있다. 그렇다면 이 일곱 개 장에
등장하는 세 제자는 정해진 편집의도에 따른 것이었거나 최소한 편집 당시
공자학단의 세력 구도에 따라 자연스럽게 정해진 사람들이라 할 수 있을 것
이다.

학이편의 이런 드러나지 않았던 비밀을 기본적 인식으로 깔고 볼 때 마지
막 세 번째 비밀, 즉 학이편 13장에 나오는 유자의 발언에 얽힌 비밀이 매우
중요한 역사적 의의를 띄게 되는 것 같다. 우선 그 원문을 살펴보자.

有子曰:信近於義,言可復也.恭近於禮,遠恥辱也.因不失其親,亦可宗也. 1/13

이 단편에 대한 전통적 해석은 다음과 같다. 물론 주자의 해석이다.

유자有子께서 말씀하셨다.
"약속한 것이 의로움에 가까우면 그 말은 실천할 수 있다. 공손함이 예에 가까
우면 치욕을 멀리할 수 있다. 가까이할 만한 사람을 잃어버리지 않는다면 역시
그를 받들어 종주로 삼을 수 있다."

결론부터 말하자면 이 해석은 유자의 발언 취지를 전혀 모르고 단지 기록된 글자만을 궁리하여 간신히 문장을 만든 것이다. 해석자는 약속한 것(信)이나 공손함(恭)이 어떤 구체적인 행동을 가리키는 것으로 보고 있다. 그리고 그것이 각각 의로움(義)과 예(禮)에 가까우면 말도 실천할 수 있고 치욕도 면한다는 뜻이다. 아래에 제시하는 나의 해석과 외형은 비슷하지만 내실은 적잖이 다르다. 그러나 여기까지는 그럭저럭 넘어갈 수 있다. 문제는 마지막 因不失其親, 亦可宗也를 "가까이할 만한 사람을 잃어버리지 않는다면 역시 그를 받들어 종주로 삼을 수 있다"고 한 것이다. 이것은 한마디로 억지 해석이다. 그야말로 간신히 말이 되었을 뿐이다. 유자가 왜, 어떤 차원에서 한 말인지. 왜 그것이 중요한지는 주자에게 물었어도 제대로 답변을 하지 못했을 것이다. 1999년 내가 『새번역 논어』와 『논어의 발견』에서 제시했던 새 해석은 다음과 같다.

유자께서 말씀하셨다.
"믿음직함은 의로움에 가까우니 말한 것을 지킬 수 있다. 공손함은 예에 가까우니 치욕을 멀리할 수 있다. 이처럼 그 친한 것을 잃지 않음으로써 또한 종통宗統을 이어갈 수 있다."

새 해석에서 믿음직함(信)과 공손함(恭)은 구체적인 행동이 아니라 행위 항목으로 제시된 것이다. 전통적 해석과 비슷해 보이면서도 엄밀히 말하면 다르다. 믿음직함과 공손함은 공자가 세상을 떠나고 없는 이 상황, 의로움(義)도 예(禮)도 현실 속에서 사라진 상황에서 그에 가까운 것으로서 우리에게 남아 있는 차선의 덕목들이라는 것이다. 그런 덕목들을 통해 우리는 말을 지킬 수도 있고 치욕을 멀리할 수도 있다는 것이다.

이 말에서 信과 義의 관계, 恭과 禮의 관계를 자세히 관찰해 보면 거기에 놀라운 논리가 들어 있음을 알게 된다. 즉 거기에서 맹자의 저 유명한 사단설四端說의 원형을 발견할 수 있다는 것이다.

공자의 사단설이 무엇인가? 세상이 타락하여 이제 삶의 현장에서 더 이상 인仁도 의義도 예禮도 지智도 찾아볼 수 없게 되었지만 우리가 절망할 일은 아니다. 세상을 살펴보면 아직도 우리 삶의 현장에는 약한 자를 측은하게 여기는 마음惻隱之心, 부끄러워하고 싫어하는 마음羞惡之心, 사양하는 마음辭讓之心, 옳고 그른 것을 가리는 마음是非之心이 있다. 그런 작은 실마리들을 놓치지 말고 잘 배양하면 우리는 잃어버린 인의예지仁義禮智를 되찾을 수 있다. 그렇게 웅변했던 것이 맹자의 사단설이 아니었던가.

유자의 말은 간략하기도 하고 두 항목에 불과하기도 하지만 바로 맹자가 했던 말과 똑같은 논리였다. 의도 예도 찾아보기 힘든 세상이 되었지만 우리에게는 그것과 가까운 신信과 공恭이 남아 있다. 그러므로 의義와 예禮에 친한 신信과 공恭을 잃지 않고 소중히 가꾸고 배양하면 재건의 가능성이 있다. 그것을 종지宗旨로 삼아 공자학단을 이끌어 갈 수 있다는 뜻이었다. 말하자면 유자 발發 이단설二端說이었던 것이다.

유자의 말은 스승의 별세 이후 위기를 맞은 공자학단의 책임자가 되어 부족한 능력으로 학단을 이끌어 갈 수밖에 없게 된 외로운 지도자의 입장에서 나름대로 주어진 현실을 고민하고 궁리한 결과였던 것이다. 맹자의 사단은 훗날 성리학에 이르러 수많은 성리학자들의 첨예한 관심사가 되었고 그 결과 때로는 사단이 인의예지보다 더 높은 개념처럼 여겨지기도 했던 것을 우리는 기억하고 있다. 그에 비하면 유자의 이 발언(『논어의 발견』에서 나는 이 발언을 '친근론'親近論이라고 이름 한 바 있다)은 해석자들이 그 취지에 접근조차 하지 못한 채 퍼렇게 녹슨 상태로 묻혀 있어야 했다는 것이 안타깝다.[5] 친근론과 사단론을 도시해 보면 다음과 같다.

사성(四性)	유자 친근론(親近論)		맹자 사단론(四端論)
인(仁)	–	–	측은지심(惻隱之心)
의(義)	신(信)	–	수오지심(羞惡之心)
예(禮)	공(恭)	–	사양지심(辭讓之心)
지(智)		–	시비지심(是非之心)

짧은 학이편에는 이런 비밀들이 감추어져 있었다. 이런 사실을 알고 학이편을 읽는 것과 그렇지 않은 것 사이에는 적지 않은 차이가 있을 것이다. 세 비밀을 다시 한 번 간추리면 다음과 같다.

1. 학이편은 '공자 어록'의 일부가 아니라 '공자학단 초급 교과서'의 일부였다.
2. 학이편은 공자 사후 공자학단 내에 형성되어 있던 권력질서를 반영하고 있다.
3. 학이편 13장은 공자 사후 초기 지도자였던 유자의 고민과 구상을 담고 있다.

5] 주자가 편찬한 『논어정의』에 보면 이미 정명도(程明道)의 바른 해석이 있었으나 어찌된 일인지 주자는 이를 외면했고 이후 다른 사람들도 정명도의 해석을 돌아보지 않았다. 기이한 일이 아닐 수 없다.

13 아! 옛날이여

논어에 보면 가끔 '옛날'이 언급된다. 대부분 古로, 드물게는 舊로 표현된 이 옛날은 대개 추상적인 옛날을 지칭하지만 구체적인 경우도 없지 않다. 구체적인 경우 가까우면 주초周初가 되고 멀면 요순堯舜시절 또는 그 이전의 전설시대까지 소급하기도 한다. 주초라면 공자로부터 대략 500년 전, 요순시절이라면 대략 1500년 전 정도다.

그런데 논어에 자주 등장하는 그 까마득한 옛날은 무슨 의미를 지니는가? 그것은 한마디로 '순수시대'라고 해야 할 것 같다. 말하자면 원시적 순결이 살아 있던 시대라는 것이다. 이를테면 논어에 나오는 무심한 말 한마디에서도 대부분 옛날은 그런 의미를 띠고 있다.

선생님께서 말씀하셨다.

"옛사람들이 말을 하지 않았던 것은 자신의 됨됨이가 그 말에 미치지 못하는 것을 부끄러워했기 때문이다."

子曰 : 古者言之不出, 恥躬之不逮也. 4/22

선생님께서 말씀하셨다.

"옛날의 배우는 사람들은 자기를 위해 배웠으나 요즈음의 배우는 사람들은 남을 위해 배운다."

子曰 : 古之學者爲己, 今之學者爲人. 14/25

모두 옛날 사람들은 정도를 지켰으나 요즈음 사람들은 그것을 벗어나 있다는 비판을 담고 있다. 그런데 공자는 옛사람들이 정도를 지켰다는 사실을 어떻게 그렇게 잘 알고 있을까? 공자가 그 옛사람들을 만나본 적이라도 있는가? 당연히 그럴 리가 없다. 그러면 옛날 문헌에 당시 사람들이 지금 사람들보다 훨씬 순수하였다는 기록이라도 있는가? 문헌이 남아 있지 않으니 알 수는 없지만 그럴 가능성은 희박하다.

그렇다면 공자는 무슨 근거로 옛날 사람들이 지금보다 더 순수하고 질박하였다고 단정하는가? 바로 그것이다. 어떻게 그런 전제가 가능했을까? 그것이 오늘 생각해 보고자 하는 주제다.

우선 공자의 모든 발언을 보면 당시의 상태에 대한 심각한 우려가 나타나 있다. 오늘날今의 인간은 매우 문제적인 상태이고 그것은 인간이 크게 타락한 결과라고 보고 있는 것이다. 이런 인식에는 단 한 차례의 예외도 없다. 앞서 소개한 4/22에서도 오늘날 사람들은 실천이 뒤따르지 못해도 부끄러워할 줄 모르고 말만 함부로 하는 사람들로 되어 있다. 14/25에서도 오늘날 사람들은 스스로의 됨됨이를 향상시키지 못한 상태에서 공연히 남들을 위한다는 명분으로 헛공부를 하는 사람들로 그려져 있다.

이런 인식은 자연스럽게 인간이 타락하기 전의 순수하던 시절을 설정하게 된다. 그것은 매우 자연스러운 설정이지만 그렇다고 해서 자의적인 설정은 아니다. 그것은 오히려 타락에서 벗어나 되돌아갈 곳으로서 제시된 것이다. 만약 옛날에도 인간은 타락했었고 지금도 타락해 있다면 인간은 타락에 고착되어 버렸다는 뜻이 될 것이며 그렇다면 거기서 벗어날 길이 없을 것이다. 벗어난다는 것은 지금과는 다른 상태로 될 수 있다는 뜻이다. 그리고 지금과는 다른 상태로 될 수 있다는 것을 보장하는 가장 확실한 담보는 바로 그런 상태가 옛날에는 있었다는 사실이 아닐 수 없다. 이 점을 주의해서 관찰해야 한다. 공자가 얘기하는 옛날은 과학적으로 그 존재가 입증된 객관적 시간이 아니라 오늘의 타락에 대한 솔직한 인식이 내일의 회복에 대한 믿음과 만나 자연스럽게 만들어 낸 주관적 시간, 역설적 시간이다. 또는 오늘에 대한 실망이 내일에 대한 희망과 만나면서 만들어 낸 꿈의 시간이 '옛날'이다. 이런 구도는 논어의 곳곳에 등장하지만 아마도 가장 전형적으로 드러나 있는 단편은 17/16이 아닐까 한다.

> 선생님께서 말씀하셨다.
> "옛날에는 사람들에게 세 가지 병통이 있었는데 오늘날에는 그것이 없어지지 않았나 한다. 옛날의 과격한 이는 거리낌 없이 행동했으나 오늘날의 과격한 이는 제멋대로 행동한다. 옛날의 자긍하는 이는 고지식했으나 오늘날의 자긍하는 이는 성내고 사납게 군다. 옛날의 어리석은 이는 솔직했으나 오늘날의 어리석은 이는 속이려 들 뿐이다."
> 子曰 : 古者民有三疾,今也或是之亡也.古之狂也肆,今之狂也蕩.古之矜也廉,今之矜也忿戾.古之愚也直,今之愚也詐而已矣. 17/16

형용사가 많아 번역은 도무지 정곡을 벗어나 있지만 대충 말의 의도는 짐작되리라 생각한다. 오늘날今은 모든 것이 땅에 떨어진 시대, 바람직한 가치질서가 전도된 시대를 가리키고 있다. 대신 옛날古은 어리석은 자는 어리석은 대로, 고지식한 자는 고지식한 대로, 거친 자는 거친 대로 겸손과 원시적 순결, 정직성을 지닌 시대였다. 공자는 결코 그 시대가 모든 것을 알고全知, 어떠한 허물도 없는無誤, 순선純善의 시대로 이야기하고 있지 않다. 그에게는 삶의 최종적인 목표가 그런 전지와 무오와 순선이 아닌 단지 저 순결이었던 것이다.

이제 그렇다면 2500년에 걸쳐 그동안 한 번도 제 모습을 노출해 본 적이 없는, 위대한 단편 하나를 소개할 때가 되었다. 그것은 공야장편 23장이다.

선생님께서 말씀하셨다.
"백이와 숙제는 구악舊惡을 생각했던 것이 아니라 그것이 드물게 쓰이는 것을 원망하였다."
子曰：伯夷叔齊,不念舊惡,怨是用希. 5/23

그렇다! 여기에서도 여전히 옛날舊은 돌아가야 할 원시적 순결의 시간, 꿈의 시간이었다. 전술한 바와 같이 꿈의 시간에서는 선과 지혜로움과 올바름만이 순결한 것이 아니었다. 거기서는 악도 어리석음도 과오도 역시 순결한 것이었다. 이 점을 이해할 수 있었으면 좋겠다. 바로 그런 이해에 따라 공자는 무왕의 왕위 찬탈을 비난하며 주나라의 곡식을 먹지 않겠다고 수양산에 들어가 고사리만 캐 먹다가 굶어 죽은 두 노인의 상황을 단호히 규정하였던 것이다.

"그들은 옛날의 악舊惡이 드물게 쓰이는 것을 원망하였다."

긴 세월 동안 아무도 공자의 이 기막힌 역설을 눈치 채지 못하였다. 모든 인류사에서 일관되게 기피해 왔던 악에 대하여 그것이 "드물게 쓰이는 것을 원망했다"고 했을 줄이야 누가 상상이나 했겠는가! 그러나 공자는 바로 그런 뜻을 당당히 피력하고 있는 것이다. 악 그리고 그와는 도무지 어울릴 것 같지 않은 순결을 옛날╙이 매개하여 구악이라는 저 공자의 세계를 구성하고 있었던 것이다. 우리는 이 간절한 백이숙제의 소망 그리고 공자의 세계를 이해할 수 있어야 한다.

다만 여기서 잠시 곁길로 들어 오늘날 우리들이 자랑하는 '현대'의 시간 의식을 한번쯤 살펴볼 필요가 있다. 현대에 이르러 옛날은 어떤 시간인가? 오늘날에도 옛날은 그리운 원시의 시대, 순수의 시대인가? 우리의 경험은 안타깝게도 그렇지 않다는 것을 알려 준다. 현대에 이르러 옛날은 대체로 무지몽매한 시절이었을 뿐이다. 반대로 현대는? 전깃불이 밤의 지구를 찬란히 밝히는 이른바 문명의 시대다. 시간과 공간을 완전히 점령한 물질문명은 오랜 고금의 질서를 완전히 뒤바꾸어 놓았다. 그리운 원시의 시대인 옛날이 들어설 자리가 없어진 것이다. 물론 이런 시간적 질서의 전도는 현대만이 가진 매우 예외적인 현상이라는 것을 알아 둘 필요가 있다.

지난날 드물게 새로운 문화가 꽃피거나 유입되는 단계에서 부분적으로 과거 문화를 멸시하는 경우는 있었지만 그렇다고 해서 시간 전체가 이 오랜 구도를 벗어나는 경우는 매우 드물었다. 그러나 현대는 역사의 긴 흐름에서 볼 때 극히 예외적으로 이 구도를 뒤집어 놓은 것이다. 물론 현대문명도 언젠가는 그 오랜 구도로 되돌아갈 것이다. 그것이 언제가 될지는 모르지만 그때까지 우리 현대문명은 과거처럼 돌아갈 옛날도 갖지 못하고 그렇다고 해서 현재나 미래에 안주할 수도 없는 매우 불행한 시간 의식에 갇혀 있을 수밖에 없을지도 모른다. 오늘날의 시간 의식을 매우 예외적인 것으로 볼 때 우리는 그 어떤 사회, 그 어떤 역사의 국면에서도 옛날이 아름다운 순결의 시대로 인식되어 온 것을 어렵지 않게 발견할 수 있을 것이다. 그에 비하면 이 역사의 돌연변이 같은 우리 현대인들은 어쩌면 수천 년의 세월이 지난 후 당시 오직 우리들만이 긴 역사에서 길을 벗어난 '시간의 미아'였다는 사실을 발견하게 될지도 모른다.

공자의 시대는 소위 선진先秦시대였다. 진나라에 의한 통일과 대대적인 문화의 소용돌이를 겪기 이전, 그 어떤 외부 문화의 급격한 유입 없이 못해도 3000년은 넘게 지속되어 왔을 단일 문화 속에서 古-今의 이런 구도는 한없이 자연스러웠을 것이다. 공자의 500년 대선배 백이숙제가 굶어 죽어 가며 읊은 시 '채미가'采薇歌에서도 까마득한 신농神農, 우虞, 하夏의 시절은 여전히 오래된 미래ancient future로서 그 찬란한 모습을 드러내고 있다. 한번쯤 감상해 보자. 그리고 그 속에서 한때 그들과 공자가 함께 바라볼 수 있었던 저 옛날의 황금빛 광채를 우리도 함께 느껴 보기로 하자. 이 도치된 시간 속에서나마.

저 수양산에 올라

고사리를 캐노라.

무왕은 폭력으로써 폭력을 바꾸되

그 그릇됨을 알지 못하는구나.

신농神農, 우虞, 하夏 그 좋던 시절은 어느 새 사라져 버렸으니

이내 몸 어디로 돌아가리.

아! 가리라.

명命도 이미 쇠하였나니.

登彼西山兮

采其薇矣

以暴易暴兮

不知其非矣

神農虞夏忽焉沒兮

我安適歸矣

于嗟徂兮

命之衰矣

14 펼치는 일과 간직하는 일

언젠가 공자는 제자 안연을 칭찬하는 자리에서 다음과 같이 말했다.

"쓰면 행해지고 쓰지 않으면 간직된다'는 것은 오직 나와 너만이 갖추고 있구나!"

子謂顔淵曰：用之則行,舍之則藏.唯我與爾有是夫! 7/11

겉보기로 보면 이 말은 특별히 어려운 말이 아닌 것처럼 보인다. 그러나 들여다보며 생각을 거듭할수록 알 수 없는 깊이가 느껴진다. 전통적인 해석에서는 用之와 舍之를 위정자에 의해 등용되는 것과 배척되는 것으로 해석하여 이 말을 매우 단순화하고 있다. 그러나 用之와 舍之는 등용과 배척으로 해석하기는 어려운 말이다. 물론 대부분 등용과 배척이 함께 이루어지는 경우가 많겠지만 用之는 어디까지나 나아가 발휘하는 것을, 舍之는 포기하고 물러나는 것을 말한다.

물론 나아가고 물러나는 것이 행위자의 자의에 맡겨진 것은 아니다. 대개 나아가는 것과 물러나는 것은 나라에 도가 있는 것과 없는 것, 즉 시대적 상황에 연동된다. 몇몇 다른 단편들은 이 측면을 보다 분명히 하고 있다.

"군자로구나, 거백옥蘧伯玉은! 나라에 도가 있으면 벼슬을 하고 나라에 도가 없으면 거두어 품을 줄 알았다."

君子哉! 蘧伯玉. 邦有道則仕, 邦無道則可卷而懷之. 15/7

"영무자甯武子는 나라에 도가 있으면 지혜로웠고 나라에 도가 없으면 어리석었다. 그 지혜에는 미칠 수 있어도 그 어리석음에는 미칠 수가 없구나."

甯武子邦有道則知, 邦無道則愚. 其知可及也, 其愚不可及也. 5/21

　나라에 도가 있다든가 없다든가 하는 것은 상식의 수준에서 판단되었던 것 같다. 특히 유도하다는 것은 결코 어떤 완전히 이상적인 상태나 완결된 역사적 국면을 의미하는 것은 아니었다. 그런 전제 하에 다시 안연에 대한 칭찬으로 되돌아서 "쓰면 행해진다"는 말을 생각해 보자. "쓰면 행해진다"는 것은 어떤 상황을 말하는 것이었을까? 그것을 이해하기 위해 그 반대로 "쓰더라도 행해지지 않는 것"을 생각해 보자. 어쩌면 그것이 훨씬 흔하고 이해하기 쉬운 모습이 아닐까 해서다.

　나라의 위정자가 뭔가를 해보겠다고 시도하지만 그것이 뜻대로 이루어지지 않는 경우는 너무나도 흔하다. 논어 안에 나오는 한 예를 들어 보자. 언젠가 노나라의 실권자였던 계강자가 공자에게 "무도無道한 자를 죽여 백성들로 하여금 유도有道한 데로 나아가게 한다면 어떻겠습니까?"如殺無道以就有道,何如? 12/20 하고 물은 적이 있었다. 말하자면 일벌백계로 문제를 해결하려 했던 것이다. 공자는 그 계획을 반대했다. 만약 계강자가 그대로 시행했더라면 그 정책은 성공했을까? 그렇지 못했을 것이다. 왜냐하면 그것은 백성들을 유도한 데에로 나아가게 하는 정당한 방법이 못 되었기 때문이다. 다시 말해서 用之則行, 즉 쓰면 행해지는 것이 결코 쉬운 일이 아님을 보여 주는 대표적 사례가 아닐 수 없다. "쓰면 행해진다"는 것은 그처럼 도로徒勞에 그치지 않고 쓰고 적용하면 밀물처럼 도도히 이루어지는 어떤 것이다.

그러면 舍之則藏, 즉 "쓰지 않으면 간직된다"는 것은 어떤 것일까? 상황이 무도한 역사적 국면일 때는 뜻을 펼치지 못하고 거두어들일 수밖에 없는 경우가 생긴다. 여기에서 전개될 수 있는 행태가 바로 藏, 즉 간직하는 것이다. 이 말은 간직하는 것이 바람직하거나 최소한 불가피한 행태라는 가치 평가를 동반하고 있다. 간직한다는 것은 무엇보다 펼치지 않고 발휘하지 않는 것이다. 심지어 갈무리한다는 차원을 넘어 숨긴다는 의미까지 가지고 있다. 여기서 그렇게 하는 것이 과연 바람직한가 하는 반론이 나올 수 있다. 왜 무도한 시대라고 하여 펼치지 않고 간직하기만 하여야 하는가? 그런 시대일수록 더욱 강한 의지로 뜻을 펼쳐야 하는 것 아닌가? 이런 있을 수 있는 질문에 대해 준비된 대답처럼 제시되어 있는 단편이 바로 술이편 2장이다.

선생님께서 남용南容을 두고 말씀하셨다.
"나라에 도가 있어도 추구함을 폐하지 않겠고 나라에 도가 없더라도 처형은 면할 사람이다" 하고 당신 형의 딸을 그에게 시집보내셨다.
子謂南容:邦有道不廢,邦無道免於刑戮.以其兄之子妻之. 5/2

나라가 무도해진 상황에서 그 상황을 뒤집어 보려는 직접적인 시도는 완강한 현실의 장벽에 부딪치지 않을 수 없다. 그 결과가 바로 형륙刑戮, 즉 잡혀 처형을 당하는 것이다. 남용은 그런 무모한 행동주의자는 아니었음을 공자는 인정해 주었다. 왜냐하면 무모한 행동주의자일수록 나라에 도가 없으면 무모한 행동에 나서는 반면, 나라에 도가 회복되면 더 이상 무엇을 추구해야 할지 목표를 잃고 마는데 남용은 유도한 세월에서도 여전히 무언가 추구하는 자세를 견지하는 사람이었기 때문이다.

공자는 藏, 즉 간직하는 것을 무도한 세월에 필요한 덕목으로 제시했다.

그것은 현실과 충돌하여 비극적으로 궤멸되는 것을 피하는 소극적 방법이기도 했고 동시에 현실의 무게에 짓눌려 와해되는 것을 피하면서 언젠가 올 유도한 세월을 기다리는 적극적 방법이기도 했다. 그것은 마치 화초가 추운 겨울을 맞아 씨앗의 형태로 자신을 갈무리한 다음 언젠가 다시 올 봄을 기다리는 자연의 이법과 유사한 측면이 있다. 藏이 소극적이면서도 적극적인 것은 바로 그 때문이다. 그 점에서 藏은 특별한 균형이다. 공자는 그 균형을 현실 속에서 행동할 수밖에 없는 인간의 행동에 적용하였다고 본다.

남용의 수준을 공자가 안연에게만 인정했던 用之則行, 舍之則藏의 수준이었다고 보는 것은 비약일지도 모른다. 그러나 그에 매우 가까웠던 것은 논리의 상관관계로 볼 때 사실일 것 같다. 5/2와 7/11을 엮어 도시하면 다음과 같을 것이다.

	狂簡之士	南容(顔淵)
邦有道	廢	不廢(用之則行)
邦無道	刑戮	免於刑戮(舍之則藏)

그러나 과연 어떤 나라, 어떤 시대가 무도하고 혹은 유도할까? 이를테면 오늘의 우리나라를 유도하다고 보아야 할까? 무도하다고 보아야 할까? 공자가 논어에서 유도와 무도를 언급한 것은 모두 여섯 번이나 된다.[6] 그러나

---

6)　子謂南容：邦有道不廢,邦無道免於刑戮.以其兄之子妻之. 5/2
　　子曰：甯武子邦有道則知,邦無道則愚.其知可及也,其愚不可及也. 5/21
　　子曰：天下有道則見,無道則隱.邦有道,貧且賤焉,恥也.邦無道,富且貴焉,恥也. 8/14
　　憲問恥.子曰：邦有道穀,邦無道穀,恥也. 14/1
　　子曰：邦有道,危言危行.邦無道,危行言孫. 14/4
　　子曰：直哉!史魚.邦有道如矢,邦無道如矢.君子哉!蘧伯玉.邦有道則仕,邦無道則可卷而懷之. 15/7

그 여섯 번은 모두 어떤 구체적인 시기나 구체적인 나라를 대상으로 하고 있지 않다. 이를테면 당시의 노나라를 유도하다거나 무도하다고 판단한 사례는 없다. 여섯 번의 용례는 모두 조건절에 들어 있으며 가정된 상황을 이야기하고 있을 뿐이었다. 이것은 우연이었을까? 아니면 공자의 의도적 배치였을까? 나는 그 어느 쪽도 아니었다고 생각한다. 그것은 사안의 성격 자체에서 나온 필연적 구성이었기 때문이다.

모든 시대는 유도함과 무도함이라는 양 측면을 동시에 가지고 있다. 물론 이렇게 말하는 것이 주어진 시대의 성격 규정을 회피하는 것이 되어서는 안될 것이다. 그러나 그 어떤 현실도 이분법적인 틀의 어느 한쪽에만 갇혀 있는 것은 아니다. 그렇다면 펼쳐서 구현하는 것과 물러나 간직하는 것 또한 동시적으로 요구되는 것이라 할 수 있지 않겠는가? 공자는 "의로운 일을 듣고도 능히 나아가지 못하는 것이 나의 근심이다"聞義不能徙,不善不能改,是吾憂也. 7/3 고 하였다. 이것은 간직한다는 것이 어떤 행위인지를 잘 말해 주고 있다. 간직한다는 것은 그 자체가 정태적인 것도 아니고 자족적인 것도 아니다.

의로운 일에 나아가지 못하고 있는 것이 근심이 아니라면 간직한다는 것도 성립할 수 없다. 그것이 근심으로 남아 있기 때문에 간직함도 성립하는 것이다. 자족적이고 정태적인 藏간직함은 봄이 와도 싹이 트지 못하는 씨앗과도 같다. 따라서 실제에 있어서는 펼치는 일이 간직하는 일을 배제하는 것도 아니고 간직하는 일이 펼치는 일을 배제하는 것도 아니다. 만약 그 둘을 상호 배타적으로만 생각한다면 그것은 실제에 있어서 유도함과 무도함을 상호 배타적으로 설정하는 것과 다름없는 오류에 이를 것이다. 따라서 누군가가 펼치고 있다 하여 일률적으로 간직함이 없다고 할 수 없고 반대로 간직하고 있다 하여 펼침이 없다고 단정할 수도 없는 것이다.

펼치는 일과 간직하는 일은 시대를 읽는 고도의 안목에서 비롯된다. 또

중정中正을 찾아가는 끝없는 모색, 자기도야와도 관련된다. 공자가 백이숙제를 물러나 간직하는 인물의 전형으로, 또 유하혜柳下惠와 소련少連을 나아가 펼치는 인물의 전형으로 제시하며 저마다의 의의를 인정한 다음, 자기 자신과 관련하여서는 "나는 이와는 다르니 가하다는 것도 없고 불가하다는 것도 없다"我則異於是, 無可無不可. 18/8고 말한 것은 주목할 만한 부분이 아닐 수 없다.

오늘의 현실로 돌아오더라도 우리에게는 여전히 펼쳐야 할 때가 있는가 하면 간직해야 할 때가 있다. 그때는 동시적이다. 우리에게 주어진 현실은 무도하기도 하고 유도하기도 하다. 우리는 나아가 펼치며 동시에 물러나 간직해야 한다. 이 괴이한 임무 앞에서 우리는 당혹스러워진다. 그러나 공자는 스스로의 삶으로 그 괴이한 임무를 실천했던 것이다.

15 의로운 사회와 어진 사회

김우창 교수는 어떤 대담에서 "의로운 사회보다는 어진 사회가 되어야 한다"고 말했다. 부연된 이야기는 다음과 같다.

"인의예지仁義禮智라고 할 때 '인'이 위고 '의'가 두 번째로, 인이 더 위에 있는 것이지요. 기독교에서도 정의를 중요시하지만 더 중요한 게 사랑이고, 불교에서도 진리를 존중하지만 제일 중요한 것은 자비지요. 인간의 많은 문제는 부분적 덕성으로 설명할 수가 없기 때문입니다. 사회정의도 중요하지만 그 자체로 아름다운 덕성을 살리는 것이 중요합니다. 사회정의를 위해서 이놈 꼭 죽여야 한다고 하다가도 차마 못하는 것이 인간 마음의 자연스러운 움직임이지요. 그리고 궁극적으로 건전한 인간사회를 만드는 통로일 것입니다. 정의 하나만 가지고는 참된 정의가 실현되지 못하지요. 정의와 더불어 사랑도 있고 인간애도 있고, 여러 가지 연결 속에서만 인간의 진리는 유지될 수 있지요."[7]

그가 제기한 화두가 며칠째 마음속에서 맴을 돌고 있지만 솔직히 별 진척이 없다. 일단 나는 맞다고 본다. 큰 틀에서는 동의하지 않을 도리가 없다. 일반적으로 인이 의보다 더 중요한 덕목으로 여겨져서가 아니라 인간이 살면

---

7) 김우창, 『세 개의 동그라미 : 마음·지각·이데아』 (한길사, 2009)

서 맞는 모든 문제는 그 처음에서도 마지막에서도 인이 결정적인 역할을 하기 때문이다. 우리가 옳고 그른 것을 목소리를 높여 따지는 것도 그 애초에는 인간에 대한 관심과 애정이 있어서 시작된 것이고 그 종국에서도 인간에 대한 관심과 애정만이 명분으로 남을 것 아닌가.

그러나 의로운 사회보다는 어진 사회가 되어야 한다는 이 말을 나는 아직도 선뜻 받아들이지 못하고 있다. 어딘가에 나도 모르는 망설임의 이유가 있을 것이다. 사실 인간이 사는 어떤 사회가 의로움에서 완전할 수 있겠는가? 역사의 어느 단계에서 의로운 세상이 출현한 적이 있었던가? 우리는 불완전한 세상을 물려받았고 또 물려줄 것이다. 불의와 거짓이 횡행하더라도 사람은 이 세상에서 살아야 하는 것이고 우리는 불완전한 채로 서로의 체온을 나누어 가며 살아야 하는 것이 맞다. 이렇게 생각하면 그 사회의 의로움 여부를 떠나 먼저 어진 사회가 되어야 한다는 것은 불가피한 요구일 것도 같다.

그러나 의롭지 못하고도 어질 수가 있는가? 하는 의문이 다른 한쪽에서 생기는 것 또한 어쩔 수 없는 일이다. 의롭지는 못하지만 어진 사람이라는 것이 과연 가능한 설정일까? 의롭지는 못하지만 어진 사회라는 설정도 마찬가지일 것이다. 나는 논어를 몇 차례 훑어보았지만 의로움에 대한 언급도 적지 않고 어짊에 대한 이야기도 여러 번 나오지만 아쉽게도 의로움과 어짊의 관계를 언급한 곳은 한 곳도 찾아볼 수 없었다. 이를테면 공자는 어짊과 용기의 관계를 언급한 적도 있었고 군자와 어짊의 관계를 언급한 적도 있었다. 심지어 어짊과 앎의 섬세한 관계를 언급한 적도 있었다.

어진 자는 반드시 용기가 있지만 용기 있는 자라고 해서 반드시 어진 것은 아니다.
仁者必有勇, 勇者不必有仁. 14/5

군자이면서 어질지 않은 자는 있었어도 소인이면서 어진 자는 없었다.

君子而不仁者有矣夫, 未有小人而仁者也. 14/7

앎이 그에 미쳤더라도 어짊이 그것을 능히 지키지 못하면 비록 그것을 얻더라도 반드시 잃고 말 것이다.

知及之, 仁不能守之, 雖得之, 必失之. 15/33

그러나 왜 의로움과 어짊의 관계에 대해서는 언급이 없을까? 그 관계를 찾는 것 자체가 부적절한 것일까? 이를테면 김우창 교수가 말한 것처럼 의로운 사회보다는 어진 사회가 되어야 한다는 이야기 비슷한 것도 왜 없을까? 마치 어짊에 대해 공자가 거의 이야기하지 않았듯이 그것을 언급한다는 것 자체가 또 다른 문제를 가지기 때문일까?

그런데 그렇게 자석의 양극처럼 서로 한 자리에 놓이기 어려워 보이던 의로움과 어짊이 약 두 세기 후 맹자에 이르러서는 마치 애초부터 그 둘이 하나의 개념이기나 했던 것처럼 '인의'仁義라는 어휘로 자연스럽게 등장하고 있다. 『맹자』에는 仁義라는 말이 자그마치 27번이나 등장한다. 그리고 하나로 결합된 그 개념은 아무런 충돌도 빚지 않고 자연스럽게 임금을 깨우치고 제자들을 가르치는 데에 유용한 어휘로 사용되고 있다. 물론 차이가 있기는 있다. 공자에게는 어짊도 의로움도 알기도 어렵고 실천하기는 더더구나 어려운 덕목으로 주어져 있었지만 맹자에 이르면 그것은 선택만 하면 언제라도 손 안에 넣을 수 있는 기성의 가치덩어리처럼 제시되어 있다. 양자가 아무런 충돌 없이 결합된 것은 어쩌면 저 천하를 가득 채운 무수한 '仁義 아닌 것'들과의 대결이라는, 악화된 시대적 상황 때문이었는지도 모른다. 너무 속악해진 전국시대의 양상이 그런 심층적 문제들을 모두 덮어 버렸는지도 모른다는 것이다.

의로움과 어짊, 어쩌면 어디에서도 그것을 질서로 정할 수 없는 것인지도 모른다. 예수는 모순되어 보일 정도로 엄청난 신의 진노와 무한한 사랑 사이를 극단적으로 오가지 않았던가? 간음한 여자를 단죄하지 않고, 원수를 사랑하고, 일흔 번씩 일곱 번이라도 용서를 하라고 했던 그는 이 세상에 화평을 주러 온 것이 아니라 검을 주러 왔다고 하는가 하면 부모와 자식이 서로 불화하게 하려 하며 땅 위에서 흘린 의로운 피가 다 너희에게 돌아가리라고 저주를 퍼붓기도 하였다. 어쩌면 논어에서 공자가 보인 것이 그런 것이었는지도 모른다. 의로움에 대한 그의 요구는 거의 절대적인 것이었다.

> 군자가 천하를 대함에 있어서는 절대적으로 '이것이다' 하는 것도 없고 절대적으로 '이것은 아니다' 하는 것도 없다. 매사를 옳음義에 견줄 따름이다.
>
> 君子之於天下也,無適也,無莫也,義之與比. 4/10

> 군자는 의로움을 바탕으로 하여 예로 이를 행하고 겸손으로 이를 표출하며 믿음으로 이를 이루니 참으로 군자로구나!
>
> 君子義以爲質,禮以行之,孫以出之,信以成之,君子哉! 15/18

의로움이 천하만사의 옳고 그름을 판단하는 기준이 되고 세상을 살아감에 예로써 행하고 겸손함으로써 표출하고 믿음으로써 이룰 바 바로 그 궁극적 목표가 되는 것이라면 의가 어찌 절대적 목표가 아니겠는가? 그런가 하면 어짊에 대한 요구 또한 절대적인 것이었다.

> 군자가 어짊을 떠나서야 어떻게 이름을 이루겠느냐? 군자는 잠시 동안도 어짊

에 어긋남이 없어야 하니 위급함을 당해서도 반드시 이에 의하고 파탄에 이르러서도 반드시 이에 의해야 한다.

君子去仁,惡乎成名?君子無終食之間違仁,造次必於是,顚沛必於是. 4/5

뜻 있는 선비와 어진 사람은 목숨을 구걸하기 위해 어짊을 해치는 일이 없으며 제 몸을 희생시켜서라도 어짊을 이룬다.

志士仁人,無求生以害仁,有殺身以成仁. 15/9

나는 생각해 본다. 어쩌면 의로움과 어짊이 서로 상충하는 것처럼 보이는 것은 아직 우리가 그것을 우리 자신의 실천적 삶 속으로 받아들여 입체적으로 경험하지 못하고 그것을 우리 앞에 세워 놓고 평면적으로 바라보고만 있기 때문일지도 모른다. 세상에 대한 요구 이전에 우리 자신의 삶의 궁극에서 의로움과 어짊을 추구한다면 맹자의 저 미적지근한 인의仁義의 차원이 아니라 우리의 궁행躬行 가운데에서 두 세계는 어느 순간 모순 없이 조화하지 않겠는가. 그때까지 나는 아직 의로움과 어짊이라는 이 두 세계를 조화시키지 않으려 한다. 모순 속에 버려두려 한다. 다만 그 각각에 모든 노력을 다하는 것만이 아직은 내가 할 수 있는 모든 것처럼 생각하겠다.

IV

논어의 무덤 — 『논어집주論語集注』

논어에 여색女色이?

논어에는 色색이라는 글자가 27번에 걸쳐 나온다. 그 色은 대부분 얼굴빛, 외모, 겉모습 등등의 뜻으로 나온다. 그런데 딱 세 차례에 걸쳐 色이 전통적으로 여색女色을 뜻하는 것으로 해석되어 온 단편이 있다. 그 중 가장 유명한 단편이자 누구나 한 번쯤 들어 보았음직한 단편이 바로 자한편 17장이다.

子曰 : 吾未見好德如好色者也. 9/17

이 단편은 특이하게도 위령공편 13장에 子曰 : 已矣乎!吾未見好德如好色者也라는 기록으로 다시 한 번 출현하는데 앞머리에 已矣乎!라는 절망적 한탄이 붙어 있는 것을 제외하면 9/17의 기록과 동일하다. 왜 거의 같은 단편이 두 군데에 걸쳐 출현하는지는 정확히 알 길이 없다.

논어에는 이처럼 거의 똑같은 단편이 두 번씩 나오는 경우가 대략 여덟 개 정도 된다. 한두 개도 아니고 여덟 개나 된다면 편집자가 몰랐을 리가 없을 것이다. 그런데도 어느 한쪽을 없애는 등으로 편집하지 않고 그대로 둔 것은 편집자의 의도였을 것이다. 의도를 짐작해 보면 각 단편의 제공자가 달랐고 중복 제공된 것 자체도 의미가 있다는 뜻이 아니었을까 한다. 중복 제공은 그만큼 그 단편이 공자의 잦고도 중요한 발언이었기 때문으로 보인다. 이 잦고 중요했던 발언에 대한 일반적인 해석은 다음과 같다.

"나는 여색을 좋아하듯이 덕을 좋아하는 사람을 보지 못하였다."

이 해석은 거의 예외가 없고 예외 없는 해석의 대부분이 그렇듯이 주자의 해석이기도 하다. 그러나 막상 주자의 『논어집주』를 보면 이 부분에 대한 주자의 직접적인 언급은 없다. 그는 우선 사량좌謝良佐의 해석을 인용하고[1] 있고 이어서 사마천이 『사기』「공자세가」에 기록한 역사적 사실 하나를 소개하고 있을 뿐이다. 그러나 인용된 사량좌의 해석도 사량좌 본인의 주체적 해석이라기보다는 『대학』의 일절에 기댄 모호한 해석이어서 과연 好色이 여색을 좋아한다는 뜻인지는 분명치가 않다. 결국 여색을 좋아한다는 뜻으로 몰아 간 것은 사마천의 기록 때문으로 보이는데 그 기록은 다음과 같다.

> 위나라에 머문 지 한 달쯤 되었을 때, 영공이 부인과 함께 수레를 타고 환관인 옹거를 동승시킨 가운데 출타하는데, 공자는 뒷수레를 타고 따라오게 하면서 위세를 떨치며 시내를 지나갔다. 이에 공자께서 말씀하시기를 "나는 色을 좋아하듯 德을 좋아하는 자를 보지 못하였다" 하셨다.
>
> 居衛月餘,靈公與夫人同車,宦者雍渠參乘,出,使孔子爲次乘,招搖市過之.孔子曰:吾未見好德如好色者也.『史記』「孔子世家」

당시 영공의 부인은 송나라에서 데리고 온 천하의 미색이자 갖가지 추문의 여주인공 남자南子였기 때문에 이런 해석이 일반화되었던 것이다. 주자는 공자의 말이 가진 진의에 접근하기보다는 이 말을 둘러싼 온갖 전거와 역사적 권위들을 수용하는 더 안전한 방법을 채택하였다. 그것은 그가 공맹

---

1) 謝氏曰,好好色,惡惡臭,誠也.好德,如好色,斯誠好德矣,然民鮮能之.『論語集註』

을 추존하고 송대의 숱한 성리학 선배들을 받듦으로써 신유교의 거대한 왕국을 건설하려 했던 것과 같은 궤도였다. 그러나 사마천의 기록은 믿을 수가 없다. 그것은 「공자세가」에 나오는 숱한 기록들과 마찬가지로 떠다니는 일화와 논어 단편을 적당히 꿰어 맞춘 것에 불과해 보인다.

그렇다면 이 말에 대한 판단은 원점으로 돌아간다. 과연 공자가 말한 호색은 여색을 좋아한다는 뜻일까? 오래 전『논어의 발견』을 쓰던 시절, 나는 생각하고 생각한 끝에 그것은 아니라는 결론을 내렸다. 그 근거는 무엇인가? 여색을 좋아하는 것은 덕을 좋아하는 것을 이야기하는 자리에 끌어들일 그 어떤 논리적 필연성도 없다는 사실이다. 여색을 좋아하는 것이 인간의 본능적 요소임을 인정한다 하더라도 사태는 전혀 개선되지 않는다. "여색을 좋아하는 것처럼"이라는 말은 한마디로 우스꽝스러운 비교치比較値다.

나는 결국 이 단편에서의 色이 다른 일반적인 용례에서와 마찬가지로 외양, 겉모습, 겉치레의 뜻이 될 때에만 이 말의 진의가 살아난다고 본다. 好德이라는 말은『서경』등 공자 이전의 전적들에서 드물게나마 사례를 보이고 있지만 好色이라는 말은 공자 이전의 어떤 전적에서도 등장하지 않는 말이다. 결국 이 말은 '호덕'이라는 말에 대칭되도록 공자가 의도적으로 만들어 사용한 말로 볼 수밖에 없다. 그리고 호색이 겉모습을 좋아하는 것이 될 때 비로소 이 말은 그 빛나는 의도가 살아나고 호덕과 날카로운 대비를 이루며 왜 공자가 이 말을 하면서 已矣乎!라는 절망적 한탄을 발하지 않을 수 없었는지도 밝혀진다.

겉모습에 대한 추구는 여색에 대한 추구와 달리 호덕과 필연적 연관성을 갖는다. 이미 공자는 교언영색巧言令色에 대한 깊은 불신을 표현한 바 있고 겉으로는 엄숙色厲하나 속이 유약한 사람을 벽에 구멍을 뚫는 도둑이라 했으며 17/12 겉으로는 어진 척色取仁하면서 행동은 달리 하는 것을 문제 삼는12/21 등 여러 발언에서 겉모습에 연연하여 이루어지는 온갖 행동들을 비판했다.

겉모습에 치중하는 것의 거짓됨에 대해서는 신약성서에 이르러 예수에 의해 지적되었던 것보다 더 날카로운 지적이 다시 없을 것이다. 그는 "그들은 긴 겉옷을 입고 나다니며 장터에서 인사받기를 즐기고, 회당에서는 높은 자리를, 잔치 때에는 윗자리를 즐긴다"마르코 12 : 38~39며 율법학자들의 위선적 행동을 사정없이 공격했다.

또 율법학자들과 바리사이파 사람들을 향해 "너희가 겉은 아름답게 보이지만 속은 죽은 이들의 뼈와 온갖 더러운 것으로 가득 차 있는 회칠한 무덤 같기 때문이다"마태오 23 : 27라고 비난했다. 그리고 결국 그런 행위가 "예언자들의 무덤을 만들고 의인들의 묘를 꾸미는"마태오 23 : 29 짓에 불과함을 성토했다. 예수가 너무나도 정확히 설파했던 저 외식外飾이 바로 논어에서 공자가 우려해 마지않은 저 색色이었다. 결국 자한편 17장의 말은 다음과 같이 번역할 수 있을 것이다.

"나는 보임새 좋아하듯 덕을 좋아하는 자를 보지 못하였다."

제 모습을 되찾은 이 단편을 통해 우리는 덕을 좋아한다는 이 접근하기 힘든 행위가 적어도 보임새를 좋아하는 우리 모두의 거짓되기 쉬운 행위의 대척점 어딘가에 자리 잡고 있다는 사실을 알게 된다. 그것이 어딘가! 여색의 그늘 속에 해괴한 모습으로 묻혀 있던 이 단편은 한층 선명하게 다가오는 덕의 모습과 더불어 논어의 세계를 더욱 풍요롭게 할 것이다.

색이 여색으로 해석되고 있는 두 번째 사례는 학이편 7장이다. 이 단편은 공자의 발언이 아닌, 공자의 제자 자하子夏의 발언이다. 논어의 제1편인 학이편에 그의 발언이 수록된 것은 공자 사후 그가 진晉나라로 가서 별도의 공자학단을 만들고 많은 후학들을 양성한 데에 따른 예우였지 않나 한다. 그가 남긴 발언은 다음과 같은 것이었다.

子夏曰: 賢賢易色.事父母能竭其力,事君能致其身,與朋友交,言而有信,雖曰未學,吾必謂之學矣. 1/7

첫머리의 賢賢易色을 제외한, 事父母 이하의 문장은 그 내용이나 해석상 별다른 문제가 없는 부분이다. 풀이하면 대개 다음과 같다.

賢賢易色. 부모를 섬김에 그 힘을 다할 수 있고 임금을 섬김에 그 몸을 바칠 수 있으며 벗들과 사귐에 말에 믿음성이 있다면 비록 배우지 못하였다 말하더라도 나는 반드시 그를 배웠다고 말하겠다.

문제는 문장의 모두에 나오는 賢賢易色이다. 이 부분에 나오는 色을 어떻게 해석하느냐가 오랜 논란거리가 되어 왔던 것이다. 가장 일반적인 해석은 다음과 같다.

현자를 좋아하여 그 마음으로 여색을 좋아하는 마음을 바꾼다.

겨우 문장은 되었지만 말은 어색하기 짝이 없다. 어쨌든 이 한 가지와 이어지는 부모 모시기, 임금 섬기기, 교우관계에 걸친 기본 자세를 합쳐 모두 네 가지를 행할 수 있다면 나는 그를 비록 배우지 않았다 하더라고 배웠다고 일컬을 것이다 하는 것이 이 단편에 대한 그간의 해석이었다.

문제는 여기에서도 色을 여색으로 해석한 것이 모든 것을 꼬이게 하고 말았다. 현자를 좋아하는 마음으로 여색을 좋아하는 마음을 바꾼다는 말은 의미상으로도 괴이하고 문법적으로도 매우 부자연스럽다. 어떻게 이런 괴상망측한 해석을 아무도 의심조차 하지 않고 그 긴 세월을 이어 왔는지 이해가 되지 않는다. 결국 여기서도 色을 겉모습, 겉으로 드러난 외형으로 해석할 때에 모든 것은 자연스럽게 풀리게 된다. 다만 易는 여기서 바꿀 역易이 아니라 안사고顔師古 등 소수 학자들이 주장한 바와 같이 쉬울 이易가 되어야 한다. 그러면 바르게 해석된 단편은 어떻게 번역되는가?

"현명함을 중히 여기고 겉모습은 가벼이 여길 것이다."

이것은 자하가 제시하는 대원칙이다. 현명함賢은 실질을 말한다. 그리고 겉모습色은 뒤이어 나오는 말과 연결해 볼 때 결국 배웠느냐 배우지 않았느냐 하는 외형을 가리키고 있다. 오늘날의 개념으로 보면 학벌을 말한다. 부모 모시기, 임금 섬기기, 교우 관계에 걸친 세 가지 행위는 여기서 제시하는 현명함의 구체적 예시가 된다. 그렇게 정리하면 자하의 말이 갖는 취지는 말끔하게 그 모습을 드러낸다. 도시하면 이렇게 된다.

대원칙	현명함이 중요하다 賢賢	겉모습은 대수롭지 않다 易色
예시	事父母能竭其力 事君能致其身 與朋友交,言而有信	未學

색을 여색으로 보지 않고 겉모습이라는 원칙적 의미로 방향을 돌려 잡은

결과는 이토록 깔끔하다. 결국 색을 여색으로 본 이 두 번째 경우도 잘못된 해석임이 밝혀지는 셈이다.

마지막 세 번째 경우는 계씨편 7장에 나오는 단편 중 다음 부분이다.

孔子曰 : 君子有三戒.少之時,血氣未定,戒之在色. 16/7
"군자에게는 세 가지 삼가는 것이 있다. 젊은 시절에는 혈기가 안정되지 않아서 삼가는 것이 여색에 있다."

이 글에서 색은 여색으로 풀이하는 것이 불가피할 것 같다. 그러나 계씨편은 널리 알려진 바와 같이 후대의 위작이 많은 편이다. 군자가 삼가야 할 것 세 가지를 제시하고 있는 이 제7장도 세 가지 즐거움16/5, 세 가지 잘못16/6, 세 가지 두려움16/8 등 숫자가 제시된 몇몇 단편들과 마찬가지로 공자의 진짜 발언일 가능성은 거의 없는 단편이다. 그러므로 전국시대의 위작으로 간주되는 이 단편에서는 色이 여색을 의미하느냐 않느냐 하는 질문은 그 자체가 무의미하다.

결국 논어에는 여색의 의미로 사용된 色은 없다. 있다고 생각했던 것은 모두 어처구니없는 오해였고 그 중 특히 자한편의 吾未見好德如好色者也에서와 같이 결코 오해되지 않았어야 했을 중요한 단편에서 오해가 발생했던 것은 너무나도 안타까운 일이었다. 논어 해석의 이면은 아직도 이토록 황무하다.

2 주자는 없었다

논어를 읽고 이해하는 데에 주자의 영향력은 새삼 말할 나위가 없을 것이다. 그만큼 크고 결정적이라는 뜻이다. 내가 보기에 아직까지도 우리나라의 논어 읽기는 주자가 둘러친 울타리 안에 꼼짝없이 붙잡혀 있다. 해방 후 많은 번역가들이 논어를 번역했고 그 중에는 자신은 주자의 『논어집주』에 얽매이지 않았노라고 주장한 경우도 몇몇 있었던 것은 사실이다. 그러나 결과만을 놓고 보면 별로 그렇지 못했다. 주자를 따르지 않았다고 한 몇몇 해석도 실제 내용을 보면 극히 사소한 몇 가지에 불과했고 공자라는 한 인물을 제대로 이해하거나 논어의 숨겨진 취지를 드러내는 데에는 전혀 무력했다. 내가 보기에 그 중 최선의 해석마저 과거 박세당이나 정약용이 보여 준 시도에도 턱없이 미달하는 것이었다.

논어를 처음 읽었을 때 나는 거의 논어 원문에 의거해서만 읽었다. 그것은 다행스런 일이었다. 주자의 『논어집주』를 통해 논어에 접하는 대다수의 경우에 비하면 비교적 자유로웠다는 뜻이다. 물론 차주환 교수의 번역문을 같이 읽었기 때문에 전혀 영향이 없었다고는 할 수 없겠으나 나는 그의 번역문에는 별로 개의치 않았던 것 같다. 오히려 그때 나는 차주환 교수의 번역 중에서 첫 눈에도 도저히 받아들이기 어려운 이상한 해석이 적지 않다는 것을 발견했다. 어떻게 이런 원문이 이런 번역문으로 나타났을까 의아했던 것이다.

불과 얼마 지나지 않아 나는 그 의아한 번역이 바로 주자의 해석이었다는 것, 그리고 온천지가 다 그 해석으로 뒤덮여 있다는 것을 알게 되었다. 그리고 무슨 운명처럼 현재 내가 공자의 진의眞意라고 믿는 바 논어의 진면목과 한발 한발 조우해 갈 수 있었다. 그것은 마치 찌푸린 하늘 한쪽이 서서히 걷히며 푸른 하늘과 밝은 해가 모습을 드러내는 것 같은 느낌이었다. 1999년 『논어의 발견』과 『새번역 논어』는 그런 경위로 세상에 나오게 되었다.

문제는 주자의 해석과는 사뭇 다른 모습으로 드러나는 새 해석이 과거에 시도되었던 몇몇 새 해석들처럼 사소한 자구들에 걸친 것이 아니었다는 사실이다. 오히려 그 반대였다. 새 해석은 공자가 남긴 여러 단편들 중에서도 거의 최고봉에 해당하는 단편들에서 줄줄이 출현했다. 그 정도는 그동안 주자류의 낡은 해석들로 엮인 기왕의 뭇 번역서들을 과연 같은 논어라는 이름으로 불러도 될까 할 정도였다. 그것은 결코 과장하는 것도 자고自高하는 것도 아니다.

그 중요한 단편들에 대해서 나는 이미 『논어의 발견』이나 『새번역 논어』에서 그 해석적 입장을 충분히 밝힌 바 있다. 그 후에도 나는 거듭하여 중요한 단편에 관한 지난날의 잘못된 해석을 지적하고 본뜻을 밝혔는데 이를테면 최근에 쓴 「아! 옛날이여」라는 글에서 나는 구악舊惡 5/23의 개념에 주자가 어떻게 접근조차 하지 못하였는지를 이야기하였다. 또 「경제의 본질은 굶주림이다」라는 글에서는 "밭갈이에는 굶주림이 그 가운데에 있다"耕也,餒在其中矣. 15/32는 말을 둘러싸고 주자가 어떻게 말의 요지에 근접조차 하지 못하고 겉돌기만 하였는지를 치밀하게 설명하였다. 그뿐이 아니다. 안연편 1장의 "어느 하루 자신을 이겨 내고 예를 되찾는다면 천하가 어짊에 돌아올 것이다"一日克己復禮,天下歸仁焉. 12/1 하는 공자의 역설적인 말에 대해서도 주자는 다음과 같이 어정쩡한 절충을 하고 있다.

천하 사람들이 모두 그의 어짊에 함께하여 그 효과가 심히 빠르고 지대하다는 것을 극언한 것이다.

天下之人,皆與其仁,極言其效之甚速而至大也.『論語集注』12/1

이는 자아己와 세계天下를 연결시키는 공자의 독특한 변증법을 주자가 전혀 인지하지 못하였음을 고스란히 드러낸 것이었다.

그 밖에 2/12의 君子不器, 2/13의 先行其言,而後從之, 4/7의 人之過也,各於其黨도 그는 전혀 종잡지 못하였다. 이런 중요하기 짝이 없는 단편들이 제 모습을 드러내지 못하고 있는 한 논어라는 책은 아직도 그 전체가 다 발굴되지 못한 매몰 문화재라고 해도 과언이 아니다. 특히 중용과 관련된 단편으로 13/21의 不得中行而與之,必也狂狷乎.狂者進取,狷者有所不爲也를 두고도 그는 공자가 보여 주고자 한 양단화兩端化 현상을 주목하지 못한 채 엉뚱한 해석을 남겼다. 물론 그것은 맹자의 오류를 답습한 결과이기는 했지만 말이다. 역시 중용과 관련된 단편인 9/7의 吾有知乎哉?無知也.有鄙夫問於我,空空如也,我叩其兩端而竭焉에서는 空空如也를 질문하는 비부의 막막함으로 해석하여 정약용의 날카로운 비판을 받기도 했다. 그러니 그 단편의 핵심 개념인 我叩其兩端而竭焉이 가진 가슴 벅찬 요지를 제대로 관찰하지 못한 것은 불가피한 일이었다. 특히 중용과 관련된 단편으로는 이들 둘 외에도 2/16에 나오는 攻乎異端,斯害也已의 攻을 전공專攻으로 헛짚는 등 어짊仁과 더불어 공자 사유의 가장 빛나는 핵심인 중용 관련의 사유를 모조리 왜곡되게 해석하는 황폐한 결과를 초래하기도 하였다.

나는 주자가 그 사고력이나 이해력 등에 걸쳐 현저히 역량이 부족한 사람이었다고 말하고 싶지는 않다. 나는 주자를 폭넓게 읽지 못했다. 또 송대 성리학의 온오蘊奧도 깊이 있게 천착한 사람이 아니다. 그러니 주자라는 인물

자체를 두고 이러니저러니 이야기하는 것은 분에 넘치는 일이라 생각한다. 다만 내가 이야기하는 것은 어디까지나 논어와 공자다. 초점은 논어와 공자에 있지 주자에 있지 않다. 논어와 공자에 초점을 맞추고 나는 30년이 넘는 세월을 내 나름대로 그 희유한 전적과 기이한 인물을 알고 이해하기 위해 노력해 왔다. 그리고 미미하게나마 그 자구가 읽히고 어렴풋하게나마 그 인물의 자태가 눈에 들어오는 환희의 순간, 내 시야 속에 주자의 모습은 보이지 않았다. 주자는 없었다! 이것을 나는 증언해 두고자 하는 것이다. 그리고 바로 그 경험에 입각하여 나는 망설임 없이 선언하는 바, 누구든 주자의 옷자락을 잡고 논어의 세계 속으로 들어가려 하는 한 그는 결코 공자라는 저 희유한 인물을 만나지 못할 것이라는 사실이다.

여기서 혹자는 이렇게 말하고 있는 나의 자격을 문제 삼을지도 모르겠다. 아닌 게 아니라 그렇다. 나는 바로 그런 시선을 의식해서 그동안 관련 발언에 가급적 목소리를 높이지 않았다. 엄밀히 말하자면 감히 하지 못했다. 그래서 주자가 내린 해석을 부인하더라도 단지 그때그때 개별적인 단편의 해석 차원에서만 부인했을 뿐이었다. 30년이 넘도록 그렇게 해왔다. 그만하면 이제 그 30년 세월의 고개 마루에서 몇 마디 나의 말을 해볼 때도 되지 않았는가? 앞에서도 이야기했듯이 나는 주자라는 인물을 그 존재와 사상에 걸쳐 총체적으로 평가할 생각은 없고 그럴 역량도 없다. 다만 논어와 공자에 초점을 두는 한에서 그런 증언의 필요성을 느끼고 있을 뿐이다. 그나마 그 탓을 오직 주자에게만 돌릴 생각도 없다. 어쩌면 그것은 주자가 살았던 시대의 지적 패러다임의 한계일 수도 있기 때문이다. 따지고 보면 내가 '주자는 없다'라고 한 그 순간에는 주자만 없었던 것이 아니다. 정호, 정이, 주돈이를 비롯한 그 어떤 성리학자도 없었고 퇴계도 율곡도 정약용도 없었다. 나는 그 이유를 모르겠다. 또 왜 그 모습이 나처럼 초라한 사람의 눈에만 보였는지도 모르겠다. 시대의 패러다임만 가지고 설명될 일도 아닌 것 같다.

나는 이 증언이 오해 없이 받아들여졌으면 한다. 특히 나의 보잘것없는 안목을 과시하려는 의도가 없다는 것을 알아주었으면 좋겠다. 이 나이가 되도록 과시나 자만이 얼마나 어리석은 것인지를 모른다면 나이를 헛먹은 것이 아닐 수 없다. 중요한 것은 주자의 해석을 비판하는 데에 있지 않다. 중요한 것은 주자의 허울을 벗었을 때 드러나는 공자의 진의이고, 그 진의가 우리들에게 너무나도 놀라운 세계를 보여 준다는 사실이다. 천학비재한 내가 감히 시대의 사문난적이 되기를 자임하고 그런 증언을 하는 것은 오직 그 때문이다.

3 논어의 무덤, 『논어집주』

해방 후 논어 번역서들의 출간 현황을 알아보기 위해 여러 도서관의 소장 도서를 인터넷으로 검색해 본 적이 있다. 그 과정에서 서울대 도서관은 각 종 도서의 대출횟수를 전산기록으로 남긴다는 사실을 알게 되었다. 호기심 이 발동하여 서울대 학생들은 논어 중 어떤 책을 가장 많이 대출해 보았을 까 알아보았더니 1위가 단연 『논어집주』였다. 다소 의외였다. 나는 그동안 대중매체 노출도 등을 고려할 때 아마 도올 김용옥의 책이 1위가 아닐까 했 는데 그의 책은 2위였다. 주자朱子, 1130~1200의 권위는 언론매체의 위력도 제 칠 정도라는 것을 실감하는 기회였다. 그러나 따지고 보면 김용옥도 논어 해석에 관한 한 어느 누구보다 충실히 주자의 해석을 따르고 있기 때문에 어느 책이 1위냐 하는 것은 별 의미가 없을 수도 있다. 한마디로 우리나라의 논어 해석은 아직도 800여 년 전 주자가 구축한 『논어집주』의 영향권에 오 롯이 칩거해 있음을 확인할 수 있었다.

이 현실에서부터 시작하기로 하자. 만약 주자의 해석이 공자의 진의를 드 러내는 데에 가장 성공적이었고 그 때문에 온갖 문물이 뒤바뀐 오늘날에도 그의 해석이 우리나라 경학계經學界를 지배하고 있다면 별 문제가 없을 것이 다. 그러나 과연 그럴까? 내가 보기에는 그것이 아니다. 결론부터 말하자면 오늘날 우리에게 전해 오고 있는 주자의 해석은 한마디로 심각한 문제를 안 고 있다.

주자의 해석 중에는 공자의 의중에 접근조차 못한 해석이 숱하게 많고 그리하여 논어에 접근하려는 독자들을 엉뚱한 방향으로 안내하는 경우가 한둘이 아니다. 물론 그 문제는 오로지 주자 혼자만의 문제는 아닐지도 모른다. 주자는 그의 『논어집주』에서 송대 성리학의 선배들, 동료들의 해석을 폭넓게 차용했고 또 많은 부분 정현鄭玄, 마융馬融 등 1000여 년도 더 이전 시대 학자들의 고주古注를 차용하기도 했다. 그러나 경위야 어떻든 이 골짝 저 골짝의 물이 흘러 강으로 모이듯 『논어집주』로 모인 전통적인 해석은 후대의 모든 독자들에게 주자의 이름으로 강한 영향력을 행사했다. 그리고 그 영향력은 21세기에 이른 서울대학교의 학생들에게도 변함없이 작용하고 있었던 것이다.

나는 무엇보다 논어가 오늘날 그 본래의 생명력을 회복하기 위해서는 먼저 『논어집주』의 철옹성에서 벗어날 필요가 있다고 생각한다. 이것은 좀 심한 평가가 아닐까 하는 분들이 있을지도 모르겠다. 그러나 사정을 알고 나면 그것이 결코 심한 평가가 아니라는 것을 알게 될 것이다.

우선 주자는 공자의 사유가 갖는 독특한 역설과 아이러니의 부분을 잘 이해하지 못했다. 그 정도는 매우 심각하다. 역설과 아이러니가 개입해 있는 단편은 공자의 사유 중에서도 가장 최고봉에 해당하는 것들이 많기 때문에 더욱 그렇다. 말하자면 마테호른 산정도 융프라우 산정도 늘 구름 속에 잠겨 있는 광경만 보아 온 사람이 알프스 연봉을 보았다고 말하기 어려운 것과 비슷한 사정이 논어에 관하여 수천 년을 지속해 온 것이다.

나는 이미 여러 기회에 주자가 어떻게 공자의 핵심적인 의중을 오해하였는지 밝혀 왔기 때문에 여기서 일일이 사례를 들어 설명하는 것은 중복되는 바가 없지 않을 것이다. 그러나 주자의 해석상 문제점만 집약적으로 이야기할 기회는 별로 없었기 때문에 그 중 일부가 중복되더라도 이 기회에 다시 설명을 해보겠다. 이를테면 제14 현문편 25장에 나오는 다음 단편을 보자.

子曰:古之學者爲己,今之學者爲人

오늘날 이 단편은 거의 대부분 다음과 같이 번역되고 있다.

옛날의 배우는 사람들은 자기를 위해 배웠으나 요즈음의 배우는 사람들은 남에게 알려지기 위해 배운다.

현재까지 출간된 여러 논어 번역서들을 일별해 보면 대부분 주자가 세운 그 기조를 벗어나지 못하고 있다. 문제가 되는 뒷부분의 번역 내지 해석의 실제 사례를 찾아 열거하면 다음과 같다.

요즈음의 배우는 사람들은 다른 사람의 평가를 받기 위해 배운다.
　　　　　〃　　　　자신의 지식을 남에게 알리기 위해 배운다.
　　　　　〃　　　　출세와 명예를 위해 배운다.
　　　　　〃　　　　남에게 알려지기 위해 배운다.
　　　　　〃　　　　남에게 인정받기 위해 배운다.
　　　　　〃　　　　남에게 보이기 위해 배운다.

위에 소개된 해석들은 이가원 교수, 차주환 교수와 현재도 숱한 독자를 거느린 내로라하는 논어 해석가들이 제시한 해석들이다. 이런 대동소이한 해석들은 모두 주자가 정자程子의 말을 인용하여 내린 다음 해석에서 비롯된 것이다.

자신을 위한다는 것爲己은 자기 자신에게 얻어지기를 바라는 것이고 남을 위한
다는 것爲人은 남에게 알려지기를 바라는 것이다.

爲己,欲得之於己也.爲人.欲見知於人也.『論語集注』

그가 정자를 좇아 내린 해석은 물론 전혀 무익하거나 말이 안 되는 해석
은 아니다. 어쩌면 그것은 공자가 다른 기회에 숱하게 강조한 저 보임새色에
치중하는 언행들이 갖는 문제점과 동일선상에 놓여 있기 때문이다. 주자가
제자들에게 들려준 이야기는 그 점을 더욱 분명히 하고 있다.

배우는 자는 모름지기 자신을 위해야 한다. 밥을 먹는 것에 비유한다면 스스로
배불리 밥을 먹는 것이 옳은가, 아니면 문밖에 먹을 것을 내놓아 사람들로 하여
금 우리 집에 이렇게 먹을 것이 많이 있소 하고 구경시키는 것이 옳은가?

學者須是爲己.譬如喫飯.寧可逐些喫令飽爲是乎.寧可鋪攤放門外.報人道我家有許多
飯爲是乎?『朱子語類』

정자의 해석을 고스란히 뒤쫓은 해석이 아닐 수 없다. 그러나 유감스럽게
도 공자의 진의는 거기에 있었던 것이 아니다. 공자가 말한 爲己는 "자신을
위해서"라는 말이고, 爲人은 "남을 위해서"라는 말이다. 복잡하게 해석할 것
이 하나도 없는 구절이다. "爲"라는 말도 그냥 표현된 그대로 "위해서"라는
뜻이며, 영어로 치면 for 이상의 그 어떤 뜻도 없다. 문장은 표현된 그대로
해석하면 된다.

옛날의 배우는 사람들은 자신을 위해 배웠으나 오늘날의 배우는 사람들은 남을
위해 배운다.

그렇다면 왜 주자는 이 문장을 표현된 그대로 해석하지 못했을까? 이유는 남을 위해 배우는 것이 왜 문제가 되는지를 이해하지 못했기 때문이다. 남을 위해 배우는 것에 대해 공자가 부정적인 말을 했으리라고는 주자는 애초부터 생각하지 못했거나 혹은 잠시 생각했더라도 결국은 고개를 가로 젓고 말았을 것이라는 얘기다.

내가 다른 단편도 아니고 굳이 이 단편을 예로 드는 것은 이유가 있다. 주자는 공자가 앞서 말한 바와 같이 아이러니나 역설 등 그의 독특한 사유 구조를 드러내는 부분에서 결정적 취약점을 드러내고 있는데, 이 단편이 바로 그 전형적 사례이기 때문이다. 남을 위해 배우는 것이 왜 문제인지를 주자가 이해하지 못한 것은 단지 이 한 개의 단편을 이해하지 못하는 문제로 그치는 것이 아니었다. 그가 놓친 것은 한 개의 단편을 넘어 논어의 결정적인 관점이었으며 논어의 세계로 들어가는 데에 필수불가결한 관문을 놓친 것이었다. 그러나 이 과제를 이해하지 못하는 한 6/30과 14/45에서 공자가 자공이나 자로 같은 제자들과 치열한 힘겨루기를 하는 것도 어디에 진정한 쟁점이 있는지 알 수 없게 된다. 그 두 단편의 어디에 저 爲己와 爲人의 치열한 쟁점이 가로놓여 있는지 독자 분들도 직접 한번 찾아보시기 바란다.

자공이 말했다.

"만약 백성들에게 널리 베풀어서 많은 사람을 구제할 수 있다면 어떠합니까? 가히 어질다 할 수 있겠습니까?"

선생님께서 말씀하셨다.

"어떻게 어진 정도이겠느냐? 필시 성인의 경지일 것이니 요임금과 순임금도 그 문제만은 부심했었다. 실로 어진 자는 스스로 서기를 바라서 남을 세우고 스스로 통달하기를 바라서 남을 통달시키며 가까운 데서 능히 예를 드니 그것이 어젊의 비결이라 할 수 있다."

子貢曰：如有博施於民,而能濟眾,何如?可謂仁乎?子曰：何事於仁,必也聖乎!堯舜其
猶病諸.夫仁者,己欲立而立人,己欲達而達人,能近取譬,可謂仁之方也已. 6/30

자로가 군자에 대해 묻자 선생님께서 말씀하셨다.

"경敬으로써 자신을 닦는다."

자로가 말했다.

"그러할 뿐입니까?"

선생님께서 말씀하셨다.

"자신을 닦아 사람들을 편안케 한다."

자로가 말했다.

"그러할 뿐입니까?"

선생님께서 말씀하셨다.

"자신을 닦아 백성을 편안케 한다. 자신을 닦아 백성을 편안케 하는 것은 요임
금과 순임금도 오히려 부심했던 것이다."

子路問君子.子曰：脩己以敬.曰：如斯而已乎?曰：脩己以安人.曰：如斯而已乎?脩己以
安百姓.脩己以安百姓,堯舜其猶病諸. 14/45

남을 위하여 배우는 것을 부인할 때 우리는 오늘날 훨씬 가까운 경험 영
역에서 귀가 따갑도록 듣고 있는 "이 세상을 위하여", "이 사회에 기여하고
자", "국가와 사회에 이바지하기 위해", "조금이라도 더 나은 세상을 만들기
위해" 등의 숱한 구호들을 근본적으로 재검토하지 않으면 안 된다. 주자는
이 첫 관문에서 이미 걸리고 있다. 주자는 이 단편을 있는 그대로 해석할 경
우 당장 전국시대에 출현한 양주楊朱의 딜레마, 즉 위아론爲我論의 사슬에 걸

려들 수밖에 없었을지도 모른다. 그러나 공자의 사유에서 양주는 피해갈 수 없는 시험적 난관이다. 그를 피해 가면 공자가 아닌 다른 것이 나온다. 그를 피하지 않고 정면으로 치고 나갈 때 비로소 공자를 만날 수 있다. 주자는 이 단편에서 양주를 만나지 못했고 그를 정면으로 치고 나가지 못했다. 그 때문에 주자는 결국 공자를 만나지 못했던 것이다.

공자의 사유가 가진 구조적 문제에 특히 주자가 취약하였다는 사실은 공자가 피력한 많지 않은, 그러나 매우 중요한 중용 관련 단편의 해석을 그가 거의 모두 그르치고 있다는 데에서도 단적으로 드러나고 있다. 중용과 관련된 단편은 논어에서 2/16의 攻乎異端章, 5/22의 子在陳章, 6/29의 中庸之爲德章, 9/7의 吾有知乎哉章, 11/17의 過猶不及章, 13/21의 不得中行而與之章 등 6~7개를 넘어서지 않는다.

주자는 이 중용과 직간접으로 관련된 단편들을 둘러싸고 거의 대부분 헤매고 있다. 나는 이미 『논어의 발견』 등에서 그가 어떻게 중용 관련 단편의 핵심을 놓치고 엉뚱한 이야기를 하였는지를 밝혔기 때문에 여기서는 단지 9/7의 吾有知乎哉章만 다시 한 번 살펴보기로 하겠다.

子曰 : 吾有知乎哉? 無知也. 有鄙夫問於我, 空空如也, 我叩其兩端而竭焉.

이 단편을 주자는 어떻게 해석하였는가?

선생님께서 말씀하셨다. "내가 아는 것이 있는가? 아는 것 없다. 미천한 사람이 있어 내게 물어 올 때 막연해하면 다만 나는 처음부터 끝까지 규명해 가르쳐 줄 뿐이다."

우선 주자는 공자가 "아는 것 없다"無知也고 한 말을 두고 겸손히 말씀하신 것謙言이라 해석했는데 이는 知의 문제와 관련하여 공자의 입장을 전혀 이해하지 못하고 있었음을 보여 주는 것이다. 공자는 말 그대로 안다고 할만한 것이 없었던 것이지 결코 겸손해서 그렇게 말한 것이 아니다. 이어지는 말에서 공자가 질문자를 비부鄙夫라고 비하적으로 표현한 것도 나처럼 아는 것이 없는 사람에게도 물어오는 사람이라는 뜻이었다.

그러나 주자가 그르치고 있는 것은 주로 空空如也 이후다. 주자는 空空如也를 질문하는 미천한 사람의 상태로 해석하였다. 여기서부터 주자는 빗나가고 있다. 空空如也는 비부의 상태가 아니라 다름 아닌 공자의 상태다. 이점을 예리하게 지적한 사람이 바로 정약용이었다. 정약용은 공자가 스스로를 空空如也라고 하여 앞서 無知也라고 한 말을 일관성 있게 밀고 갔음을 밝혔다. 이 점에서 정약용의 판단은 주자를 능가하고 있다. 그러나 주자도 정약용도 이어지는 "내가 양단을 두드린다"我叩其兩端고 한 것에 대해서만큼은 공자의 인식에 전혀 다가갈 수 없었다. 주자가 양단兩端에 대해 터무니없는 해석을 내놓은 이후 이 동서고금을 통해 어디에 내놓아도 손색이 없는 '인류 최고의 지식론'인 이 9/7은 맥없는 교육론으로 주저앉아 버리고 말았던 것이다.

양단兩端이라는 말은 논어 이전에는 그 용례를 찾을 수 없다는 점에서 공자가 자신의 필요성에 따라 만든 말로 보인다. 그것은 중용을 확보하지 못한 시대가 필연적으로 드러낼 수밖에 없는 양단화兩端化 현상을 가리킨 것이다. 논어 안에서 그 구체적 양상을 찾는다면 바로 13/21의 저 광狂과 견狷을 들 수 있으며, 11/17의 과過와 불급不及도 역시 그 한 현상이다. 그러므로 叩其兩端이라는 말, 즉 "양단을 두드린다"는 말은 마치 소크라테스가 사람들의 막연하면서도 맹목적인 개념 내지 신념에 접근하여 그것이 결코 자명한 것이 아님을 깨닫게 하였던 산파술처럼 그 양단화된 견해가 결코 제대로 된 지知가 아님을 깨닫게 해주는 일이었다. 그것은 당연히 소극적인 행위일 수밖에 없었다. 주자의 양두兩頭 운운의 해설은 전혀 당치 않은 것이었다. 주자는 중용과 관련된 6~7개의 단편들이 서로 조응해 가며 그 의미를 드러낼 수도 있었던 가능성을 죄다 놓쳐 버렸다. 이를테면 이 叩其兩端章을 풀이하는 데에 결정적인 역할을 할 수도 있었던 不得中行而與之章을 또한 터무니없는 각도에서 접근하여 논어의 최고봉을 이루는 이 중용 관련 단편들을 어정쩡한 상식의 선에 포진시키고 말았던 것이다.

주자가 공자를 이해하지 못한 것은 이 밖에도 한두 가지가 아니다. 이미 나는 『논어의 발견』과 다른 여러 글에서 그의 잘못된 해석에 대해 하나하나 모두 다루었기 때문에 여기서는 가급적 중복을 피해 한 가지만 더 언급해 보겠다. 술이편 2장에 다음과 같은 단편이 남아 있다.

子曰:黙而識之,學而不厭,誨人不倦.何有於我哉? 7/2

이 단편에 대해 주자가 해석한 바를 좇아 번역하면 다음과 같은 번역이 될 것이다.

말없이 기억하고 배우되 싫증 내지 아니하며 남을 가르침에 지치지 않는 것. 그 어느 것이 나에게 있겠느냐?

결국 주자의 해석에 따르면 제시된 세 가지 그 어느 것도 내가 갖추지 못했다는 뜻이다. 주자는 『논어집주』에서 이렇게 부연해서 설명하고 있다.

세 가지는 이미 성인의 지극한 것이 아님에도 불구하고 오히려 감당하지 못한다고 하셨으니 이는 곧 겸손하고 또 겸손하신 말씀이다.

三者,已非聖人之極至,而猶不敢當,則謙而又謙之事也.

謙而又謙! 주자는 공자를 한없이 겸손한 사람으로 만들어 놓았다. 결국 주자에 따르는 한 공자가 이 말을 한 취지도 너희들도 나처럼 이런 사소한 일에 걸쳐서도 무한 겸손하라는 뜻이 될 것이다. 한마디로 터무니없는 해석이다. 한 발짝만 들어가면 주자의 해석은 근거도 목적도 없는, 자신의 관념에 불과한 것임을 알게 된다.

문제는 何有於我哉라는 말을 어떻게 해석할 것이냐 하는 데에 있었다. 제대로 된 해석을 하려면 그 이전에 공자의 발언 취지를 먼저 알아차렸어야 했다. 그러나 주자는 발언 취지를 몰랐다. 그 때문에 何有於我哉를 "무엇이 나에게 있겠느냐?"는 뜻으로 바로 해석하였음에도 불구하고 그 말이 공자가 제시한 세 가지 중 무엇이 나에게 있겠느냐는 뜻으로 본 것이다. 그 말의 실제 뜻은 이 세 가지 정도밖에 할 줄 아는 것이 없으니 무엇이 나에게 있겠느냐 하는 뜻이다. 공자의 취지에 좇아 바르게 번역하면 다음과 같이 될 것이다.

말없이 간파하고, 배우되 싫증 내지 아니하며, 사람을 가르침에 지치지 않는다. 나에게 달리 무엇이 있겠느냐?

공자가 이런 말을 하게 된 것은 7/25에 나타난 바처럼 제자들이 공자가 무언가 대단한 것을 가지고 있으면서도 자신들에게는 숨기고 있다고 여기는 상황이 전제되어 있음을 알아야 한다. 그런데 주자는 이런 전후좌우의 정황을 살피지 못했다. 그러니 공자를 그저 겸손한 사람으로 만들 수밖에 없었던 것이다. 말할 나위도 없이 이 말에는 공자의 역설적 주장이 감추어져 있다. 즉 아무것도 아닌 것처럼 제시된 그 세 가지 안에 실은 모든 것이 다 들어 있는 것이다. 그것은 겸손과는 조금도 관련이 없다. 이후 何有於我哉가 거듭하여 나오는 9/15 出則事公卿章이 같은 궤도를 타고 오류에 빠진 것은 어쩔 수 없는 일이었다.

주자가 공자를 제대로 이해하지 못하고 그릇된 해석에 이른 것에 대해 얼마나 더 많은 예를 들어가며 설명해야 할지 모르겠다. 논어의 앞부분에 걸쳐서만 해도 그는 1/7 賢賢易色과 2/8 色難의 色을 근거 없이 여색으로 풀이하여 명쾌한 두 단편을 매우 읽기 곤혹스런 단편으로 만들어 놓았다. 또 1/13의 因不失其親,亦可宗也에서는 정명도의 바른 해석을 무슨 일인지 외면하고 황당한 해석을 내놓아 초기 유학사의 중요한 한 장면을 아깝게도 매몰시켜 버렸다. 또 2/11의 可以爲師矣에 대해서는 그 말이 나오게 된 정황을 짐작하지 못해 공자가 들었으면 기겁을 했을 결론에 이르기도 했다. 2/12의 君子不器도 그 말을 한 공자의 체험적 측면에 근접조차 하지 못함으로써 한 차원 아래쪽에서 억지춘향의 해석을 하고 있는가 하면 2/13의 先行其言,而後從之에 관해서도 역시 공자가 무슨 말을 하려 했는지 초점을 찾지 못해 황금 같은 단편을 단지 언행의 문제로 왜곡하고 말았다. 그뿐인가. 2/16의 攻乎異端은 일찍이 박세당에 의해 여지없이 공격당한 바 있고 2/20의 使民敬忠以勸,…… 擧善而敎,不能則勸에 대한 그의 이상한 해석은 훗날의 모든 독자들을 혼란시킨 엉터리 이정표가 되고 말았다.

3/24의 儀封人請見 이하에서도 그는 주객을 뒤바꾸어 놓음으로써 감동적인 역사의 한 장면을 공자의 무덤을 꾸미고 회칠하는 일에 불과하도록 만들어 놓았다. 4/4의 無惡也에 이르러서는 그것이 苟志於仁이라는 조건절과 어

떻게 연결되어 있는지를 몰라 仁과 惡을 한 꼬치로 꿰고 있는 위대한 진술을 값싼 상식으로 바꾸어 놓았다. 아아, 그리고 4/7의 人之過也,各於其黨에 다가가지 못한 그의 사유의 한계는 너무나도 통탄스러운 것이었다. 그는 무력하게 고주를 답습함으로써 후대에 돌이킬 수 없는 큰 죄를 짓고 말았다. 4/11에서 小人懷土를 몽상에 가깝게 해석한 것은 그에 비하면 에피소드 정도라 해야 할 것이다.

논어 전체 편 중 앞부분 5분의 1, 겨우 네 개 편에 걸친 주자의 그릇된 해석만으로도 이렇다. 나는 구구하게 그 나머지 부분에 걸친 해석상의 문제를 재삼재사 나열하지 않으려 한다. 이미 모든 해석상의 문제는 『새번역 논어』와 『논어의 발견』 그리고 이 책의 여러 글들에서 남김없이 다 밝혔기 때문이다.

이어서 훨씬 더 노골적인 논어 해석상의 왜곡이 다름 아닌 논어의 세계와 성리학적 세계가 충돌하는 지점에서 발생하였다는 사실을 이 자리에서 추가적으로 밝히고자 한다. 주자는 논어를 드러내는 일에 객관적으로 진심을 다하였을 것이라 누구나 생각할 것이다. 물론 주자 자신은 그렇게 생각하였을지도 모른다. 그러나 주자의 더 다급한 관심은 자신이 추구하는 성리학적 세계의 구축에 있었다. 자신은 그것이야말로 객관적인 접근이자 시대적 과제라고 생각하였겠지만 성리학적 세계에 대한 주자의 집요한 의지는 논어의 세계를 왜곡하는 강력한 장애로 작용하고 있었다. 전형적인 한 단편으로 논어 제5 공야장편 13장을 보자.

子貢曰:夫子之文章,可得而聞也.夫子之言性與天道,不可得而聞也.

드물게도 이것은 공자의 말이 아니라 제자 자공이 남긴 말이다. 자공이 스스로 이 말을 일종의 증언으로 남겼다는 것은 자공이 그럴 필요성을 강하게 느끼고 있었다는 뜻일 것이다. 자공은 왜 이런 증언을 남겼을까? 그것이 이 단편의 해석에서 핵심이 된다. 나는 이 단편을 이렇게 번역하였다.

"선생님의 문화론文化論은 들어 볼 수 있었으나 선생님께서 인성人性과 천도天道에 대해 말씀하시는 것은 들어 볼 수 없었다."

이렇게 번역한 이유는 공자가 문화적 담론에서는 늘 스스럼없이 이야기하였지만 인성과 천도에 대한 개념적 접근은 극도로 꺼렸음을 자공이 천부적 감각으로 느끼고 있었을 뿐 아니라 공자의 그런 뜻을 후대에 전하려 했다고 보았기 때문이다. 그것은 공자가 '명命과 어짊에 대해 좀처럼 말하지 않았던 것'9/1과 많은 부분 그 이유가 겹치는 것이었다. 길게 말할 것도 없이 이러한 해석은 주자와의 정면충돌을 피할 수 없게 만든다. 생각해 보자. '인성과 천도에 대해서는 말하지 않는 것'이 공자의 원칙적인 입장이었다면 그것은 송대 성리학의 설 자리를 원천적으로 부정하는 것이 될 수밖에 없을 것이다. 만약 문제를 이런 식으로 끌고 나간다면 공자는 주자의 스승이 아니라 대결자가 될 수도 있는 상황이 아닐까? 그렇다면 주자는 이 위험한 단편을 어떻게 해석하였을까? 아니 왜곡하였을까? 『논어집주』의 주석을 보자.

문장文章이란 덕이 밖으로 드러난 것이니 위의威儀와 문사文辭가 모두 그것이다. 인성性이라는 것은 사람이 하늘의 이치天理를 부여받은 것이고 천도天道라는 것은 하늘의 이치 그 자연한 본체로서 실제에 있어서는 한 가지 이치다. 선생님이 문화에 관해 말씀하시는 것은 늘 밖으로 드러나는 것이라 진실로 배우는 자들이 다 같이 듣는 바였지만 인성과 천도에 이르러서는 선생님께서 자주 말씀하시지

않는 바여서 배우는 자들이 들어 보지 못하였다. 대개 성인의 문하에서는 가르
침이 등급을 뛰어넘는 일躐等이 없으니 자공이 이때에 이르러 처음으로 말씀을
듣고 그 아름다움을 찬탄한 것이다.

文章,德之見乎外者,威儀文辭皆是也.性者,人所受之天理;天道者,天理自然之本體,
其實一理也.言夫子之文章,日見乎外,固學者所共聞;至於性與天道,則夫子罕言之,而
學者有不得聞者.蓋聖門教不躐等,子貢至是始得聞之,而歎其美也.

나의 해석이나 주자의 해석이나 모두 공자가 의도적으로 인성과 천도에
대해서는 말하지 않았다는 해석에 차이가 없다. 그러나 그 이유는 하늘과
땅의 차이를 갖는다. 나는 공자가 그런 문제에 개념적 내지 실체적 관심을
가지고 접근하는 것은 그 자체가 위험하고 바람직하지 못한 것이었기 때문
에 꺼렸다고 본 반면 주자는 그것을 말해 주는 것은 앎이 성숙하지 못한 초
보자들에게는 등급을 뛰어넘는躐等 일이었기 때문에 꺼렸다는 것이다. 그러
다가 어쩌다 한번 자공의 지적 수준이 향상되었다고 여겨져 그에게 말해 주
었더니 자공이 듣고 감격하여 찬탄해 마지않았다는 뜻이다.

두 해석에 타협점은 없다. 만약 나의 해석이 틀렸다면 주자의 성리학은
튼튼한 수사학洙泗學적 근거를 가지게 되는 셈이다. 반면 주자의 해석이 틀
렸다면 성리학은 적어도 공자가 우려하였던 저 사상누각沙上樓閣이 될 수밖
에 없을 것이다.

그러면 공자가 인성과 천도에 대해 말하지 않았던 것은 과연 주자의 말
처럼 제자들의 미숙을 고려했기 때문일까? 그럼 문하에 뛰어난 안목을 가
진 제자들이 있었다면 공자는 스스럼없이 인성과 천도에 대해 역설했을까?
그렇다면 공자가 극찬한 안연에 대해서는 왜 한 번도 인성이나 천도에 대해
언급한 흔적이 없는가? 많이 들려주었지만 불행히도 안연이 일찍 죽는 바

람에 기록이 남지 못한 탓일까? 또 송대에 이르러 주자를 위시하여 수많은 학자들이 저마다 인성과 천도를 언급한 것은 그들 자신이나 제자들이 모두 그 옛날 공자의 제자들보다 비할 바 없이 뛰어나서인가? 질문을 해보면 결국 주자를 비롯한 송대 성리학자들의 해석이 얼마나 무리하고 구차해지는지를 알게 될 것이다. 실제 성리학의 역사적 전개는 결국 공자의 염려가 옳았다는 것을 여실히 입증하지 않았는가?

주자가 보여 준 또 하나의 구차한 해석은 역시 性자가 포함된 제17 양화편 2장의 다음 구절을 둘러싸고 전개되었다.

선생님께서 말씀하셨다.
"본성으로는 서로 가까우나 길든 바로는 서로 멀다."
子曰:性相近也,習相遠也. 17/2

이 말을 보면 공자 당시에도 인간의 본성性에 대한 개념은 있었지만 그것이 학문적 관심사로 대두하거나 주목받지는 않았던 것 같다. 그러나 앞서 인용한 5/13에서 자공이 한 말을 보면 인간의 본성에 대한 실체적 접근은 당시에도 미약하나마 존재했던 것이 사실이고, 그런 경향이 있었기에 그에 대한 공자의 경계도 가능했던 것이라 할 수 있다.

어떻게 보면 본성으로는 서로 가깝다고 한 공자의 표현은 인간의 본성에 대한 이해가 매우 건강했고, 적절한 원근법에 따라 배치되어 있었음을 말해 주는 것일 수도 있다. 이를테면 귀신과 죽음에 대한 자로의 질문에 응하여 "사람도 모르는데 귀신을 어찌 알겠느냐?", "삶도 모르는데 죽음을 어찌 알겠느냐?" 한 것은 공자의 원근법이 가진 절묘함 내지 건강성을 무엇보다 잘 보여 주는 것이 아닐 수 없다. 심지어 제자 번지樊遲가 앎에 대해 물었을 때

"귀신을 공경하되 멀리하는 것"敬鬼神而遠之이라 한 것은 그 원근법적 절묘함의 극치라 할 것이다.

그러나 주자는 어찌 하였던가? 『논어집주』를 보자.

여기서 성이라 한 것은 기질을 겸하여 말한 것이다. 기질지성에는 원래 아름답고 악한, 서로 다름이 있다. 그러나 그 기본으로 돌아가 말한다면 서로 멂이 별로 없는 것이다. …… 정자가 말하기를 "이것은 기질지성을 말한 것이지 본성을 말한 것이 아니다. 만약 그 본성을 말한다면 성性은 곧 이理니 이가 없으면 불선한 것으로 맹자가 성선性善설을 말한 것이 바로 그것이다. 어찌 서로 가까움이라는 것이 있겠느냐?"

此所謂性,兼氣質而言者也.氣質之性,固有美惡之不同矣.然以其初而言,則皆不甚相遠也.但習於善則善,習於惡則惡,於是始相遠耳.程子曰：此言氣質之性.非言性之本也.若言其本,則性卽是理,理無不善,孟子之言性善是也.何相近之有哉?

그는 정자와 더불어 황급히 공자의 언급을 호도할 수밖에 없었다. 두 사람은 성性을 본성으로서의 성과 기질지성氣質之性으로 나누고 공자가 언급한 성은 기질지성일 뿐 본성은 아니라고 구별하여, 말하자면 도마뱀 꼬리 자르기로 이 위기를 넘겼다. 주자의 잘못은 성을 본성과 기질지성으로 나눈 것에 있지도 않고 또 그 각각의 설명이 잘못된 데에 있지도 않다. 굳이 얘기하자면 잘못은 역시 삶의 특정 부분에 대한 잘못된 원근법의 적용에 있었다. 공자가 우려하여 시도하지 않았던 방법을 송대 학자들은 채택하였고 주자는 그 대표자로서의 모든 공과를 한 몸에 안을 수밖에 없었던 것이다. 성리학은 그 학문이 영향을 미친 모든 나라와 사회에 걸쳐 실제 공자가 우려하였던 바가 어떻게 나타났는지를 잘 보여 주었다. 남명 조식이 퇴계 이황에게 편지를 보내 "입으로 천리天理를 담론하며 헛된 이름이나 훔쳐서 남들을 속이려 하는" 젊은이들을 제대로 된 방향으로 이끌지 못한다고 호통을 친 것은 그 당시는 물론 그 이전과 그 이후에도 여전히 유효한 것이었다고 나는 생각한다.

나는 이제 망설임 없이 주자의 『논어집주』를 논어의 무덤으로 선언한다. 다소 지나쳐 보일는지 모르겠지만 이러한 선언과 과감한 단언이 없이는 논어가 그 원래의 생명력을 다시 보여 주지 못할 것이라 믿기 때문이다. 공자의 진실이 묻히느냐 드러나느냐 하는 것은 주자에 대한 역사적 평가가 어떻게 되느냐 하는 것에 비하면 너무나도 중요한 일이다.

혹시라도 누가 나의 이런 선언에 대해 역사상의 대학자에 대한 무리한 공세라고 나무라지 않을까 하는 생각도 해보았다. 그러나 나는 나의 해석적 입장을 세상에 밝힌 지 이미 15년이 되었다. 이젠 이 정도의 이야기를 할 만큼은 숙성의 기간을 거쳤다고 생각한다. 15년의 세월을 보내며 나는 논어가 『논어집주』의 무덤에서 헤쳐 나오지 않으면 공자 원래의 목소리를 되살릴 기회가 영원히 오지 않을 것이라는 판단을 하게 되었고, 그런 위기감이 나로 하여금 이런 선언을 하게 하였다. 나는 이 선언을 계기로 부디 논어에 대한 세상의 안목이 주자의 그릇된 해석을 뛰어넘어 바른 해석에 이를 수 있기를 바란다. 그리고 그 바른 해석이 단지 해석에만 그치지 않고 공자의 드러난 진면목을 통해 오늘날의 가로막힌 역사 단계를 극복하는 위대한 계기로 재탄생할 수 있게 되기를 진심으로 바란다.

4 나의 논어 해석에 대한 나의 입장

가. 논어 해석은 해석 이상의 과제다

논어에 관한 나의 새 해석이 전통적 해석과 매우 큰 차이를 보인다는 사실은 『새번역 논어』가 처음 나온 1999년이나 지금이나 변함없는 사실이다. 그러나 그 차이를 바라보는 나의 시선은 1999년과 지금이 많이 다르다. 처음에 그것은 그냥 차이에 불과했다. 그래서 새 해석을 처음 선보이던 때의 내 관심도 과연 세상이 나의 이 낯선 해석을 받아 줄 것인가 받아 주지 않을 것인가, 마치 전산 플로어 차트 상의 yes/no 만큼이나 단순한 것이었다.

그 후 15년 동안 나는 개인적인 사정으로 논어와 관련된 활동을 거의 하지 못했다. 침묵하며 지낸 것이다. 그렇지만 세상이 나의 새 해석을 어떻게 받아들이고 있는지에 대해 관심이 없지는 않았다. 처음 〈한겨레〉, 〈경향〉, 〈조선〉, 〈문화〉 등 주요 일간지가 보여 준 과분할 정도의 주목 때문인지 나의 새 해석에 경학계의 관심이 어느 정도 집중되고 있다는 사실을 감지할 기회는 몇 차례 있었다. 그러나 경학계는 많은 후속 도서와 논문들에서 나의 책을 꾸준히 참고문헌으로 소개만 했을 뿐 분명한 입장을 밝히지는 않았다. 나의 눈에 띈 것이라고는 그저 스쳐지나가는 듯한 몇 마디 애매한 언급에 불과했는데, 그것은 대체로 경학계가 나의 새 해석을 매우 곤혹스럽게 바라보고 있다는 것을 보여 주는 것이었다. 그 후 2008년에 출간된 『논어는 진보다』라는 책이 나의 새 번역을 대폭적으로 수용하고 있어 놀란 적은 있었다. 그러나 저자가 경학계에 몸담고 있는 사람은 아니었고, 또 수용 폭의 광대함에 비해 나의 새 해석을 그 핵심 부분에 걸쳐서까지 깊이 있게 이해한 것은 아닌 듯 보였다.

물론 재야 논어학자나 일반 애독자들의 반응 중에는 소개하기도 황송할 정도로 높은 호응을 보여 준 사례가 많았다. 그러나 재야라는 곳의 특성상 그것이 역시 논어 해석이라는 영역에 어떤 변화를 몰고 올 정도의 영향력을 가지지는 못했다.

그 후 중국의 국제적 위상 제고 등에 영향을 받아 한 동안 엄청난 숫자의 논어 관련 서적들이 쏟아져 나오기도 했지만 그것은 주자류의 해석을 다시 한 번 범람시켰을 뿐 오히려 질에 걸쳐서는 논의의 수준을 크게 저하시키는 데에 기여하였을 뿐이다.

이 과정을 지켜보며 나는 많은 생각을 하지 않을 수 없었다. 한때 나는 내가 새로운 해석을 선보이게 되면 많지는 않더라도 경학계 일부에서 그 해석을 지지해 주는 사람들이 나올 것이라 생각했다. 그러나 그것은 순진한 기대였다. 내가 새 해석을 선보인 이후에도 새로 등장하는 논어 번역서들은 주자류의 해석만을 줄기차게 내놓았다. 한 마디로 그 전통은 끈질긴 것이었고, 어딘가에서 낯선 이정표 하나가 출현했다 해서 발걸음의 방향이 옮겨질 성격의 것은 아니었다.

이후 새 해석에 관한 나의 생각은 점점 달라져 갔다. 논어 단편 하나를 달리 해석하고 번역한다는 것은 그저 한 단편을 둘러싼 해석상의 변화가 아님을 깨달았던 것이다. 외람된 이야기일지는 모르지만 마치 하나의 성경 구절을 달리 해석하고 번역하기 위해서 어쩌면 서양의 역사는 긴 중세를 보내며 종교개혁이라는 새로운 시대정신의 출현을 기다려야 했던 것과 같이 논어 또한 유사한 차원에서 좀 더 광대한 폭의 변혁을 기다리고 있는 것 같다는 데에 점차 생각이 미치게 된 것이다. 논어 해석은 해석이라는 협의의 과제를 넘어서는 훨씬 넓고 깊은 어떤 과제의 한 일환이라는 생각을 하게 되었다.

이런 생각을 하게 되면서 나는 조금씩 침착해질 수 있었다. 결코 과대한 기대나 욕심을 가질 일이 아니라는 생각을 하게 된 것이다. 그런 생각이 오히려 현재의 위치에서 내가 할 수 있는 노력은 최대한 해야겠다는 담담한 의지를 갖게 해주었다. 그 중 하나가 바로 나의 새 해석에 관한 입장을 생전에 분명히 해두는 일이었다. 왜냐하면 나는 많은 논어 단편에 걸쳐 전통적 해석을 문제 삼았지만 그 각각에 관한 해석적 입장은 결코 동일하지 않았기 때문이다.

외람되게 들릴지 모르겠지만 나는 논어 해석에서 2500년 만에 처음인 해석들을 적잖이 내놓았다. 그러나 그 모든 해석에 대하여 반드시 "나의 이 해석만이 유일하게 공자의 진의다"라고 단정하지는 않았다. 다시 말해서 그렇게 확신할 수 있는 해석이 많은 것도 사실이지만 그렇지 않은 해석도 있다는 것이다. 개중에는 그 해석에 이르기까지 수많은 고민을 했고 심지어는 그 고민이 아직도 종료되지 않은 단편도 있다. 나는 그런 사정을 가급적 세밀히 밝혀 두는 것이 해석자로서의 의무를 다하는 것이라는 생각을 하기에 이르렀다.

물론 개별 단편 하나하나에 대한 해석적 입장은 이미 『새번역 논어』의 해당 장에서 그때그때 피력한 것이 사실이다. 또 『논어의 발견』 제3편 「논어 읽기의 문제들」에서는 그것들을 유형별로 나누어 좀 더 자세하게 다루기도 했다. 그러나 그것은 그때그때의 해석에 초점을 맞추고 진행되었을 뿐 아니라 전통적 해석과 비교하여 어느 것이 옳으냐 하는 문제에 치중하였기 때문에 새 해석에 이르게 된 배경이나 나의 입장을 충분히 표명하지는 못했다.

그 때문에 나의 해석적 입장이라는 각도에서 모든 것을 한 번 더 종합적으로 다룰 필요가 있지 않나 하는 생각을 하게 된 것이다. 어떤 고려 끝에 그러한 해석에 이르렀는지를 밝혀 둔다는 것은 새 해석을 이해하고 받아들이는 데에 매우 중요한 변수가 될 수 있기 때문이다.

나. 〈종래의 해석〉에 관한 나의 입장

먼저 좀 가벼운 이야기부터 시작하기로 하자. 나는 『새번역 논어』에서 내가 전통적 해석과 달리 해석한 단편에 이르러서는 〈종래의 해석〉을 함께 소개하였다. 이는 책 발간 과정에서 워낙 새로운 해석이 많다 보니 전통적 해석을 병행함으로써 독자들이 읽고 판단하도록 하는 것이 어떻겠느냐는 조언에 따른 것이었다. 물론 조언을 한 분의 입장에서 보면 낯선 해석을 일방적으로 내놓는 것이 어딘가 석연치 않고 위험해 보였을 수도 있었을 것이다. 이유야 어쨌든 결과적으로 그것은 매우 고마운 조언이 되었다.

『새번역 논어』 초판에서 그 〈종래의 해석〉이 소개된 단편은 모두 75개였다. 전통적 해석과는 다른 새 해석이 제시된 단편의 숫자이기도 했다. 그것을 나는 2014년의 개정판에서 66개로 줄였다. 아홉 개가 줄어든 것이다. 더 구체적으로 말하면 열한 개가 줄었고 두 개가 새로 생겼다. 왜 그런 변화가 생겼는가? 그것이 나의 논어 해석에 대한 나의 입장을 밝히는 첫 번째 이야기가 되겠다.

개정판을 내면서 나는 새 해석을 내놓으면서 과연 내가 전통적 해석을 부인하면서 새 해석을 내놓는 것인지 전통적 해석도 그 가능성을 어느 정도 인정하면서 단지 나의 새 해석을 비교 우위적 차원에서 내놓는 것인지를 다시

한 번 검토하였다. 그래서 그 중 열한 개의 해석에서 나는 새 해석의 제시에
도 불구하고 내가 구태여 전통적 해석을 부인하지는 않고 있다는 것을 확인
하였다. 그래서 그런 단편에 대해서는 새 해석을 제시는 하되 그 아래에 〈종
래의 해석〉을 따로 소개하지는 않기로 결정했다. 초판과 해석이 달라진 것은
하나도 없었다.

이를테면 6/25에 觚不觚,觚哉!觚哉!라는 공자의 말이 있다. 고觚, 모난 술
잔이라는 이름을 가진 술잔이 이름과는 달리 실제로는 둥글었기 때문에 나온
말이다. 전통적인 해석은 "고觚는 모가 나지 않았는데 고라 할 수 있겠는가!
고라 할 수 있겠는가!" 하고 풀이하였다. 시대의 온갖 명실名實의 불일치를
때마침 눈앞에 보이는 술잔에 비유하여 공자가 비판하였다고 본 것이다.

나는 이 해석이 석연치 않았다. 물론 당시 천하에는 명실의 불일치가 만
연해 있었다. 그러나 그 불일치는 대부분 실實의 타락으로 인하여 발생한 것
이었다. 실實은 온전한데 명名이 빗나가서 빚어진 것이 아니었다. 따라서 실
제 모양은 둥근데 모났다는 뜻의 고觚라는 이름이 붙여진 제기祭器 하나를
예로 들어 공자가 명실의 불일치를 비판하였다고 본 것은 무언가 어색하고
걸맞지 않다는 느낌을 금할 수 없었던 것이다. 그래서 나는 공자가 이 말을
다른 의도에서 한 것이 아닐까 생각해서 해석을 이렇게 바꾸었다.

"고는 모난 데가 없으니 실로 고로구나. 고로구나." 어진 자의 치우침 없는
원융圓融한 자세가 오탁의 세상에서는 오히려 모난 것으로 부각될 수밖에
없는 역설적 현실을 공자가 모났다는 이름의 둥근 잔 고觚에 비유하여 지적
했다고 본 것이다. 거기에는 어쩌면 세상에 모난 사람으로 비쳐졌던 공자의
고통스런 자의식이 깔려 있지 않았을까 한다. 전통적 해석은 그에 비하면 너
무나도 평면적이고 그 논리에 공자다운 데가 없다. 그래서 나는 새로운 해
석을 제시하였던 것이다. 그러나 과연 나의 새 해석이 정말로 공자의 진의

였느냐 묻는다면 지금도 그것은 확신할 수가 없다. 전통적 해석을 지지하고 싶지는 않았지만 그것을 구태여 부인하는 것도 아니었다. 단지 그런 해석을 할 바에는 나의 새 해석이 더 의미가 있고 공자의 진의일 가능성도 더 높지 않겠느냐 해서 선보인 것이었다. 그래서 개정판에서 나는 전통적 해석을 소개는 하되 그것을 〈종래의 해석〉으로 표방하여 마치 내가 그것을 부인하고 있는 것처럼 오해하지는 않도록 한 것이다.

13/12의 如有王者,必世而後仁도 마찬가지다. 이 단편을 두고 전통적 해석은 "왕자王者가 나타나더라도 필경 한 세대는 지나야 세상이 어질어질 것이다"고 풀이하였다. 이에 대해 나는 "만약 왕자王者가 나타난다면 필경 한 세대 후에는 세상이 어질어질 것이다"라고 달리 해석하였다. 반드시必가 '한 세대(약 30년)는 지나야 한다'는 데에 걸리는지 아니면 '세상이 어질어진다'는 데에 걸리는지의 차이였다. 나는 최종적으로 나의 새 해석, 즉 '세상이 어질어질 것이다'를 택했지만 그것이 의심의 여지가 없다고 보지는 않았다. 그래서 역시 전통적 해석을 〈종래의 해석〉으로 표방하지는 않고 주석에서 소개만 하기로 했다.

그런 차원에서 초판과 해석이 달라지지 않았지만 〈종래의 해석〉으로 표방하지 않기로 한 단편이 위 두 단편 외에 1/15, 5/24, 6/13, 8/18, 11/5, 14/34, 15/39, 16/4, 16/9 등 모두 열한 개였다. 엄밀히 따지면 하나하나 중요한 해석상의 차이를 가지고 있기는 하지만 논어에서 차지하는 비중은 그다지 크지 않은, 비교적 사소한 단편들이었다.

다. 상대적 타당성을 가진 해석들

이들 단편을 제외하면 개정판에서 내가 최종적으로 과거의 전통적 해석을 부인하고 해석을 바꾼 단편이 모두 66개에 이른다. 그런데 이들 66개의 단편이 비록 전통적 해석을 부인하고는 있지만 그렇다고 해서 새 해석의 절대적 타당성을 주장하느냐 하면 그것 또한 아니다. 전통적 해석은 부인될 필요가 있다고 보았지만 그것이 반드시 새 해석의 절대적 타당성을 뜻하는 것은 아니었기 때문이다.

이를테면 2/14에 君子周而不比,小人比而不周라는 공자의 말이 나온다. 주자는 무슨 이유에선지 이 말을 대인관계에 관한 말로 이해하여 "군자는 사람을 두루 사귀지만 소인은 편당적으로 사귄다"고 해석했다. 나는 주자의 이 의견이 공자의 말을 근거 없이 대인관계의 양상으로 축소시켰다고 보았다. 그래서 이 구절을 대인관계의 구도에서 탈출시켜 "군자는 모든 것을 총체적으로 보고 소인은 대비적으로 본다"고 새롭게 해석하였다.

반드시 보는 문제에 국한된 것은 아니지만 어쨌든 사물을 인식하고 대하는 자세에서 군자는 총체성을 바탕으로 하고 있고, 소인은 양단화라는 상호 대비적 구도에 의존할 수밖에 없음을 지적한 것으로 보았다. 지금도 나는 나의 새 해석이 공자의 진의라고 본다. 특히 주자의 해석이 옳을 가능성은 전혀 없다고 보고 그것을 부인하였다. 그렇지만 내 해석이 반드시 절대적 타당성을 가진다고 주장할 수도 없다. 굳이 숫자로 나타낸다면 80~90% 정도라고 할까.

또 11/20에서 공자는 안연과 자공을 평하여 말하며 回也其庶乎,屢空.賜不受命而貨殖焉,億則屢中이라는 매우 중요한 발언을 한다. 이 단편에서 전통적 해석은 屢空을 "쌀궤가 자주 비었다"數至空匱也는 뜻으로 해석하였고 뒤이은

貨殖은 "재산을 증식시켰다"고 풀이하였다. 나는 도저히 이 전통적 해석을 받아들일 수 없었다. 전통적 해석을 받아들이느니 차라리 해석을 거부하고 싶을 정도였다. 무의미하게 전통적 해석을 이어 가고 있는 뭇 논어 해설자들에게 혐오감까지 느낄 정도였으니 말이다. 안연이 가난했던 것은 사실인 것 같으나 屢空 두 글자의 어디에서 쌀궤가 튀어 나오는지 나는 지금도 도무지 이해할 수가 없다.

결국 나는 屢空을 "자주 공허에 빠졌다"고 하여 수기修己라는 안연의 정신적 단계가 봉착한 위기를 표현한 것으로 보았다. 그것은 9/10의 顔淵喟然歎 曰章이 든든히 뒷받침하는 것이기도 했다. 전통적 해석의 쌀궤에 비하면 그 설득력은 월등했다. 여기까지는 큰 어려움이 없었다. 문제는 뒤이은 자공의 貨殖이었다. 전통적 해석인 "재산을 증식시키다"가 자구만 가지고 본다면 훨씬 설득력이 있는 것은 말할 나위도 없다.

매우 긴 망설임 끝에 나는 이것을 비유로 해석하기로 했다. 나는 도저히 공자가 이 두 제자를 비교 평가하는 자리에서 뜬금없이 재산을 불리는 이야기를 했다고 볼 수가 없었다. 청대의 고증학자 최술崔述도 "공자가 제자 번지樊遲의 밭농사에 대한 관심에 대해서도 소인이라고 힐난했는데 과연 자공이 사재기로 재산을 축적하였다는 것이 있을 법한 일인가" 하고 논증한 바 있다. 나는 1999년 초판 발행이 임박한 막바지에까지 고민을 하다가 도저히 공자가 이런 뜬금없는 이야기를 할 사람이 아니라는 판단에서 결국 비유설을 택하기로 결심했다. 그것은 내가 선택하였다기보다 전통적 해석에 대한 깊은 불신이 내 등을 그 쪽으로 떠밀었다고 하는 것이 더 사실에 가까울 것이다.

공자 이전의 그 어떤 전적에서도 貨殖이라는 말이 사용된 적이 없었다는 것도 얼마간의 용기를 주었다. 『사기』의 열전에 편명으로 나오는 「화식열전

貨殖列傳」은 사마천이 논어의 이 용어를 빌려 지은 편명으로 보이기 때문에 실제 큰 문제는 아니었다. 자공이 탁월한 이재술로 엄청난 부를 쌓았다는 사마천의 근거 없는 이야기도 같은 이유에서 그다지 신경 쓸 바는 아니었다. 『좌전』은 공자 사후 자공의 여러 활동을 비교적 많이 기록하고 있지만 재산 증식과 관련된 어떤 단서도 보여 주지 않고 있다는 것도 참고할 수 있었다.

나는 나의 새 해석을 지금도 공자의 진의였다고 믿는다. 다만 貨殖의 문자 적 해석과 貨를 비유로 볼 수 있느냐 하는 의문을 끝내 떨칠 수 없기 때문에 아직도 절대적인 확신을 유보해 두고 있을 뿐이다.

또 3/8에 나오는 繪事後素와 禮後乎?를 둘러싼 부분의 해석도 무척 골머 리를 썩이던 기억이 난다. 전통적 해석은 繪事後素를 "그리는 일은 흰 바탕 이 먼저 마련된 후에 이루어진다"는 뜻으로 본다. 그러나 나는 예를 가르쳐 서 인성을 닦는 공자의 일관된 방침과 관련시키면 그 해석이 "그리는 일이 있은 후라야 순수해진다"가 되어야 한다고 보았다. 마찬가지로 禮後乎?도 전통적 해석은 "예는 나중이라는 뜻인가요?"로 풀이하고 있지만 나는 "예 가 있은 후라는 말씀인가요?"로 하여 역시 그 선후를 바꾸어 놓았다. 3/8은 지금도 볼 때마다 마음이 흔쾌하지 않다. 전통적인 해석을 선택할 수도 없 었지만 새 해석도 왠지 확신이 들지는 않기 때문이다.

또 있다. 13/28에서 자로가 "어떠해야 선비라 할 수 있습니까?" 하고 물 었을 때 공자는 切切偲偲怡怡如也,可謂士矣라고 대답하였다. 나는 이 단편을 해석하면서 이 단편의 말미에 붙어 있는 朋友切切偲偲,兄弟怡怡는 원래 공 자의 대답이 아니라 누군가의 불필요하고도 요령부득하던 해설이었는데, 그것이 논어 단편에 본문으로 섞여 들어간 것으로 보았다. 그렇게 보지 않으 면 이 말은 앞 구절마저 무의미하고 상투적인 말로 변질시킨다고 보았던 것 다. 대신 뒤 구절을 떼어 버릴 경우 앞 구절은 너무나도 멋진 선비의 소묘로 재탄생하는 듯하다.

이런 해석은 매우 과감한 해석이기 때문에 쉽게 시도하기 어려운 것이 사실인데 전통적인 해석이 너무 무의미하고 상투적이기 때문에 그런 해석을 유지시킬 바에는 위험을 무릅쓰고라도 새 해석을 강행하는 것이 낫다고 나는 보았다.

15/26에 나오는 吾猶及史之闕文也,有馬者借人乘之,今亡矣夫!라는 공자의 말은 전통적으로 거의 해석 불능의 말로 알려져 있었다. 주자도 자신의 『논어집주』에서 "사관은 자신이 알지 못하는 부분을 비워 두는 미덕이 있었고 말을 가진 사람은 남에게 빌려주어 타게 하는 미덕이 있었는데 오늘날에는 그것이 없어지고 말았다"라는 양시楊時의 해석을 소개하였다. 그러면서도 "이 장은 뜻이 의심스러우니 억지로 해석하지 않는 것이 바람직하다"는 호안국胡安國의 말을 병행 소개하고 있는데 그것을 보면 주자 역시 이 단편의 해석에는 아무래도 자신이 없었던 것 같다.

그러나 나는 史之闕文이 사관이 쓰고 싶었으나 쓰지 못한 글, 도달하고자 하였으나 도달하지 못한 역사의 궁극을 가리키는 것으로 보았다. 이를테면 훗날 사마천이 「백이열전」의 말미에서 보여 준 처절한 고백, 역사가의 한계, 그 너머를 공자는 보았고 또 그에 이르렀음을 은밀히 밝힌 것이 아닌가 한다. 공자는 스스로를 과시한 적이 거의 없지만 드물게 2/4, 14/37, 17/19 등에서처럼 일부 제자들을 상대로 자신의 모습을 숨기지 않고 드러내기도 하였다. 이어서 공자는 그런데도 그것을 현실에 구현해 줄 정치 지도자가 없음을 한탄한 것이 15/26의 뜻이라고 나는 보았다. 나는 지금도 나의 해석이 맞을 것으로 생각한다. 그러나 이 해석 역시 史之闕文에 대한 전무후무한 해석이 될 수밖에 없다는 점 때문에 최종적으로 나의 해석 상 확언에는 포함시키지 않고 있다.

1/9에는 曾子의 말로 된 "愼終追遠하면 民德이 후한 데에로 돌아갈 것이다"
하는 말이 나온다. 여기서 愼終追遠을 전통적 해석은 "장례를 신중히 치루고
제사를 정성껏 지내는 것"으로 해석해 왔다. 이것을 나는 "일의 끝을 신중히
하고 먼 것을 추구하는 것"으로 해석하였다. 주자도 부인하지는 않았던 해석인
데 나는 그것이 증자의 본뜻이었다고 생각한다. 전통적 해석을 나는 『효경』이
라는 위작의 영향 하에서 이루어진 것으로 본다. 증자가 상례나 제례에 별로
관심이 없었다는 점8/5 등을 고려하면 전통적 해석의 가능성은 더욱 낮다. 그
러나 공자의 말도 아니고 증자의 말인데다 증자의 전체 사유를 완벽히 알 수
도 없으며 終이 장례의 뜻으로 널리 쓰여 왔다는 점 등을 고려할 때 역시 새
해석만이 절대적으로 옳다고 주장하기는 어려웠다.

나는 앞서 언급한 66개의 단편 중 대충 이 열 개 미만의 해석들에서 새로
운 해석을 단행하였지만 나름대로 그것이 과연 완벽한 해석일까 하는 문제
를 둘러싸고 오래 고민하였고 또 지금도 고민하고 있음을 있는 그대로 밝혀
두는 바이다. 그 정도도 결코 일률적이지 않아 어떤 것은 거의 확신을 하면
서도 인간의 일인 이상 결코 장담할 수는 없다는 차원에서 단정을 유보하는
가 하면 어떤 것은 전술한 바와 같이 지금 보아도 마음이 편치 않은 단편도
있다. 다만 심적 불편을 느낄 정도의 단편은 불과 두어 개에 지나지 않는다
는 점도 밝혀 둔다.

라. 절대적 확신을 가지는 해석들

이제 그 반대의 해석 사례에 대해 말할 차례가 되었다. 한마디로 해석적 확
신을 가지는 단편에 대한 이야기다. 이 경우에 대하여는 이야기하기가 자못

어렵다는 것을 다들 이해하리라 믿는다. 사람이란 흔히 아집과 편견을 진실과 소신으로 착각하곤 하기 때문이다. 나라고 하여 그로부터 예외가 되어야 할 그 어떤 이유도 없을 것이다. 그럼에도 불구하고 나의 입장에서는 이 외람된 이야기를 하지 않을 수 없다는 것이 사실이다. 나의 판단이 중요해서가 아니라 궁극적으로 논어의 진실이 중요하기 때문이다. 물론 그렇다 하더라도 최종적인 판단은 독자들에게 맡길 수밖에 없을 것이다.

우선 간단하고 가벼운 사례부터 이야기하기로 하겠다. 2/11에 보면 저 유명한 溫故而知新,可以爲師矣라는 말이 나온다. 전통적 해석은 "옛것을 되살려 새롭게 깨닫는다면 가히 남의 스승이 될 수 있다"는 것이다. 공자가 그런 뜻에서 한 말이라면 원문은 차라리 溫故而知新則可爲師矣가 적절하다. 以가 굳이 들어갈 필요가 없는 것이다. 나는 이 해석을 부인하고 "옛것을 되살려 새롭게 깨닫는다면 그것으로 스승을 삼을 수 있다"를 새 해석으로 제시하였다. 완전히 처음 나온 해석은 아니고 과거에도 극히 소수이지만 나온 적이 있었던 해석이다. 왜 이 소수설이 맞는지를 이해하려면 논어 전체에 대한 이해가 필요하다.

공자에게 스승은 배움으로 나아가는 데에 결코 필수적인 존재가 아니었다. 공자 자신은 주변인들로부터 누구에게 배웠느냐는 질문을 자주 받았던 것으로 보인다. 그때마다 공자는 특정한 스승의 존재를 부인하면서 "세 사람이 걸어가면 그 가운데 반드시 나의 스승이 있다"三人行,必有我師. 7/23는 등의 말로 스승이 반드시 있어야 한다는 생각을 거부했다. 2/11은 바로 그런 필요성과 논리에서 나온 말이 틀림없다. 따라서 전통적 해석은 부인되지 않으면 안 되는 해석이다. 논어 전체를 조망하고 다시 이 단편을 보면 이 해석의 타당성은 절대적일 수밖에 없다는 것을 알게 된다.

2/16에 나오는 공자의 말, 攻乎異端,斯害也已도 매우 중요한 해석상의 과

제다. 전통적 해석은 "이단을 전공하는 것은 해로울 뿐이다" 하고 풀이하고 있다. 여기서 말하는 이단은 유교적 전통에서 볼 때 주로 노불老佛 등을 지칭하는 것으로 해석되었다. 서양의 전통에서 말하는 이단heteronomy과 거의 같은 의미다.

이런 해석은 이 짧은 말이 공자의 중용사상을 배경으로 하고 나왔다는 점을 놓치고 있다. 중용의 구도를 이해하지 못했기 때문에 이단은 어쩔 수 없이 heteronomy가 되었고 攻도 전공專攻이 되고 말았다. 그러나 중용의 전체 구도를 이해하고 이 말을 살펴보면 이단은 중용을 잃은 상태에서 불가피하게 직면하게 되는 양단화兩端化 현상에서 어느 일단一端이 타단他端을 지칭하는 것이 되고 攻도 공격이나 비난이 된다. 이 말은 중용을 잃은 사회의 암울한 현실을 두고 공자가 신중한 안목에서 조언한 것이지만 긴 역사는 이를 고스란히 간과하고 말았다. 따라서 2/16은 그동안 극히 드물게만 출현하였던 소수설로 돌아가야 하며 전통적 해석은 폐기되어야 마땅하다.

5/7에서 공자가 남긴 매우 중요한 말도 전통적 해석은 많은 문제점을 노출하고 있다. 道不行,乘桴浮于海.從我者其由與.子路聞之喜.子曰 : 由也好勇過我,無所取材라는 말인데 전통적 해석은 이 중 道不行,乘桴浮于海라는 말을 두고 "도가 행해지지 않아 뗏목을 타고 바다로 나가야겠다"는 뜻으로 풀이하였다.

이 황당한 해석은 도대체 공자가 왜 뗏목을 타고 바다로 나가야겠다고 했는지를 전혀 설명하지 못하고 있다. 그 때문에 터무니없는 해설자들이 나타나 군자가 살고 있다는 한반도로 가기 위한 것이었다는 등, 바다 건너 섬나라 일본으로 가려는 뜻이었다는 등 중구난방의 해석을 내놓기까지 했던 것이다. 나는 이런 해석을 하는 사람들에게 "그렇게 바다 건너 도가 행해지는 땅으로 가고 싶다면 크고 안전한 배를 타고 가지 왜 구태여 위험한 뗏목을 타고 가려고 했을까?" 하고 물어보고 싶을 지경이다.

이 구절은 도가 행해지지 않고 있는 세상을 살아가고 있는 자신의 실존적 상황을 말해 주는 비유였다. 너무나도 드물고 귀중한 진술이 아닐 수 없다. 문장에 如 등 비유임을 말해 주는 구체적 문구가 없음에도 불구하고 이 문장은 비유가 아닐 수 없는 자명성을 가지고 있다. 심지어 비유임을 말해 주는 표현이 없는 이유가 이 말을 듣고 기록한 제자가 이 말이 비유임을 모르고 있었을 가능성까지 생각해 볼 수 있을 정도다. 단편의 자명성은 있을 수도 있는 기록자의 오해를 치유할 수 있을 정도로 넘치고 있다.

마지막 無所取材, 즉 "뗏목을 만들 재목을 구할 바가 없구나" 하는 말은 材를 해석함에 있어 정현鄭玄의 부재설桴材說, 즉 '뗏목을 만들 재목'이라는 해석이 엄연히 선행해 있었음에도 불구하고 주자가 "헤아려 처리하는 것"裁度이라고 터무니없는 해석을 한 것은 乘桴浮于海를 제대로 해석하지 못한 것에 뒤이은 어처구니없는 착종이 아닐 수 없다.

논어의 어떤 구절에 대한 해석의 확신은 대부분 직접적으로 다가온다. 이것이 어려움과 동시에 자긍심을 안겨 준다. 이를테면 여기 테이블 위에 잉크병이 있다. 만약 누군가가 테이블 위에 있는 것이 왜 잉크병이냐? 그것이 탁상시계가 아니라 잉크병이라는 증거가 어디에 있느냐? 하고 따지고 묻는다면 그것처럼 난감한 일이 어디에 있겠는가? 그러나 그것처럼 확실한 것이 또 어디에 있겠는가? 너무나도 많은 새 해석은 내게 잉크병이었다.

이를테면 2/12에 나오는, 논어에서 가장 짧은 단편 중 하나인 君子不器라는 뭉텅한 말도 그렇다. 주어 君子를 제외하면 不器라는 단 두 글자에 담긴 내용을 두고 전통적 해석이 어떻고 새 해석이 어떻고 하고 말한다는 것이 얼핏 보면 무리한 일 같기도 하다. 그러나 그렇지 않다. 전통적 해석은 군자는 어느 한 가지 특정한 용도로만 쓰이는 그릇과 같은 존재가 아니라非特爲一

才一藝而已 모든 것을 갖추고 있어 두루 쓰이는 존재體無不具,故用無不周라고 풀이하고 있는데 이는 전혀 공자의 의중을 헤아리지 못하고 있다.

그릇이 아니라는 말은 무언가를 담기에는 부적절한 존재라는 뜻이며 그 어떤 외부적 목적이나 기능에도 공供해지는 존재가 아니라는 뜻이다. 거기에는 심지어 '쓸모없음'이 있고 '버려짐'이 있다. 不器는 공자의 깊고도 높은 자의식에서 온다. 그것은 논어의 일관된 철학인 위기지학爲己之學과 구조적으로 연관되어 있다. 단 두 글자가 이런 심오한 논점들을 담고 있다는 것은 때로는 잘 이해가 되지 않는 일이다. 그러나 바로 그런 점이 인류의 너무나도 드문 전적典籍인 논어의 위대한 특징을 보여 주는 것이 아닐 수 없다.

논어를 읽는다는 것은 논어 앞에 서는 것이다. 논어는 공자의 체험과 사유를 담고 있다. 그런 논어 앞에 우리는 우리의 체험과 사유를 안고 마주선다. 그것은 그 어떤 매개도 없는 일대일一對一의 외로운 관계다. 마주 선 두 소리굽쇠가 언제 어떤 공명을 일으키는지 우리는 지켜보고 귀를 기울인다. 그것만이 논어를 읽는 영원한 독법이다.

공명은 일어날 수도 있고 일어나지 않을 수도 있다. 또 약할 수도 있고 강할 수도 있다. 부분적으로만 일어날 수도 있다. 마주서는 일이 진지하게 지속될 경우 때로는 일어나지 않던 공명이 이윽고 일어나는 경우도 있다. 공자의 체험과 사유가 우리의 체험과 사유를 일깨우고 공명을 일으키는가 하면 어떤 깊이에서는 우리의 체험과 사유가 공자의 체험과 사유를 일깨우고 공명을 일으키기도 한다.

내가 나의 새 해석을 확신하고 있는 단편 중에서는 적잖이 오랜 기간 동안 고민을 했던 경우도 있다. 그 중 하나가 12/2다. 제자 중궁仲弓이 어짊에 대해 물었을 때 공자가 했던 저 유명한 己所不欲,勿施於人이 그것이다. 워낙 유명한 말이고 그 해석과 의미에 대해서도 지금까지 이견이 없었던 말이다.

나는 이 말에 대한 전통적 해석에 동의할 수 없었다. 얼핏 보면 이 구절은 "자기가 하기 싫은 것은 남에게도 행하지 말라"는 뜻에 아무런 하자가 없어 보인다. 그런데 처음 이 구절을 대했을 때 나는 묘한 결극을 느꼈다. 일견 그것은 사소해 보였다. 그런데 묘하게도 그것을 떨칠 수가 없었다. 결극은 우선 不欲에서 느껴졌다. 欲은 기본적으로 무언가를 적극적으로 하려 하는 것을 말한다. 따라서 不欲은 그러려고 하지 않는 것을 말한다. 그것은 일반적으로 풀이되는 "자신이 하기 싫은 것"과는 어딘가 차이를 느끼게 한다. 여기까지는 그래도 있을 수 있는 차이라 할 수 있다.

문제는 勿施於人이다. 엄밀하게 이 네 글자만 놓고 풀이하면 "남에게 베풀지 마라"는 해석에 문제가 없다. 논어에 나오는 다른 사례로 博施於民백성들에게 널리 베풀다. 6/30이 있어 참고할 수 있다. 다만 베푼다는 것은 일반적으로 좋고 바람직한 행위라고 알려져 있는데 그것을 부정하는 문장이라는 점에서 약간의 곤혹감이 느껴질 뿐이다. 후술하는 바와 같이 이 말의 위대한 비밀이 바로 거기에 감추어져 있지만 말이다.

어쨌든 己所不欲,勿施於人에서 미묘한 결극을 감지한 사람은 비단 나만이 아니었다. 최초로 그 결극을 감지한 사람은 다름 아닌 『중용』의 저자였다. 그는 이 구절 己所不欲,勿施於人을 施諸己而不願,亦勿施於人이라고 바꾸었다. 결극이 느껴지던 애매한 원문을 분명하게 바꾼 것이다. "자신에게 베풀어지기를 원하지 않는 것이라면 역시 남에게도 베풀지 마라"는 뜻으로 정리한 것이다. 이제 문장의 뜻은 분명해졌고 결극은 사라져 버렸다.

『중용』의 저자는 위험한 짓을 했다. 나도 중용의 저자도 결극을 느낀 것은 동일했지만 중용의 저자는 결극을 원문의 변조로 메꾸었다. 나는 그 반대편을 택했다. 즉 그 결극을 치유하기 위해 중용의 저자를 포함, 다수의 사람들이 일반적으로 취하는 해석을 틀린 해석으로 본 것이다.

생각해 보자. 己所不欲,勿施於人을 전통적 해석에 좇아 받아들일 때 그 가장 대표적인 사례를 든다면 무엇을 들 수 있을까? 모욕 같은 경우가 적절하지 않을까 한다. 그러면 "자신이 모욕을 당하고 싶지 않다면 남도 모욕하지 말라"는 뜻이 될 것이다. 그런 뜻을 당신이라면 己所不欲,勿施於人이라는 문장에 담겠는가? 그런 의미라 생각하고 자세히 여덟 글자를 들여다보자. 欲과 施가 길바닥의 돌부리처럼 걸린다는 것을 느낄 수 있을 것이다.

나는 결국 이 미묘한 단편이 공자가 수없이 강조한 바, 남을 위하겠다, 이 세상에 이바지하겠다, 이 사회를 바로 잡겠다 하는, 상식의 세계에서는 너무나도 당연하고 오히려 상찬할 만한 의지를 공자가 오히려 막아선 사례의 연장선에 있다고 보았다. 己所不欲,勿施於人은 "자신이 하고자 하지 않는 바를 남에게 베풀지 마라", 다시 말해서 "자신이 하고자 하는 바로써만 남에게도 베풀어라" 하는 뜻으로 나는 풀이하였던 것이다.

수많은 논어 해석자들이 이를 놓친 것은 바로 공자의 그런 태도가 도처에서 이해되지 못하고 걸림돌이 된 것과 같은 차원에 있다. 공자의 제자들 중에서도 이 문제를 이해한 사람은 안연밖에 없었다. 자로도 자공도 이해하지 못했다. 어떻게 남을 위하고 이 세상을 위하는 것이 만류되어야 할 대상이란 말인가 하고 그들은 반문하지 않을 수 없었던 것이다. 그러니 己所不欲,勿施於人이 곡해의 길로 접어든 것도 어쩌면 불가피한 것이었는지도 모른다.

나는 이 단편에 대해 해석적 결론을 내렸지만 『논어의 발견』을 출간한 이후에도 오랫동안 마음 한편에 혼란이 남아 있었던 것이 사실이다. 거기에 가장 크게 작용한 것은 "남이 너희에게 해주기를 바라는 그대로 너희도 남에게 해주어라"는 신약성서 「루가복음」 6 : 31의 구절이었다. 이른바 황금률golden rule로 불리는 이 구절은 확실히 己所不欲,勿施於人의 전통적 해석과 가까웠다. 더구나 공자는 己所不欲,勿施於人을 종신토록 행할 만큼 중요한 원리인 서恕의 내용으로 제시하고 있었고[2] 서 또한 일반적으로 나와 남의 마음의 동질성을 의미했던 것이다.

내가 "스스로 설정한 가장 가혹한 반론"이라고 말했던 이런 반문은 초판 발행 전에 이미 걸러진 것이었으면서도 이상하게 발행 이후에도 이따금 흉중에서 되살아나곤 했다. 얼마 전 나는 개정판 발행을 앞두고 이 단편의 해석에 다시 매달렸다. 오래 이 단편을 들여다보았다. 그리고 최종적으로 다시 나의 새 해석을 확인했다.

황금률은 외형적 유사성과 그 자체가 가진 위대성에도 불구하고 己所不欲,勿施於人의 해석에 대한 키가 될 수는 없다고 보았다. 황금률은 황금률대로 공자의 원칙은 공자의 원칙대로 사정이 있고 논리가 있다고 보았다.[3] 서恕는 오히려 새 해석에 와서 나와 남의 마음의 동질성同質性을 넘어 동심원성同心圓性까지 보여 주는, 더 높은 일치에 이른다고 나는 보았다.

결국『중용』의 저자마저 己所不欲,勿施於人의 원문을 고칠 수밖에 없었던 것은 인간의 통념이 이 말 속에 깃든 공자의 초상식적超常識的 논리를 받아들일 수 없었기 때문이다. 나는 중용의 저자마저 걸려 넘어질 수밖에 없었던 이 역설을 뛰어넘어야 한다고 생각했다. 최종적 결론은 여덟 자의 내부에서만 비롯된 것이 아니라 오직 안연만이 이해할 수 있었던 저 무시로無施勞라는 공자의 일관된 철학에 더 크게 기인한 것이었다.

해석적 결론에 확신을 보내고 있는 단편은 더 많다. 비교적 사소한 부분에

---

2) 子貢問曰 : 有一言而可以終身行之者乎?子曰 : 其恕乎!己所不欲,勿施於人. 15/24

3) 황금률에 대해서는 그 후로도 여러 가지 생각을 하게 되었다. 그 구절이 예수 이전에도 통용되던 격언이었다는 점, 「루가복음」에만 기록되어 있다는 점, 세속 격언이 예수의 교훈으로 유입된 의혹을 받기도 한다는 점, 황금률이라는 이름으로 평가가 굳어져 있지만 그 원리는 공자적 원리라기보다는 묵자의 겸애에 가까운 평면적 원리라는 점 등이다.

걸친 것도 있고 단편 전체에 걸친 것도 있다. 또 주된 취지에는 크게 영향을 주지 않는 것도 있고 완전히 그 의미를 달리하는 것도 있다. 그 모든 단편을 이 자리에서 일일이 다시 언급하는 것은 바람직하지도 않을 것이다.

나는 이미 『새번역 논어』와 『논어의 발견』에서 개별 단편들의 해석에 관해 거의 살필 것을 살폈다. 그리고 15년이 넘는 세월이 지났지만 극히 사소한 한두 군데를 제외하고는 근본적으로 1999년에 제시한 나의 해석을 바꾸지 않았다. 그러므로 더 이상의 개별적 검토는 하지 않기로 하겠다.

우연인지 필연인지는 모르겠지만 해석상 문제가 된 단편들은 대부분 논어의 최고봉을 이루는 단편들이다. 나는 대체로 필연이 아닐까 생각한다. 이것은 심각한 일이 아닐 수 없다. 해석이 단순히 해석의 문제에 그치지 않고 논어 전반과 공자라는 역사적 인물의 근본에 관계되는 것일 때 우리는 이 문제를 한 차원 더 높은 곳에서 바라보지 않으면 안 되기 때문이다.

언젠가 나는 논어 해석과 관련하여 내 나름대로 다음과 같은 기준을 정하여 논어 단편을 선정해 본 적이 있었다. 그 기준은 다음과 같다.

1) 새 해석을 내가 100% 확신할 수 있고 흔쾌히 확신에 이르렀을 것
2) 워낙 중요한 내용을 담고 있어 그것이 전통적 해석으로 방치된다면 논어에 치명적인 결여가 되는 단편일 것
3) 논어가 성립된 이래 처음 선뵈는 해석일 것

어쩌면 매우 까다로운 기준이라 이 요건을 모두 만족시키는 단편은 결코 많지 않았다. 이를테면 1/7에 나오는 賢賢易色이나 2/8의 色難같은 구절에 대한 새 해석은 전례도 없고 그 타당성을 확신도 하지만 본질적인 부분에 걸친 해석은 아니라는 점에서 제외하였다. 또 1/13에 나오는 유자有子의 因

不失其親,亦可宗也 같은 말도 유학사적儒學史的으로 매우 중요한 발언이지만 새 해석의 전례가 있다는 차원에서 제외되었다.

또 3/24의 儀封人請見章도 초유의 해석이고 확신할 수 있는가 하면 매우 감격적인 역사적 발굴로서 의미도 심중하지만 단지 그것이 공자의 철학을 담은 단편이 아니라는 이유에서 제외시켰다. 심지어 전술한 9/17의 吾未見好德如好色者也나 12/2의 己所不欲, 勿施於人도 해석상 전례가 없고 그 의미가 매우 심중하지만 단지 확신에 이르기까지 긴 고민의 과정을 거쳤다는 점에서 역시 제외시켰다. 그리고 훨씬 많은 단편들이 단지 치명적인 결여가 된다는 요건을 엄격히 적용함으로써 제외되었다.

나는 그 기준에 따라 단지 여섯 개의 단편만을 선정하였다. 그 원문과 함께 전통적 해석 그리고 새 해석을 모두 소개하면 다음과 같다.

1) 子曰 : 人之過也,各於其黨.觀過,斯知仁矣. 4/7

전통적 해석

"사람의 잘못은 각자 자기 집단에 따라 다르다. 잘못을 보면 그가 어진 정도를 알 수 있다."

새 해석

"사람의 잘못이란 각자 자기 집단에 치우쳐 있는 것이다. 이 잘못을 보는 것이 곧 어짊을 아는 것이다."

2) 子曰 : 伯夷叔齊,不念舊惡,怨是用希. 5/23

전통적 해석

"백이와 숙제는 옛날의 악을 염두에 두지 않았고 그래서 남을 원망하는 일이 드물었다."

새 해석

"백이와 숙제는 구악舊惡을 생각했던 것이 아니라 그것이 드물게 쓰이는 것을 원망하였다."

3) 顔淵季路侍. 子曰 : 盍各言爾志? 子路曰 : 願車馬, 衣輕裘, 與朋友共, 敝之而無憾. 顔淵曰 : 願無伐善, 無施勞. 子路曰 : 願聞子之志. 子曰 : 老者安之, 朋友信之, 少者懷之. 5/26

전통적 해석

안연과 계로가 모시고 있는데 선생님께서 말씀하셨다.

"각자 자기 뜻을 말해 보지 않겠느냐?"

자로가 말하였다.

"수레와 말을 타고 가벼운 가죽옷을 입고 벗들과 함께 즐기다가 그것들이 못쓰게 되어도 유감이 없기를 원합니다."

안연이 말하였다.

"저의 선함을 자랑하지 않고 노고를 베풂이 없기를 원합니다."

자로가 말하였다.

"선생님의 뜻을 듣기 원합니다."

선생님께서 말씀하셨다.

"늙은이들은 편안하게 해주고 벗들은 믿음직하게 해주고 젊은이들은 감싸주고 싶다."

새 해석

앞부분 같음

안연이 말하였다.

"선을 내세움이 없기를, 헛되이 베풂이 없기를 원합니다."

자로가 말하였다.

"선생님의 뜻을 듣기 원합니다."

선생님께서 말씀하셨다.

"늙은이들은 그것을 누리고 벗들은 그것을 믿고 젊은이들은 그것을 품는 것이다."

4) 子曰 : 吾有知乎哉? 無知也. 有鄙夫問於我, 空空如也, 我叩其兩端而竭焉. 9/7

전통적 해석

선생님께서 말씀하셨다.

"내가 아는 것이 있는가? 아는 것 없다. 미천한 사람이 있어 내게 물어 올 때 막연해하면 나는 단지 처음부터 끝까지 규명해 가르쳐 줄 뿐이다."

새 해석

선생님께서 말씀하셨다.

"내가 아는 것이 있는가? 아는 것 없다. 미천한 사람이 있어 내게 물어 오면 나는 막막하다. 나는 단지 그 양단을 두드려 줄 뿐이다."

5) 子曰 : 不得中行而與之, 必也狂狷乎. 狂者進取, 狷者有所不爲也. 13/21

전통적 해석

"중행을 실천하는 사람을 얻어 함께하지 못할 바에야 차라리 과격한 사람이나 완고한 사람을 택하겠다. 과격한 사람은 진취적인 데라도 있고 완고한 사람은 하지 않는 바라도 있기 때문이다"

새 해석

"중행中行을 얻지 못하고 간여하면 급진적으로 되거나 결곡해진다. 급진적인 자는 나아가 취하려 하고 결곡한 자는 하지 않는 바가 있다."

6) 子曰 : 君子謀道, 不謀食. 耕也, 餒在其中矣. 學也, 祿在其中矣. 君子憂道, 不憂貧.
15/32

전통적 해석

"군자는 도道를 도모하지 먹는 것을 도모하지 않는다. 밭갈이에도 굶주림이 그 가운데에 있을 수 있지만 배움에는 녹이 그 가운데에 있다. 군자는 도를 근심하지 가난을 근심하지 않는다."

새 해석

"군자는 도道를 도모하지 먹는 것을 도모하지 않는다. 밭갈이는 굶주림이 그 가운데에 있고 배움은 녹이 그 가운데에 있다. 군자는 도를 근심하지 가난을 근심하지 않는다."

위 여섯 개 단편에 대해 새삼스레 더 부연된 설명은 하지 않으려 한다. 이미 『새번역 논어』의 해당 장에서 충분한 설명을 하였고 『논어의 발견』과 이 책에 수록된 여러 글에서도 자주 언급하였기 때문이다. 기왕에 언급된 글들을 참고삼아 소개하면 다음과 같다.

1) 人之過也章 : 『논어의 발견』 II-4, III-2-가, 이 책 II-2-나, III-9.

2) 伯夷叔齊章 : 『논어의 발견』 III-2-가, 이 책 III-11, III-13.

3) 顔淵季路侍章 : 『논어의 발견』 I-2-나, 다, III-2-나, 이 책 I-4, I-6.

4) 吾有知乎哉章 : 『논어의 발견』 II-1, 이 책 II-3-가, IV-3.

5) 不得中行而與之章 : 『논어의 발견』 II-1, 이 책 II-3-나, III-11.

6) 君子謀道章 : 『논어의 발견』 III-2-가, 이 책 III-6.

솔직히 말해서 나는 지금도 이 여섯 개 단편을 바라볼 때마다 마음에 벅찬 감회를 느낀다. 이 단편들을 발견하던 시점으로부터 따지자면 대부분 30년도 훨씬 지났지만 그 감회가 별로 바래지 않았다는 것도 신기하다. 모두 논어의 그 어떤 단편들보다 수준 높은, 논어라는 산맥의 연봉連峰을 이루고 있는 최고봉들이다. 그리고 황송하게도 하나같이 2500년의 잠에서 깨어나 그 외외한 태고의 자태를 드러낸 단편들이다. 이 감회를 무어라고 표현해야 할까! 내가 이 여섯 개 단편을 2500년에 걸친 긴 오독誤讀에서 구제하여 이 세상 논어 독자들에게 되돌려줄 수 있게 되었다는 사실만으로도 나는 감당키 어려운 영광을 느낀다.

그러나 요원한 과제는 언제나 우리 자신이라는 점을 잊어서는 안 될 것이다. 우리가 스스로 변화되고 새로워지지 않는다면 논어도 공자도 어쩌면 다 소용없는 존재가 아닐 수 없다. 그 궁극을 생각하면 바로잡은 단편이 여섯 개든 예순 개든 그 자체만으로는 무슨 소용인가? 실천의 장에 구체적으로 이어지지 않는 것이라면 마치 밭을 가는 일을 앞두고 괭이가 적합한지 쇠스

랑이 적합한지를 따지는 문제와 다름없을 것이다.

그 점에서 나는 내가 논어 해석의 문제에서 이루어 놓은 것이 무엇이고, 그것이 어떤 의미를 지닌 것이든 우리가 각자의 몫으로 추구해야 할 저 실천적인 목표 앞에서 볼 때는 언제나 매우 사소한, 출발선상의 문제에 지나지 않을 수도 있다는 사실을 결코 잊지 않으려 한다. 그리고 그런 실천적인 목표에 매진할 수 있을 때 비로소 이 가슴 설레는 발견도 제 몫의 의의와 정체성을 갖추고 환하게 떠오르게 될 것이다.

V

———

수사 洙泗 의 본류를 찾아서

1 주나라의 신비

논어와 공자를 공부하다 보면 자연스럽게 그 배경시대인 춘추시대와 그 시대를 포괄하고 있던 주周나라에 대해 관심을 가지게 된다. 주나라가 역사에 등장한 시점은 B.C. 1046년으로 알려져 있다. 이 시점은 주나라가 건국한 시점이기도 하지만 사실상 중국의 역사시대가 개시된 시점이기도 하다. 물론 그 이전에 은나라가 있었다. 은나라에 관해서는 『사기』등에 나름대로 기본적인 사실史實과 약간의 일화가 없지는 않다. 또 20세기 초 은허의 발굴로 역사시대에 편입은 되었지만 그 내용은 여전히 빈약하다. 그 이전의 전설시대인 하나라나 삼황오제시대보다 크게 나을 것이 없다는 말이다.

그러나 주나라는 다르다. 주나라는 전설시대를 하루아침에 역사시대로 끌어올렸다. 그것도 찬란한 문화의 시대로 말이다. 마치 무성의 흑백영화가 갑자기 유성의 총천연색 시네마스코프 영화로 변한 것 같다. 그 시대의 후반에서 공자가 출현하였다는 사실만으로도 주나라는 주목에 값하는 시대다.

주나라는 중국의 역대 왕조 중에서 가장 긴 존속기간을 보여 주는 왕조이기도 하다. 끝난 시점을 언제로 볼 것인가에 따라 존속기간은 약간씩 차이가 있다. 전국시대를 포함하면 800여 년이 넘는다. 중국의 역대 왕조들이 길어야 300년을 잘 넘기지 못했던 것에 비하면 엄청나게 긴 존속기간이다. 왕권 그 자체로 보면 주나라의 왕들처럼 무력했던 왕들이 없었다. 진시황 이후 군현제로 나라를 다스렸던 여러 왕들은 막강한 중앙집권적 힘을 가지고 있었다. 그러나 주나라의 왕들은 기본적으로 주변 제후국들로부터 보호를 받아야 하는 입장이었다. 그나마 여의치 못할 때에는 서쪽 또는 북쪽의 오랑캐들에게 속수무책으로 시달리기도 했다. 왕이 혈족이나 신하, 백성들에 의해 피살되는 경우마저 종종 있었다. 그런 연약한 왕조가 어떻게 가장 긴 존속기간을 갖게 되었을까? 그것은 의문이자 신비였다.

그 첫 번째 이유는 봉건제도라는 매우 특수한 정치제도에서 오는 것 같다. 오늘날 우리는 봉건제도에 대해 많은 오해를 하고 있다. 봉건제도라는 말은 부정적인 이미지로 가득 차 있다. 그것은 서양사를 번역하던 사람들이 feudalism의 역어로 동양의 봉건제도라는 말을 함부로 차용한 데에 일차적인 원인이 있다.

서양 중세의 봉건제도와 동양 고대의 봉건제도는 외형상 약간의 유사점에도 불구하고 역사의 물줄기 자체가 다르기 때문에 도저히 같은 이름으로 불릴 수 없는 차이를 가지고 있다. 그것이 혼란과 오해의 가장 큰 원인이었다. 또 동양이 근대화되는 과정에서 낡은 유습에 대해 사람들이 봉건적이라는 말을 무분별하게 사용한 것도 중요한 원인이 되었다. 그러나 정치적 제도로서의 진짜 봉건주의는 까마득한 옛날, 주나라의 멸망과 더불어 지구상에서 사라진 제도다. 사라진 지 2200년이 넘었다는 뜻이다. 고도의 상상력을 동원하지 않으면 추체험조차 하기 어려운 태곳적의 정치체제에 대하여 잔재니 유습이니 하는 말은 애초부터 성립될 수 없었던 것이다.

주나라 건국 시로 돌아가 보자. 은나라를 멸망시킨 무왕은 주나라를 건국하면서 자신의 많은 피붙이들과 공신들에게 봉토를 나누어 다스리게 하였다. 무왕이 형제들로 하여금 다스리게 한 나라만 해도 노魯나라, 위衛나라, 채蔡나라, 조曹나라, 등滕나라 등 16개 나라였고 자신의 아들들로 하여금 다스리게 한 나라도 진晉나라를 비롯하여 네 개 나라였다. 또 아우인 주공의 아들들로 하여금 다스리게 한 나라도 형邢나라 등 여섯 개 나라였다. 그러나 제후국들의 숫자가 대략 140개 정도였다고 하니 모든 나라들을 피붙이들에게만 나누어 줄 수는 없었을 것이다.

이를테면 춘추시대에 패자로 이름을 낸 나라들, 제齊, 진晉, 초楚, 오吳, 월越, 거기에 진秦을 추가하더라도 무왕의 피붙이가 제후로 봉해진 나라는 엄밀하게 말하면 진晉나라 하나밖에 없었다. 제나라는 공신인 강태공이 봉해진 나라였고 초나라는 무왕의 아들 성왕成王 당시에 건국 공신의 후손인 웅역熊繹을 뒤늦게 봉한 나라였다. 오나라는 같은 희씨姬氏라고는 하나 주나라가 건국되기도 전에 문왕의 두 큰아버지 태백과 중옹이 형만지방으로 달아나 세운 나라이기 때문에 다른 피붙이 나라와는 사정이 달랐다. 월나라는 언제 제후국에 편입되었는지 기록마저 뚜렷하지 않다. 우임금의 자손이 세운 나라로 되어 있는 만큼 무왕의 피붙이가 아닌 것은 분명했다. 심지어 진秦나라는 서쪽에 치우쳐 있다 하여 주나라가 건국되고도 봉국의 범위 밖에 놓여 있다가 300여 년 뒤 동주東周시대가 개막되고 나서야 뒤늦게 평왕平王이 동천을 도와준 진양공秦襄公을 제후로 봉한 경우였다.

이런 것들을 고려하면 주나라는 주로 왕도에 가까운 나라에 피붙이들을 봉함으로써 왕을 보필할 수 있도록 하였던 것이 분명하다. 말하자면 초기에는 그 세력권이 매우 제한되어 있었고 세월이 지날수록 영향력이 커져 오늘날의 중국대륙 대부분으로 확대된 나라임을 알 수 있다. 논어에는 건국 초기에 이들 나라에 어떤 질서를 부여할 것인지를 고민했던 흔적이 남아 있다.

주공周公이 노공魯公에게 말했다.
"군자는 그 친족에게만 편중하지 않아 대신들로 하여금 써주지 않는다고 원망하게 하지 않는다. 오래 함께해 온 사람은 큰 문제가 없는 한 버리지 않는다."

周公謂魯公曰:君子不施其親,不使大臣怨乎不以.故舊無大故,則不棄也. 18/10

혈통에 기초한 종법제도를 기본으로 하고는 있지만 건국공신들을 소외시키지 않으려는 배려가 곳곳에 드러나 있다. 심지어 요왈편 1장에 보면 "비록 주나라의 친족들이 있다지만 어진 사람만은 못하다"雖有周親,不如仁人는 단호한 입장도 보인다. 이런 배려들이 종법제도의 취약점을 잘 보완하고 있었던 것 같다.

그러나 종법제도와 봉건제도는 그 자체로는 단순한 기반에 지나지 않았다. 봉건제도는 주나라 건국 초기에는 나라를 획정하고 그 땅에 제후들을 임명하는 중대한 제도였지만 일단 제후국들이 성립되고 나면 어떠한 현실적 관계도 없었다. 모든 제후국들은 정치적, 군사적, 경제적으로 독립된 국가였다. 다만 명분상으로만 제후들은 주나라 왕의 신하였기 때문에 약간의 조공을 바쳤고 국가 중대사에 대한 보고의무가 있었을 뿐이었다. 각 제후들은 주나라 왕에 의해 작위를 부여받고 있었으니 공작公爵, 후작侯爵, 백작伯爵, 자작子爵, 남작男爵이 그것이었다. 오늘날 서양 중세 귀족들의 작위 duke, marquess, earl, viscount, baron의 역어로 차용된 바 있다. 작위는 형식적인 것에 지나지 않았고 현실적 의미를 전혀 가지지 못한 것이었다. 이를테면 가장 높은 작위인 공작은 은나라의 후손을 봉한 송宋나라의 제후에게만 부여된 것이었지만 송나라는 결코 강대국이 아니었다. 반대로 초楚나라는 엄청난 강대국이었지만 제후의 작위는 자작에 불과하였다.

어느 나라의 제후가 제후국들의 질서를 어지럽혔다 하여 왕이 제후를 교체할 수도 없었고 하다못해 징벌적 차원에서 왕도王都로 소환하는 법도 없었다. 왕은 그럴 정도로 현실적인 힘을 가지고 있지 않았다. 외형적인 모습만 본다면 과연 그런 왕국이 십 년, 이십 년을 버틸 수 있을까 싶을 정도였다.

그러나 800년 이상을 버텼다. 어떻게 그것이 가능했을까?

우선 봉건제도라는 이 기본 틀을 채운 것은 의미로 충만한 여러 건국신화들이었다. 은나라 마지막 포악했던 주왕紂王를 둘러싼 갖가지 설화가 주나라 건국의 불가피성을 뒷받침하고 있는가 하면 문왕의 전설적 덕정이 왕도정치의 이상을 높이 세웠다. 또 그의 아들이자 주 왕조의 실질적인 창건자 무왕의 은정벌 사건은 주 왕조가 숨기지 않고 선양宣揚한 백이숙제의 수양산 설화와 함께 주나라의 탄탄한 기점을 이루고 있다. 그뿐인가? 무왕의 아우였던 주공周公의 예악 정비와 열세 살의 어린 나이에 무왕의 뒤를 이어 왕이 된 어린 조카 성왕成王을 사심 없이 보필한 저 금등金縢의 충정[1]이 생생하게 남아 있는가 하면 곧은 낚시로 유명한 강태공의 일화 등도 건국신화의 생동감을 더해 주고 있다. 이 명분과 이상으로 가득한 일화들은 주대 800년 동안 모든 사람들의 정치적 상상력을 휘어잡았다. 그 중에서도 가장 의미 있는 것은 문왕과 무왕을 중심으로 한 왕도정치의 이상이었다. 공자의 제자 자공은 스승의 배움의 원천을 문무지도文武之道로 단언하는 것을 망설이지 않았다.

위나라의 공손조公孫朝가 자공에게 물었다.

"중니仲尼께서는 어디서 배우셨습니까?"

---

1) 주나라가 개국한 지 2년 만에 무왕이 병을 얻어 위독하게 되었다. 그때 아우인 주공이 무왕을 대신하여 자신이 죽게 해달라고 신에게 빌었다. 무왕은 이튿날 바로 병이 나았다. 이에 주공은 자신이 신에게 빌었던 말을 적어 아무도 몰래 쇠로 묶은 궤(金縢之匱) 속에 넣었다. 훗날 무왕이 죽고 어린 성왕이 등극하자 바로 위형인 관숙(管叔)과 아우 채숙(蔡叔) 등이 주공을 모함하여 "어린아이에게 이롭지 않은 짓을 할 것이다"고 헛소문을 퍼트렸다. 이에 주공은 권좌에서 물러나 동쪽으로 가서 몸을 숨기고 산 지 2년 만에 죄인들이 잡히게 되었다. 그 후 세월이 지나 심한 폭풍우에 놀란 성왕이 금등의 궤를 열었고 거기서 옛날 주공의 충정을 확인하게 된다.

자공이 말했다.

"문왕과 무왕의 도가 아직 땅에 떨어지지 아니하고 사람에게 남아 있어 현명한
자는 그 중 큰 것을 알고 있고 현명하지 못한 자는 그 중 작은 것을 알고 있습니
다. 문왕과 무왕의 도를 지니지 않은 자가 없으니 우리 선생님께서 어디서인들
배우지 않으셨겠으며 또한 어찌 일정한 스승이 따로 있었겠습니까?"

衛公孫朝問於子貢曰: 仲尼焉學? 子貢曰: 文武之道, 未墜於地, 在人, 賢者識其大者,
不賢者識其小者. 莫不有文武之道焉, 夫子焉不學? 而亦何常師之有? 19/22

공자 스스로 그런 입장을 밝히기도 하였으니 광匡지방에서 죽음의 위기
에 처했을 때 그로 하여금 죽음도 의연히 받아들일 수 있는 담담한 자세를
취할 수 있게 하였던 것은 바로 문무지도에 대한 굳건한 믿음이었다.

선생님께서 광匡 지방에서 위기에 처하셨을 때 말씀하셨다.

"문왕은 이미 돌아가셨으나 문文은 여기에 남아 있지 않느냐! 하늘이 이 문을 없
애고자 했다면 후에 죽을 자들은 이 문과 함께하지 못하였을 것이다. 하늘도 이
문을 없애지 않는다면 광匡 사람들이 나를 죽인들 무엇하겠느냐?"

子畏於匡, 曰: 文王既沒, 文不在茲乎! 天之將喪斯文也, 後死者不得與於斯文也, 天之
未喪斯文也, 匡人其如予何? 9/5

공자 자신의 의식의 정점頂點에 있었던 것도 다름 아닌 문무지도文武之道
였다. 그 이상과 이념은 아마도 전설시대였던 요순堯舜에 대한 남다른 강조
를 통해 더 확고히 뒷받침되었을 것이다. 이 점에서 나는 『서경』의 편찬이
건국 초기부터 의도적으로 시도된 일련의 수준 높은 정치행위였다고 본다.
그리고 그것이 엄청난 성공이었음도 말해 두고 싶다. 공자와 그 제자들마저

도 『시경』과 더불어 『서경』을 일상적으로 공부하고 이야기하였다고 논어는 기록하고 있다.

> 선생님께서 평소 말씀하신 바는 『시詩』와 『서書』와 예법에 관한 것이었으니 이것들에 대해서는 모두 평소 말씀하셨다.
> 子所雅言,詩書執禮,皆雅言也. 7/19

그것은 주대를 일관하여 모든 지식인들에게 높은 정치적 상상력의 원천, 정치적 행동의 모범이 되었을 것이며 이 세상과 인간을 해석하는 굳건한 틀로 자리 잡았을 것이다. 그리고 바로 그것이 공자가 수없이 강조해 온 저 문文이기도 했다.

주나라의 이 튼튼한 건국이념과 찬란한 문화는 결과적으로 멀리 떨어진 주변부마저도 강한 힘으로 끌어당겼던 것 같다. 무왕이 감히 건드리지 못했던 서쪽의 진秦나라도 동주가 시작될 무렵에 가서는 주나라의 체제에 편입되는 것이 유리하고 더 자랑스러운 일임을 깨닫게 된 것 같다. 주의 체제와 문물을 받아들여 선진문화국이 되느냐 그 바깥에서 반半 오랑캐로 행동하느냐 하는 것이 거의 모든 외곽 국가들의 공통된 고민이었던 것 같다. 그것이 문화의 힘이었다. 서쪽의 진나라는 물론, 남방의 초나라, 오나라, 월나라까지, 북방으로는 저 연燕나라까지 주나라의 제도와 문물은 힘을 미쳤다. 물론 세월이 흐르고 그 힘은 점점 미약해졌다. 그렇지만 결코 완전히 죽지는 않았다. 진晉나라가 분열될 무렵 주나라는 건국 600년에 이르러 그 문화적 힘도 광채를 현저히 잃고 있었지만 B.C. 453년에 분열된 세 나라 한韓, 조趙, 위魏는 분열 후 50년이 지난 B.C. 403년에 주나라 위열왕威烈王으로부터 새삼스레 제후로 임명을 받고서야 제후국으로서의 떳떳한 명분을 갖출 수 있었다. 주나라가 세운 높은 명분의 질서는 건국 후 643년이 지난 그 시점에서도 여전히 힘을 발휘하고 있었다는 이야기다.

　지구상에서 사라진 지 2200년이 넘은 신비한 정치제도 봉건주의를 바탕으로 찬란한 문화를 이룩했던 주나라. 그 나라는 내가 보기에는 아직도 신비의 나라다. 아직까지 한 번도 그 문화적 특성이 제대로 밝혀진 적이 없었다는 뜻이다. 하늘에 대한 맹세와 서로간의 맹약으로 움직여지던 이상한 나라. 약속과 신의, 거북점과 제례의 엄숙함이 살아 있던 나라 주나라는 앞으로 끝없는 탐구의 대상으로 떠오를 필요가 있다. 제대로 밝혀지지 않은 신비의 인간, 공자를 이해하는 일도 어쩌면 그 일환일지도 모른다.

2 무왕과 백이숙제

백이숙제는 동양의 정치학적 상상력에서 무한한 원천이 되는 사람들이다. 사마천의 사기열전이 「백이열전」으로부터 시작하고 있는 것은 우연이 아니다. 시기적으로도 그들은 주나라가 건국되던 B.C. 1046년에 이미 노인들이었다. 지금으로부터 대략 3100년 전의 사람들로 그들을 중요한 정치적 인물로 부각시키는 데에 누구보다 결정적 역할을 한 공자B.C. 551~B.C. 479에 비해서도 대략 6세기 정도 앞선 전설적 인물들이었다. 그들과 관련하여 전해 내려오는 이야기도 결코 복잡하지 않다. 사마천의 「백이열전」에 기록된 내용은 다음과 같이 간단하다.

백이와 숙제는 고죽군孤竹君의 두 아들로서 아버지는 숙제에게 뒤를 잇게 할 생각이었다. 그런데 아버지가 죽은 뒤에 숙제는 형인 백이에게 양보하였다. 백이는 아버지의 명령을 따라야 한다고 거절하며 도망하여 숨어 버렸다. 숙제도 또한 자기 뜻을 고집하다가 마침내 도망해 숨어 버렸다. 이렇게 되자 나라의 백성들은 차자를 세워서 임금을 삼게 되었다.

백이와 숙제는 서백西伯(주周의 제후 창昌)이 늙은이들을 잘 돌본다는 말을 듣고서 주나라에 가서 살기로 작정하였다. 그런데 주나라에 가서 보니 서백은 이미 죽어 있었다. 그리고 뒤를 이은 무왕武王은 서백을 문왕文王이라고 일컬으며 그의 위패를 수레에 싣고 동쪽 끝에 있는 은나라 주왕紂王을 치려고 하는 판이었다.

백이숙제는 왕이 탄 말을 손으로 쳐서 멈추고 충고하였다.

"부왕이 돌아가시고 아직 장례도 끝나기 전에 무기를 손에 잡았으니 효라 할 수 있겠소? 또한 신하로서 임금을 죽이려고 하니 인이라 할 수 있겠소?"

왕의 좌우에 있던 사람들이 두 사람을 죽이려고 하자, 무왕의 군사 태공太公 망望이 "이들은 의로운 사람이다" 하며 그들을 부축해 보내었다.

그 뒤 무왕이 은나라를 평정해 천하는 주나라를 종국宗國으로 삼게 되었는데 백이숙제 형제만은 이를 부끄러운 일이라 하여 신의를 지켜서 주나라의 곡식을 먹지 않고 수양산에 숨어 고사리를 캐어 먹으며 연명하였다. 그리하여 굶어서 죽을 지경에 이르러 노래를 지었다. 노래는 다음과 같다.

저 서산에 올라 고사리를 캐노라
무왕은 폭력으로 폭력을 바꾸되 그 그릇됨을 알지 못하더라.
신농, 우, 하는 어느 사이엔가 이미 사라져 버렸으니
내 어디로 돌아가리.
아, 가리라. 목숨도 이미 지쳤거니.

한마디로 그들은 주무왕의 은 정벌을 반대하고 비판한 사람들이었다. 그런데 특이한 것은 주나라는 그들을 건국을 방해한 사람들로 몰지 않고 의인들로 간주하였다는 것이다. 무왕의 최측근이던 태공망이 당시 현장에서 그들을 의로운 사람들로 규정한 것도 한 이유였겠지만 더 결정적인 계기는 6세기 후 춘추시대에 이르러 공자가 그들을 긍정적으로 평가하였다는 사실이다.

논어에서 공자가 백이숙제에 대해 언급한 사례는 모두 네 번이다. 까마득한 은말주초의 인물을 네 번이나 언급했다는 것은 결코 적지 않은 횟수다.

그 첫 번째로 소개할 단편은 제16 계씨편 12장에 나오는 다음 단편이다.

제나라의 경공景公은 사두마차 천 대를 가지고 있었으나 죽는 날에 백성들이 덕이 있다 일컫지 않았다. 백이숙제는 수양산 아래에서 굶어 죽었지만 백성들이 오늘에 이르기까지 그들을 일컫고 있다.

齊景公有馬千駟,死之日,民無德而稱焉.伯夷叔齊餓于首陽之下,民到于今稱之. 16/12

이 구절을 보면 공자 당시 백이숙제를 칭송하는 것은 춘추시대 백성들의 일반적 경향이었던 것 같다. 공자는 일단 이 일반적 경향을 인정하고 긍정하였던 것으로 보인다. 이어서 제5 공야장편 23장과 제7 술이편 16장에 다시 백이숙제에 관한 짧은 언급이 나오는데 이미 공자에게도 까마득한 옛날의 전설적 인물들이었기 때문에 새삼스레 그들을 평가하는 언급은 아니었다. 이미 정평이 난 인물들을 통해 공자 자신의 생각과 입장을 표명한 것이 두 단편이었다고 할 수 있다.

동양의 정치사에서 폭군 주紂를 쳐서 은나라를 멸망시키고 주나라를 건국한 무왕을 어떻게 평가할 것인가 하는 것은 오랜 세월 정치학의 어려운 주제였다. 그것은 불가피하게 백이숙제에 대한 평가와도 맞닿아 있었기 때문이다. 논어에 나타난 공자의 입장은 일견 애매해 보인다. 무왕의 거병을 비판한 백이숙제를 현인으로 칭송했다는 점에서는 공자도 백이숙제와 같은 생각을 했다고 볼 수도 있다. 그러나 동시에 공자는 무왕의 역사적 역할과 공적을 인정하고 기린 것도 사실이다. 그는 문무지도文武之道라는 말을 통해 무왕을 문왕과 병칭했고 그 말에 요순지도堯舜之道에 가까운 의의마저 부여하고 있다. 그런가 하면 순임금의 음악인 소韶에 대해서는 "아름다움을 다하였을 뿐 아니라 선함도 다하였다"盡美矣,又盡善也고 극찬한 반면 무왕의 음악인 무武에 대해서는 "아름다움은 다하였으나 선함은 다하지 못하였다" 盡美矣,未盡善也. 3/25고 하여 차이를 두기도 하였다. 말하자면 무왕에 대해서는 전설적인 성군聖君의 의의는 얼마만큼 유보하고 있었던 셈이다. 공자의 이런 애매한 입장은 백이숙제에 대한 평가에서도 나타나고 있다. 그것이 바로 제18 미자편 8장이다. 거기서 공자는 이렇게 말하고 있다.

"그 뜻을 굽히지 않고 그 몸을 욕되게 하지 않은 이는 백이와 숙제일 것이다. …… 나로 말할 것 같으면 이와는 다르니 가하다는 것도 없고 불가하다는 것도 없다." 不降其志,不辱其身,伯夷叔齊與! …… 我則異於是,無可無不可. 18/8

말미의 묘한 말로 공자는 무왕에 대한 평가에서와 같이 백이숙제에 대한 평가에서도 애매한 모습을 보여 주고 있다. 이 애매함을 주목할 필요가 있다. 공자에 비하면 맹자는 무왕이 주를 친 것에 대해 훨씬 명료한 논리를 적용하고 있다. 제나라 선왕宣王이 맹자에게 탕이 걸을 치고 무왕이 주를 친 것을 들어 "신하로서 임금을 죽이는 일이 가한가?"臣弑其君可乎 하고 물었을 때 맹자는 이렇게 대답하였다.

"어짊을 해치는 자를 일컬어 적賊이라 하고 의로움을 해치는 자를 일컬어 잔殘이라 합니다. 잔적殘賊의 사람은 일개 사내라 하니 저는 일개 사내 주紂를 죽였다는 것을 들었지 임금을 죽였다는 말은 들어 보지 못했습니다." 賊仁者謂之賊,賊義者謂之殘.殘賊之人謂之一夫,聞誅一夫紂矣,未聞弑君也.『孟子』 梁惠王 下

다시 말해서 임금답지 않은 임금은 임금이라 할 수 없으니 무왕은 일개 사내 주紂를 죽였을 뿐 결코 임금을 죽인 것이 아니라는 말이다. 이 한 마디로 맹자는 역성혁명의 이론적 기초자로 주목받게 되었다. 그는 정당하지 않은 권력의 횡포 앞에서 고민하는 많은 사람들에게 선명한 답을 주었다. 백이숙제는 무왕의 말고삐를 잡고 늘어졌지만 만약 그 자리에 맹자가 있었다면 어떻게 행동했을까? 한바탕의 지지웅변이라도 하였을까? 역사는 그런 맹자에 대해 아성亞聖이라는 절묘한 이름을 붙였다. 그의 논리가 너무 선명했기 때문이다.

무왕과 백이숙제를 둘러싼 평가의 문제는 그 후에도 여전히 계속되지만 결론에 이르지는 못한다. 가장 두드러진 논쟁은 한나라 효경제孝景帝가 보는 앞에서 전개되었던 다음 논쟁이었을 것이다.

한때 효경제B.C. 157~B.C. 141 재위가 보는 앞에서 황생黃生과 원고생轅固生이 논쟁을 벌였다. 도교 학자인 황생이 은나라 탕왕湯王과 주나라 무왕武王은 천명을 받은 것이 아니라 자기 임금을 시해한 것이 불과하다고 비난했다. 유학자인 원고생은 걸과 주가 포악한 정치를 하여 천하민심이 탕과 무에게로 돌아간 것이므로 이는 천명으로 보아야 한다고 탕무를 변론하였다. 그러나 황생은 막무가내로 시해론을 고집했다. 그러자 원고생이 "그러면 한고조漢高祖께서 진나라를 대신해서 천자가 되신 것도 잘못이겠군요" 하고 논리를 몰아갔다. 효경제 앞에서 감히 할아버지인 한고조를 언급한 것이다. 이에 효경제가 말했다.

"말의 간(독이 있다고 해서 먹지 않는다)을 먹지 않는다 해서 고기 맛을 모르는 것이 아니다. 학문을 논하는 사람이 탕무의 受命을 논하지 않는다 해서 어리석은 것이 아니다."

이후 더 이상 탕무의 수명을 논하는 사람이 없었다고 사마천은 『사기』「유림열전」에서 기록하고 있다. 이는 효경제가 금지시켜서라기보다는 이 논의 자체가 가진 본래의 성격에서 비롯된 것이었다고 보는 것이 좋을 것이다. 이 문제에서 선명한 결론은 모두 오류에 귀착한다. 공자의 논리는 그에 비하면 애매하다. 그런 공자를 사람들은 성인이라고 부른다. 어쩌면 인간 삶의 있는 그대로의 모습이 우리가 평면적으로 기대하는 바 선명함보다는 애매함이기 때문인지도 모른다.

3 공자와 주공

선생님께서 말씀하셨다.

"심하다. 나의 노쇠함이여! 내가 꿈에 주공周公[2]을 다시 뵙지 못한 지가 오래되다니!"

子曰 : 甚矣吾衰也!久矣吾不復夢見周公! 7/5

공자가 만년에 이르러 토로했다는 이 탄식은 공자와 관련하여 긴요한 정보 하나를 말해 주고 있다. 즉 그는 만년에 이르기 전에 종종 꿈에 주공을 보았다는 사실이다. 사람이 꿈에 누군가를 본다는 것은 무슨 뜻일까? 당연히 그 사람을 평소 깊이 추념하고 동경했다는 것을 의미할 것이다. 공자로부터 자그마치 500년도 더 이전에 살았던 주나라 건국시의 인물, 주공周公. 문왕文王으로 추존된 서백西伯의 아들이자 무왕武王의 아우였던 주공을 공자는 얼마나 연모하였기에 꿈에서도 종종 그를 보았을까?

주공은 주나라를 건설하는 데에 사실상 최대의 기여자였다. 주나라 건설에는 은나라 말기 덕정을 통해 많은 제후국들의 신망을 모은 서백이 있었

---

2) 주공(周公) : 문왕의 아들이자 무왕의 아우. 성은 희(姬), 이름은 단旦. 주나라의 기틀은 사실상 주공이 잡았다 해도 과언이 아닐 만큼 주나라의 모든 문물과 제도를 기초하였다. 노나라에 봉해졌으나 왕실을 보좌하느라 가지 못했고 아들 백금(伯禽)을 노나라에 보냈다. 무왕 사후 어린 성왕成王을 사심 없이 보좌하였다. 역사 시대의 인물 중에서는 공자가 문왕에 이어 가장 존경한 사람이다.

고[3] 무력을 통해 은 왕조를 무너뜨린 무왕이 있었지만 보다 길게 주나라의 기틀을 세운 사람은 역시 주공이었다. 주공은 아버지 서백과 형 무왕을 받들어 주나라를 건국하는 데에 크나큰 역할을 하였지만 무엇보다 공자의 주목을 끈 것은 역시 재위 3년 만에 세상을 떠난 무왕의 뒤를 이어 왕이 된 조카 성왕成王을 극진히 보필하였다는 것이다. 그가 무왕과 성왕을 얼마나 사심 없이 보필하였는가 하는 것은 『서경』의 글 '금등'金縢에 하나의 전설처럼 남아 있다.

상商(殷)나라를 쳐부순 뒤 2년 되던 해에 무왕께서 병이 들어 나라가 편안하지 못하게 되었다. …… 이에 주공은 자신이 해결해야 할 일이라 여기고 깨끗이 치운 같은 땅에 세 개의 제단을 쌓고 …… 태왕太王과 왕계王季와 문왕文王[4]께 아뢰었다. 사관이 다음과 같이 글을 지어 축원케 하였다.

"당신들의 큰 손자 아무개가 몹쓸 병이 들어 위태롭게 되었습니다. 만약 세 선왕께옵서 하늘에 대해 후손을 보호할 책임이 있으시다면 아무개의 몸을 제가 대신할 수 있게 하옵소서 ……."

주공은 돌아가 쇠로 묶은 궤짝 안에 그 글을 봉하였다. 이튿날 왕은 병이 나으셨다. 무왕이 돌아가신 뒤에 관숙管叔을 비롯한 여러 아우들이 나라에 헛소문을 퍼뜨렸다.

"주공은 장차 어린 아이成王에게 이롭지 않은 짓을 할 것이다."

---

3) 멀리 갈 것도 없이 논어의 기록만 보더라도 그는 아직 주 왕조가 창건되기도 전에 천하의 3분의 2를 차지하고 있었지만 여전히 은나라를 섬겼다 한다.(三分天下有其二,以服事殷,周之德,其可謂至德也已矣! 8/21)

4) 문왕(文王)은 병 든 무왕의 아버지, 왕계(王季)는 할아버지, 태왕(太王)은 증조할아버지.

이에 주공은 이공二公5에게 말했다.

"내가 몸을 피하지 않는다면 돌아가신 선왕들께 아뢸 말이 없게 될 것이오."

주공이 동쪽으로 가서 산 지 2년 만에 죄인들이 잡히게 되었다. 그 뒤 주공이 시를 지어 성왕에게 드렸는데 제목이 '올빼미'였다. 왕 또한 감히 주공을 꾸짖을 수 없었다.

가을에 곡식이 무르익어 수확하기 직전에 하늘에 번개, 천둥과 함께 바람이 몰아쳐 벼는 쓰러지고 나무는 뽑히자 나라 사람들이 크게 공포에 사로잡혔다. 왕께서 대부들과 더불어 예관을 쓰고 나와 쇠줄로 묶은 궤짝 속의 글을 열었다. 이에 일찍이 주공이 무왕을 대신하여 자신이 죽겠다고 빌었던 글을 얻었다. 왕은 글을 들고 눈물을 흘리며 말하였다.

"옛날 주공께서 왕가를 위하여 애쓰고 노력하셨으나 나만 어려서 알지 못하였소. 지금 하늘은 위엄을 나타내시어 주공의 덕을 드러내시었으니 짐은 그분을 친히 맞이하겠소."

왕이 교외로 나가니 하늘이 비를 내렸고 반대편으로 바람이 부니 곡식들이 모두 일어났다. …… 그 해에 풍년이 들었다.

사관이 기록한 이 '금등'金縢은 오래오래 주나라 사람들을 감동시켰을 것이다. '금등지사'金縢之辭라 불리는 이 이야기는 조선조 정조 대에 와서 사도세자의 비극적 죽음과 관련되어 재현되는 등 한반도에서도 적지 않은 영향을 미쳤다.

불과 3년밖에 재위하지 못하고 형 무왕이 죽고 조카인 성왕이 열 세 살의 나이에 즉위하였다. 막강한 권력을 쥐고 있던 주공으로서는 직접 왕위에 오

---

5) 강태공(姜太公)과 소공(召公) 석(奭)을 말한다.

르려는 생각도 하려면 얼마든지 할 수 있었을 것이다. 그러나 그는 그렇게 하지 않았다. 어린 조카를 도와 사심 없이 주 왕조를 이끌어간 것은 주 왕실이 800년이 넘도록 유지될 수 있었던 여러 기반 중에서 무엇보다 튼튼한 기반이었다.

조선 왕조에서 세조가 어린 조카 단종을 강박하여 왕위를 물려받고 복위 시도가 적발되자 결국은 귀양지에 사람을 보내 단종을 죽이기까지 한 사건, 이로 인하여 사육신, 생육신의 이야기가 조선조 내내 민중사회에 절망적 비화悲話로 유전되어 온 것과 비교하면 주공의 행위는 너무나도 아름다운 일화였다. 이로 인한 왕실의 떳떳한 권위와 정통성은 천년왕국 주周의 기틀을 세움에 부족함이 없었던 것이다.

주나라를 건국하는 데에 주공의 기여는 거기에 그치지 않았다. 『서경』으로 묶여진 사료집에 주공은 사관을 통해 많은 글을 남겼다. 현재 『서경』에는 위고문으로 판단된 것을 제외하고 모두 33개의 글이 수록되어 있다. 그 중 주대周代의 것은 20개이고 나머지는 모두 은대나 그 이전부터 전해 내려오던 글들이다. 주대의 글 20개를 살펴보면 그 중 10개의 글이 모두 주공의 말을 기록하고 있다.

문제는 숫자라기보다는 그 내용일 것이다. 전술한 바 주공의 아름다운 일화를 담고 있는 '금등'金縢은 말할 나위도 없지만 나머지 아홉 개의 글에서도 주공은 자신의 통치 철학과 함께 왕에 대한 충고, 대신들에 대한 훈시, 백성들 특히 은나라 유민들에 대한 설득과 계고戒告 등을 남겼다. 그 내용은 그가 긴 안목에서 주나라 천년대계를 세우기 위해 열과 성을 다하였다는 사실을 충분히 웅변하는 것이었다.

이를테면 강고康誥 편은 위나라의 임금으로 봉해져서 은나라 유민들을 다스리러 떠나는 동생 강숙康叔에게 당부하는 그의 간절한 조언들이다. 강고에서 주공은 이렇게 말하고 있다.

우리의 아버지 문왕文王께서는 덕을 밝히고 벌을 삼가며 감히 홀아비와 과부들
도 업신여기지 않으셨다. …… 너는 그곳의 백성들로 하여금 문왕을 공경하게
하여라. 가서 은나라 옛 어진 왕들에게 널리 구하고 은나라의 늙고 경험 많은 사
람들의 말을 들어 편안하게 백성들을 보호하여라. … 네 멋대로 사람을 벌주거
나 죽이지 않도록 하여라. 부모형제에게 불효불우한 자는 …… 비록 다스리는
사람에게 죄를 짓지 않았다 하더라도 벌주어 용서하지 않도록 하여라. …… 가
거라. 정해진 법도를 공경하여 어기지 말 것이며 내가 네게 일러준 말을 잘 경청
하여 시행하면 은나라 유민들도 너를 공경히 받들 것이다.

그는 또 '주고'酒誥에서 술 마시는 것을 강력히 경고하고 있다. 술은 제례
에만 쓸 일이고 특히 공직자들과 젊은이들은 술을 마시지 않도록 하라는 강
력한 금령을 내린다. 은나라 일부 왕들과 관리들이 술을 좋아하여 비린내가
하늘에까지 끼치었고 그로 인하여 결국 나라가 망하게 되었음을 환기하며
백성들을 거울로 삼고 주변 모든 공직자들도 신중히 대할 것을 간곡히 당부
하였다.

또 그는 여러 글에서 은나라의 지혜로웠던 왕들을 아낌없이 상찬하기도
하고 어리석고 환락에 빠져 정사를 망친 왕들을 비난하기도 하면서 주紂의
폭정으로 인하여 천명이 주나라로 옮겨갔음을 강조했다. 그리고 그것은 하
나라의 마지막 왕, 걸桀의 폭정으로 인하여 탕왕이 은나라를 세우게 되었던
것과 동일한 원리임을 천명함으로써 주나라 건설의 논리를 탄탄하게 구축
하고 있다. 이른바 천명天命에 의해 나라가 서기도 하고 망하기도 한다는 이
논리는 다사多士, 무일無逸, 군석君奭 등 여러 글에 반복적으로 등장하여 권력

자들로 하여금 어리석음과 자의적 통치에 빠지지 않도록 경고하고 있다. 논어의 한 모퉁이에도 노나라로 떠나는 자신의 아들 백금伯禽에 대한 주공의 당부가 남아 있는데 그것은 주공의 그런 노력이 얼마나 광범위하고 한결같았는지를 잘 말해 주고 있다.

주공周公이 노공魯公6에게 말했다.
"군자는 그 친족에게만 편중하지 않아 대신들로 하여금 써주지 않는다고 원망하게 하지 않는다. 오래 함께해 온 사람은 큰 문제가 없는 한 버리지 않는다. 한 사람에게 모든 것이 갖추어져 있기를 요구하지 않는다."
周公謂魯公曰 : 君子不施其親, 不使大臣怨乎不以. 故舊無大故, 則不棄也. 無求備於一人. 18/10

이런 언설들이 그때그때의 필요에 의해 즉흥적으로 나온 것이 아니라 나라의 근간을 바로 세운다는 긴 안목에서 세심한 고려 끝에 나왔다는 사실은 무일無逸편의 말미에 등장하는 말, "오호라! 뒤를 잇는 임금들은 모두 이것을 살피셔야 합니다"嗚呼!嗣王其監于玆 하는 말에서 오롯이 드러나고 있다.

그는 사관을 동원하여 자신의 말들을 모두 기록하게 하였고 그것을 『서書』로 엮어 모든 제후국들의 제후와 대부들, 사士들이 읽고 학습하게 하였다. 그로 인하여 학습자들은 주공이 그렸던 천년의 꿈에 동참하였고 자신이 그 아름답고 공의公義로 충만한 천년왕국의 일원임을 자각하지 않을 수 없도록 만들었다. 그것이 이 왕조가 그 어떤 왕조보다 왕권이 허약했음에도 불구하고

---

6) 주공(周公)의 맏아들 백금(伯禽)을 말한다. 아버지 주공이 노나라에 봉해졌지만 주 왕실을 보필하느라 가지 못함으로써 결국 아들 백금이 노나라의 사실상의 시조가 되었다.

자그마치 825년을 존속하게 한 신비스러운 힘의 근거였다.[7] 그 학습자 중의 한 명이 바로 공자였다.

공자는 어쩌면 주공의 모습에서 실현될 수 없었던 자신의 실현된 모습을 보았을까? 그가 주공의 뛰어난 능력을 높이 사고周公之才之美.8/12 그를 꿈속에서 자주 만나고 심지어 노쇠하여 더 이상 꿈에 그를 보지 못하고 있다고 한탄한 것은 어쩌면 그로서는 너무나도 당연한 일이었는지도 모른다.

---

7) 주나라는 한마디로 '망하려고 해도 망하기가 어려운 나라'였다. 마치 사개마춤으로 잘 지어진 집이 늘 삐걱거리면서도 도무지 무너지기 어려운 것처럼.

4 공자의 관중 평가

관중은 공자와 같은 춘추시대의 사람이지만 동시대인은 아니다. 공자는
B.C. 551년에 태어났고 관중은 대략 B.C. 715년 전후에 태어난 것으로 추정
된다. 그러므로 공자에게 관중은 이미 역사 속의 인물이었다. 춘추시대가
낳은 역사적 인물로서 가장 유명한 사람은 단연 공자이지만 정치인으로서
는 관중을 능가할 사람이 없었다. 왕도 제후도 아닌 일개 대부大夫가 한 시대
의 인물로 부각되었다는 것은 분명히 예사로운 일이 아니었다.

관중은 제齊나라의 임금 환공桓公을 보필하여 이른바 춘추오패의 첫 번
째 패자로 등극케 한 사람이다. 환공이 포숙의 추천을 받아 그를 신하로 받
아들인 이후 둘은 40년의 세월에 걸쳐 고락을 함께하였다. 연燕나라가 북방
오랑캐의 침략을 받아 곤경에 처했을 때 제나라는 제후국들을 규합하여 오
랑캐를 물리쳤고, 주 왕실이 오랑캐들에게 시달릴 때는 관중이 직접 나서
오랑캐들과의 화해를 성사시키기도 했다. 또 남방의 대국으로 주나라의 통
제에 따르지 않고 있던 초나라에 원정하여 초나라로 하여금 주 왕실에 조
공을 바치겠다는 약속을 받아 내기도 했다. 환공에 대해 소위 구합제후, 일
광천하九合諸侯, 一匡天下, 즉 "아홉 번 제후들을 규합하고 크게 한 번 천하를
바로잡았다"는 명예로운 평가가 따라다니게 된 것은 모두 관중의 보필이
있었기에 가능한 것이었다. 역사는 이례적이게도 패자가 된 환공을 젖히고
그를 패자로 만든 관중에게 춘추시대 최대의 정치가라는 명예로운 위상을

부여했다.

이런 관중에 대해 공자가 내린 평가로서 논어에 나오는 첫 단편은 제3 팔일편 22장이다. 그 내용은 매우 뜻밖이다.

선생님께서 말씀하셨다.

"관중管仲은 그릇이 작구나!"

누군가가 말하였다.

"관중은 검소하였습니까?"

선생님께서 말씀하셨다.

"관씨는 세 곳에 저택을 두었고 가신들을 겸직시키지 않았으니 어떻게 검소할 수 있었겠느냐?"

"그러면 관중은 예를 알았습니까?"

선생님께서 말씀하셨다.

"임금이 수새문樹塞門을 세우면 관중도 수새문을 세우고 임금이 양 군주간의 우호를 위해 반점反坫을 두면 관중도 역시 반점을 두었으니 관중을 두고 예를 안다 하면 누군들 예를 모르겠느냐?"

子曰:管仲之器小哉!或曰:管仲儉乎?曰:管氏有三歸,官事不攝,焉得儉?然則管仲知禮乎?曰:邦君樹塞門,管氏亦樹塞門.邦君爲兩君之好,有反坫,管氏亦有反坫.管氏而知禮,孰不知禮? 3/22

한마디로 관중에 대한 공자의 평가는 '그릇도 작고 검소하지도 않았으며 예의도 몰랐다'는 것이다. 춘추시대 최대의 정치가에 대한 평가로서는 심한 혹평이 아닐 수 없다. 그런데 기이한 것은 제14 헌문편에 가면 관중과 관련된 세 개의 단편이 더 출현하는데 거기에서의 평가는 앞에서와는 달리 매우 긍정적이라는 것이다.

관중에 대해 묻자 말씀하셨다.

"인물이다. 백씨伯氏로부터 병읍騈邑 삼백 호를 빼앗았지만 백씨는 거친 밥을 먹으면서도 목숨이 다하는 날까지 원망의 말을 하지 않았다."

或問子産.子曰:惠人也.問子西.曰:彼哉!彼哉!問管仲.曰:人也.奪伯氏騈邑三百,飯疏食,沒齒無怨言. 14/10

자로가 말했다.

"환공桓公이 공자公子 규糾를 죽였을 때 소홀召忽은 따라 죽었으나 관중은 죽지 않았습니다. 어질지 못해서가 아니겠습니까?"

선생님께서 말씀하셨다.

"환공이 아홉 번이나 제후들을 규합하면서 군사력으로 하지 않은 것은 관중의 힘이었다. 그만하면 어질지 않으냐? 그만하면 어질지 않으냐?"

子路曰:桓公殺公子糾,召忽死之,管仲不死.曰:未仁乎?子曰:桓公九合諸侯,不以兵車,管仲之力也.如其仁!如其仁! 14/17

자공이 말했다.

"관중은 어진 자가 아니지 않겠습니까? 환공이 공자 규를 죽였을 때 능히 따라 죽지 못했고 오히려 환공을 도왔습니다."

선생님께서 말씀하셨다.

"관중이 환공을 도와 제후들의 패자가 되게 함으로써 크게 한 번 천하를 바로잡으니 백성들이 오늘날에 이르기까지 그 혜택을 입고 있다. 만약 관중이 없었더라면 우리는 머리를 풀어헤치고 옷깃을 왼쪽으로 여미고 있을 것이다. 어떻게 이름 없는 남녀들의 생각하여 줌과 같겠느냐? 스스로 개천에 목을 매어 죽는다 하더라도 아무도 알아주는 사람이 없을 것이다."

子貢曰：管仲非仁者與?桓公殺公子糾,不能死,又相之.子曰：管仲相桓公,霸諸侯,一匡天下,民到于今受其賜.微管仲,吾其被髮左衽矣.豈若匹夫匹婦之爲諒也?自經於溝瀆而莫之知也. 14/18

모두 네 개밖에 안 되는 관중 관련 단편 중에서 한 개는 그를 그릇이 작고 검소하지도 않고 예를 알지도 못했다고 평가하고 있는 반면 나머지 세 단편은 모두 그를 긍정적인 역할을 통해 역사에 크게 기여한 인물로 평가하고 있다. 논어를 읽는 사람은 이 서로 다른 두 평가 사이에서 곤혹스러워 하지 않을 수 없게 된다. 어떻게 된 것일까? 기록에 문제가 있는 것일까? 공자가 일관성이 없었던 것일까?

네 개의 단편을 오래 들여다본 후 나는 이렇게 결론을 내렸다. 네 단편은 모두 공자의 진심이 깃든 것으로 보인다. 기록에 문제가 있는 것도 아니고 공자의 판단이 틀린 것도 아니었다. 다만 관중의 그릇이 작고 검소하지도 예의를 잘 지키지도 않았다는 판단은 공자가 제시하는 인간상에 견준 관중의 솔직한 면모였다. 실제 사마천의 『사기』「관안열전管晏列傳」도 관중은 자신의 주변을 권력자의 위세에 상응하는 화려함과 웅장함으로 치장하였던 사실을 기록하고 있다. 다만 사마천은 그것을 시인하면서도 나라 사람들이 그것을 사치라고 비난하지 않았다고 하여 그 점을 나쁘게 평가하지 않은 것이 공자와 다른 점이었다. 어쩌면 공자는 관중이라는 전설적 인물의 행적을 제자들이 무분별하게 추종할 때 사치와 무례까지도 선망하게 될 것을 경계하였는지도 모른다. 또 공자가 보는 한 관중의 사람됨에는 어떤 측면에 걸쳐서든 그 그릇의 작음이 실제 엿보였을 것이다. 그것을 공자는 그의 전설적 명성에 주눅 들거나 구애됨이 없이 있는 그대로 진술하였을 것이다.

그러나 헌문편의 세 개 기록은 좀 다르다. 그것은 관중의 구체적 사람됨과 일정하게 분리된 역사의 치적을 다루고 있다. 특히 자로와 자공은 관중이 공자 규糾를 모시고 있던 젊은 시절, 군위君位 쟁탈전에서 패배한 공자 규를 따라 함께 죽지 않고 오히려 경쟁자였던 공자 소백小白, 즉 훗날의 환공 휘하로 들어간 것을 비판하고 있는 것이다. 공자는 제자들과 달리 그것을 작은 의리로 규정하고 있다. 실제 누구를 모실 것인가 하는 것은 절대적 공의公義와는 거리가 있는 것이었다. 그러나 그가 제후국들을 규합하여 천하의 질서를 유지하고 사방의 오랑캐로부터 주나라의 강토와 문화를 지켜 낸 것은 역사의 긍정적 평가를 받을 필요가 있다고 공자는 생각하였던 것이다.

논어에 보면 공자는 자신보다 한두 세기 앞선 인물들에 대해 다양한 평가를 내리고 있다. 긍정적인 평가를 내린 인물도 있고 부정적인 평가를 내린 인물도 있다. 다만 관중처럼 오랜 세월에 걸쳐 많은 족적을 남긴 인물에 대한 평가는 단순하거나 일률적이기 어려울 것이다.

오늘날에 이르면 그런 평가는 더욱 어렵다. 특히 누군가를 어떻게 평가하느냐 하는 것이 현재 자신의 가치관 내지 세계관에 직결되는 경우 그 평가에는 언제나 강박적인 요소가 개재하기 쉽다. 어떤 인물을 대체로 긍정적으로 보는 사람의 경우 그의 부정적 측면을 평가하는 것은 힘든 일이 된다. 반대로 그를 대체로 부정적으로 보는 사람의 경우 그의 긍정적 측면을 평가하는 것이 마찬가지로 힘든 일이 된다.

정답은 무얼까? 그것은 그를 있는 그대로 평가하는 것이다. 그러나 말과는 달리 있는 그대로라는 것이 쉬운 일이 아니다. 역사적 인물의 경우 그를 둘러싼 역사의 맥락을 어떻게 읽느냐에 따라 그 평가가 달라질 수 있기 때문이다. 네 개의 단편에 남은, 관중에 대한 공자의 서로 다른 두 경향의 평가는 그런 강박성을 극복한 상태에서 이루어진 객관적 평가라고 생각한다. 그래서 그것은 긍정과 부정을 모순되지 않게 함께 담고 있는 것이다.

우리나라의 경우 박정희 전 대통령에 대한 평가가 바로 그런 차원에서 잦은 논란의 대상이 된다. 그를 긍정적으로 바라보는 사람들은 일제 말 그가 보인 종일從日적 행동들과 군사 쿠데타, 유신 도발 등 일련의 민주주의 파괴 행위 앞에서 불편해한다. 반대로 그를 부정적으로 바라보는 사람들은 그가 집권 후 경제부흥을 꾀하고 다방면에 걸쳐 사회를 발전시켰다는 여러 가시적 성과들 앞에서 불편해한다. 그 불편함은 바로 그것을 평가해야 하는 사람의 시선의 단선성單線性에서 온다.

공자가 외견상 모순되어 보이는 두 경향으로 관중을 평가하는 모습을 보였음에도 불구하고 훗날 맹자는 자신을 관중과 비교하는 것조차 불쾌하게 생각할 정도로 관중에 대해 부정적 견해를 드러내었는데『맹자』공손추상, 그것은 유세가遊說家를 위정자보다 상위에 두려는 그의 이념적 단선성이 그를 부자유하게 하였기 때문이었다. 그 점에서 맹자는 공자가 보인 슬기로운 선례를 따르지 못했던 것이라고 할 수 있다. 훗날 동중서董仲舒마저 "공자의 문하에서는 어린아이도 오패의 일을 입에 올리는 것을 수치로 알았다"는 이야기를 하여 맹자의 입장이 승계된 결과를 보여 주고 있다. 그것은 유가의 전통에서 이 문제가 여전히 극복되지 못하고 갈등하는 문제였음을 보여 주는 것이었다. 한마디로 유가는 그 비조인 공자의 자유로운 접근을 배우지 못하였던 것이다.

박정희 전 대통령에 대한 평가는 앞으로도 결코 간단치 않은 갈등을 보일 것이다. 나는 바로 그 일에서 공자가 관중을 평가하는 데에서 보인 이 선례가 지혜로운 참조가 될 수 있지 않을까 한다. 어쩌면 그것은 관중을 평가하는 것보다 더 어려운 일일 수 있다. 이를테면 5·16 군사정변을 일으킨 것 자체만도 만만치 않은 일이다. 헌정 질서를 무너뜨리고 군사력을 무단으로 사용하여 권력을 탈취하였다는 사실은 민주주의의 역사에 어두운 그림자를 남겼다. 5·16 군사쿠데타는 훗날 전두환에 의해 재현된 만행보다 더 나을 수 있는 그 어떤 것도 아니었다.

그럼에도 불구하고 그것은 구태의연한 정치질서를 일소하고 보다 젊고 서민적이고 실천적인 세력들이 정치 일선에 등장하는 계기가 되었다는 평가를 받기도 한다. 이후 일반적으로 공으로 인정받는 경제사회 분야에 걸친 뚜렷한 성과를 부질없이 외면하는 것은 동중서와 같은 행위에 지나지 않을 것이다. 마찬가지로 헌정질서를 재차 무너뜨리고 소위 유신정변을 시도한 것은 그가 이룬 그 어떤 공적으로도 변명할 수 없는 반민주적 만행이었다. 이 서로 다른 평가를 공존시킨다는 것은 보통 사람들의 의식에서는 결코 쉬운 일이 아니다. 공존하기 어려운 것을 공존시키는 것은 정신의 상응하는 광폭廣幅을 필요로 한다. 공자는 관중에 대해 이 서로 다른 측면들을 공존시켰다. 그것은 공존시키겠다는 의지만으로 가능한 것이 아니다. 우리가 가시적인 것들에 얽매이지 않고 그것을 관통하는 보편적 원칙을 가지지 않는 한 공존은 단지 불편한 시늉에 지나지 않는다. 어쩌면 공자가 다음 한 마디를 남겼던 것도 바로 이런 간단치 않은 문제를 염두에 두었던 것이 아니었을까 한다.

선생님께서 말씀하셨다.
"군자가 천하를 대함에 있어서는 절대적으로 '이것이다' 하는 것도 없고 절대적으로 '이것은 아니다' 하는 것도 없다. 매사를 옳음義에 견줄 따름이다."
子曰 : 君子之於天下也,無適也,無莫也.義之與比. 4/10

5 공자와 양호
공자는 왜 노나라를 떠났는가?

가. 양호의 등장과 퇴장

공자와 동시대의 노나라에 아주 흥미로운 인물이 한 명 있었다. 이름은 양호陽虎. 논어에는 딱 한 번 등장하는데 양화陽貨라는 이름으로 나온다. 춘추시대 노나라의 역사에서 볼 때 그는 전형적인 악역이었는데 그를 잘 이해하는 것은 춘추시대의 정치적 여건은 물론 노나라의 정치 구조를 이해하는 데에 빠뜨릴 수 없는 요소가 된다. 또 공자의 생애에도 직접적인 것은 아니었지만 간접적으로 커다란 영향을 미쳤다는 점에서 공자를 이해하는 과정에서 반드시 짚고 넘어가야 할 인물이다.

양호는 당시 노나라의 실권을 쥐고 있던 계씨 집안의 가신家臣이었다. 당시 계씨가의 대부는 계평자季平子였다. 임금은 정공定公이었지만 이미 오래전에 계씨季氏를 필두로 한 맹씨孟氏, 숙씨叔氏 3대부 집안에 실권을 빼앗긴지 오래된 상태였다. 양호는 삼가三家 중에서도 가장 강력한 세력을 가지고 있던 계씨가의 가신이었기 때문에 구태여 신분으로 따진다면 사士의 계급에 불과하였지만 권력의 중심부에 매우 가까운 위치에 있었다. 일련의 사단은 바로 그의 독특한 정치적 입지로부터 발생하였다.

정공 5년 6월, 계평자季平子가 동야東野를 순행하고 도읍으로 돌아오다가 갑자기 방房 지방에서 사망하는 일이 발생하였다. 노나라의 실권자가 갑자기 죽은 것이다. 대부는 세습제였기 때문에 대부의 지위는 계평자의 아들 계환자季桓子가 이어받는 데에 아무런 문제가 없었다. 문제는 실권의 행방이었다. 계환자는 아직 젊었고 대부가 되자마자 권력을 장악한다는 것은 힘에 부치는 일이었다. 권력 중심부에 가까이 있는 자들을 중심으로 암투가 발생하기 쉬운 구조였다.

세력들 간의 알력은 먼저 계평자의 장례 문제를 둘러싸고 시작되었다. 양호는 계평자의 염을 할 때 좋은 옥을 사용하기 위하여 가신인 중량회仲梁懷에게 옥을 내어 달라고 요구하였다. 중량회는 임금이 아닌 대부는 몸에 옥을 차지 않기 때문에 예법상 옥을 사용하여 염을 하는 것은 불가하다 하며 옥을 제공하지 않았다. 이 사소한 사건을 계기로 양호는 중량회를 제거하려는 생각을 품었다. 그는 그 계획을 가깝게 지내던 공산불뉴에게 들려주었다. 공산불뉴는 계씨가의 식읍이던 비읍의 읍재를 하고 있었는데 계평자의 신임을 얻지 못하고 있던 대표적인 불만세력으로 양호와는 매우 긴밀한 관계였다. 실권자의 갑작스런 공백을 둘러싸고 기회를 엿보게 된 야심가라는 점에서 양호는 박정희 대통령이 죽던 당시 보안사령관을 하던 전두환과 흡사한 점이 있는데, 공산불뉴는 그런 비교의 연장선에서 여러모로 노태우를 닮은 사람이었다.

공산불뉴는 양호의 계획을 반대하였다. 이유는 중량회가 옥을 내어 주지 않은 것은 계씨를 위한 것으로 명분이 있고 예법에도 맞다는 것이었다. 공산불뉴가 반대하자 양호는 중량회 제거 계획을 포기할 수밖에 없었다. 그러나 장례를 마치고 얼마 후 중량회가 새 대부 계환자를 수행하여 자신이 다스리고 있는 비읍을 방문했을 때였다. 공산불뉴는 예의를 갖추어 정중한 위로의 말을 했다. 그런데 계환자가 정중하게 답례를 한 것과는 달리 중량회는 뻣뻣한 태도를 보였다. 이에 공산불뉴도 마음이 돌아서고 말았다. 그는 양호에게 연락하여 애초 계획대로 중량회를 제거하는 데에 동의했다.

거사는 그 해 9월에 단행되었다. 계평자가 죽은 지 3개월쯤 되는 시점이었다. 그런데 양호의 거사는 중량회를 축출하는 데에 그치지 않았다. 그는 중량회를 축출하는 것은 물론 대담하게도 자신의 주인인 계환자와 그 측근 공보문백公父文伯을 체포하여 감금하였다. 다음 달인 10월에는 공하막公何藐을 죽였다. 공하막이 어떤 인물인지는 기록에 남아 있지 않지만 이런 하극상에 동조하지 않는 반대파였을 것이다. 노도魯都에 흘렀을 삼엄한 공포는 2500년이 지난 지금도 생생하게 느껴진다.

며칠 후 양호는 계환자를 끌고나와 직문稷門 안에서 맹약을 체결하였다. 내용은 기록되어 있지 않지만 양호를 중심으로 하는 새로운 권력의 출현을 인정하고 보장하는 것이 주된 내용이었을 것이다. 또 며칠 후에는 대저大詛라는 큰 행사를 개최하였는데 이 행사는 공개적인 맹서 의례이자 일종의 군중대회로서 양호의 권력을 노나라 전역에 포고하는 행사였던 것 같다. 이 행사 후 그는 체포 구금해 두었던 공보문백을 진천秦遄과 함께 축출하였다. 일련의 12·12 사태가 마무리된 것이다.

춘추시대는 주周나라 800년 역사에서 이미 주나라 왕실의 힘이 무력화된 이후였다. 벌써 공자보다 훨씬 앞선 시대에 제나라의 임금 환공桓公은 패자가 되어 주 왕실을 보필한다는 명분하에 왕의 역할을 대신하기 시작했고 이어서 진문공晉文公 등 제후들이 돌아가며 패권을 행사하기도 했다. 노나라는 이런 권력의 역류가 대부의 지위에까지 나타나서 환공의 세 아들에게서 비롯된 세 가문이 제후의 권력을 능가하고 있었다는 것은 전술한 바 있지만 이런 역류 현상이 대부의 가에서도 발생하고 있었다. 계씨가에서 양호가 출현하여 삼가三家를 사실상 지배하게 된 것은 그동안의 조짐이 구체적으로 드러난 첫 사건이었다.

양호는 노나라의 권력질서를 뒤흔들어 놓은 후 국내적으로는 극도의 공포정치를 실시했던 것 같다. 양호의 야심은 거기에 그치지 않았다. 그는 노나라를 넘어 제후국들 사이에서도 자신의 존재를 과시하고 싶어 했다. 이듬해인 정공 6년 2월 노나라는 정공의 직접 군사 지휘로 정鄭나라를 쳐서 광匡지역을 빼앗았다. 문제는 정나라를 치러가기 위해서는 위나라를 거쳐서 가야 하는데 노나라는 위나라의 사전 양해도 받지 않고 위나라를 관통해서 군사를 이동시켰다. 말할 나위도 없이 이 무례한 조치는 양호의 고의적인 조치였다. 뿐만 아니라 정나라를 치고 돌아올 때에는 맹의자孟懿子와 계환자로 하여금 일부러 위나라의 남문으로 들어가서 동문으로 나와 돈택豚澤이라는 곳에 머무르게 하였다.

위나라의 영공靈公은 화가 머리끝까지 나서 미자하彌子瑕를 시켜 그들을 추격하게 하였다. 이때 늙어 은퇴해 있던 대부 공문자孔文子가 일부러 영공을 찾아 와서 고언을 올렸다. "남을 탓하면서 그를 흉내 내는 것은 예가 아닙니다."尤人而效之,非禮也 그는 노나라의 시조 주공周公과 위나라의 시조 강숙康叔이 형제로서 남다른 우애를 보였던 옛 역사와 지난날 영공이 노나라의 소공昭公이 어려움을 겪고 있을 때 그를 위해 혼신의 힘을 다해 덕을 베풀었던 점을 환기시키며 양호의 무례함에 대해서는 아직 행동에 나설 때가 아닌 만큼 기다릴 것을 주문하며 이렇게 말한다.

"하늘이 양호의 죄를 더 하였다가 이윽고 치려하니 임금님께서는 잠시 기다려 보시는 것이 어떻겠습니까?"
天將多陽虎之罪以斃之.君姑待之若何?

공문자의 간곡한 만류로 다행히 양국 간에 충돌은 발생하지 않았지만 이 일로 양호의 악명은 중원에 자자하게 되었다. 그 해 여름 양호는 정나라에서 잡아 온 포로들을 대국 진晉나라에 바치는 일에 계환자와 맹의자를 대표로 보냈다. 맹의자는 진나라에 가서 범헌자范獻子를 만났을 때 그에게 이런 말을 하였다.

"만약 양호가 노나라에 있을 수 없게 되어 진나라에 와서 몸을 의탁하게 된다면 선대 임금님 때의 관례대로 대우해 주십시오."

의미심장한 말이 아닐 수 없었다. 범헌자는 이 말을 조간자에게 전하며 "노나라가 양호를 걱정거리로 여기고 있으며 유사시 양호는 진나라로 망명할 것이니 그때 물리치지 말고 받아달라"는 뜻으로 해석하였다. 양호는 무소불위의 권력을 행사하고 있었지만 이미 노나라는 물론 이웃 강대국에서도 점점 걱정거리가 되고 있었던 만큼 맹의자는 이미 그의 몰락을 예상하고 있었던 셈이다.

그 해 가을 양호는 다시 정공과 삼가의 대부들을 주사周社에 불러 모아 맹약을 맺고 나라의 대부들과는 박사亳社에서 맹세를 하는가 하면 오보의 거리에서는 큰 맹세의 군중대회를 가졌다. 이런 행사들은 양호의 권력이 더욱 공고해졌다는 것을 만천하에 알리는 것이기도 했다. 양호가 권력을 장악하였을 때 공자는 아직 50세가 되지 않았다. 그러나 이미 노나라 안팎에서 학자로서의 명성이 자자할 때였다. 공자 또한 양호의 등장과 이어진 공포정치를 가까운 위치에서 피부로 실감하고 있었을 것이다. 논어에는 이 난폭한 권력자와 공자가 딱 한 번 만나 이야기를 나눈 것이 기록으로 남아 있다. 논어 제17 양화陽貨편 1장에 기록된 현장의 모습은 다음과 같다.

양화陽貨가 공자를 만나고 싶어 하였으나 공자께서 만나지 않으시자 공자께 돼지를 선물로 보냈다. 공자께서 그가 없을 때를 틈타 사례를 하러 갔는데 길에서 그를 만나게 되었다. 그가 공자에게 말했다.

"오시오. 내 당신과 할 말이 있소."

그가 말했다.

"보배로운 것을 품고 있으면서도 나라를 혼미하게 내버려둔다면 어질다 할 수 있겠소?"

그가 말했다.

"할 수 없을 것이오. 나랏일에 간여하기를 좋아하면서도 자주 기회를 놓친다면 지혜롭다 할 수 있겠소?"

그가 말했다.

"할 수 없을 것이오. 해와 달은 가고 세월은 나와 함께하지 않소."

공자께서 말씀하셨다.

"알겠습니다. 내 장차 관직을 맡겠습니다."

陽貨欲見孔子,孔子不見,歸孔子豚.孔子時其亡也,而往拜之,遇諸塗.謂孔子曰 : 來,予與爾言.曰 : 懷其寶而迷其邦,可謂仁乎?曰 : 不可.好從事而亟失時,可謂知乎?曰 : 不可.日月逝矣.歲不我與.孔子曰 : 諾.吾將仕矣. 17/1

단편의 내용을 보면 양호가 먼저 공자를 만나려했다는 것을 알 수 있다. 그리고 공자는 이 만남을 애써 피했다는 것도 알 수 있다. 그러자 양호는 공자에게 돼지 한 마리를 선물로 보냈다. 별 실권은 없는 공자였지만 식자층을 중심으로 나름대로 비중을 가지고 있던 그를 회유하기 위해 양호는 노련한 정치력을 보여 주고 있었던 셈이다. 공자는 일부러 그가 없는 틈을 타서 돼지 선물에 대한 인사를 하러 갔다. 그렇게 하면 체면은 체면대로 차리고 만남은 회피할 수 있었기 때문이다. 그런데 공교롭게도 가는 길에서인지 오는 길에서인지 공자는 우연히 그를 만나고 말았다.

양호는 길에서 만난 공자에게 단도직입적으로 정치 참여를 권유하고 있다. 그의 말에서는 어딘가 모를 권위와 노련함이 묻어나고 있다. 대화라고 하지만 사실상 대부분의 말은 양호가 일방적으로 하고 있다. 공자는 마지막에 가서 "알겠습니다. 내 장차 관직을 맡겠습니다" 하는 한 마디밖에 하지 않고 있다. 이 말이 양호의 휘하에서 관직을 맡겠다는 뜻이 아니라 단지 자신의 원칙적인 의견만 말하고 자리를 피하려는 뜻으로 보는 일반적인 해석은 대체로 일리가 있어 보인다. 실제 공자는 양호의 휘하에 들어가지도 않았고 그렇다고 해서 그와 공연한 알력을 빚어 정치적 곤란을 겪지도 않았다.

누가 어떻게 이런 장면을 목격하고 논어에 기록으로 남기게 되는지는 알 수 없는 일이다. 다만 그는 양호가 공자에 대한 접근을 시도했었다는 것, 그리고 공자가 애써 그것을 회피했었다는 것을 말하고 싶었던 것이 아닐까 한다. 논어에는 이 단편과 비슷한 차원에서 어떤 사람이 공자를 만나려고 했으나 공자가 그것을 의도적으로 피한 사실을 기록하고 있다.

> 유비孺悲가 공자를 만나고자 하니 공자께서는 병을 핑계로 거절하셨다. 말을 전하러 온 사람이 막 문을 나가자 거문고를 끌어당겨 노래를 부르시어 그로 하여금 듣게 하셨다.
>
> 孺悲欲見孔子,孔子辭以疾.將命者出戶,取瑟而歌,使之聞之. 17/20

유비孺悲가 어떤 사람인가 하는 것은 어떤 자료에도 기록이 없다. 공자는 일반적으로 가능성이 조금이라도 있는 사람이라면 가급적 피하지 않고 만나 조언을 했던 사람이다. 그러나 결코 모든 사람은 아니었다.

양호의 경우에도 유비의 경우에도 그는 만남을 거부하고 대화를 피했다. 유비가 누군지는 모르지만 양호의 한 측근으로 이 단편도 양호의 계속된 회유를 보여 주는 것일 가능성이 높다. 공자가 그들을 회피한 것은 그들의 행위가 만나 대화를 하기 어려울 정도로 심각한 불의에 이르렀다고 판단하였기 때문일 것이다.

공자의 판단이 적중하였던 것일까? 양호의 횡포와 권력에 대한 욕망은 천정부지로 내달리고 있었다. 그는 노나라의 실질적 권력을 장악하는 데에 그치지 않고 그 권력을 영구히 고착하는 방법으로 삼가의 종주들을 모두 제거한다는 엄청난 계획을 세웠다. 계씨가에서는 계환자를 제거하고 대신 계환자의 아우인 계오季寤를 종주로 옹립하고, 숙씨가에서는 숙손무숙叔孫武叔을 제거하고 그의 서자인 숙손첩叔孫輒을 옹립하며, 맹씨가에서는 맹의자孟懿子를 제거하고 자신이 종주의 자리에 오른다는 것이었다.

이 계획을 보면 양호는 원래 그 선대先代가 맹씨가의 일족이었던 사람 같다. 이 엄청난 거사를 위해 양호는 삼가와 불편한 관계에 있거나 삼가의 대부들로부터 신임을 받지 못하고 있는 공산불뉴 등 고위층 불만분자들을 광범위하게 규합하려 했다.

양호는 이런 계획을 세워 놓고 정공 8년 10월 노나라 선대 임금들에게 제를 올리고 그 계획이 성사가 되기를 축원까지 하였다. 그리고 며칠 후 포포蒲圃라는 곳에 계환자를 초청하여 잔치를 베풀고 그 자리에서 그를 죽이려고 비밀리에 군사 동원 태세를 갖추었다. 그런데 이 수상한 동향을 맹씨가에서 눈치 채었다. 그러나 계환자 자신은 전혀 모르고 있었다. 드디어 거사일이 왔다. 계환자는 포포로 가면서 무장한 요원들이 자신을 호위하는가 하면 양호의 아우인 양월陽越이 후미에 따르고 있는 데에서 뒤늦게야 상황을 간파했던 것 같다. 아마 등골에 식은땀이 흘렀을 것이다. 그는 자신의 수레를 어거하고 있던 임초

林楚에게 이렇게 말했다.

"너의 집안은 대대로 우리 계씨가의 좋은 가신이었다. 이제 네가 가재家宰를 맡도록 하여라."

뜻밖의 제안이었다. 권력 제2인자의 자리를 너에게 줄 테니 양호를 견제하여 자신을 지켜 달라는 간절한 주문인 셈이었다. 이에 임초는 다음과 같이 말하였다.

"신이 그런 명을 받기에는 너무 늦었습니다. 양호가 정권을 거머쥐어 노나라가 모두 복종하고 있는 터에 그를 어기면 죽음을 초래할 뿐입니다. 제가 죽는다 하더라도 그것이 주인님에게 무슨 득이 되겠습니까?"
臣聞命後,陽虎爲政,魯國服焉.違之,徵死.死無益於主『左傳』定公8年

참으로 기막힌 말이 아닐 수 없었다. 계환자는 사지에서 벗어나기 위한 마지막 수단으로 임초로 하여금 힘껏 수레를 달려 맹씨가로 가줄 것을 부탁했다. 다행히 이 마지막 부탁을 임초가 들어주었다. 계환자를 태운 수레가 갑자기 속력을 내어 달리기 시작하자 드디어 호위하던 군사들이 맹추격을 해왔다. 양월이 뒤에서 활을 쏘며 따라오는 일촉즉발의 상황에서 계환자를 태운 수레는 간신히 맹씨가의 대문 안으로 들어갈 수 있었다.

정보를 미리 알고 대비하고 있던 맹씨가는 300여 명의 정예군을 배치시켜 놓고 있었는데 계환자의 수레가 들어오자 즉시 대문을 걸어 잠갔다. 그리고 문 사이로 활을 쏘아 뒤따라오던 양월을 맞추어 죽였다. 양호는 임금인 정공과 숙손무숙을 협박하여 함께 맹씨의 집을 공격하였다. 맹씨가에서

긴급히 노도魯都의 북동쪽에 있던 식읍인 성읍成邑의 사람들을 끌어들였다. 이윽고 성읍의 지원병력이 노도의 상동문上東門으로 들어와 밀고 밀리는 접전을 벌인 끝에 결국 양호의 무리를 격파하였다. 양호의 계획이 실패로 돌아간 것이다.

양호는 갑옷을 벗고 궁으로 들어가 노나라의 오랜 보물인 보옥寶玉과 대궁大弓을 탈취한 다음 번화가인 오보五父의 거리에 도착하여 숙박을 하고 가겠다며 식사를 준비시켰다. 종자가 기가 막혀 말하기를 "추격하는 자들이 곧 도착할 것입니다" 하니 양호는 태연히 이렇게 말하였다.

"노나라 사람들이 내가 노나라를 떠난다는 말을 들으면 죽음의 공포에 떨던 차에 기뻐할 텐데 나를 쫓아올 겨를이 있겠느냐?"
魯人聞余出, 喜於徵死, 何暇追余.

양호의 사람됨을 엿볼 수 있는 한마디가 아닐 수 없다. 양호의 예상처럼 공렴처보公斂處父가 양호를 끝까지 추격하려고 하였지만 맹의자는 이를 허락하지 않았다. 도망가게 내버려 두는 것이 낫다는 뜻이었을 것이다. 양호는 노나라 변방인 양관陽關에 수개월을 머물며 버티었으나 이듬해 노나라가 양관을 치자 더 이상 버티지 못하고 제나라로 도망을 갔다. 양호는 제나라의 경공景公에게 군사를 내어 노나라를 치게 해주면 세 차례 공격만으로 노나라를 점령할 수 있을 것이라고 큰소리를 쳤다. 늙고 어리석은 임금 경공이 그 말에 솔깃해하자 포문자鮑文子가 나서서 이렇게 간하였다.

"노나라는 점령할 수 없습니다. 상하 간에 사이가 좋고 일반 국민들이 화목하며 큰 나라를 잘 섬기고 있기 때문입니다. …… 저 양호는 계씨의 총애를 받았음에도 그를 죽이려 하였고 지금 노나라에 불리한 일을 하고도 제나라에 용납되기를 바라고 있습니다. …… 양호가 도망 나와서 노나라는 이제 고질병 하나를 덜었는데 임금님께서는 오히려 그를 받아들이시겠다는 말씀입니까?"

경공은 결국 포문자의 조언을 받아들여 양호를 받아들이지 않고 서쪽 변방에 억류했다. 그러나 그는 교묘한 술수를 써서 그곳을 탈출한 다음 송나라로 갔다가 거기에서도 정착하지 못하고 결국 진晉나라로 가서 조간자趙簡子에게 몸을 의탁하였다. 수년 전 맹의자가 진나라를 방문했을 때 예언했던 것이 적중한 셈이었다. 그 후 역사 기록은 더 이상 그의 악명 높은 활약을 보여 주지 않았다. 다만 그로부터 15년이 지난 애공哀公 9년, 『좌전』은 딱 한 번 더 양호의 모습을 기록하고 있는데 여전히 진나라에서 대부 조간자를 돕고 있는 평범한 모습이었다.

결국 양호는 정변을 일으킨 정공 5년부터 계환자 제거에 실패하여 노나라를 떠난 정공 9년까지 약 4년간 권력을 전횡함으로써 노나라의 정치판도에 엄청난 충격을 안겨 주었다. 그렇다면 이 해괴한 인물이 전횡한 4년은 공자와 어떤 관계에 있단 말인가? 기껏 공자를 회유하려던 양호의 시도가 한두 번 있었고 공자는 그것을 적당히 회피함으로써 그 난국을 그럭저럭 넘겼던 것 외에 특별한 의미가 없지 않은가? 바로 그 점이다. 4년의 기간은 공자에게 외형적으로 직접적인 영향을 미치지는 않았다. 공자는 이 회오리바람이 지나가기를 가능한 한 몸을 낮추어 기다렸다고 볼 수 있다. 그러나 그 충격의 여파는 양호가 노나라를 떠나고 난 이후에 오히려 공자의 삶을 크게 흔들고야 말았다는 것이 나의 판단이고 또 이 글을 쓰는 목적이다.

나. 공자의 등장과 퇴장

정공 9년 양호가 양관으로 달아나고 그 이듬해인 정공 10년 역사는 갑작스럽게 공자의 다채로운 정치적 역할을 그리고 있다. 저 유명한 축기祝其에서 제나라 임금과 노나라 임금이 회동하여 외교담판을 벌이는 자리에 공자가 정공을 수행하였던 것이 바로 그 해, 정공 10년, B.C. 500년이었다. 비록 논어에는 이 담판과 관련하여 남아 있는 기록이 하나도 없지만『좌전』을 비롯한 여러 문헌이 그 사실을 요란하게 기록하고 있다. 담판을 앞두고 제나라의 이미犂彌는 경공景公에게 이렇게 말했다.

> "공자는 예는 알지만 용기는 없습니다. 만약 내萊 땅 사람들을 동원하여 노나라 임금을 무력으로 위협한다면 우리 뜻대로 협상을 관철할 수 있을 것입니다."
>
> 孔丘知禮,而無勇.若使萊人以兵劫魯侯,必得志焉. 『左傳』定公 10年

제나라는 근대의 서구 강대국들이 흔히 그리했던 것처럼 외교 담판장을 에워싸고 무력시위를 벌였다. 그러자 공자가 나서서 두 나라 임금들이 서로 만나 우호를 도모하는 자리에서 예의에 맞지 않는 행동이라고 비판하였다. 제나라 경공은 공자의 조리 있는 항의를 듣고 변명의 여지가 없었던지 결국 그들을 물리쳤다. 이어서 공자는 협상도 유리하게 이끌어 제나라에 점령당했던 여러 군데의 땅을 돌려받았다. 공자의 나이 52세 되던 해였다.

주목해야 할 것은 왜 갑자기 공자의 이름이 정치무대에 등장하기 시작했느냐 하는 것이다. 정공이 외교에 공자를 참여시켰다는 것은 그의 높은 학식 등이 고려된 바 크겠지만 더 근본적으로는 양호에 의해 유린되었던 권력질서를 재정립하고 실추된 제후의 권위를 회복하는 데에 공자와 같은 인물이 필요했기 때문일 것이다. 그러나 공자의 정치 참여보다 훨씬 더 의미가 컸던 것은 그로부터 2년 뒤인 정공 12년 공자의 제자 자로子路가 계환자의 가재家宰가 되었다는 사실이 아닐 수 없다. 공자의 정치 참여는 일시적인 것이었을 수도 있지만 자로가 계씨의 가재가 된 것은 노나라로서는 엄청난 혁신이었다. 자로는 공자의 제자로서 정의 관념이 누구보다 강해 애초부터 계환자의 수족처럼 일할 사람은 아니었다.

그렇다면 왜 계환자는 자로처럼 부담스러운 인물을 가재라는 중대한 위치에 등용하였을까? 그것은 바로 양호에게서 비롯된 뼈아픈 경험 때문이었다. 계씨 가문은 보다 믿을 수 있고 주인을 배신하지 않을, 도덕적으로 중심이 확고한 인물이 필요했던 것이다. 그리고 무엇보다 실추된 계씨 가문의 명예를 회복시켜 줄 수 있는 명망 있는 인물이 필요했고 그런 인물로는 당시 공자학단에 몸담고 있던 자로만큼 적절한 인물이 없었다. 정공이 공자를 필요로 하였던 것과 동일한 논리였다. 논어에는 이 당시 계씨가문이 공자학단에서 필요한 인재를 찾고 있었던 모습이 고스란히 남아 있다.

계강자가 물었다.

"중유仲由에게 정사를 맡길 수 있겠습니까?"

선생님께서 말씀하셨다.

"유는 과단성이 있습니다. 정사를 맡는 데에 무슨 문제가 있겠습니까?"

계강자가 물었다.

"사賜에게 정사를 맡길 수 있겠습니까?"

선생님께서 말씀하셨다.

"사는 능란합니다. 정사를 맡는 데에 무슨 문제가 있겠습니까?"

계강자가 물었다.

"구求에게 정사를 맡길 수 있겠습니까?"

선생님께서 말씀하셨다.

"구는 재능이 많습니다. 정사를 맡는 데에 무슨 문제가 있겠습니까?"

季康子問 : 仲由可使從政也與?子曰 : 由也果, 於從政乎何有?曰 : 賜也, 可使從政也與?

曰 : 賜也達, 於從政乎何有?曰 : 求也, 可使從政也與?曰 : 求也藝, 於從政乎何有? 6/8

아직 대부가 되기 전, 아버지인 계환자를 돕고 있던 계강자季康子가 공자와 나눈 대화로 보인다. 이 대화를 나눌 당시 공자는 54세였고 자로는 스승과 9세밖에 차이가 나지 않았기 때문에 45세였다. 자공과 염유는 23세였기 때문에 등용이 되기에는 아직 어렸을 것이다. 결국 계강자는 아버지 계환자에게 자로를 천거하였던 것으로 보인다.

정공 12년 계씨가의 가재가 된 자로는 첫 번째 개혁 조치로 삼가三家의 읍성邑城을 허무는 개혁 작업에 착수하였다. 당시 삼가는 모두 노도魯都로부터 멀리 떨어진 변방에 자신들의 자치령自治領 내지 식읍食邑이라 할 수 있는 읍邑을 가지고 있었다. 계씨가는 노도의 동쪽 멀리에 비읍費邑을, 맹씨가는 노도의 동북쪽에 성읍成邑을, 숙씨가는 노도의 서북쪽에 후읍郈邑을 각각 가지고 있었다. 견고한 성곽으로 축성된 이들 읍성邑城은 삼가에게 미묘한 전략적 의의를 가지고 있었다. 그것은 한편으로는 군주의 권한에 도전하는 자신들의 세력 거점이기도 하였지만 삼가가 점점 노도를 중심으로 활동하게 되면서 이들 읍성은 자신들이 읍재로 임명한 가신들이 반역을 꾀하는 거점이 되기도 하였던 것이다.

이를테면 계씨가의 비읍은 읍재였던 공산불뉴가 이미 양호와 손잡고 그곳에서 반역을 꾀해 계환자의 걱정거리가 된 바 있었다. 공산불뉴는 양호가 달아난 이후에도 비읍을 거점으로 저항을 계속하였다. 또 숙씨가의 후읍에서는 공약公若이나 후범侯犯 등 숙씨가의 가신들이 반역을 일으킨 바 있었다. 말하자면 읍성을 허무는 것은 자로의 입장에서 보면 권력을 노도魯都와 정공을 중심으로 재정립하는 개혁작업이었지만 계씨나 숙씨의 입장에서도 다소 서운하면서도 골치 아픈 가신들 문제를 해결하는 것이었다. 다만 맹씨가의 성읍成邑만은 사정이 좀 달랐다. 성읍은 제나라에 가까워 경우에 따라서는 제나라의 군사력으로부터 스스로를 지켜야 한다는 지정학적 문제를 안고 있었기 때문이다.

삼가의 읍성을 허무는 이 개혁작업이 구체적으로 누구의 주된 의지였던지를 짐작해 보는 것은 의미 있는 일일 것이다. 대개 정공과 삼가의 집단적 의지였을 것으로 보이는데 거기에는 자로의 의지가 강하게 반영되었던 것 같다. 『좌전』은 "자로가 계씨가의 가재가 되어 삼가의 읍성을 허물고자 하였다"仲由爲季氏宰,將墮三都고 하여 성읍을 허무는 사업을 기술하면서 그 주어를 자로로 적고 있다. 거기에 공자의 의지가 개입했을 가능성은 별로 없어 보인다. 왜냐하면 자로는 정치적 입장에까지 스승의 견해를 따를 위인은 결코 아니었기 때문이다. 공자가 어떤 입장이었는지는 알 수 없지만 어떤 입장이었든지 간에 자로는 자신의 의지에 따라 읍성을 허무는 일을 주도하였을 것이다.

삼가의 읍성을 헐기로 하자 숙씨가에서는 자발적으로 후읍의 성을 헐었다. 최근까지도 가신들의 반역에 시달렸던 숙씨가로서는 망설일 이유가 없었던 것이다. 이어서 계씨가의 비읍을 헐려고 하자 비읍의 읍재였던 공산불뉴가 맹렬히 저항하였다. 그는 숙손첩과 함께 비읍의 사람들을 이끌고 노도를 습격하기도 했다. 한때 이들의 기습공격으로 임금인 정공과 삼가의 대부들이 모두 계씨의 저택으로 몸을 피하는 등 궁지에 몰리기도 하였다.『좌전』

은 이때 공자가 상황을 타개하고자 신구수申句須 등에게 공격 명령을 내려 결국 그들을 패퇴시켰다고 기록하고 있다. 공산불뉴와 숙손첩은 제나라로 도망을 갔고 비읍은 계획대로 헐리게 되었다.

마지막으로 맹씨가의 성읍을 허무는 문제를 두고 맹씨가는 미온적인 태도를 보였다. 다른 두 가문에 비해 가신들의 반란 거점으로서의 우려가 적었고 성읍의 성이 헐릴 경우 제나라의 군사력 앞에 무방비가 되는 등 다른 가문과는 달리 득보다 실이 컸기 때문이다. 성읍 사람들은 사력을 다해 저항했고 맹씨는 모른 척 손을 놓고 있었기 때문에 계획은 실패로 돌아가고 말았다. 나중에는 정공이 직접 군사를 이끌고 공략을 했지만 역시 성공하지 못했다.

이후 『좌전』은 갑자기 공자에 대해서도 자로에 대해서도 아무런 활동상을 보여 주지 않고 있다. 특히 자로의 활동이 삼가의 읍성 허물기 이후 어떤 모습으로 전개되었는지 궁금하지만 어디에도 기록은 남아 있지 않다. 다만 사마천의 『사기』「공자세가」만이 공자가 사구 벼슬을 얻어서 얼굴에 희색이 돌았다느니 대부 소정묘少正卯를 주살하였다느니 또 제나라가 공자를 중용한 노나라가 패권을 잡게 될 것을 우려하여, 80명의 미녀 가무단을 노나라에 보냈다느니 하는 황당한 얘기를 부지런히 기록하고 있을 뿐이다.

물론 그 중 믿을 만한 것은 하나도 없다. 특히 마지막 미녀 가무단女樂설은 널리 유포되었다. 그 설에 의하면 계환자가 가무에 빠져 정사를 게을리하자 자로가 먼저 공자에게 노나라를 떠나자고 제안을 한다. 공자는 정공이 교제郊祭를 지내고 나서 희생제물을 대부들에게 나누어 주는지를 보고 결정하겠다고 한다. 그러나 정공은 그렇게 하지 않았고, 드디어 공자는 노나라를 떠난다는 것이다.

이 이야기는 너무나도 널리 유포되어 심지어 논어에도 그 일단이 기록되어 있을 정도다.18/4 그러나 상식적으로 이해가 되지 않는 이 황당한 이야기는 단지 『좌전』이 빠뜨린 역사의 공백을 메워 보려는 호사가들의 상상력에 불과하다.

그러면 공자와 자로는 실제 어떻게 되었을까? 신뢰할 만한 기록이 없으니 미약한 단서들을 통해 추론하는 수밖에 없다. 양호의 치세가 끝나고 공자와 자로가 정치 일선에 등장한 것은 확실히 이례적인 것이었다. 정공도 계환자도 공자와 자로의 이상주의적 기준을 받아 줄 위인들이 아니었다. 단지 양호로 인하여 무너진 공실의 권위를 되찾고 떠난 민심을 불러오는 데에 공자와 자로가 필요하였을 뿐이었다.

큰 틀에서 볼 때 계환자가 대부가 된 지도 어느덧 10년, 양호가 노나라를 떠난 지도 6년, 자로를 가재로 영입하여 비읍의 성을 허문 지도 2년이 되었다. 계환자도 그럭저럭 잃었던 권위와 위상을 되찾지 않았을까? 그렇다면 계환자로서는 이 까다로운 이상주의자, 원칙론자, 급진적 개혁론자를 더 이상 신변 가까이 두어야 할 이유가 있었을까?

아쉽게도 논어에는 자로가 계환자와 대화하는 내용의 단편이 하나도 없다. 그 대화를 옆에서 듣고 기록할 제자가 없었을 것이다. 그러나 자로는 물론 공자도 계환자와 많은 대화를 하였을 것은 분명한 사실이다. 그 대화는 어떤 것이었을까?

논어에 나오는 훗날 공자와 계강자(계환자의 아들)와의 대화들을 모두 계환자와의 대화에 유추, 적용하는 것은 어렵겠지만 공자는 그때도 역시 공자였고 자로 또한 다르지 않았을 것이다. 훗날 계강자의 치세에 와서 보여 준 공자의 증세 반대11/18, 자로의 반역자 수용 거부『좌전』 애공14년 등을 볼 때 두 사람의 행보는 결코 계환자가 인내하는 범위에 들지 못했을 것이다. 이를테면 훗날 공자가 계강자와 나눈 다음과 같은 대화가 계환자와의 사이에서 있었다면 계환자는 과연 공자의 조언을 인내하고 수용하였을까?

계강자季康子가 도둑을 걱정하여 공자에게 묻자 공자께서 대답하셨다.

"단지 당신께서 욕심 부리지만 않는다면 설혹 상을 준다 하더라도 훔치지 않을 것입니다."

季康子患盜,問於孔子.孔子對曰:苟子之不欲,雖賞之,不竊. 12/19

계환자는 공자와 자로라는 이 두 인물을 도저히 받아들일 수 없었을 것이다. 돌이켜볼 때 공자와 자로가 정치일선에 등장했던 것 자체가 매우 이례적인 것이었다. 그들의 등장은 양호라는 너무나도 해괴한 인물이 노나라 권력질서에 안겨 준 충격의 가장 직접적인 반동reaction이었다. 그리고 이 반동은 역사의 파고가 흔히 보여 주는 궤적처럼 다음 순간 고스란히 그 역방향의 반동을 불러올 수밖에 없었을 것이다. 역사는 기록하지 않았지만 공자학단을 한 묶음으로 싸잡아 내치지 않을 수 없었던 '모종의 사건'이 어떤 시점에 있었을 것으로 추정된다. 당시 공자나 자로는 그들에 대한 집단적 퇴출 조치가 『좌전』에까지 기록되기에는 아직은 정치적으로 미미한 존재였을 것이다.

어렴풋한 그림 하나는 그려진다. 그러나 분명한 것은 어디에도 없다. 이어서 나타난 역사적 사실은 공자가 제자들과 함께 노나라를 떠났다는 것뿐이다. 『좌전』은 사실 그것마저 기록하지 않고 있다. 정공 12년 삼가의 읍성을 허무는 과정에서 잠시 보였던 공자와 자로의 모습은 더 이상 나타나지 않았다. 단지 애공3년 노나라 환공과 희공의 사당에서 화재가 났다는 소식을 기록하며 그 소식을 공자는 진陳나라에 있으면서 들었다는 작은 기록이 무심하게 이어져 있을 뿐이다. 그 사이 6년 중 언제 무슨 이유로 공자와 자

로 그리고 안연 등의 제자들이 노나라를 떠났는지 『좌전』은 전혀 기록하지
않고 있다.

모든 것은 역사적 미스터리로 남았다. 다만 분명한 것은 공자의 삶에 양호
가 역사의 파고를 통해 간접적이지만 커다란 영향을 미쳤다는 사실이다. 많
은 논어 학자들은 공자의 삶에 양호가 어떤 영향을 미쳤는지에 대해서는 별
관심이 없다. 그들에게 양호는 단지 공자가 길바닥에서 잠시 만났던 반역자
일 뿐이기 때문이다. 그러나 우리가 알아야 할 것은 양호가 남긴 파고로 인하
여 공자를 포함한 공자학단은 본의 아니게 노나라 정치에 깊숙이 개입하게
되었고 그 두 번째 파고-그 실체는 영원히 규명이 불가능해졌지만-는 결
국 그들을 긴 유랑의 길로 내몰았을 것이라는 사실이다.

이 설은 권력의 일반적 양상을 돌아본다면 결코 낯선 것이 아니다. 나는
가장 유사한 권력 추이로 조선 중기에 등장하는 저 중종반정으로 인한 연산
군의 퇴장과 조광조의 등장 및 퇴장을 생각하게 된다.

연산군의 끝없던 폭정은 결국 중종반정을 계기로 종식된다. 연산군의 뒤
를 이어 왕이 된 중종은 두 가지 부담 속에서 왕으로서의 임무를 시작한다.
첫째는 연산군으로 인하여 엉망진창이 된 조선 왕정의 기초를 정상화시켜
야 한다는 것, 둘째는 신하들에 의하여 추대된 왕으로서 신권에 밀리지 않
고 왕으로서 독자적 위상을 확립해야 한다는 것이었다. 이런 요구에 부응하
기 위해 중종은 성균관 유생들의 절대적 지지를 받고 있던 조광조를 전격
발탁하여 개혁의 임무를 부여한다. 조광조의 선명성, 사림 출신이라는 개혁
적 입장은 중종의 두 가지 요구를 수용할 수 있는 충분한 조건이었다.

조광조는 중종의 지원에 힘입어 내수사 장리의 일부 폐지, 경연 강화, 소
격서 혁파, 현량과의 설치, 향약 실시, 소학 등의 보급, 반정공신의 위훈삭
제 등 과감한 개혁 정책을 추진했다. 그러나 시일이 지나면서 중종은 이 급

진적인 개혁을 받아들이는 일에 점점 부담을 느꼈다. 위훈삭제로 훈구파의 반발이 거세지자 중종은 결국 자신이 몸담을 자리가 사림파의 개혁적 입장이 아니라는 인식을 갖게 되었던 것 같다. 자신을 옹립한 훈구세력들의 처지도 생각하지 않을 수 없었을 것이다. 시일이 지나면서 중종이 애초의 정치적 부담감에서 점점 벗어났을 가능성도 있다. 그리고 결국 사림파들의 의식에 끝까지 함께할 수 없다는 한계를 깨닫고 자신의 보수적인 생각과 수준으로 되돌아갈 수밖에 없었다. 원한에 사무친 훈구파들의 거센 반발이 시작되자 중종은 개혁의 칼을 거둘 수밖에 없었다. 조광조는 버림을 받아 귀양을 갔고 결국 처형되고 말았다.

2500년 전 바다 건너 노나라에서 있었던 일과 까마득한 훗날 한반도에서 있었던 일을 비교하는 것은 어쩌면 뜬금없는 것처럼 보일까? 그러나 두 격랑이 진행되어 가는 과정을 보면 그 추세는 너무나도 비슷하다는 생각을 금할 수 없다. 잔잔한 호수에 양호와 연산군이라는 돌덩이가 날아들어 일어난 격랑, 그 격랑을 타고 공자와 자로라는 인물, 조광조라는 인물이 솟구친 파도의 한가운데로 불려 들어가고 솟아올랐던 파도가 결국 다시 가라앉아 가는 전체 과정은 놀랄 만큼 유사한 정치역학적 흐름을 보여 주고 있다.

공자라는 너무나도 중요한 인물이 노나라를 떠나 12년 이상 이역을 전전하게 된 배경에 양호로부터 비롯된 역사의 파고가 있었다고 보는 이 해석은 어쩌면 공자의 생애를 재구성하는 데에 있어서 초유의 것인지 모르겠다. 다만 미녀가무단 파견설이나 제육불사설祭肉不賜說 따위의 어설픈 회화 몇 장만 바라보고 있을 수 없다면 주변 사실史實을 총동원할 때 우리는 결국 이런 미완의 그림 앞에 봉착하지 않겠느냐 하는 것이 이 긴 이야기의 결론 아닌 결론이 되겠다.

최술崔述 이야기
낭설에 찌든 공자를 세탁하다

H. G. 크릴Creel의 저서 『공자 : 인간과 신화』Confucius : the Man and the Myth는 우리나라에서 제법 많이 읽힌 책이다. 다수의 사람들이 그의 책을 즐겨 본 것은 주로 그 시각의 색다름 때문이었다. 크릴은 서양 사람이었기 때문에 무얼 봐도 자신의 시각으로 볼 수밖에 없었는데 그것이 옳고 그름을 떠나 의외로 참신하고 흥미로운 느낌을 주었던 것 같다. 그런데 그의 책을 세밀하게 읽어본 사람이라면 그가 청淸나라 때의 한 학자에게 유난히 찬사를 보내던 것을 기억할 것이다. 바로 최술崔述이라는 사람이었다. 그가 최술을 높이 평가한 것은 고증학자로서 최술이 가지고 있던 높은 과학정신 때문이었다.

최술은 청대를 휩쓴 고증학의 비판정신을 상고사上古史, 특히 공자에 관한 많은 문헌들에 적용하였다. 『논어』는 물론, 『좌전左傳』, 『사기』 「공자세가」, 『공자가어』, 『예기』, 『공자연보』, 『신서』 등의 책이 모두 그의 꼼꼼한 문헌비판을 거쳐 신뢰성을 판정받아야 했다. 저 유명한 『수사고신록洙泗考信錄』이 바로 그 결과물이었다. 최술은 공자를 둘러싼 수많은 기록 중에서 어떤 것은 믿을 수 있고 어떤 것은 믿을 수 없는지를 치밀하게 판단하고 분류하였다. 이를테면 그는 『공자가어』를 신랄히 비판하고 그 책의 기록은 대부분 믿을 수 없음을 조목조목 논증하였다.

『공자가어孔子家語』라는 책은 후인들이 거짓되이 엮은 책이다. 거기에 실린 글들은 모두 다른 책에서 따와서 늘리거나 줄이거나 고치거나 바꿔서 엮은 것들이다. 이를테면 「상노相魯」편은 『좌전』과 『사기』에서 따왔고, 「변물辨物」편은 『좌전』과 『국어』에서 따온 것이다. 「애공문정哀公問政」편과 「유행儒行」편은 『예기』 「곡례」에서 따온 것이다. 「자공子貢, 자하子夏, 공서적문公西赤問」편 등은 『예기』와 『좌전』에서 따온 것이다. 심지어 『장자』, 『열자』, 『설원』, 각종 참위서 등 따오지 않은 곳이 없다. 어느 한 편도 베끼지 않은 것이 없을 정도다. 그런데 베낀 것과 원본을 또 비교해 보면 늘이고 줄이고 고치고 바꾼 것이 원본보다 자질구레하고 문장도 천박하고 너절하다. 결국 원본만 못하여 더러는 그 본래의 취지를 잃기도 했다. 표절한 것이 분명하여 누구나 알 수 있음에도 불구하고 세상은 살피지 못하고 그것을 공씨 가문의 남긴 글이라 여기고 있으니 이 또한 얼마나 어리석은 일인가! 『洙泗考信錄』

뿐만 아니라 사마천과 『사기』의 권위로 인하여 폭넓게 인정되던 「공자세가」마저도 그 안에 신뢰할 만한 자료가 얼마 되지 않는다는 것을 과감하게 천명하였다. 그런 것들이 혼탁한 자료들 앞에서 답답해하던 크릴의 속을 시원하게 해주었을 것이다.

동벽東壁 최술崔述은 1740년에 태어나 1816년에 77세를 일기로 세상을 떠났다. 시기적으로는 청나라가 가장 강대하고 소위 문예부흥기라 불릴 정도로 문화가 융성하던 시대였다. 그는 한평생을 매우 청빈하게 살았다. 어렸을 적에는 몇 차례의 홍수로 거처를 잃기도 하는 등 어려움이 겹쳤다. 그러다가 15살 되던 해에 동자시童子試를 보러 북경에 왔다가 대명부大名府 지부知府 주영朱煐의 눈에 들어 그의 아들과 함께 대명부 만향당에서 공부할 수 있는 행운을 누리게 된다. 거기서 그는 세상의 귀중한 책들을 마음껏 보고 천하의 인재들과 교유하며 자신의 재능을 마음껏 키워 갈 수 있었다. 8년 후 자신을 돌보아 주던 주영이 은퇴하여 고향 운남雲南으로 돌아가고 그는 북경에 남아 객사에서 초라하게 살며 공부를 계속하였다.

한편 은퇴한 주영은 고향에서 내려가 진리화陳履和, 1761~1825라는 어린 제자를 두었는데 그에게 최술에 대해 많은 얘기를 해준다. 진리화는 노스승의 이야기로 인하여 자신보다 21살 위의 이 최술이라는 사람을 만나고 싶다는 열망을 갖게 된다. 세월이 지나고 1792년 서른 초반의 진리화는 북경에 가서 수소문 끝에 최술을 만나게 된다. 찾아온 연유를 설명한 진리화는 최술의 집에 거처하며 달포에 걸쳐 그가 저술한 많은 글들을 보고 깊은 감동을 받는다. 진리화는 최술에게 간청을 하여 그의 제자가 된다. 그리고 자신의 임무는 바로 스승의 저술을 세상에 전파하는 일이라고 믿고 그 중 일부를 필사한다. 약 두 달간에 걸친 이 만남은 그들의 실제 만남의 전부였다.

최술은 북경에서 저술 작업을 계속했고 진리화는 필사한 자료를 가지고 고향 운남에 돌아간다. 그리고 약 4년 후 필사했던 자료를 토대로 『수사고신록』을 비롯한 네 종의 책을 판각하여 400부를 찍어 내었다. 물론 그것은 일부에 지나지 않았고 실제 판각은 최술의 저술이 완료될 때까지 기다려야 했다. 진리화는 스승과 서신만 교환하다가 1816년, 24년 만에 부푼 꿈을 안고 다시 북경의 스승을 찾아간다. 그러나 그때는 이미 최술이 죽고 다섯 달이 지난 시점이었다. 그를 기다린 것은 운남에서 진리화라는 사람이 오면 주라는 최술의 편지와 34종 88권의 글이 담긴 아홉 개의 상자였다. 진리화는 이를 모두 고향으로 실어 갔다. 그리고 최술 사후 8년인 1824년 자신의 남은 재산을 다 투입하여 19종 54권의 책을 판각하고 이듬해 65세를 일기로 세상을 떠나고 말았다.

그러나 간신히 빛을 본 최술의 저술들은 어지러운 역사의 소용돌이에 휘말려 빛을 보지 못했다. 1840년 아편전쟁, 1851년 태평천국의 난, 1895년 청일전쟁, 1900년 의화단사건 등으로 청나라는 서구열강의 침략에 속수무책으로 말려들었다. 그의 저술에 관심을 가질 여건이 되지 못했던 것이다. 그때 침략의 물결에 편승했던 일본의 한 관계자가 북경의 서점가에서 『고신록』을 비롯한 여러 책을 발견했다. 그는 이 책을 일본으로 가져가 1903년 『최동벽선생유서崔東壁先生遺書』를 발간했다. 이 책은 1921년 중국으로 역수입되었고, 당시 신문화운동을 추진하던 고힐강, 호적, 양계초, 진독수, 전현동 등의 관심을 끌게 되었다. 그리하여 1936년 드디어 고힐강에 의해 중국판 『최동벽유서』가 출간되었다. 최술이 집필을 하고 대략 150여 년이 지난 시점이었다.

최술의 『수사고신록』 등이 출현한 과정을 비교적 자세히 소개하는 데에는 이유가 있다. 이 온갖 신고를 겪고 출현한 저술을 우리는 어쩌면 낯선 문명에서 찾아온 크릴만큼도 주목하지 않았던 것이 아닌가 하는 생각이 들기 때문이다. 우리를 둘러싼 수많은 공자 관련 책자들은 여전히 터무니없는 일화들로 뒤범벅이 되어 있는 경우가 많다. 논어와 공자에 숨어 있는 진실을 찾아내기에 앞서 어떤 것이 진짜고 어떤 것이 가짜인지 진위조차 가려지지 않고 있다는 것은 심각한 일이 아닐 수 없다. 이를테면 막연히 알고 있는 전승된 이야기들 중에서 최술이 근거 없음을 낱낱이 공박하여 사실이 아님을 밝혀놓은 것은 대충 열거하여도 다음과 같다.

- 공자가 주나라에 가서 노자에게 예를 물었다
- 소정묘를 주살하였다
- 제나라에 갔을 때 안영이 공자를 헐뜯어 등용을 저지하였다
- 제나라가 노나라가 강대해지는 것을 우려하여 여악女樂을 보내 왔다

- 만년에 『시경』, 『서경』을 산정删定하였다
- 『주역』의 전傳을 공자가 지었다

　이처럼 최술이 그 근거 없음을 밝혀 놓은 것이 한둘이 아니지만 사람들은 아직까지도 그런 이야기들을 장황하게 늘어놓고 있다. 특히 공자의 생애를 이야깃거리로 삼으려는 서푼짜리 소설가들은 그런 소재를 배제하고 나면 할 이야기가 거의 없어지기 때문인지 더욱 그런 일화들에 매달리는 것 같다. 심지어 공자의 출생이나 부모와 얽혀 있는 일화들은 최술에 의하면 하나도 믿을 바가 못 된다. 그런데도 사람들은 그것도 부족하여 터무니없는 추정을 보태기도 하는데, 공자의 어머니 안징재가 무녀巫女 출신이라는 얘기[8] 따위가 바로 그것이다. 그런 허황된 일화들이 최술 사후 수백 년이 지난 지금까지도 여전히 신봉되고 있다는 것은 실로 유감스러운 일이 아닐 수 없다.

　논어와 공자를 둘러싼 최대의 과제는 여전히 논어 단편에 대한 해석이고 해석에 담긴 의미일 것이다. 그에 비해 고신考信의 문제는 어쩌면 그보다 더 기초적인 문제이고 그런 의미에서 더 우선되어야 할 문제이다. 우리나라에 그나마 『수사고신록』이 번역 소개된 것이 2009년 10월이었다. 경성대의 이재하李在夏 교수를 위시한 번역팀들의 노작이었다. 지난날 『새번역 논어』와 『논어의 발견』을 쓰는 데에 참고하기 위해 어렵게 원서를 구해 자전을 찾아가며 읽던 일을 생각하면 감회가 새롭지 않을 수 없다. 이 글에 간단히 소개한 최술의 생애도 그 책의 앞부분에 이재하 교수가 마치 소설처럼 생생하게 서술해 놓은 감동적인 기록을 토대로 한 것이다.

　물론 『수사고신록』의 한계도 있다. 당연한 일이다. 내후년이면 최술이 세

---

8)　그 기원은 시라카와 시즈카(白川靜)의 『孔子傳』(中央公論社, 1972)이다.

상을 떠난 지도 200년이 된다. 당시는 청대였다. 지금과는 모든 문물이 비교할 수 없으니 수사洙泗의 일을 보는 눈인들 왜 변하지 않았겠는가? 이미 내가 『논어를 발견』을 쓰는 과정에서 눈에 띈 것만 해도 한둘이 아니다. 이를테면 공자에게 "제자들 중에 누가 배우기를 좋아하느냐?"고 한 질문은 두 개의 단편6/3, 11/7에 걸쳐 애공哀公도 하고 있고 계강자季康子도 하고 있다. 최술은 날카롭게도 이 두 질문이 각각 이루어진 것이 아니라 그 중 하나는 진본이고 다른 하나는 변조된 기록임을 밝혔다.

그러나 유감스럽게도 최술은 애공의 질문이 진본일 것이라고 추정하는데 그것은 세부 문제에 걸쳐 치밀하지 못했던 최술의 잘못된 추정이었다. 계강자의 질문이 진본이다.

또 논어에는 자복경백子服景伯이 자로子路를 참소한 공백료公伯寮에 대해 그를 죽이겠다고 흥분하는 것을 공자가 만류하고 있는 장면이 나오는데 최술은 그것을 외유 이전의 사실로 보고 있다. 그러나 그것은 공자와 자로가 외유에서 돌아와 계강자의 정치를 돕고 있던 최만년의 일이었다. 또 공자가 남자南子를 만난 사실, 그리고 공산불뉴公山不狃나 필힐佛肸의 부름에 가려 했던 것에 대해서도 그는 한사코 공자를 헐뜯으려는 후대인들의 위작이며 "결코 있을 수 없는 일"必無之事이라고 강변하였다. 그러나 그것은 공자에 대한 최술의 지나친 신뢰와 존경에서 나온 것에 불과했다. 또 공자가 『춘추』를 지었다는 것을 최술이 아무런 의심 없이 믿은 것도 그의 고증학이 넘을 수 있는 높이에 시대적 한계가 있었다는 것을 보여 준다. 그러나 그 모든 한계도 낡은 시대의 어둠 속에 혼몽하게 묻혀 있던 공자를 밝은 빛 속으로 끌어낸 그의 역사적 위업에 비하면 미미한 것에 불과했다.

최술, 까마득한 200년도 더 전에 높은 과학정신으로 크릴을 감동시켰던, 청나라의 한 가난한 선비의 작업은 오늘도 기필코 계속되어야 한다. 어쩌면 그것은 과학이면서 동시에 학문적 양심의 문제일 수도 있기 때문이다.

외람된 이야기일는지는 모르겠지만 나의 논어 재해석 작업이 최술이 그 몽매하던 세월에 홀로 외롭게 밝히던 작업의 연장선에 있다는 느낌을 받는다. 최술의 작업이 일화나 사건 중심이고 논어를 넘어 방대한 기록들에 걸친 것이라면 나의 작업은 논어 단편 중심이고 논어라는 핵심적 기록에 국한되어 있다는 점이 차이라면 차이가 아닐까 한다. 바라건대 그의 외로웠던 작업을 승계하기에 앞서 적어도 그가 이미 이루어 놓은 학문적 성과만이라도 우리 독서계가 좀 더 진지하게 수용하고 소화할 수 있었으면 하는 마음 간절하다.

7 공자가 『춘추』를 짓다?

『춘추』는 노魯나라의 역사책이다. 노나라 은공隱公 원년B.C. 722부터 애공哀公 14년B.C. 481까지 242년간의 역사를 기록하고 있다. 『춘추』는 비록 노나라의 역사를 기록한 것이라고는 하나 단지 노나라만의 역사를 기록한 것은 아니고 노나라를 둘러싼 여러 제후국들과 주 왕실의 역사를 함께 기록하고 있기 때문에 당시로서는 세계사였던 셈이다. 사마천의 『사기』를 앞지르는 동양 최초의 편년체 역사기록으로서 주대周代, 특히 춘추시대를 아는 데에는 매우 중요한 문헌이다. 이 문헌은 공자가 지었다고 알려져 있다. 소위 공자작 춘추설孔子作春秋說이 처음 등장하는 문헌은 다름 아닌 『맹자』다.

세상이 쇠퇴하고 도의가 미약해지자 삿된 말과 거친 행동이 일어나니 신하로서 임금을 시해하는 자가 있는가 하면 자식으로서 아비를 죽이는 자도 나타나게 되었다. 공자께서 이런 세태를 우려하여 『춘추』를 지으셨으니 이는 천자天子의 일이었다. 그런 까닭에 공자께서 말씀하시기를 "나를 알아주는 자도 오직 『춘추』요, 나를 벌하는 자도 오직 『춘추』로다" 하셨다.

世衰道微 邪說暴行 有作 臣弑其君者 有之 子弑其父者 有之. 孔子懼作春秋 春秋 天子之事也. 是故 孔子曰 知我者 其惟春秋乎 罪我者 其惟春秋乎. 『孟子』滕文公 下

옛날 우임금이 홍수를 막으시니 천하가 평화로워지고 주공이 오랑캐들을 다독이고 맹수를 몰아내니 백성들이 편안해졌으며 공자께서 『춘추』를 완성하시니 난신적자들이 두려워하였다.

昔者,禹抑洪水而天下平,周公兼夷狄驅猛獸而百姓寧.孔子成春秋而亂臣賊子懼.『孟子』滕文公 下

한마디로 난신적자들이 나타나 천하가 어지러워지자 공자가 『춘추』를 지어 역사 판단의 추상같은 기준을 제시했다는 것이다. 이후 사마천은 공자작춘추설을 그의 『사기』 「공자세가」에 포함함으로써 이 설을 역사적 사실로 굳히는 계기가 되었다.

공자가 말했다. "안 되지, 안 되지. 군자는 죽은 후에 이름이 일컬어지지 않을까 걱정한다. 나의 도가 행해지지 않는다면 나는 무엇으로 후세에 모습을 보이겠는가?" 이에 공자는 역사의 기록에 근거해서 『춘추』를 지었다. 위로는 은공隱公에 이르고 아래로는 애공哀公 14년에 이르기까지 열두 임금十二公의 역사였다. 노나라의 역사에 기반을 두고 주나라를 섬기고 은나라의 제도를 참작해 하은주夏殷周 3대를 계승하고 있다. 그 문사文辭는 간략하지만 제시하고자 하는 뜻은 넓다. 그래서 오나라와 초나라의 군주가 왕을 자칭했지만 『춘추』에서는 그것을 낮추어 자작子爵으로 칭했다. 천토踐土의 회맹會盟에서는 실제 제후가 주나라의 천자를 부른 것이지만 『춘추』는 그 사실을 피해서, "천자가 하양河陽으로 사냥을 나갔다"고 기록했다. 이런 사안들을 들어서 당세當世의 법통을 바로잡는 기준으로 삼았다. 이와 같은 제후들에 대한 폄손貶損의 뜻은 후에 군주가 될 사람들이 이를 참고해 실행하게 하는 데 있다. 『춘추』의 대의가 행해지게 되면 곧 천하의 난신적자亂臣賊子들이 두려워하게 될 것이다.

子曰:弗乎弗乎,君子病没世而名不称焉.吾道不行矣,吾何以自見於後世哉?乃因史記

作春秋,上至隱公,下訖哀公十四年,十二公.拠魯,親周,故殷,運之三代,約其文辞而指博.故吳楚之君自称王,而春秋貶之曰子；践土之会実召周天子,而春秋諱之曰天王狩於河陽：推此類以縄當世.貶損之義,後有王者挙而開之.春秋之義行,則天下亂臣賊子懼焉.『史記』「孔子世家」

공자는 소송사건을 심리하는 직위에 있을 때에도 문사文辭에 걸쳐서는 다른 사람과 상의했고 혼자 판단을 내리지 않았다. 그러나 『춘추』를 지음에 기록할 것은 기록하고 삭제할 것은 삭제했기 때문에 자하子夏의 문도들도 어느 한 구절 거들 수가 없었다. 제자들이 『춘추』를 전수받은 뒤, 공자는 말했다. "후세에 나를 알아주는 사람도 『춘추』 때문일 것이고 나를 단죄하는 사람도 역시 『춘추』 때문일 것이다."

孔子在位聴訟,文辞有可與人共者,弗独有也.至於為春秋,筆則筆,削則削,子夏之徒不能賛一辞.弟子受春秋,孔子曰：後世知丘者以春秋,而罪丘者亦以春秋.『史記』「孔子世家」

청대의 고증학자 최술崔述도 공자가 『시경』, 『역경』, 『서경』 등의 집필이나 편집에 간여했다는 설을 일일이 고증하며 반박했지만 그도 공자가 『춘추』를 지었다는 사실에 대해서만큼은 의심의 여지가 없는 것으로 간주하고 있다. 최술마저도 거역하기 어려운 역사의 권위가 거기에 있었기 때문이라고 할 수밖에 없다. 그러나 정말 공자가 『춘추』를 지었는가 하는 문제를 살펴보려면 복잡한 주변을 살피기보다는 단도직입적으로 『춘추』 그 자체를 살펴보는 것이 최선의 방법이다.

처음 『춘추』를 읽어 보는 사람은 누구나 놀란다. 이게 역사기록이야? 할 사람들이 많을 것이다. 해설에 해당하는 전傳을 제외하고 『춘추』 본문 그 자체만을 보면 그 내용이 너무나도 단순하기 때문이다. 『춘추』는 매년 있었던 기록을 춘하추동 사계절로 나눈 다음, 있었던 사실 몇 가지를 아주 간략하게 남기고 있는데 한 해의 기록이 200자 원고지로 한 장을 넘기는 경우가 별로 없다. 기록이 많지 않은 경우는 원고지 반장을 채우기 어려울 때도 많다. 대표적으로 첫 기록인 은공 원년의 전문全文을 보자

元年,春,王正月

三月,公及邾儀父盟于蔑

夏,五月,鄭伯克段于鄢

秋,七月,天王使宰咺來歸惠公仲子之賵

九月,及宋人盟于宿

冬,十有二月,祭伯來

公子益師卒

이것이 전부다. 노나라 은공 원년, B.C. 722년 한 해 동안 있었던 노나라와 노나라를 둘러싼 제국諸國의 역사 전부다. 그 내용도 단순하다. 형식적인 연월 표기를 빼고 나면 그 해에 있었던 일은 3월에 노나라 임금이 주邾나라의 의보儀父와 멸蔑이라는 곳에서 맹약을 체결하였다는 것. 5월에 정鄭나라 임금이 언鄢이라는 곳에서 단段과 싸워 이겼다는 것. 7월에 천왕께서 재상인 훤咺을 보내시어 혜공과 중자가 돌아가신 것에 따른 예물을 주셨다는 것. 9월에 송나라 사람들과 숙宿이라는 곳에서 동맹을 체결하였다는 것. 12월에 제백祭伯이 왔다는 것. 익사益師가 죽었다는 것. 그것이 전부다. 전후좌우 사정을 모르면 읽어 보아도 무슨 말인지 잘 알아보지도 못할 건조한 기록들이다.

한마디로 『춘추』는 최소한의 연대기일 뿐이다. 누가 죽었다. 누구를 장사

지냈다. 언제 일식이 있었다. 누가 누구와 동맹을 체결했다. 어느 나라가 어느 나라를 쳐서 어떤 땅을 빼앗았다. 언제 메뚜기 피해가 있었다. 벼멸구 피해가 있었다. 누가 어느 나라로 망명하였다. 누가 누구를 죽였다. 대부분 그런 기록이고 그런 기록들이 전체의 80% 이상을 차지하고 있다. 이런 기록들을 공자가 썼다고 생각하는가? 말이 안 되는 소리다. 정상적인 비판정신을 가진 사람이라면 기록의 둘째 장을 넘기기 전에 이미 공자가 이것을 썼을 가능성은 없다는 것을 어렵지 않게 판단할 수 있다. 이것은 직업적 사관이 쓴 것에 불과하다. 물론 대를 이어 여러 사람이 썼을 것이다. 그리고 이런 직업적 사관들일수록 그들만의 관료적 기록 원칙과 까다로운 기준, 가치관을 가지고 있었을 텐데 그것은 오늘날 남아 있는 기록에서 우리가 느낄 수 있듯이 필연적으로 완고하고 고지식한 것일 수밖에 없었을 것이다.

『춘추』의 마지막은 애공 16년으로 공자의 죽음을 기록하고 있다. 『춘추』는 그 해의 일로 정월에 위衛나라 세자 괴외蒯聵가 척戚으로부터 위나라에 잠입하였다는 것. 그리고 위나라 임금 첩輒이 노나라로 망명을 왔다는 것. 2월에는 위나라의 선성遷成이 송나라로 망명을 갔다는 것. 그리고 여름 사월 기축날에 공자가 죽었다는 것. 이것이 전체 242년에 걸친 긴 기록의 대미大尾였다. 이름 모를 사관은 심지어 그 해 가을과 겨울에 있었던 일도 기록하지 않았다. 마지막 해의 기록마저 쓰다가 말은 셈이다. 그 사관은 모르기는 하지만 공자와 깊은 관계를 가졌던 사람이었을 것이다. 제자였을 수도 있다. 그가 孔丘卒을 쓰고 더 이상의 기록을 하지 않은 것은 절망 내지 좌절을 의미하는 것이었을까? 역사는 단지 침묵으로 대답하고 있을 뿐이다.

이후 『춘추』에 관한 첫 언급이 나타난 것이 『맹자』의 전술한 기록이다. 맹자는 살부시군殺父弑君의 무질서를 우려하여 공자가 『춘추』를 지었으며 거기에 추상같은 기준과 원칙이 나타나자 난신적자들이 두려워하였다고 했다는 이 논리는 이후의 역사에서 거의 변경되지 않고 유지된 듯하다. 만약 이런 논리를 맹자가 처음으로 개발하였다면 나는 감히 맹자가 공자를 왜곡한 첫 인물이었다고 할 수밖에 없다. 그는 직업적 사관이 가진 다분히 진부하고 융통성 없는 원칙, 좋게 보아도 전통에 충실한 고집스런 기록 관례를 터무니없게도 공자의 정치윤리적 원칙으로 뒤바꾸어 놓았다. 그것은 당시의 사회를 떠받치고 있던 봉건적 질서를 옹호하는 것일 수밖에 없었기 때문에 훗날 공자가 봉건질서의 회복을 목표로 삼았던 인물로 낙인찍히는 데에 절대적 기여를 하게 된다. 안타까운 일이 아닐 수 없다. 사마천의 기록은 이 시각을 고스란히 답습하고 있다.

이 왜곡을 한층 더 철저히 굳힌 것은 『춘추공양전春秋公羊傳』이었다. 『춘추공양전』은 『춘추』에 대한 해설을 빌미로 이 왜곡에 철저히 학문적 근거를 구축해 주었다. 『춘추좌씨전』이 『춘추』에 세부적인 역사적 사실을 보다 자세하게 부연해 놓은 역사서라고 한다면 『공양전』은 역사서가 아니라 『춘추』를 확고한 왕권을 중심으로 교묘하게 질서화한 정치이념서政治理念書였다. 『공양전』은 공자가 『춘추』를 지었다는 것을 더욱 확실히 하기 위해 "공자가 죽었다" 孔丘卒는 기록이 들어간 B.C. 479년의 기록과 그 전 해의 기록을 삭제하고 B.C. 481년의 기록을 『춘추』의 마지막 기록으로 만들었다. 공자가 자신의 죽음을 스스로 기록하였다는 모순된 사실을 감추기 위한 방법이었다.

『공양전』을 둘러싼 노력은 거기에 그치지 않았다. 전한대의 동중서董仲舒는 공양학公羊學으로 새로운 정치 질서를 만들어 나갔고, 이후 공양학파公羊學派는 이 이념을 학문적으로 체계화하였다. 춘추필법春秋筆法이라는 말이 바로 여기서 나왔다. 춘추의 이름으로 추진된 정당한 조치도 있었지만 정치적 반대파를 죽이거나 몰아내는 데에서 소위 포폄褒貶, 선악에 대한 판단의 근거가 된 것도 다름 아닌 『춘추』였다. 공자가 죽고 나자 공자는 온갖 정치적 사상적 목적에 이리저리 이용되었지만 『춘추』만큼 철저히 또 길게 이용된 사례는 많지 않다. 그 모든 것은 무엇보다 공자가 『춘추』를 지었다고 하는 터무니없는 맹자의 판단에서 비롯된 것이었다.

『춘추』는 공자가 짓지 않았다. 이 단순한 사실을 분명히 할 필요가 있다. 그러면 『춘추공양전』도, 그보다 한 술 더 떠서 법가적 사상까지 끌어들인 『춘추곡량전春秋穀梁傳』도, 춘추필법도, 춘추직필도, 난신적자도, 사문난적도, 무슨무슨 포폄도, 심지어 강유위康有爲의 변법자강變法自强도 모두 근거를 잃게 된다. 근거를 잃어야 한다. 그리하여 공자를 공자가 아닌 모든 것으로부터 풀어내어야 한다. 그래야만 오늘날이 공자로부터 무언가를 배울 수 있게 된다. 그러지 않고 공자를 온갖 역사적 굴레에 그대로 묶어 둔다면 "공자가 죽어야 나라가 산다"는 서푼어치도 안 되는 저 경박한 구호 앞에서도 공자는 휘청거리지 않을 수 없게 될 것이다.

8 　논어와 제자백가

어떤 한 정신이 높은 진정성을 바탕으로 자신을 구현할 경우 후대의 정신이 그에 젖줄을 대고 발전하는 것은 흔히 볼 수 있는 현상이다. 이를테면 서양철학은 모두 플라톤의 철학에서 비롯되고 있다 하지 않는가. 논어에 깃든 공자의 정신이 또한 그렇다. 공자의 정신이 가졌던 너무나도 높은 진정성은 후대의 여러 정신들이 보여 주는 다양성과 특징들에 대해 원천적源泉的 의의를 가진다. 특히 춘추시대에 이어지는 전국시대의 소위 제자백가諸子百家들의 경우가 그렇다. 물론 그 각각이 가지는 구체적 연관성을 정확히 헤아리기는 어렵다. 따라서 어떤 경우는 단지 짐작일 뿐인 경우도 있을 것이다. 그럼에도 불구하고 그 연관성을 찾아보는 것은 선진先秦시대의 정신을 이해하는 데에 나름대로 도움이 될 것이다.

양주

양주楊朱의 이른바 위아론爲我論은 그 자세한 것이 별로 남아 있지 않다. 단지 "내 몸의 털 하나를 뽑아 천하를 이롭게 할 수 있다 하더라도 나는 하지 않겠다"는 매우 극단적인 말 한마디가 그 특징으로 남아 전해지고 있을 뿐이다. 그것을 형편없는 이기주의라고 몰아붙이는 것은 물론 소용없는 짓이다. 맹자가 당시의 천하 사상계를 양묵楊墨이 서로 반분하고 있었다고 할 만큼 그의 사상은 당시의 사려 깊은 지식인들에게 강한 침투력을 지니고 있었기 때문이다. 양주가 공자의 사상 일단을 이어받았을 가능성이 있는 단편은 다음 단편이다.

"옛날의 배우는 사람들은 자기를 위해 배웠으나 요즈음의 배우는 사람들은 남을 위해 배운다."
古之學者爲己,今之學者爲人. 14/25

구태여 한 가지를 더 들자면 해석상 묻혀 있었던 단편이지만 다음 단편을 더 들 수 있을 것이다.

"자기가 하고자 하지 않는 바를 남에게 베풀지 마라."
己所不欲,勿施於人. 12/2

맹자마저도 공자 사상의 이런 측면, 훗날 양주에게 높은 착상과 진지한 이론적 전개를 가능하게 한 이 위아론적 측면을 충분히 알고 있었을까 하는 의문이 드는 것은 바로 이 사상이 지닌 고도의 역설적 구도 때문이다. 남에게 베풀겠다고 나서지 마라 하는 것은 적어도 오늘날의 모든 뜻 있는 사람들의 생각과도 전적으로 다른 것이었음을 주목할 필요가 있다.

노자

노자老子의 사상을 몇 마디로 간단히 압축하기는 어려운 일이다. 단지 무위無爲가 그 중요한 한 측면인 것은 분명하다. 그런데 그 무위를 최초로 언급한 사람이 바로 공자였다. 공자는 무위에 매우 뚜렷한 의미와 역할을 부여하고 있다.

"아무것도 하지 않고 다스린 이는 곧 순임금이실 게다. 실로 무엇을 하셨겠느냐? 스스로를 공경히 한 채 똑바로 남면하셨을 뿐이다."

無爲而治者,其舜也與.夫何爲哉?恭己正南面而已矣. 15/5

세상에 대한 작위적인 베풂 없이 단지 자기 자신만을 올바로 한다는 것은 비단 이 단편만이 아니라 논어의 곳곳에서 발견되고 있다. 다만 이 단편에서 최초로 無爲라는, 훗날 엄청난 파장을 불러온 용어를 사용하였고 노자는 바로 이 용어에서 남다른 영감을 받았을 가능성이 있다는 것이다.

그에 비하면 오히려 훨씬 노장적 요소가 강하게 반영된 제14 헌문편과 제18 미자편에 수록된 일련의 단편들은 그런 연관성을 갖지 않는다. 거기에 등장하는 미생무微生畝, 신문晨門, 하궤자荷蕢者, 초광접여楚狂接輿, 장저長沮와 걸익桀溺, 장인丈人 등 노장적 주인공들과 그들이 내세운 주장은 초나라에서 비롯된 것으로 추정되는 신흥 사유의 위력을 보여 주는 것이었다. 이들 단편들은 공자 사후 논어 판본이 형성되어 가는 과정에 노장적 사유가 뒤늦게 강력한 영향을 미친 것으로 보인다.

노자는 공자로부터 직접 영향을 받았다기보다는 전국시대로 접어들면서 공자의 사유가 일부 유가들에 의해 사변적으로 왜곡되고 속화되는 것에 저항하고 그것을 넘어서기 위해 출현하였다고 보는 것이 옳을 것이다. 그렇다면 그 관계는 역시 순접順接이라기보다는 역접逆接이 될 것이다.

명가

명가名家의 사상가로는 혜시惠施, 공손룡公孫龍, 등석鄧析, 윤문尹文 등의 이름이 일컬어진다. 주창자에 따라 내용이 다르고 그마저 대부분 일실되어 자세한 것이 전해지지 않고 있다. 그러나 주된 내용은 명名과 실實의 일치 문제였다는 것은 사실인 것 같다. 사실 그것은 매우 중요한 문제였다. 나중에 논의가 논리학 쪽으로 흘러가 여러 가지 궤변에 휘말린 것 같지만 적어도 명과 실의 일치라는 만만치 않은 문제를 다루었다면 그것은 바로 공자의 저 유명한 정명사상正名思想에서 비롯되었을 가능성이 높다.

자로가 말했다.
"위나라 임금이 선생님을 모시고 정치를 하면 선생님께서는 장차 무엇부터 하시겠습니까?"
선생님께서 말씀하셨다.
"반드시 명칭을 바로잡겠다."
자로가 말했다.
"그런 것도 있습니까? 선생님께서는 너무 우원迂遠하십니다. 그것을 바로잡아 뭐하겠습니까?"
선생님께서 말씀하셨다.
"조야하구나, 유由는! 군자는 자기가 알지 못하는 것에 대해서는 비워 두어야 하는 것이다. 명칭이 바르지 않으면 말이 조리가 없어지고 말이 조리가 없으면 일이 이루어지지 못하고 일이 이루어지지 않으면 예악이 일어나지 못하며 예악이 일어나지 않으면 형벌이 적절해지지 못하며 형벌이 적절하지 않으면 백성들이 손발 둘 데가 없어진다. 그러므로 군자는 무언가를 명명命名하면 반드시 말할 수 있게 되고 말하면 반드시 행할 수 있게 되니 군자는 그 말에 있어서 구차함이 없을 따름이다."
子路曰 : 衛君待子而爲政,子將奚先?子曰 : 必也正名乎!子路曰 : 有是哉?子之迂也.奚其正?子曰 : 野哉!由也.君子於其所不知,蓋闕如也.名不正則言不順,言不順則事不成,事不成則禮樂不興,禮樂不興則刑罰不中,刑罰不中則民無所錯手足.故君子名之必可

言也,言之必可行也.君子於其言,無所苟而已矣. 13/3

이 단편과 명가 사상가들이 다루었던 명名은 노자가 자신의 『도덕경』 첫머리에서 언급한 저 名可名,非常名의 명名과 동일한 것이었을 가능성이 높다. 심지어 위 인용문 가운데에서 공자의 말로 된 名不正則言不順 이하의 말은 공자 시대의 표현이 아닌 전국시대의 표현법이라는 점에서 바로 명가들의 논리였을 가능성이 높다.

법가

법가法家는 위에서 언급한 양주나 노자 또는 명가 사상가들처럼 논어에 기록된 공자 사상의 몇몇 단서들에 의해 형성, 발전되었을 가능성은 거의 없는 사상이다. 왜냐하면 논어에 보면 법가적 사유를 그린 단편들이 제법 눈에 띄지만 그것들은 모두 넘어서야 할 대상, 즉 부정적 대상으로 그려져 있기 때문이다. 그것은 원래 특별한 사상이라고 하기도 어려운, 매우 통속적인 견해였다. 그러나 전국시대에 들어가면 한 나라의 내부 질서를 형성하는 데에 유효한 방법으로 받아들여졌고 어쩌면 진秦나라가 천하를 통일하는 데에 실제로 큰 효과를 거두었다고 볼 수도 있다. 물론 그 생명력은 짧고 피상적인 것이었다.

> "정령政令으로 이끌고 형벌로 다스리면 백성들은 겨우 따르게는 되겠지만 부끄러워할 줄 모르게 된다. 덕으로 이끌고 예로 다스리면 부끄러워할 줄 알게 되고 또 저절로 갖추어 갈 것이다."
> 道之以政,齊之以刑,民免而無恥.道之以德,齊之以禮,有恥且格. 2/3

섭공葉公이 공자께 말했다.

"우리 무리에 행실이 곧은 자가 있는데 그 아비가 양을 훔치자 자식이 그것에 대해 증언을 했습니다."

공자께서 말씀하셨다.

"우리 무리의 곧은 자는 그와 다릅니다. 아비는 자식을 위해 숨겨 주고 자식은 아비를 위해 숨겨 주니 곧음이 그 가운데에 있습니다."

葉公語孔子曰 : 吾黨有直躬者,其父攘羊而子證之. 孔子曰 : 吾黨之直者異於是. 父爲子隱,子爲父隱,直在其中矣. 13/18

공자가 덕에 의한 정치를 역설할 때마다 늘 동원된 대척적 가치관이기도 했던 것이 바로 법가적 가치관이었다. 정신과 육체처럼 두 가치관이 긴 역사를 관류하며 서로 따라다녔다는 것은 많은 것을 생각하게 한다.

묵자

묵자는 공자가 남긴 큰 사유의 그늘 속에서 배태된 인물로 볼 수 있다. 그러나 세부적으로는 세속 유가들의 세속적 관점과 누구보다 치열하게 맞서는 가운데 그 구체적인 논점들을 만들어 내었다. 예악에 대한 세속 유가들의 구차한 주문을 그는 호쾌하게 물리쳤다. 전국시대의 질식할 쟁패에 대해 묵자만큼 정면으로 맞선 사람이 없었을 것이다. 그의 겸애 주장은 옳았다. 다만 좀 단순하고 깊지 못하여 세속 유가들의 형식 논리에 휘말렸을 때 자신의 단순함을 노출시킬 수밖에 없었다. 다른 여러 제자백가들과 마찬가지로 그 또한 공자의 정신이 전국시대의 강퍅한 비인간적 현실에 부딪쳐 깨어지며 떨어져 나온 한 큰 조각이었다.

유가

마지막으로 말할 학파가 맹자, 순자 등을 위시한 유가儒家다. 혹자는 공자 자신이 바로 유가의 원조인데 공자와 논어에서 비롯된 제자백가의 유형에 유가를 포함시킨다는 것은 괴이한 발상이 아니냐고 할지도 모른다. 그러나 공자와 유가는 분리시켜 생각할 필요성이 있다. 아니 그 필요성은 매우 높다. 공자는 춘추시대인 B.C. 551년에 태어나 B.C. 479년에 세상을 떠났다. 그리고 사후 직계 제자들이 그의 어록을 남겼다. 비록 증자나 자하 등 그의 직계 제자들로부터 비롯되었다고는 하지만 유가는 공자에 가깝다기보다는 그로부터 비롯된 여러 제가들, 노자나 양주나 명가 사상가들에 가까웠다. 다만 다른 사상들에 비해 공자에 닿는 접점이 조금 더 포괄적이고 다면적이었다는 점에서 약간의 차이가 있었을 뿐이다. 유가 사상가들이 다른 사상가들과 크게 다르지 않았다는 인식은 거듭 강조해 둘 필요가 있다. 유가는 공자와의 관계에서 다른 제가에 비해 결코 특권적 위치를 가지고 있지 않았다고 나는 생각한다.

공자와 논어는 이렇게 전국시대의 여러 사상에 긴 그늘을 남겼다. 그러나 유가를 포함하여 그 어디에서도 공자의 진면목은 발견되지 않았다. 어쩌면 그 이후에도 사정은 동일할 것이다. 특히 송대의 개신유학도 마찬가지임을 알아 둘 필요가 있다. 공자가 보여 준 드문 진정성은 그의 사후 다시는 더 발견되지 않았다. 그러나 제자백가들을 비롯하여 온갖 동양의 사상들은 대부분 공자의 생각으로부터 흘러나온 것이 사실이고 다시 그곳으로 흘러가야 할 것으로서만 의미를 갖는 것이 아닐까 생각한다.

9 논어 편집자를 말한다

논어의 형성에는 여러 사람이 기여했다. 주인공인 공자는 당연히 결정적 역할을 하였지만 단지 공자의 기여만으로 논어가 이루어진 것은 아니었다. 공자의 말을 듣고 기록으로 남긴 제자들이 있고 또 그것을 여러 개의 편으로 나누어 정리하고 엮은 편집자가 있다. 나는 문헌으로서의 논어를 이야기하면서 가끔 이 세 기여자들, 공자와 기록한 제자들과 편집자에 대해 다음과 같이 언급하곤 한다.

먼저 공자에 대해서는 이렇게 말한다.

"그는 우리가 일반적으로 생각하는 것보다 더 뛰어나다. 종종 우리는 그의 눈높이 수준에서 그를 만나고 있다는 착각을 하기도 하지만 실제로 그는 우리의 눈높이보다 비할 바 없이 더 높은 곳에 위치해 있다. 그 점을 잊으면 우리는 자신도 모르는 사이에 오류에 빠지게 된다."

나름대로 오랜 세월 공자의 눈높이를 따라가 보겠다고 안간힘을 써온 나의 경험 끝에 내린 솔직한 결론이다.

두 번째로 자공을 위시하여 논어 단편을 기록으로 남긴 몇몇 제자들에 대해서는 이렇게 이야기한다.

"그들은 매우 명민하고 뛰어난 제자들인 것은 틀림없지만 오늘날 우리들 중의 뛰어난 사람들보다 더 뛰어난 사람들은 아니었다. 대략 비슷하다고 보면 된다."

역시 경험에 따른 나의 판단이다. 그리고 마지막으로 논어를 편집한, 구체적으로 그가 누구인지는 알려지지 않았지만 대략 재전제자再傳弟子일 것으로 보이는 어느 편집자에 대해서는 이렇게 이야기한다.

"그는 오늘날 우리들 중의 뛰어난 자질을 가진 사람보다는 수준이 좀 낮은, 어쩌면 비교적 단순한 사람이었던 것 같다."

논어를 주의 깊게 읽다 보면 때때로 본의 아니게 편집자의 의중을 엿보게 되는 경우가 있다. 그때 자신도 모르게 피식 웃음이 터지곤 한다. 대부분은 '아하, 논어를 편집한 사람이 이 단편을 이렇게 보았기 때문에 이렇게 편집을 했구나' 하는 경우인데 그것은 매우 재미있어서 때로는 실소를 유발하는 것이다.

그 가장 전형적인 한 예가 바로 논어의 모두를 장식하고 있는 저 學而時習之章이다. 논어를 한 번도 읽어 보지 않은 사람도 이 장만큼은 알 정도로 유명한 구절이다. 그런데 이 장에 논어 편집자의 극히 단순한 편집의도가 드러나 있는 것이다. 그 의도는 다름 아닌 나이 어린 초급반 학생들에게 공문의 기본적인 가르침 중에서 그들에게 도움이 될 만한 비교적 쉬운 단편을 고른다는 것이었다. 學而時習之章에 바로 '배운다'學는 말과 '익힌다'習는 말이 들어 있었던 것이다. 편집자가 보기에 초급반 학생들에게 열심히 '배우고 익히라'는 말보다 더 절실한 말이 어디에 있겠는가? 요즈음 부모들이 아이들에게 열심히 공부하라고 잔소리하는 것과 조금도 다를 바 없는 마음이 편집자에게 있었던 것이다. 學자와 習자를 보는 순간 편집자는 '바로 이것이다' 하고 눈이 반짝했을 것이다. 그리고 망설임 없이 그것을 이 위대한 전적의 모두冒頭 단편으로 정했음에 틀림없다. 학이편의 편집 취지는 공자의 어록을 만드는 것이 아니라 단지 초급반 학생들에게 교훈이 될 만한 쉬운 교재를 만드는 것에 불과했기 때문이다.

사실 學而時習之章은 인류 최고봉의 문헌인 논어의 첫머리로서 조금도 모자람이 없는, 높은 수준과 예지를 갖춘 단편이다. 어쩌면 일부러 500여 개의 단편 중에서 첫 번째로 소개할 단편을 고른다 하더라도 이보다 더 성공적으로 선정하기는 어려웠을 것이다. 그런데 그것이 편집자의 탁월한 안목 때문이 아니라 오히려 단순하고 실무적인 요구에 따르다 생긴 우연이었다니 우연치고는 참으로 아이러니컬하지 않은가?

다음 사례로 제3 팔일편 24장을 들 수 있다. 제3 팔일편은 예악에 관한 기록들만을 모아 놓은 편이다. 이를테면 제1장은 팔일무八佾舞라는 춤과 관련된 단편이고 제2장은 옹가雍歌라는 제사음악과 관련된 단편이며 제3장과 제4장은 예에 관한 공자의 직접적 언급을 담고 있다. 그런데 유독 제24장인 儀封人請見章은 예악과 관련이 없는 장이다. 그 내용을 보면 공자가 어떤 사람이었는가 하는 것이 주제이기 때문에 구태여 분류를 하자면 제7 술이편이나 제9 자한편에 수록되었어야 했다. 그런데 왜 제3 팔일편에 수록이 되었는가?

바로 편집자의 단견 때문이었다. 이 단편에 목탁木鐸이라는 말이 나오는데 편집자는 그것을 예기禮器로 보았던 것이다. 목탁은 다중이 모인 길에서 관리가 무언가를 발표하기에 앞서 사람들의 주목을 끌기 위해 방울 소리를 내는 요령 비슷한 기구다. 예기로 보기도 어려운 기구지만 설혹 예기라 하더라도 그것은 단지 비유로 사용되었기 때문에 이 단편을 예악과 관련된 단편으로 분류한 것은 단순하고 유치한 판단이었다. 분류 기준에 관한 편집자의 의식 수준에 실소를 금할 수 없는 사례가 아닐 수 없다.

또 다른 사례를 보자. 제5 공야장편은 공자가 제자들이나 기타 여러 인물들을 평가한 것만을 모아 놓은 편이다. 재여가 낮잠을 잤다고 꾸짖은 말이나 자로가 용기를 좋아한다고 칭찬한 말 등이 모두 이 공야장편에 들어 있다. 그런데 자공의 말로 이루어진 다음 단편도 역시 이 공야장편에 들어 있다.

> 자공子貢이 말하였다.
> "선생님의 문화론文化論은 들어 볼 수 있었으나 선생님께서 인성人性과 천도天道에 대해 말씀하시는 것은 들어 볼 수 없었다."
> 子貢曰:夫子之文章,可得而聞也.夫子之言性與天道,不可得而聞也. 5/13

이 단편은 공자가 문화에 대해서는 자주 이야기를 해서 들을 기회가 있었지만 인성과 천도에 대해서는 그것이 실천적 차원을 벗어나 추상과 관념으로 흐를 것을 우려하여 말하지 않았기 때문에 들어 볼 수 없었다는 자공의 증언이다. 누군가에 대한 평가와는 아무런 상관이 없는 이야기가 아닐 수 없다. 그렇다면 왜 인물 평가만을 모아 놓은 제5편에 들어 있을까?

그 이유는 역시 간단하다. 편집자는 이 단편을 자공이 자기 자신을 평가한 말로 이해했던 것이다. 이 자평설自評說은 훗날 형병邢昺이 내린 해석이기도 한데 형병은 이 단편을 '공자께서 문화에 관해 하신 말씀은 쉬워서 알아들을 수 있었지만 인성과 천도에 관해 하신 말씀은 어려워서 잘 알아들을 수 없었다'는 뜻으로 받아들였던 것이다. 즉 자공이 자신의 능력이 부족하여 어려운 이야기는 잘 알아들을 수 없었다는 솔직한 고백을 담은 단편으로 해석하였던 것이다. 이 해석은 물론 잘못된 해석이자 유치한 해석이다. 후에 주자가 주자학에 유리한, 또 다른 아전인수식의 해석을 하여 오늘날도 공연한 논란이 끊이지 않고 있는 이 단편은 해석의 옳고 그름을 따지기 전에 편집자도 해석을 바탕으로 하여 편집을 한다는 사실을 잘 보여 주고 있는 사례라 할 수 있다.

또 다른 사례를 보자. 같은 공야장편의 제27장에는 다음과 같은 단편이 수록되어 있다.

> 선생님께서 말씀하셨다.
> "다 되었나보다! 나는 능히 자신의 잘못을 보아 속으로 스스로와 쟁송할 수 있는 자를 보지 못하였다."
>
> 子曰：已矣乎！吾未見能見其過，而內自訟者也. 5/27

이 단편은 과연 누구에 대한 평가일까? 편집자는 어떤 판단을 하였기에 이 단편을 공야장편에 포함시켰을까? 아무리 살펴보아도 이 단편은 누구에 대한 평가나 판단이라고 보기 어렵다는 것을 알 수 있다. 구태여 평가라고 본다면 이 세상 모든 사람들에 대한 평가일까? 아니면 "스스로와 쟁송할 수 있는 자"自訟者를 구체적 평가 대상으로 착각한 탓일까? 숨은 이유가 있을 것이라고 생각하고 골똘히 들여다본다면 시간 낭비가 아닐 수 없다. 이 단편이 공야장편에 속하게 된 것은 편집자의 낮고 보편성 없는 판단력 탓이 분명해 보이기 때문이다.

이번에는 조금 다른 유형의 사례를 들어 보겠다. 제9 자한편 21장에 다음과 같은 단편이 있다.

> 선생님께서 말씀하셨다.

"싹 트고도 꽃 피지 못하는 자가 있고 꽃 피고도 열매 맺지 못하는 자가 있다."

子曰 : 苗而不秀者有矣夫,秀而不實者有矣夫. 9/21

싹苗과 꽃秀과 열매實는 도를 추구하는 인간이 직면하는 성취의 각 단계를 비유하는 것으로 매우 중요한 진술이라 할 수 있다. 예수가 말한 '돌밭에 떨어진 씨앗'의 비유와도 유사하고 그 의미마저 거의 같다.

그런데 왜 이 단편이 하필이면 공자가 안연을 칭찬하거나 그의 이른 죽음을 각별히 애석해하는 두 단편9/19, 9/20에 뒤이어 나올까? 우연한 배치일까? 아니면 9/21의 실제 케이스가 바로 일찍 죽고 만 안연이라는 판단에 따른 것이었을까? 500분의 1의 확률로 우연히 배치된 것이라 하기에는 편집자의 단순하기 짝이 없는 오해가 너무나도 선명하게 엿보인다. 안연의 단명과 苗而不秀를 연결시키고 있는 편집자의 단견 앞에서 우리는 또 다시 실소를 금할 수 없는 것이다.

몇 가지 사례는 더 찾아볼 수 있다. 이를테면 9/10에 나오는 안연의 긴 탄식을 편집자는 공자에 관한 직접적인 정보를 모아 놓은 제9 자한편에 포함시켰는데 이는 "쳐다보면 더욱 높아지고 파면 더욱 견고해지며 앞에 있다 여기고 바라보면 어느새 뒤에 있구나"仰之彌高,鑽之彌堅,瞻之在前,忽焉在後 하는 말을 공자를 두고 한 말로 보았기 때문이다. 오늘날도 그런 해석이 없지 않지만 그것은 공자도 안연도 매너리즘에 빠뜨리고 말 뿐이다.

편집자의 의중이 무엇이냐 하는 것은 논어를 이해하는 데에 큰 비중을 가지고 있는 문제는 아니다. 또 일부러 보려고 해서 보는 것도 아니고 논어를 읽어 가는 과정에서 저절로 눈에 띄게 되는 것이기도 하다. 그러나 그것은 논어에 대한 해석이 논어가 이루어지는 과정에서부터 나타났던 만만치 않은 문제임을 무엇보다 잘 보여 주고 있다. 그리고 역시 그 어떤 비중을 가지고 있는 문제는 아니지만 적어도 내게는 논어를 공부하는 과정에서 논어 그 자체가 주는 진지성 때문에 항상 풀지 못했던 긴장을 헤치고 잠시나마 웃어 볼 수 있는 거의 유일한 소재였다는 사실이다. 논어의 한 모퉁이에 이런 코믹한 측면도 있다는 것, 나름대로 흥미롭지 않은가?

10 공자적 입장에서 본 노자

가. 노자와 전국시대

노자를 이해하는 데에 무엇보다 중요한 것은 역사성이라고 생각한다. 그가 어떠한 역사적 조건 하에서 살았고 그의 저술인 『도덕경』은 어떤 역사적 배경에서 세상에 출현하게 되었는지를 먼저 알 필요가 있다.

단적으로 노자가 『도덕경』을 저술한 시점, 그 저술을 위하여 자신의 사고를 형성한 시점은 전국시대 초기 또는 중기였을 것으로 본다. 그 시점을 정확하게 잡기는 어렵지만 어쨌든 전국시대가 본격적으로 무르익으면서 거기서 노자와 『도덕경』이 출현한 것만은 분명해 보인다.

전국시대는 B.C. 453년을 기점으로 시작되었다는 학계의 일반적 의견에 나는 동의한다. 그 해에 진晋나라는 한韓, 위魏, 조趙 세 나라로 분열되었다. 분열된 세 나라도 모두 전국7웅에 속할 만큼 강대국들이었다. 그러니 그 이전의 진나라가 얼마나 막강하였겠는가? 제나라와 초나라가 경쟁 상대였지만 진나라에 비할 바는 아니었다. 그런 진의 분열은 중원의 모든 나라들에게 엄청난 충격이었다.

물론 분열이 하루아침에 이루어진 것은 아니었다. 그렇지만 이 분열이 공식화된 이후 제후국들은 춘추시대까지만 해도 그럭저럭 유지해오던 전통적 가치체계에 대한 마지막 신뢰를 잃고 전국戰國이라는 극심한 혼돈과 무력 쟁패의 단계에 돌입했다. 이것이 얼마나 큰 충격이었겠는가를 상상하려면 구소련의 분열과 냉전체제의 종식 이후 옛 사회주의 국가들을 상상하면 될 것이다. 그 직접적 영향권에 속하지도 않았던 우리나라마저 냉전체제의 종식 이후 신자유주의와 자본의 일방적 독주 속에서 IMF 구제금융의 위기에 봉착하였고 그 이후 자본에 버티던 마지막 가치와 이념들이 와해되면서 비정규직의 등장, 청년실업, 세계 최고의 자살률 등 심각한 위기 국면으로 접어들었던 것을 생각해 볼 수 있다.

전국시대와 인간 정신과의 관계는 춘추시대에는 없던 제자백가의 등장에서 그 단적인 표현을 볼 수 있다. 노자는 그 제자백가의 전형적 인물이었다.

그러면 노자를 전국시대와 관련시키는 것은 왜 중요한가? 마치 붉은 꽃이 푸른 잎들을 사이에 피어 있을 때 가장 선명하게 그 존재를 부각시키는 것처럼 노자의 사상은 전국시대를 배경으로 할 때에야 비로소 그 의의를 드러내기 때문이다. 전국시대는 모든 가치를 잃고 오로지 힘과 계략에만 의지하여 무한 쟁패하는 시대였다. 기존의 모든 가치들은 그 틈바구니에서 살아남지 못하고 퇴락하거나 수단화되고 말았다.

전국시대 이전에는 엄밀하게 말해서 사상이라고 할 만한 것이 없었다. 유일하게 공자가 있었지만 그를 사상가라고 하는 것은 적절하지 않다. 마치 예수를 사상가라고 하기 어려운 것과 비슷하다. 공자는 까마득한 옛날부터 전해 오는 전통적 가치들을 누구보다 존중했고 그것들에 관한 한 자신이 술이부작述而不作임을 늘 자임했던 사람이었다. 그가 주창했던 주요 개념들, 德이나 義, 知, 孝, 信, 寬 등은 모두 수백수천 년 동안 인류적 가치로 존중받던 것들이었다. 다만 공자는 그것들이 타락하고 매너리즘에 빠지는 것을 막아보려 애썼을 뿐이다. 그러나 춘추 말기, 특히 전국시대로 접어들면서부터 그런 개념들에 대해 무심했던 다수의 사람들이 갑자기 공자가 주장한 이런 가치들에 관심을 보이기 시작했다. 다가오는 반인간적 세월에 대한 뒤늦은 자각 때문이었을 것이다.

그러나 그것은 형성되자마자 거대한 파도처럼 엄습하는 전국戰國의 질서에 휩쓸리고 말았다. 이 일군의 사람들은 그때부터 유가儒家라는 이름으로 불리기 시작했다.[9] 그들은 비교적 높은 지적 수준을 가졌지만 그들 중 최고 수준을 보이는 자들마저 점점 사변적으로 흐르는 것은 전국의 상황에서 피하기 어려운 일이었다. 그들은 공자를 존경하고 그를 계승하기 위해 노력하였지만 전국시대는 그들의 노력을 끊임없이 좌절시켰다. 그들의 대부분은 점점 왜곡되어 속유俗儒로 떨어질 수밖에 없었다.

논어 제16 계씨편은 그들 속유의 사고가 뒤늦게 논어에 흘러든 경우로 보인다. 그들은 이미 세상을 떠난 공자를 다시 등장시켜 자신들의 논리와 주장에 이용했지만 성과는 초라했다. 물론 일부는 그렇지 않았다. 지금도 『예기』에 남아 있는 「대학大學」이나 「중용中庸」, 「악기樂記」 같은 글들은 그들 중 일부의 수준이 결코 만만치 않았음을 보여 주고 있다. 「대학」과 「중용」은 훗날 주자에 의해 지나칠 정도로 격상되어 사서四書에 진입하는 영광을 누리기도 하였다. 그러나 전반적으로 매너리즘에 젖은 관점이나 까다로운 예법을 통해 혼란한 시대를 돌파해 보려던 유가의 노력은 전국의 벽에 가로막혀 지리멸렬하게 전개될 수밖에 없었다.

노자는 이런 여건 속에서 나타났다. 그의 존재를 둘러싼 이런저런 일화들은 하나도 믿을 만한 것이 없다. 그가 과연 초나라 사람인지 진陳나라 사람인지, 이름은 이이李耳, 통칭은 노담老聃이 맞는지, 정말 주나라 문서 수장실

---

9) 처음부터 유가라고 불리지는 않았던 것 같다. 유가는 일군의 비유가적 학파들이 생겨나면서부터 그들과 차별되는 차원에서 호칭되기 시작한 것으로 보인다. 그 이전 그들은 아마 유일한 지식인 집단으로 아주 짧은 기간 동안 특별한 호칭 없이 유지되었던 것 같다.

守藏室의 사관이었는지, 그 모든 것은 믿을 수도 없고 딱히 부인할 근거도 없다. 한마디로 그는 안개 속의 인물이었다. 한 가지 확실한 것은 그가 『도덕경』을 쓴 사람이라는 것이다. 왜냐하면 우리는 바로 『도덕경』을 쓴 사람을 노자라고 부르고 있기 때문이다.

그다음으로 확실해 보이는 것이 노자는 전국 초기 또는 중기를 본격적으로 살았던 사람이라는 것이다. 그는 전국시대를 규정하는 속악한 기반에 대해 누구보다 근원적으로 저항했다. 그는 약육강식의 질서에 도전하였고 그에 앞서 무기력하고 낡은 행위규범에 매달려 있던 유가儒家를 가차 없이 비판했다. 그는 유가들이 공자로부터 계승한 거의 모든 가치들을 불신하고 그 대부분을 미련 없이 폐기하였다. 다만 버릴 수 없는 가치들이 있었으니 그 것은 도道와 덕德과 선善과 성인聖人 정도였다. 그것마저도 노자는 있는 그대로 받아들이지 않았으니 노자만의 방식으로 까다로운 조건을 붙이고서야 수용하였다. 『도덕경』 상편과 하편의 모두冒頭는 바로 그 조건부 수용의 숨길 수 없는 면모를 보여 주고 있다.

> 도道를 가히 도라 할 수 있으면 참 도가 아니고, 명名을 가히 명이라 할 수 있으면 참 명이 아니다.[10]
>
> 道可道,非常道,名可名,非常名. 1장

> 상덕上德은 덕스럽지 않으니 그래서 덕이 있고 하덕下德은 덕을 잃지 않으려 하니 그래서 덕이 없다.

10] 노자가 말하는 名은 소위 명가(名家)의 名을 지칭하는 것으로 보이고 명가는 다름 아닌 공자의 정명(正名 - 논어 자로편 3장) 사상을 계승, 발전시킨 학파로 보인다.

上德不德,是以有德,下德不失德,是以無德. 38장

　이 입 저 입으로 값싸게 회자되는 도는 도라 할 수 없고 명 또한 마찬가지
다. 덕에 집착하지 않는 덕만이 높은 덕이고 덕에 매달리는 덕은 낮은 덕이
다. 이런 말들로 노자는 시속에 물든 도와 덕, 그렇지 않은 도와 덕을 섬세히
구별했다. 그러면서 노자는 독특한 안목에서 많은 새로운 가치들을 내세웠
다. 그것은 노자 이전에는 그 누구도 강조하지 않았던 것들이었다. 그가 강
조한 새 개념들을 열거해 보는 것만으로도 그가 얼마나 독창적이었는지 알
수 있다.

　　다듬지 않음樸, 무위無爲, 자연自然, 암컷牝, 약함弱, 부드러움柔, 뒤로 감後, 골짜기谷,
　　물水, 빔虛, 없음無, 드러나지 않음微, 어둑함玄, 줄임損, 버림去

　그가 첫 장부터 마지막 장까지 한결같이 강조하고 있는 이런 개념 내지 가
치들이 과연 어떤 개념과 가치에 대응한 것들인가를 살펴보는 것은 노자가
어떤 역사적 여건 속에서 활로를 열어왔는지를 아는 데에 결정적으로 중요
한 일이다. 그 대응 개념을 찾아 열거해 보면 대략 다음과 같지 않을까 한다.

다듬지 않음樸	다듬음朴
무위無爲	유위有爲
자연自然	작위作爲
암컷牝	수컷牡
약함弱	강함强
부드러움柔	굳셈剛

뒤로 감後	앞 섬先
골짜기谷	등성이陵
물水	산山
빔虛	가득 참盈
없음無	있음有
드러나지 않음微	드러남顯
어둠함玄	밝음明
줄임損	늘임益
버림去	취함取

노자가 강조한 개념들에 대응하고 있는 개념들은 바로 전국시대 뭇 제후들과 모사들이 추구하던 바 가치 내지 양상들이 아닐 수 없다. 전국시대가 무르익어 갈수록 수컷牡과 굳셈剛과 유위有爲와 쟁취함取이 증가하였지만 동시에 그것은 모성牝과 부드러움柔과 무위無爲와 버림去이 광범위하게 정신 속에 스며드는 과정이기도 하였다.

유학儒學은 급격히 자신감을 잃어 갔다. 대신 노장학은 마치 마른 수건에 물이 스미듯 일군의 지식인들 사이에 급속히 침투되기 시작했다. 낡고 경직되고 피로에 찌든 유학이 이 신흥 사상 앞에서 어떤 피해의식과 당혹감을 가졌던가 하는 것이 가장 선명하게 잘 드러나 있는 문헌이 다름 아닌 논어[11]다. 물론 논어에 보무당당한 노장학을 편집해 넣은 사람은 노장학을 위해서 그랬던 것은 아니었다. 그는 분명히 유학을 변호하기 위해 그랬던 것이다. 그러나 지금에 와서 읽어 보면 유학을 위한 변론은 초라하기 이를 데 없

11] 논어 제18 미자편(微子篇)의 대부분과 제14 헌문편(憲問篇)의 일부.

고 도전해 오는 노장학은 밀물처럼 거침없음을 느낄 수 있다.

장저長沮와 걸익桀溺이 나란히 밭을 갈고 있었는데 공자께서 그 앞을 지나가시다가 자로子路로 하여금 나루터를 물어보게 하셨다. 장저가 말했다.

"저기 수레를 잡고 있는 자는 누구요?"

자로가 말했다.

"공구孔丘라는 분입니다."

장저가 말했다.

"저 자가 노나라의 공구란 말이오?"

자공이 말했다.

"그렇습니다."

장저가 말했다.

"저 자는 나루터를 알고 있소."

걸익에게 물으니 걸익이 말했다.

"당신은 누구요?"

자로가 말했다.

"중유仲由라 합니다."

걸익이 말했다.

"그러면 노나라 공구의 문도門徒요?"

자로가 대답했다.

"그렇습니다."

걸익이 말했다.

"도도히 흐르는 물처럼 천하가 다 이러하니 누가 그 흐름을 바꾸겠소? 당신도 사람을 피하는 선비를 따르기보다 차라리 세상을 피하는 선비를 따르는 것이 어떻겠소?"

그들은 고무래질을 그치지 않았다. 자로가 가서 있었던 일을 고하니 선생님께서 쓸쓸히 말씀하셨다.

"새나 짐승과는 함께 무리지어 살 수 없으니 내가 이 사람들 속에 섞여 살지 않는다면 무엇과 함께 살겠느냐? 천하에 도가 있다면 나도 굳이 바꾸려 들지 않을 것이다."

長沮桀溺耦而耕,孔子過之,使子路問津焉.長沮曰:夫執輿者爲誰?子路曰:爲孔丘.曰:是魯孔丘與?曰:是也.曰:是知津矣.問於桀溺.桀溺曰:子爲誰?曰:爲仲由.曰:是魯孔丘之徒與?對曰:然.曰:滔滔者天下皆是也.而誰以易之?且而與其從辟人之士也,豈若從辟世之士哉?耰而不輟.子路行以告.夫子憮然曰:鳥獸不可與同群,吾非斯人之徒與而誰與?天下有道,丘不與易也. 18/6

"도도히 흐르는 물처럼 천하가 다 이러하니 누가 그 흐름을 바꾸겠소?" 『도덕경』에도 『장자』에도 나오지 않는 이 말은 노장학의 숨겨진 세계인식을 솔직히 말해 주고 있다. 천하는 이제 어느 한 군데 남기지 않고 모조리 힘의 질서에 뒤덮이고 말았다. 그 흐름을 바꿀 수 있는 사람은 아무도 없다. 남은 유일한 방법은 세상을 피하는 것이다. 아직도 사람만 피하면 될 줄 알고 있는 당신은 순진하다. 이제 그 방법은 통하지 않는다. 그것이 바로 노장학의 기본적인 세계인식이었다. 그것은 만연된 힘의 질서를 받아들이고 있다는 점에서 궁극적으로는 결코 바람직한 것이 아니었지만 그럼에도 불구하고 현실적이고, 리얼하고, 와 닿는 것이었다. [12] 노장학은 그렇게 제방을 넘

---

12) 그것은 마치 우리나라의 3·1운동 이후 문학계에 형성되었던 낭만적, 퇴폐적 경향과 유사한 점이 있다. 3·1운동의 실패로 국권의 상실이 폭넓게 받아들여지자 문학은 낭만적 퇴폐적 경향으로 접어들었고 이는 국권회복의 의지를 잃지 않고 있던 일부 지사적(志士的) 기성세대들의 눈에 한

어선 홍수처럼 중원을 휩쓸었다. 유학의 입장을 대변하는 공자의 쓸쓸한 독백은 이미 현저히 힘을 잃고 있다. 현실을 올바른 토대 위에 다시 구축構築하려는 그 어떤 것도 이미 역부족이었다. 동의할 수 없는 현실의 틈바구니를 유령처럼 배회하는 것만이 받아들일 수 있는 유일한 것이었다. 노자와 장자는 조금씩 다른 각도에서 이런 조건을 충족시키는 새로운 시대정신이었다.

노장적 사유가 지식인들 사이에 의외로 잘 스며들고 유학이 무기력하게 밀리기 시작하자 노장 쪽에서 다소 유치한 발상이 나왔다. 그것은 차제에 유학과 노장학의 관계를 노장 우위로 굳혀버리려는 것이었다. 그 첫 번째 시도는 노자라는 구체적 인물을 공자보다 우위에 두려는 노력이었다. 거기서 직접 발생한 것이 바로 여공자동시설與孔子同時說[13] 및 문례노담설問禮老聃 說이었다.

특히 후자는 파급력이 컸다. 알려진 바와 같이 그것은 공자가 34세 때 제자인 남궁경숙을 데리고 주나라 왕도에 가서 그곳 수장실守藏室의 사관으로 있던 노담老聃을 만나 예에 대해 물었다는 설이다. 그것은 광범위하게 받아들여져 훗날 주자도 사실로 인정하였을 뿐 아니라 '공자성적도'孔子聖蹟圖에까지 포함되었다. 이 이야기는 후한대에 만들어진 산동성 무씨사당의 고색창연한 화상석畫像石에도 등장하여 이후 모든 사람들이 역사적 사실처럼 받아들이는 효과를 거두고 있지만 최술崔述이 고증한 바에 의하면 모두 조작된 전설에 불과하다.

이런 노력은 갈수록 심해져 나중에는 공자가 귀감으로 받드는 요순에 맞설 인물로 황제黃帝를 등장시키기도 하는데 황제와 노자가 결합하여 황노黃

심하고 나약하기 짝이 없었지만 이 신세대의 새 경향은 당시로서는 가장 첨단의 리얼한 정신이었고 날카로운 생명력으로 젊은이들의 정신을 파고들었다.

13) 或曰 : 老萊子亦楚人也,著書十五篇,言道家之用,與孔子同時云.『史記』「老子韓非列傳」

巢라는 말이 생겨나기도 했다. 내가 볼 때는 그런 노력은 더 나아가 공자가 칭송하는 백이숙제를 압도할 인물로 허유許由와 소부巢父가 등장하는 데에도 이어진 것으로 보인다.[14]

이런 행위는 중국의 허다한 문헌 전승과정에서 흔히 있었던 일이다. 그러나 문제는 그런 전설 조작 자체에 있는 것이 아니라 그런 전설로 인하여 노자와 『도덕경』에 관한 역사적 접근이 가로막히고 말았다는 사실에 있다. 배경시대가 전국시대에서 춘추 말기로 옮겨진 것은 단순하게 시대를 한 세기 이상 소급하여 공자와 어깨를 겨룰 수 있게 된 것에 그치지 않는다. 내가 볼 때 노자나 『도덕경』이 전국시대와의 관련성을 잃으면 그것은 우리나라 문학사에서 『백조』나 『폐허』 등의 잡지나 이상화, 남궁벽 등의 시인이 일제 식민지시대와의 관련성을 잃고 이해되는 것처럼 심각하고 치명적인 문제를 야기하게 되는 것이다.

나. 관념의 빛과 그늘

노자는 전국시대가 끝난 후 한대를 경유하면서 우려한 바대로 점점 전국시대와의 관련성을 잃고 이해되기 시작한다. 그에 앞서 장자류의 사유는 이미 전국시대 도중에 시대 현실과 유리되는 경향을 지니게 되었다. 붕鵬이 날고 곤鯤이 헤엄치는 어마어마한 상상의 세계는 바로 전국시대의 숨 쉴 틈 없는 질곡을 비집고 관념과 상상의 세계가 대상적代償的 세계로 펼쳐졌다는 것을

---

14) 황제는 요순보다 크게 앞 선 인물이고 허유와 소부도 요순 때의 인물로 설정되어 있어 역시 주초의 인물인 백이와 숙제에 시대적으로 앞선다.

의미한다. 『도덕경』에서는 상대적으로 건강하게 역할을 하던 절망과 불안, 암담한 인식이 『장자』나 『열자』 등에 이르러서는 마치 소나기를 피해 동굴 속에 들어간 사람이 소나기를 까마득히 잊고 동굴 속 세계에 탐닉하는 것처럼 점점 잊히게 되었다.

장자의 저 유명한 '호접몽'胡蝶夢 이야기는 무슨 대단한 인식론처럼 여겨지고 있음에도 불구하고 실은 대상적代償的 세계에 빠져들어 원초의 세계를 망각했다는 사실에 대한 불안한 자의식을 드러낸 것이었다.

노자의 『도덕경』은 결코 그런 단계에까지 이르지는 않았다고 본다. 그러나 노자의 사상도 관념적이라는 점에서는 장자의 관념성과 양상은 다르지만 우열을 가리기 힘들 정도였다.

논어는 저술이 아니었다. 그것은 한 인간의 언행을 제자들이 기록한 것이었다는 점에서 저술과는 달리 관념성에 빠질 위험이 상대적으로 적었다. 그러나 노자의 『도덕경』은 노자가 직접 붓을 들고 쓴 저술이었다. 그만큼 관념성에 빠질 위험이 컸던 것이다. 그리고 그는 실제 수많은 관념들을 다루었다. 그 결과 『도덕경』의 위대한 구도와 구성이 완성되었다. 역사상 그런 유례가 없었다. 『도덕경』의 특이성은 전무후무한 것이었다.

논어만 해도 그런 특이성은 없는 문헌이다. 공자가 강조한 많은 가치와 개념들은 『서경』에서도 엿볼 수 있는 바 500년 전, 1000년 전의 가치와 개념들을 충실하게 계승하고 있다. 그러나 노자는 그렇지 않았다. 그는 전술한 바와 같이 잔존해 있는 온갖 가치와 개념들을 뒤집고 거부했다. 그리고 자신만의 독특한 색깔로 구성된 새로운 사유 체계를 선보였다.

이 때문에 노자의 사상은 자주 공자의 사상과 대립적 각도에서 포착되고 이해되었다. 사마천마저도 "세간에서 노자를 배우는 자는 유학을 배척하고 유학자는 노자의 학을 배척한다"[15]고 기록하고 있다. 그것은 어떤 의미에서는 불가피한 것처럼 보인다. 그럼에도 불구하고 공자와 노자, 논어와 『도덕경』을 상호 대립적 각도에서만 보는 것은 그다지 생산적인 것 같지 않다. 대부분의 사람들은 그렇게 보아야 노자가 돋보인다는 차원에서 그렇게 보고 있는 것이 사실이다. 그러나 독보적이게도 도올 김용옥은 공자와 노자, 논어와 『도덕경』을 대립적으로 보지 않고 서로 다른 각도에서 동일한 가치를 구현하기 위해 노력한 것으로 보고 있다.

나는 김용옥의 입장이 일리가 있고 더 넓은 시야에서 옳은 입장이라고 생각한다. 왜냐하면 노자가 각고한 것은 바로 세속에 물들어 타락한 유학의 입장을 비판하고 뒤집어엎는 것이었기 때문이다. 만약 그 비판이 옳고 바람직한 것이었다면 그것은 결과적으로 공자의 숨은 의도와 추구하고자 했던 바를 회복하는 것이 될 수밖에 없었을 것이다. 그리고 실제 노자는 그랬다. 노자의 무위無爲는 공자가 딱 한 번 사용한 무위의 개념[16]과 거의 일치하고 있다. 또 『도덕경』 71장 같은 것은 논어의 한 구절로 집어넣었어도 아무런 위화감 없이 섞여 들 수 있었을 것이다.

알지 못한다는 것을 아는 것이 최상이고 알고 있다는 것을 알지 못하는 것이 병이다. 무릇 오직 병을 병으로 아니 그래서 병이 아니다. 성인은 병이 없다. 병을 병으로 아니 그래서 병이 없는 것이다.

知不知上, 不知知病, 夫唯病病, 是以不病, 聖人不病, 以其病病, 是以不病. 『도덕경』 71장

---

15) 老莊申韓列傳. 世之學老子者則絀儒學, 儒學亦絀老子. 『史記』

16) 子曰：無爲而治者, 其舜也與. 夫何爲哉?恭己正南面而已矣. 『論語』 15/5

노자의 책은 도道와 덕德을 강조했다는 차원에서 『도덕경』으로 불리고 있지만 논어야말로 만약 다른 이름을 찾는다면 『도덕경』처럼 적합한 이름이 달리 없을 것이다. 공자도 노자도 동일하게 도와 덕을 강조했다는 점은 소홀히 볼 일이 아니다. 제자백가들 중에 이들을 제외하고 누가 도와 덕을 강조했던가? 공자에 직접 원천을 두고 있는 소수를 제외하고는 어느 누구도 도와 덕을 강조하지 않았다는 것을 알면 공자와 노자가 양상은 달라도 사실상 같은 원천에서 발원하였음을 알 수 있을 것이다. 그 점에서 노자는 유학의 타락을 개혁하고 그것이 발원한 근본으로 되돌아갈 것을 주창했던 사람이라 해도 과언이 아닐 것이다.

그러나 전국적戰國的 양상이 본격화된 노자의 시대와 아직 그것이 조짐만 보이던 춘추 말기의 차이는 이 두 사람을 결코 동일한 차원에 둘 수는 없도록 만들었다. 전술한 바와 같이 노자는 공자가 강조하였던 다수의 개념과 가치에 대해 계승할 것은 계승하고 폐기할 것은 폐기하였다. 그리하여 도道와 덕德 그리고 선善과 성聖 등은 거의 그대로 받아들였지만 인간 행위의 외양에 관계되는 것들, 이를테면 예禮나 제祭에 관련된 것 등은 언급조차 하지 않았다. 그런 전통적인 과제들은 회복 불가능할 정도로 타락하여 언급할 가치조차 느끼지 못했기 때문이라 할 수 있다.

그리고 공자에게 무엇보다 중요한 가치였던 어짊仁도 노자는 언급하지 않았다. 天地不仁 등에서와 같이 부정적 언급이 있을 뿐인데 이는 노자가 공자의 어짊을 이해할 만한 차원에 있지 못했기 때문일 수도 있고, 이미 당시 유학의 어짊이 수용되기에는 너무 타락해 있었기 때문일 수도 있다. 다만 그가 공자의 강조점들을 다수 폐기한 것이 발전적인 경우가 많았다고 여기지만 인仁은 그렇다 치더라도 의義를 계승하지 않고 사실상 폐기하다시피한 것은 매우 유감스럽고 안타까운 일이었다. 왜냐하면 의는 어떠한 역사적 조건 하에서도 폐기될 수 없는 것이기 때문이다. 그가 의를 강조하지 않은 것은 그가 보기에 의 또한 삶의 외부적 조건에 관련된 것이었기 때문인지도 모른다. 그것을 끌어들이다 보면 그와 연관된 온갖 삶의 외부적 변수들이 함께 끌려들 수밖에 없다고 보았을 가능성이 크다. 그에게 의는 단지 자신이 거부하는 저 소란스런 피상의 세계에 속하지 않았을까 한다.

그러나 의를 받아들이지 않고 지나치게 내면적 가치로만 치달은 것은 노자로서는 치명적인 것이었다. 의는 전국시대에서도 필요한 것이었지만 무엇보다 전국시대가 끝나고 역사의 수레바퀴가 다시 정상화되었을 때 간절히 필요한 것이었다. 인간의 삶은 그릇된 것을 거부하거나 배척하거나 비판하는 타자시정적他者是正的 요소만으로 구축되는 것이 아니라 스스로 이것이 바람직한 가치다 하고 내세우는 자기확립적自己確立的 요소가 함께할 때에만 효과적으로 구축되기 때문이다.[17] 그 때문에 전국시대의 한가운데에서 나름대로 생명력을 발휘하였던 노장사상은 전국의 여건이 바뀌고 많은 부분이 정상화된 단계에 이르러서는 무언가 다른 것이 되어갔다.

안타깝게도 그것은 단지 수양修養의 화두가 되고 말았다. 수양과 양생養生 또는 탈속은 가장 대표적인 전국 이후 노장의 방향이다. 노자가 이런 흐름을 본다면 그는 분명 기이하다는 느낌을 받을 것이다. 노자는 결코 수양이나 양생 또는 탈속을 위해 자신의 고독한 싸움을 전개하지 않았기 때문이다. 어떤 사상에든 대부분 수양과 도야의 부분을 가지고 있기 때문에 노자사상이 그런 부분을 가지고 있다는 것만으로 그것이 목표였다고 말할 수는 없다. 후한 이후 등장한 도가적 차원 속의 노자는 이미 변질될 대로 변질되어

---

17) 타자시정적 요소와 자기확립적 요소는 폴 틸리히(Paul Tillich)로부터 빌려온 개념이다. 그의 저서 *On the boundary* 중 「Between autonomy and heteronomy」

본래의 모습을 알아볼 수가 없을 정도였다. 물론 앞으로 노자사상의 발전을 그런 쪽으로 도모하겠다는 것은 그런 일을 추진하는 사람들의 일이므로 그 것을 비난하거나 방해할 생각은 없다. 단지 노자가 『도덕경』을 쓸 때의 입장이 거기에 있었다는 주장만큼은 받아들일 수 없는 것이다. 『도덕경』의 찬술 목적은 수양이 아니었다. 탈속한 도인道人을 만들고자 한 것이 아니었다는 말이다.

어쨌든 이런 이유로 한대 이후 노장은 내내 역사의 주역이 될 수 없었다. 유학과의 관계에서 노장학은 늘 유학에 주역을 내어 주고 단지 주변부를 떠돌 수밖에 없었는데, 그것은 바로 의를 중심 과제로 받아들일 수 없었던 사 정과 떼려야 뗄 수 없는 관계에 있는 것이다.

다. 청년 노자 그리고 미완의 개혁

일반적으로 노자하면 '늙음'을 연상하게 된 것, 아예 그의 이름에 '老'자가 들어가게 된 것은 전술한 바 공자와의 관계에서 우위를 확보하려는 시도의 일환으로 보이지만 그것은 중요한 문제점의 빌미가 되었다. 즉 『도덕경』을 쓴 사람을 늙은이로 못 박는 계기가 되었다는 것이다. 물론 사마천은 노자가 모든 것을 버리고 함곡관函谷關을 넘어 잠적하면서 그곳의 관리인 윤희尹喜 에게 써준 것이 『도덕경』이라 하여 『도덕경』이 늙은이의 작품임을 시사하였 다. 그러나 나는 그 작자가 대략 30세 전후, 좀 더 압축하면 20대 후반의 젊 은이였을 것으로 추정한다. 물론 명시적 증거는 없다. 그러나 『도덕경』의 글 은 인생을 살 만큼 산, 머리가 굳을 대로 굳은 늙은이의 글로 보기는 어렵다. 다수의 문장은 주어진 시대적 여건에 절망하고 그 절망 속에서 사라진 진실의 행방을 고독하게 탐색하지 않으면 나올 수 없는 문장들이다. 그 대표적인 문장이 바로 20장이다.

학문을 끊으면 근심이 없어진다. 唯와 阿가 서로 멀어짐이 얼마이며, 선과 악이 서로 멀어짐이 얼마이뇨. 남들이 두려워하는 바는 두려워하지 않을 수 없으니 황막하구나. 아직 다하지 못하였으니.

뭇사람들은 즐거워하니 큰 잔칫상을 받은 것 같고, 봄철 누대에 오르는 것 같건만, 나만 홀로 떨어져 그저 먹먹할 뿐이니 마치 어린아이가 아직 웃지도 못하는 것 같고, 떠돌기만 할 뿐 돌아갈 곳이 없는 것 같구나. 뭇사람들은 다 여유가 있는데, 나만 홀로 버려진 것 같네. 나는 어리석은 사람의 마음인가, 흐릿하기만 하구나. 속인들은 다 밝고 밝은데, 나만 홀로 어둡고 어둡네. 속인들은 다 명철한데, 나만 홀로 몽매하네. 고요하구나, 바다처럼, 표표하구나, 그침 없는 바람처럼. 뭇사람들은 모두 할 바가 있는데 나만 홀로 시골뜨기처럼 꽉 막혀 있네. 나만 홀로 남들과 달라서 어머니에게 길러짐을 귀하게 여긴다.

絕學無憂,唯之與阿,相去幾何.善之與惡,相去若何.人之所畏,不可不畏,荒兮其未央哉.衆人熙熙,如享太牢,如春登臺,我獨泊兮其未兆,如嬰兒之未孩,儡儡若無所歸,衆人皆有餘,而我獨若遺,我愚人之心也哉,沌沌兮,俗人昭昭,我獨昏昏,俗人察察,我獨悶悶,澹兮其若海,飂兮若無止,衆人皆有以,而我獨頑似鄙,我獨異於人,而貴食母.『道德經』20장

받아들일 수 없는 현실 앞에서 홀로 고민하고 스스로를 실존적으로 자각하며 바야흐로 세상을 달리 규정하기 위해 외로운 도전을 시작하는 이 자세는 젊은이가 아니면 취할 수 없는 자세라고 나는 본다. 위나라의 천재 소년 왕필王弼이 겨우 10대 후반의 나이에 『도덕경』에 남다른 감수성으로 반응할

수 있었던 것도 바로 양자간의 '젊음'이 이심전심으로 통했기 때문이 아닐까? 젊은이의 독백과도 같은 저작으로서의 『도덕경』은 그런 역사적 개인적 여건으로 인하여 적지 않은 한계를 보이기도 한다.

우선 나는 그 관념성을 지적하지 않을 수 없다. 그것은 『도덕경』이 논어처럼 당사자의 언행을 지켜본 제3자가 기록한 것이 아니라 당사자가 직접 썼다는 것과도 관련이 있다. 자신의 생각을 자신이 직접 쓴다는 것은 전국시대 이전에는 거의 볼 수 없었다.

『도덕경』에 수록된 관념은 말할 나위도 없이 전국시대의 고통 속에 배태되어 온 한 인간의 사념思念이 마그마처럼 분출하여 흘러내린 것이었다. 그것은 현실의 지평에 있었다기보다는 그보다 한 단계 깊은 곳에 은닉되어 꿈틀거리고 있던 것들이었다. 그것은 사실 전국 초기 공자를 계승한다고 자임하던 일단의 유가들에게 나타났던 현상이기도 했다. 중국의 기나긴 역사에서 그것은 엄청난 이변이었다. 관념이 그렇게 분출했던 적은 일찍이 없었기 때문이다. 『도덕경』은 『대학』, 『중용』, 『악기』와 더불어 바로 그 관념 분출의 기념비적 산물이었다.[18]

물론 노자는 장자처럼 그 영역을 분방한 상상과 도피안到彼岸의 세계로까지 만들지는 않았다. 그러나 현실과 확실히 거리를 둔 관념의 세계가 만들어진 것은 사실이었다. 그것은 전국의 상황에서 얼마만큼은 불가피한 것이라 할 수는 있겠지만 그만큼 위험한 것이었다. 실제 노자는 『도덕경』의 하편

---

18) 그러나 『대학』이나 『중용』만 해도 아직은 공자의 발언이나 시구의 인용, 인용에 대한 해설 정도의 양식을 보여 주고 있다. 아직 본격적인 사변의 기록은 아니었다는 점에서 『도덕경』보다 더 전통적인 양식이라 할 수 있다. 『도덕경』의 그러한 양식적 획기성은 아직도 대화록의 양식으로 되어 있는 『맹자』와도 크게 다른 점이었다. 이 점은 일각에서 노자의 시대를 오히려 맹자보다도 뒤로 보는 시각을 무시할 수 없게 한다.

으로 접어들수록 자신이 구사하는 논리에 자폐적으로 빠져드는 듯한 모습을 보여 주고 있다. 논리가 현실에서 벗어나는 만큼 부인하기 어려운 나약성도 엿보인다. 그래서 어떤 단계에 이르면 노자는 이 세상의 속된 논리를 뒤집는 것에 도취하여 뒤집음의 연쇄로 이루어진 자신만의 세계를 거닐고 있는 느낌마저 주고 있다. 만약 거기서 한 발자국 정도만 더 나아갔다면 그도 장자와 마찬가지로 현실과 거의 괴리된 소요유逍遙遊의 세계로 접어들었을지도 모른다. 그러나 그러지는 않았으니 전국戰國의 깊이가 아직은 그런 단계는 아니었기 때문이다. 공자는 논어에서 다음과 같이 말한 적이 있다.

"기질이 교양을 누르면 야성적으로 되고 교양이 기질을 누르면 지성적으로 된다. 교양과 기질이 잘 조화된 후라야 군자가 될 수 있다."

子曰:質勝文則野,文勝質則史,文質彬彬,然後君子. 6/18

만약 공자가 말한 文과 質, 史와 野를 노자에 적용해 본다면 어떻게 될까? 아무래도 노자는 文보다는 質, 史보다는 野에 치중했다는 판단을 피할 수 없을 것 같다. 그렇다면 공자의 논리에서 볼 때 노자는 중용을 잃은 것일까? 꼭 그렇게 판단할 수만은 없다. 왜냐하면 시대는 전국의 시대였고 이 무지막지한 시대의 특수성을 고려하지 않을 수 없기 때문이다.

공자도 "천하에 도道가 있으면 모습을 드러내고 도가 없으면 숨어라. 나라에 도가 있으면 가난하고 천한 것이 부끄러운 것이지만 나라에 도가 없으면 부유하고 귀한 것이 부끄러운 것이다"天下有道則見,無道則隱.邦有道,貧且賤焉,恥也.邦無道,富且貴焉恥也. 8/14 등의 말을 했기 때문이다. 따라서 무지막지한 전국의 시대에서 質과 野에 치우치는 것은 어쩌면 노자의 입장에서는 시중時中이라 해야 할지도 모른다. 다만 노자는 자신이 선택한 입장과 시대 현실과의 상관관계를 투철하게 인식했던 것 같지는 않다. 그 점이 나라에 도가 있을 때邦有道와 없을 때邦無道에 따라 선택도 달라질 수 있다는 인식을 바탕에 깔고 탄력적으로 접근했던 공자와는 다른 점이었다. 어쩌면 노자는 너무 대책 없는 시대에 태어나 그런 조건을 극복한다는 것을 가정하는 것이 거의 불가능했는지도 모른다.

이런 여건들이 그의 논리에 자유로움과 유연함을 주지 못했을 가능성은 크다. 이를테면 그가 구사하고 있는 논리는 자주 겉돌기도 하고 논리적 허점을 드러내기도 했다. 이를테면 제18 大道廢,有仁義章이나 제19 絶聖棄智,民利百倍章처럼 유학의 핵심 가치들을 비판하는 부분에 가면 논리는 자주 비약한다. 그것은 마치 경찰을 없애면 도둑이 없어진다고 주장하는 것처럼 공허하고 비현실적이다. 논리가 현실과 싸우는 단계를 넘어 논리가 논리와 싸우다 보면 흔히 생기는 일탈이다. 결국 논의가 관념에 치우친 결과라고 할 수밖에 없을 것 같다.

그런 사정은 또 다른 문제에로 이어진다. 논어에는 한 가지 매우 특이한 점이 있는데, 그것은 공자의 말들이 대부분 매우 쉽다는 것이다. 대부분의 독자들은 논어를 읽으며 그렇게 어렵다는 느낌을 받지 않는다. 그래서 옛날에도 서당에서 학동들은 논어를 『대학』이나 『중용』보다 먼저 읽었다. 그만큼 쉬웠기 때문이다. 그러나 정말 쉬울까? 그렇지 않다. 공자의 말은 쉬워 보이지만 정작 그 차원을 경험하지 않은 사람은 이해할 수 없는 말이 많다. 한 마디로 공자의 말은 외형상 쉬워 보이지만 정말 알아야만 알 수 있다는 묘한 측면을 가지고 있다. 그것은 마치 신약성서에 담긴 예수의 말과 유사하다. 예수의 말은 어렵지 않지만 그렇다고 해서 아무나 접근해서 이해할 수 있는 말은 아니다. 오직 알 만한 사람만이 알게 되는 장치가 예수의 말에도 들어 있는 것이다.

노자의 말은 그와 다르다. 어쩌면 그 반대다. 노자의 말은 어렵다. 용어도 문장도 까다롭고 생경하여 누구나 두 줄은 읽지만 한 줄은 막힌다. 그럭저럭 읽고 번역을 해도 내가 번역한 것이 정확히 무슨 말인지 스스로도 잘 모를 때가 많다. 오죽하면 사마천도 "저서의 언사는 미묘하고 이해하기 어렵다"[19]고 했을까. 공자의 말은 쉬운 것 같은데 어렵지만 노자의 말은 그냥 어렵다. 공자의 말은 어렵더라도 사유가 깊어지고 경험이 쌓이면서 이해에 이르는 경우가 많다. 논어는 평생을 두고 읽는다는 말이 그래서 나왔다. 그러나 노자의 말은 그런 차원의 어려움이 아니다. 대부분 한 번 어려우면 영영 어렵다. 내가 노력한다고 해서 정복될 수 있는 어려움이 아니라는 뜻이고 내가 모르는 것에 대해 나에게 별로 책임이 없다는 뜻이기도 하다. 이것은 노자의 사상이 가지고 있는 관념성과 연관되어 있다. 어느 누구에게도 잘 이해가 되지 않는 여러 구절들은 노자가 자신이 말하고자 했던 것을 형상화하는 데에서 실패했기 때문일 가능성이 높다. 따져 보면 그 모든 것은 역시 전국의 상황에서 노자가 고독하게 치러야 했던 악전고투의 상황에서 왔다는 것을 알 수 있다.

나는 이렇게 정리해 본다. 『도덕경』은 전국시대의 한복판을 지나던 중원의 한 젊은이가 그 시대의 반인간적인 질서와 그 질서에 무기력하게 맞서던 유학 정신을 향해 시도했던 근본적이고도 전례 없는 도전이었다. 그렇지만 전국시대의 지나친 엄혹성으로 인하여 그 도전은 미완에 그치고 말았다. 『도덕경』에는 그 젊은이가 시도한 근본적 개혁의 꿈과 성과가 나타나 있고 동시에 피할 수 없었던 상처와 한계, 나약성도 남아 있다.

---

19) 著書辭稱微妙難識. 『史記』「老子韓非列傳」

그럼에도 불구하고 그것은 수천 년에 걸친 그 이전의 역사는 물론 그 이후의 역사에서도 그토록 근본적으로 모든 가치를 뒤집어 본 적이 없었다는 점에서 너무나도 획기적이고 대단한 시도였다. 공자라고 하면 시큰둥한 서양의 철학자들[20]이 노자에 대해서만큼은 반색을 하고 귀를 기울이는 것은 노자가 그만큼 모든 것을 그 밑바닥에서부터 사유하고 거기에서 진정한 가치와 질서를 발견해 보려 했기 때문이다. 그런 시도가 무엇보다 모든 것을 "~은 무엇인가?" 하는 질문에 담아 존재론적으로 탐구하는 서양인들의 경향에 잘 부합했을 것이다.

노자와 그의 『도덕경』은 오늘날에 이르러서도 끊임없는 영감의 원천으로 작용하고 있다. 그러나 『도덕경』에 얽힌 지나친 신비주의는 결코 바람직하지 않다. 노자와 『도덕경』을 전국시대라는 역사성 속에서 보다 정확히 파악하는 일은 뿌리 없는 양생과 신비주의에 맡겨져 있는 노장학적 관심을 좀 더 내실 있고 현실적인 논의로 자리 잡게 하는 데에 무엇보다 긴요한 일임을 다시 한 번 강조하고 싶다.

---

20) 아직 그들은 공자를 바라볼 수 있는 눈의 각도를 찾지 못했다.

공자, 안 될 줄 알면서도
하는 사람이었을까?

논어를 좋아하는 사람 중에는 의외로 논어 제14 헌문편 41장을 좋아하는 사
람이 많다. 먼저 해당 장을 소개하면 다음과 같다.

> 자로子路가 석문에서 숙박할 때 문지기가 말했다.
>
> "어디에서 오시오?"
>
> 자로가 말했다.
>
> "공씨孔氏의 문하에서 왔습니다."
>
> 문지기가 말했다.
>
> "안 될 줄 알면서도 하는 그 사람 말이오?"
>
> 子路宿於石門.晨門曰：奚自?子路曰：自孔氏.曰：是知其不可而爲之者與? 14/41

우선 이 단편이 위치해 있는 제14 헌문편은 원래 도가적 단편을 수록한
편이 아니다. 논어에서 도가적 단편은 제18 미자편에 집중되어 있다. 그런
데 기이하게도 제14 헌문편의 39장부터 42장까지 네 개의 단편만 도가적 분
위기를 띠고 있다. 비록 네 개에 불과하지만 이 단편은 41장으로 들어가 있
기 때문에 도가적 성격의 단편으로 분류하는 것은 어쩔 수 없을 것 같다. 물
론 이 단편이 실제 있었던 대화일 가능성은 별로 없다. 지어 낸 이야기일 가
능성이 많다는 말이다. 그러나 지어 낸 이야기든 실제 이야기든 이 단편은

분명한 의도를 가지고 있다. 의도는 마지막 구절, "안 될 줄 알면서도 하는 사람"知其不可而爲之者이라는 말에 집중되어 있다. 기록자는 그 규정이 갖는 묘한 매력이랄까 견인력을 보여 주고 싶었을 것이다.

그러면 '안 될 줄 알면서도 하는 사람'이란 어떤 사람을 말하는 것일까? 안 될 줄 알면 하지 않는 것이 보통 사람들의 상식이다. 해 봐야 안 되는데 뭣 하려 하겠는가? 그런데도 하려는 사람이 있다면 그는 행위의 목적을 다른 데에 두고 있는 것이 분명할 것이다. 아니 이미 목적은 달성할 수 없다는 것을 알고 있기 때문에 목적이라기보다는 단지 의미라고 하는 것이 맞을 것이다.

누구나 쉽게 가정할 수 있는 그 의미는 그리스 신화의 시시포스처럼 운명에 저항하는 인간적 의지에서 찾는 것이 아닐까 한다. 그러나 공자가 스스로 그런 자의식을 가지고 무언가를 했다는 것은 논어의 전체적 흐름에서 볼 때 도무지 걸맞지 않은 것이 아닐 수 없다. 그러면 문지기의 말뜻은 어디에 있었을까?

당시 도가적 입장이 유가적 입장과 유지하고 있던 미묘한 관계를 생각하면 문지기의 말뜻 또한 일률적이라기보다는 복합적이었던 것 같다. 우선 그 말은 세상을 피하는 도가적 입장에서 볼 때 아직도 세상을 피하지 않고 무언가를 해보겠다고 하는 공자의 자세를 비판 내지 조롱하는 입장이 담겨 있다. 그런가 하면 동시에 공자의 자세를 외경하는 입장도 함께 담겨 있다고 보아야 할 것이다. 이 양의적 입장이 이 단편을 묘하게 매력적으로 만들고 있는 것이다. 만약 일방적으로 공자를 조롱하거나 일방적으로 경외하는 것이었다면 이 단편은 아무런 흥미도 끌지 못하였을 것이다.

문제는 공자 자신이 실제 어떤 인식을 가지고 있었을까 하는 것이다. 스스로 안 될 줄 알고 한다는 시시포스적, 비극적 인식을 가지고 있었던 것이 아니라면 그는 자신이 하고자 하는 바가 현실적으로 구현 가능하다는 확고

한 신념을 가지고 있었을까?

그에 답하기 전에 다른 한 가지의 물음을 겹쳐보기로 하자. 언젠가 공자는 계강자가 도둑이 들끓는 것에 대해 걱정을 하자 "단지 당신께서 욕심 부리지만 않는다면 설혹 상을 준다 하더라도 훔치지 않을 것입니다"苟子之不欲, 雖賞之, 不竊. 12/19 하고 말했다. 이 말을 두고 H. G. 크릴은 자신의 『공자 : 인간과 신화』에서 다음과 같이 말했다.

> 이것은 훌륭한 설교일지는 몰라도 범죄의 만연을 해결하기 위한 실제적인 조언으로서는 전혀 의미가 없다. 물론 그때 공자의 목적이 실제적인 조언을 하려는 것이 아니었는지도 모른다. 그러나 만약 그러려고 하였다면 실제 그럴 수 있었다는 증거도 없다. 공자는 중국문화의 최고 거장으로서는 크게 성공하였지만, 만약 그때 실제적인 국가운영의 책임을 맡겼다면 그 일을 망치고 말았을 것이다.[21]

만약 공자의 조언이 실제적인 조언이 못 되고 단지 훌륭한 설교에 불과한 것이었다면 과연 어떤 조언이 크릴을 만족시킬 수 있는 실제적 조언이 될 수 있었을까? 이런 인식은 결국 공자의 온갖 의도와 행위를 돈키호테의 그것과 비교할 수밖에 없는 지경으로까지 몰고 간다.

물론 크릴은 공자는 결코 돈키호테가 아니었다고 변호하고 있지만 그래봐야 공자의 위상을 단지 남다른 교사나 이상주의자 정도에 어정쩡하게 배치하는 것에 불과하다. 모든 방면에서 공자를 보는 크릴의 시각은 건전한 상식을 조금도 벗어나지 않고 있다. 결국 그의 결론은 안 될 줄 알면서도 하는 사람이라는 문지기의 생각보다도 오히려 몇 발자국 더 미온적인 단계에

---

21) H. G. 크릴(Creel), 『공자 : 인간과 신화』, 65쪽(제2판, 이성규역, 지식산업사, 1997)

머물러 있었다.

또 다른 한 가지를 보자. 「공자세가」에 보면 전국 초기의 유가들이 공자의 제자 안연을 등장시켜 만든 일화 한 토막이 나온다. 거기에서 전국시대의 유가들은 안연의 입을 빌려 공자의 성과 없는 노력에 대해 이렇게 말하고 있다.

> 받아들여지지 않는 것이 무슨 문제가 되겠습니까? 받아들여지지 않은 연후에
> 더욱 군자다움이 드러날 것입니다.
> 不容何病,不容然後見君子.『史記』「孔子世家」

이 말을 문지기의 말에 옮겨 담아 본다면 어떻게 될까? "안 될 줄 알지만 그것이 군자의 가야 할 길이라면 나는 의연히 갈 따름이다" 정도가 되지 않을까? 결국 문지기가 공자를 규정한 말이나 안연의 공자 해석이나 크릴의 공자 평은 모두 공통된 한 가지 전제가 있다. 그것은 이 세상은 도무지 어떻게 해볼 도리가 없다는 것이다. 도전의 여지가 없는 현실! 공자는커녕 공자 할아버지가 와도 꿈쩍도 않을 만큼 완강하게 버티고 있는 현실, 그런 인식이 이 세 경우에 모두 기본으로 깔려 있는 것이다.

이제 유보했던 물음으로 돌아가 보자. 과연 공자도 그렇게 생각했을까? 나는 공자는 그렇게 생각하지 않았다고 생각한다. 물론 공자도 그것을 아주 간단한 문제라고 여기지는 않았을 것이다. 또 단기간 안에 이루어질 수 있는 문제라고 생각하지도 않았을 것이다. 현실은 복잡다단하고 수많은 사람들과 수많은 사안들로 구성되어 있기 때문이다. 그러나 공자가 주장하고 가르친 내용은 모두 현실적 근거를 가진 것들이지 현실과 괴리된, 방침 자체만의 타당성에 의존해 있거나 좌절을 모르는 불굴의 의지나 단지 정신적 만

족 등에 근거한 것은 아니었다.

공자가 계강자에게 "당신이 욕심을 부리지만 않는다면 아무도 도둑질하지 않을 것입니다" 하고 말한 것은 그 이상도 이하도 아니다. 크릴은 계강자가 정말 공자가 시키는 대로 했더라면 일을 망치고 말았을 것이라고 했지만 나는 도무지 그 말을 납득할 수 없다.

계강자가 정말 공자의 조언대로 욕심을 없앨 수 있었다면 나는 노나라에 도둑이 없어졌을 것이라고 믿는다. 문제는 과연 계강자가 욕심을 없앨 수 있었겠느냐 하는 데에 있다. 만약 그것이 어렵다면 도둑 문제는 다른 그 어떤 방법으로도 해결될 수 없다. 공자는 과장하지도 축소하지도 않았고 실제와 동떨어진 대원칙만 제시한 것도 아니었다. 그는 사물의 질서를 정확히 꿰뚫어 보았고 본 것을 얘기했을 뿐이다.

안 될 줄 알면서도 하는 사람 - 나는 논어 독자들이 이 허황된 도가적 규정에 현혹되지 않기를 바란다. 그것은 세상 현실에 절망한, 노장류의 새로운 길에 들어선 젊고 유약한 정신들이 도저히 따라갈 수 없었던 한 선배와 결별하며 내린 제 나름의 정리일 뿐이다.

공자에게는 당연하고 물의 흐름처럼 자연스러운 것이 일반인들에게는 기적이 된다. 그의 눈앞에는 탁 트인 대로인데 일반인들에게는 꽉 막힌 바위 덩어리 같이 여겨진다. 그에게는 지극히 현실적인 것인데 일반인들에게는 원론적인 것처럼 보인다. 그에게는 구체적인 것인데 일반인들에게는 추상적이고도 막연해 보인다.

공자는 여러 군데에서 자신의 말을 받아 줄 위정자가 있다면 정치현실이 확연히 달라질 것이라는 말을 했다. 공자가 죽을 때까지 그런 위정자는 나타나지 않았다. 공자의 조언이나 가르침을 구현할 사람은 현실적으로 없었다. 지친 사람들은 그것을 공자의 말이 지닌 한계로 여겼지만 그것은 단지 그 앞에 선 우리의 한계였을 뿐이다. 공자, 그는 우리 인류 중에서 정말 드물게 가능한 길을 찾았고 그것을 우리 인류에게 알려 주기 위해 지치지 않고 노력했던 기적적인 사람이었다. 결코 저 문지기 같은 사람이 알 수 있었던 사람은 아니었다.

『논어』와 나[1]

논어와의 만남

여러분 반갑습니다. 제가 이곳에서 논어 강의를 하는 것이 처음은 아닙니다. 약 3년 전에도 6회에 걸쳐 논어를 주제별로 강의를 한 적이 있습니다. 지금 이 자리에 그때 강의를 들으신 분들도 계십니다만 그때 주제별 강의가 끝나고 나서 일부에서 기왕 하는 김에 논어를 처음부터 끝까지 통독하는 기회를 갖는 것이 어떠냐 하는 의견을 주셨습니다.

그러나 당시만 해도 제가 공직 생활을 하고 있던 때라 아무리 저녁 시간에 한다고 하여도 최소 40주 정도로 예상되는 긴 강좌를 하는 것은 무리라서 나중에 제가 퇴직을 하면 하겠노라고 얘기를 했었습니다. 세월이 흐르다 보니 지난해 6월 드디어 정년을 맞게 되었고, 그래서 약속대로 이렇게 통독의 기회를 갖게 된 것입니다.

제가 『새번역 논어』와 『논어의 발견』을 펴낸 것이 1999년이니까 벌써 14년 세월이 흘렀습니다. 그러나 그동안 제가 공직생활에 바빠 논어와 관련한 활동을 거의 하지 못했고 강의를 한 것도 불과 한 손으로 꼽을 정도밖에

---

1) 이 글은 2013년 3월 7일 논어강독을 위한 학습모임에서 한 실제 발언을 토대로 하였으나 여기에 수록을 하면서 많은 부분을 손질하고 추가하였다.

되지 않습니다. 더구나 전체 논어를 처음부터 읽어 가며 강의를 하는 것은 이번이 처음입니다. 이렇게 기초가 탄탄한 멤버들을 상대로 약 1년 정도 걸리는 긴 강좌를 하게 된다는 것은 저로서도 어쩌면 일생에 두 번 갖기 힘든 기회일 수도 있다는 생각을 합니다. 개인적으로도 매우 영광스럽습니다.

이 자리에는 저를 어느 정도 아시는 분들도 계시지만 잘 모르시는 분들도 많은 것 같습니다. 그래서 제 소개를 좀 하겠습니다. 논어와 관련하여 제 소개를 하려 할 때는 늘 그렇듯이 다소 막막한 느낌이 듭니다. 왜냐하면 논어 강의를 하겠다는 사람이 논어와 관련하여 내세울 만한 이력이 별로 없기 때문입니다. 대학에서 동양철학 강의를 하는 교수도 아니고 심지어 관련 학과를 나오지도 않았습니다. 저는 대학에서는 법학을 전공하였습니다. 그리고 졸업 후 정부산하단체에 입사하여 32년간 공직생활을 하고 작년에 정년퇴직하였습니다. 저의 생애 어느 구석을 둘러보아도 논어를 강의하는 데에 근거가 될 만한 이력이 없는 셈입니다. 1999년에 논어에 관한 두 권의 책을 내었을 때 특히 그런 질문을 많이 받았습니다.

뚜렷한 이력이 없다고 대답하면 가장 많이 하는 추가 질문이 "그러면 소싯적에 서당에 다니셨습니까?"였습니다. 그런 적도 없다고 하면 정말 뜨악한 표정을 짓습니다. 심지어 어떤 분은 이야기를 해나가는 도중에 제 고향이 경북 안동이라는 것을 알고 "아, 예, 안동 출신이시군요" 하며 비로소 믿을 만한 근거라도 찾은 듯이 안도의 표정을 짓기도 합니다. 그러나 안동은 제가 태어나서 중학교까지 다닌 제 고향일 뿐 제가 논어와 인연을 맺는 데에 아무런 관련이 없습니다. 그래서 앞으로 1년 가까이 논어를 두고 서로 많은 이야기를 나누게 될 분들이신 만큼 저와 논어와의 인연에 관해 조금 이야기를 드리는 것이 좋을 것 같습니다.

저는 대학은 법학과를 나왔지만 법학에 대해서는 별 관심이 없었습니다.

젊은 시절 저의 주된 관심은 철학과 종교학이었습니다. 그래서 대학에 다닐 때에는 전공과목 시간은 결석을 하고 그 시간에 철학이나 역사학, 신학 등을 도강하러 다니는 등 다소 비정상적인 대학생활을 하였습니다. 철학에 대한 관심은 주로 서양철학에 치우쳐 있었습니다. 당시만 해도 아직 60년대에 맹위를 떨치던 실존철학의 여운이 많이 남아 있을 때라 키르케고르, 니체, 하이데거 등을 많이 보았습니다.

나중에는 니콜라이 베르자예프, 프랑크푸르트학파나 루카치, 루시앙 골드만 등의 저서에 심취하기도 했지요. 또 불교에 매료되어 불교 관련 서적을 탐독하기도 했습니다. 대승불교의 이론도 흥미로웠지만 당시는 원시불교에 대한 관심이 청년들 사이에 일고 있어서 아함경 계통의 책도 많이 보았습니다. 불교연구회에 가입하여 활동하기도 했고요. 또 스물두어 살부터는 기독교 정신에도 상당히 매료되었던 것 같습니다. 결정적인 계기는 신약성서였던 것 같고, 그로 인하여 폴 틸리히 등 신학자들의 저서도 좀 읽었습니다. 이렇게 전공과는 관계없이 제 호기심이 끌리는 대로 이것저것 보고 배우며 방황한 것이 제 젊은 시절이었습니다.

그러다가 군복무를 마치고 와서 대학교 4학년 때였습니다. 허송세월을 좀 해서 나이는 이미 스물아홉이었지요. 곧 졸업은 다가오는데 생각해 보니 저는 그동안 너무 서양철학 일변도로 공부해 왔다는 생각이 들었습니다. 동양철학의 가장 대표적인 책이라 할 수 있는 논어도 아직 읽어 보지 않은 것이 한심했습니다. 그래서 순전히 공부의 균형을 맞춘다는 취지에서 어느 날 학교 도서관에 자리 잡고 앉아서 논어를 읽었습니다.

거기서 예상치 못했던 일이 일어났습니다. 논어를 조금씩 읽어 나가는데 이 책은 읽어 갈수록 놀라운 책이었습니다. 불과 며칠이 안 되어 제가 논어로부터 받은 느낌은 한마디로 "세상에 어떻게 이런 책이 있는가!"였습니다.

논어가 정평이 난 책이기는 했지만 이럴 줄은 몰랐습니다. 그 책은 제가 그동안 읽었던 책들과는 너무나도 달랐습니다. 논어는 제가 그동안 듣고 싶었으나 듣지 못했던 말들로 가득 차 있었습니다. 시력이 안 좋은 사람이 처음으로 안경을 끼고 선명한 세상을 보는 것 같았다면 비슷한 표현이 될까요? 그에 비한다면 그동안의 이런저런 공부에서 보았던 감동적 광경은 어떤 사물 위에 확대경을 대고 보는 것과 비슷했다고 할 것입니다. 코 위에 안경을 걸치고 시야 전체가 선명해지는 느낌을 받은 독서 체험은 그 이전에는 오직 신약성서를 보았을 때가 유일했다고 기억합니다.

얼마나 몰입을 해서 논어를 읽었던지 어느 날은 오전 9시에 도서관에 들어갔는데 두 시간 정도 지난 줄 알고 벽시계를 쳐다보았더니 오후 1시였던 적도 있었습니다. 시간 가는 줄 모른다는 체험을 그때 처음으로 했고 그 기억은 지금도 생생합니다.

모르고 있던 논어를 파악하고 나자 저는 제가 '스파이가 된 것 같다'는 느낌에 사로잡혔습니다. 거리를 걸어갈 때나 버스를 타고 갈 때나 저는 도무지 그런 스파이 의식에서 벗어나지 못했습니다. 스파이는 자신이 지니게 된 비밀이나 특명으로 인하여 스파이가 됩니다. 저는 논어 속에서 너무나도 내밀한 한 세계를 알게 되었다는 사실만으로 그런 느낌을 받게 되었던 것이죠. 웃기지 않습니까? 희귀도서도 아니고 천지에 널브러져 있는 것이 논어인데 스물아홉 살짜리가 그 책 한 권을 읽고 그런 느낌에 사로잡혔다는 것이 생뚱맞기 짝이 없지요. 그러나 저로서는 말할 수 없이 심각했습니다. 솔직히 말씀드리면 그로부터 34년이 지난 지금도 저에게는 그때 자리 잡았던 그 스파이 의식이 남아 있습니다.

새로운 번역을 시도하다

제가 논어로부터 이런 특별한 느낌을 갖게 된 데에는 두 가지 요인이 있는 것 같습니다. 하나는 논어가 지니고 있는 특별한 관점입니다. 사실 그것만이 본질적인 것이겠지요. 논어에는 인간과 세상을 보는 완전히 다른 관점이 있었고 그것은 경이롭다는 말로밖에 표현할 수 없는 것이었습니다.

다른 하나는 해석상의 새로운 발견이었습니다. 수많은 논어 단편이 전통적인 해석과는 다른 모습으로 저의 눈에 발견된 것입니다. 이 후자가 전자와 만나 상승작용을 하지 않았나 생각합니다. 해석상의 발견은 돌이켜 볼 때 저에게만 있었던 개별적 사정인데 이 개별적 사정에 대해서 조금 설명을 드려야 할 것 같습니다.

처음 저는 을유문화사에서 나온, 차주환 교수가 번역한 조그마한 문고본으로 논어를 읽었습니다. 그런데 읽는 과정에서 저의 보잘것없는 한문 실력으로 접근하더라도 '이것은 아닌데' 하는 번역이 가끔 눈에 띄었습니다. 그래서 처음에는 '아, 이분이 이 구절에서는 번역을 좀 잘못했구나' 하고 무심히 생각했습니다. 번역은 누구나 잘못할 수 있는 것이니까요. 그런데 그런 것들이 제법 여러 개가 나왔습니다. 좀 의아스러웠지요. 그래서 나중에 그런 의아스러운 구절들을 모아 다른 번역서에서 확인을 해보았습니다. 놀랍게도 다른 책도 비슷하게 번역이 되어 있었습니다. 정말 이해가 되지 않았습니다. 그래서 얼마 후에는 어느 대형서점에 들러 시간을 가지고 서가에 꽂혀 있는 모든 논어 번역서들을 다 들추어 보며 문제가 된 단편들을 살펴보았지요. 비로소 모든 논어 번역서들이 예외 없이 그렇게 번역되어 있다는 사실을 알게 되었습니다. 그래서 제 나름대로 정리하기를 '아마 지금까지의 논어 번역서들은 주자의 해석을 답습하느라 이렇게 되었구나. 그러나 이제는 주자학의 세월도 아닌 만큼 조만간 바른 해석들이 나오겠지' 했습니다.

그래서 그 다음부터는 서점에 갈 때마다 논어 신간이 나오면 반드시 뽑아 들추어 보는 버릇이 생겼습니다. 팔일편에 나오는 儀封人章과 공야장편에 나오는 伯夷叔齊章, 자로편에 나오는 不得中行而與之章 등이 당시 자주 찾아보던 대표적 구절이었습니다.

그렇게 서점의 새 책들을 들추어 보며 세월이 흘렀습니다. 10년 정도 지나니 이제 새 책이 눈에 띄어도 잘 들추지 않게 되더라고요. 보나마나 뻔했기 때문입니다. 결국 더 기다리더라도 새로운 해석은 나오지 않겠구나 하는 생각이 들었습니다. 그제야 그렇다면 기다리기만 할 것이 아니라 내가 스스로 그것을 출현시켜야 하지 않겠는가 하는 생각이 들었습니다. 아무리 세월이 흘러도 저 진부한 해석만 지속될 것이라 생각하니 일종의 사명감 비슷한 것이 생기게 되었던 것입니다. 그래서 처음에는 짧은 논문 하나를 쓸까 했어요. 그러나 막상 논문을 쓰려니 저처럼 아무런 근거도 없는 사람이 난데없이 논문을 쓴들 어떤 학술지가 실어 주겠는가 하는 생각이 들었습니다. 막막했지요. 그래서 '그렇다면 차라리 책을 쓰는 것이 낫겠다' 하는 생각을 하게 되었습니다.

1994년 초부터 글을 쓰기 시작했던 것 같습니다. 컴퓨터도 사고 당시 막 나온 아래아 한글 프로그램도 사서 먼저 『논어의 발견』을 썼고, 쓰다가 보니 필요성을 느껴 아예 번역서인 『새번역 논어』까지 쓰게 되었던 것입니다. 꼬박 6년이 걸렸습니다.

공직생활을 하고 있을 때라 시간이 없어서 책을 읽는 것은 퇴근 후 저녁 시간에 했고 집필은 주로 일요일에 했습니다. 주요 부분을 쓰는 데 꼬박 3년이 걸렸는데, 그 3년간은 아예 일요일이 없는 생활을 했습니다. 가족들에게 특히 미안했지요. 그리고 그로부터 완성에 이르기까지는 3년이 더 걸렸습니다. 관련 서적을 많이 읽어야 했는데 그것과 관련하여서는 성균관대학교 고서 도서관을 많이 이용했습니다. 성균관대학교 도서관은 다른 대학 도서관과는 달리 일반인에 대해 비교적 관대하게 도서관을 개방해 주어서 그 점은 지금도 고맙게 생각하고 있습니다. 거기서 복사해서 가져온 책도 약 30권 정도는 되는 것 같습니다.

처음에는 논어 원본 파일도 없었기 때문에 논어 전문을 제가 일일이 한글로 입력하고 한자로 변환하여 아래아 한글 원본 파일을 만들었습니다. 또 해석을 하는 과정에서 한 글자 한 글자 일일이 용례를 알아볼 필요가 많았는데 당시로는 일종의 논어 용례用例사전인 『논어인득論語引得』이라는 책을 활용하는 것이 유일한 방법이었습니다. 수소문 끝에 중국서점을 통해 그 책을 샀지요. 정말 두꺼운 책이었습니다. 몇 년이 더 지나서야 아래아 한글 프로그램도 발전이 되어 '찾기' 기능이 추가됨으로써 얼마나 편하고 좋았는지요. 더 이상 인득이 필요 없는 세월이 온 것이지요. 그렇게 하여 결국 1999년 11월 출판사 '생각의나무'에서 책을 출간하게 되었습니다.

최종 출간을 앞두고 저의 친구이자 지금은 세상을 떠난 시인 이영유 씨가 가급적 명성이 있는 출판사에서 책을 내자며 원고를 '문학과지성사'에 갖다 준 적이 있었습니다. 리뷰를 한 사람은 70년대에 문학평론 활동을 하던 성민엽 씨였는데, 당시 '문학과지성사'는 다른 논어 책을 내려고 이미 준비를 하던 중이어서 결국 거기서 내지는 못하였습니다. 다만 그때 성민엽 씨가 워낙 새로운 해석이 많고 그것이 반드시 옳다고 장담할 수도 없으니 해석이 바뀌는 부분은 '종래의 해석'을 병행해서 소개하는 것이 어떻겠느냐 하는 조언을 해주었습니다. 지금 『새번역 논어』에 '종래의 해석'이 소개된 것은 그의 조언에 따른 것으로 지금 생각해도 정말 고마운 조언이었습니다.

『새번역 논어』 초판에 '종래의 해석'이 소개되어 있는 단편의 수는 75개가 됩니다. 전통적인 해석을 따르지 않고 제가 새로운 해석을 시도한 단편의 수가 그렇다는 얘기지요. 논어의 전체 단편수가 모두 521개이기 때문에 약 14% 정도를 새롭게 해석하였다는 뜻입니다. 그 결과만 놓고 보면 과연 그런 것이 가능할까 하는 생각을 누구나 하게 될 것입니다. 또 해석자인 저에 대해 "과연 저 사람의 해석을 신뢰할 수 있을까?" 혹은 "편견에 사로잡힌 괴짜 독학자는 아닐까?" 하는 의혹을 제기하는 것은 결코 무리가 아닐 것입니다. 그러나 세월이 많이 흘렀지만 해석적 입장은 지금도 거의 변동이 없습니다. 물론 그 75개 단편 모두 저의 해석이 옳다고 주장하지는 않습니다. 절대적으로 옳다고 여기는 해석도 있고 그렇지 않은 해석도 있습니다. 매 단편에 걸친 해석적 입장과 그 입장이 절대적이냐 상대적이냐 하는 것은 강의를 하면서 구체적으로 말씀드리겠습니다.

새로운 해석에 대한 반응

책이 발간되기 직전 한겨레신문에서 인터뷰를 하자 하여 신문사에 갔습니다. 문화부의 담당 기자와 한 시간가량 인터뷰를 했는데 아직 책이 출간되기 전이라 출판사에서 보내준 복사한 원고 묶음을 밑줄을 그어 가며 상당히 많이 보았더라고요.

그때만 해도 나이도 젊고 책에 대한 자부심도 넘칠 때였는데 저의 해석에 대한 타당성을 입증할 방법이 없잖아요. 그것은 지금도 마찬가지입니다. 무슨 수학문제처럼 문제집 맨 뒤에 나오는 정답 페이지를 열어서 보여 줄 수 있는 그런 문제가 아니잖아요. 그래서 해석에 대한 저의 확신을 보여 준다는 차원에서 "어떤 해석에 있어서는 공자가 지금 무덤에서 걸어 나와 아니라고 부인하더라도 물러서고 싶지 않은 단편도 있다"는 말을 불쑥 했습니다. 며칠 후 커다란 제 얼굴 사진과 함께 거의 한 면 가득 채운 북리뷰 기사에 그 말이 인용되어 있어서 무척 쑥스러웠습니다. 그 밖에도 〈경향신문〉과

〈조선일보〉,〈문화일보〉 등에서도 비중 있게 다루어 주었지요. 특히 〈경향신문〉은 "새 해석은 만만치 않은 도전을 받겠지만 그렇다고 해서 쉽게 무너지지도 않을 것 같다"고 높이 평가해 주었습니다.

책이 나오고 적잖이 반응이 있었지만, 그 대부분은 일반 독자층이었습니다. 정식 학계의 반응은 거의 없었는데 나중에 알고 보니 없었던 게 아니라 몇몇 학술논문에서 저의 새로운 해석에 대한 언급이 있었던 모양입니다. 학계도 나름대로 주목을 하기는 했던가 본데 제가 몰랐던 것이지요. 그러나 학계의 반응은 한마디로 당혹감 비슷한 것이었습니다. 대체로 저의 해석을 선뜻 받아들이지 못하고 있었는데, 거기에 그 어떤 구체적인 이유도 논리도 없었습니다. 훨씬 나중에야 경학계가 제 해석을 받아들이지 못하는 이유는 그동안 바른 해석을 내놓지 못한 이유와 조금도 다르지 않다는 것을 알게 되었습니다. 공자의 말을 제대로 이해한다는 것은 한문 실력의 문제도 아니고 경학에 관한 폭넓은 지식의 문제도 아니었습니다. 논어에 관한 그럴듯한 이력의 문제도 아니었지요. 그것은 인간에 대한 고민과 체험이 결정적인 역할을 하는 매우 특별한 과제임을 깨달았지요. 그것을 깨닫는 데에 10년 이상의 세월이 걸린 셈이었습니다. 그래서 지금은 제 해석을 학계에서 선뜻 받아들이지 못하고 있는 것에 대해 과거보다는 훨씬 여유랄까 인내심을 가지게 되었습니다.

학계가 아닌 재야 논어 연구가나 일반 논어 애호가 층에서의 반응은 비교적 열렬했습니다. 솔직히 소개드리기가 쑥스러울 정도로 뜨거운 반응도 많았습니다. "어떻게 그것을 아셨습니까?" 하는 감탄 어린 얘기도 몇 번 들었고요, "누구로부터 배우셨습니까?" 하는 얘기도 들었습니다. 특히 누구로부터 배웠느냐는 말은 공자가 당시 주변으로부터 자주 들었던 얘기였기 때문에 들을 때마다 매우 황감한 느낌도 없지 않았습니다. 솔직히 말씀드리면 저도 때로는 이상한 느낌을 받습니다. 왜 남들의 눈에는 보이지 않는데 제 눈에는 보이는지 잘 이해가 되지 않습니다.

2008년에 서점에 가보니 『논어는 진보다』라는 다소 특별한 제목의 책이 나와서 펼쳐 보았습니다. 저보다는 좀 젊은 사람이 지은 책이었는데 놀랍게도 저의 새로운 논어 해석을 거의 90% 이상 채택하고 있었습니다. 누구의 해석을 따른 것이라고 밝히지는 않았지만 저는 그가 제 해석을 대부분 지지하고 받아들였다는 사실이 무엇보다 반가웠습니다. 그런 책이 출현했다는 사실은 그동안 간간이 들려오던 많은 재야 학자들이나 논어 애호가들의 지지와 공감이 가시화될 수도 있다는 것을 의미했지요. 또 그것은 앞으로 언젠가는 저의 해석이 보편적 해석으로 수용되는 날이 올 수도 있다는 신호처럼 여겨지기도 했습니다.

공자가 제시한 삶의 지혜

애기를 하다 보니 마치 모든 것이 논어 단편에 대한 해석의 문제로만 초점이 맞춰진 것 같습니다. 그러나 훨씬 중요한 것은 공자가 제시한 삶의 지혜입니다. 해석의 문제는 논어가 담고 있는 지혜를 드러낸다는 궁극적 과제에서 그 일부분일 뿐입니다. 그 점에서 14년이 지난 지금까지도 해석의 문제만 전면에 내놓고 애기해야 하는 것이 저로서도 매우 불만스러운 것입니다. 하지만 그 삶의 지혜와 진실에 접근하기 위해서는 부득이 이 해석의 관문을 거치지 않을 수 없다는 것 또한 엄연한 현실입니다. 그것은 제가 책을 내고도 개인 사정으로 아무런 활동을 못하고 오래 침묵을 지켜 온 데에도 일말의 요인이 있을 겁니다.

제가 논어로부터 배우고 깨달은 것이 얼마나 특별한 것인지는 저도 잘 모릅니다. 다만 때때로 저는 만약 그것이 평범치 않은 무엇이라면 그것은 어떻게 가능했을까 스스로 자문해 보기도 합니다. 앞서 말씀드렸듯이 제 이력에는 아무것도 그럴듯한 것이 없습니다. 젊은 시절에는 진로선택을 잘못해서 안개 속을 떠돌 듯 이리저리 방황한 것이 전부입니다. 제 젊음은 온통 부끄러움 투성이였고 미숙하다는 사실이 견딜 수 없이 괴롭던 기억밖에 없습니다. 끝없는 자기혐오에 시달리던 기억만이 악몽처럼 남아 있습니다. 그 속에서 팔을 저어 무언가를 잡으려고 허둥거렸고 그러다가 손에 걸린 것 중의 하나가 논어였습니다. 그리고 그것이 두 권의 책을 저술하는 기묘한 인연으로 이어졌던 것입니다. 굳이 이력이라면 그것만이 제 이력입니다. 그래서 왜 논어가 하필이면 저처럼 보잘것없는 사람 앞에서 베일을 벗어 보였는지를 묻는다면 저도 모른다고 할 수밖에 없습니다. 또 과연 베일을 벗어 보인 것이 맞기는 맞는지 묻는다 해도 마땅히 거증할 것이 없습니다. 그저 저에게 그렇게 보였고 그 보인 것에 대해 제가 확신을 가진다는 것뿐입니다.

너무 외람된 말씀을 드렸나요? 그러나 염려하지 마십시오. 저도 이제 환갑 진갑을 다 넘긴 사람입니다. 교만이 얼마나 어리석은 짓인지도 알고 편견이 얼마나 무서운 것인지도 알며 자고自高하여 제 키를 한 치도 더 키울 수 없다는 것도 압니다. 문제는 논어입니다. 보면 볼수록 경이로운 논어가 이렇게 깊은 매너리즘 속에 갇혀 있을 수는 없다는 것입니다.

인류사에 수많은 현인들이 있었지만 온 몸으로 삶의 길을 가르쳐 준 사람은 많지 않습니다. 공자는 몇 안 되는 그런 사람 중의 한 사람입니다. 이렇게 방치되어서는 안 될 사람이지요. 예수 같은 사람은 많은 사람들이 그의 정체와 삶의 진실을 밝히고 있지 않습니까? 그러나 공자는 지리적으로도 가까운 위치에 있었고 역사적, 문화적으로 보면 예수와는 비교도 할 수 없을 정도로 인연이 깊고 오래되었는데도 서구문명의 엄습 이래 그의 가르침을 제대로 살려 내어 오늘날의 삶에 접목시켜 보려는 사람은 너무나도 적습니다. 그것이 안타까워 저는 얼마 남지 않은 생애에 걸쳐서 할 수만 있다면 그 역할을 좀 해보려 합니다.

제가 가진 능력이 얼마나 작고 제한적인지는 제가 잘 압니다. 특히 공자는 모든 것을 완전한 궁행躬行의 단계에서만 인정하지 않았습니까? 그런 것을 생각한다면 제가 감히 그런 역할을 해보겠다고 하는 것은 부끄러움을 모르는 짓일 겁니다. 다만 그럼에도 불구하고 제게 주어진 역사의 몫이 어딘가에는 있는 것 같다는 생각이 자꾸 들어 부족함을 무릅쓰고 여러분 앞에 이렇게 선 것입니다. 이번 강독이 저나 여러분에게나 공자를 이해하는 좋은 기회가 될 수 있기를 바랍니다.

부록

● 공자 연표

- **B.C. 551** (양공 22년, 1세) : 노(魯)나라에서 태어나다.
- **B.C. 537** (소공 5년, 15세) : 중군(中軍) 폐지로 군주의 권한이 무력화되다.
- **B.C. 517** (소공 25년, 35세) : 소공(昭公)이 계평자 제거에 실패, 제나라로 망명하다.
- **B.C. 505** (정공 5년, 47세) : 양호가 노나라의 권력을 잡다.
- **B.C. 502** (정공 8년, 50세) : 양호가 패망하여 도망가다.
- **B.C. 500** (정공 10년, 52세) : 공자가 제나라와의 회합에 정공을 수행하다.
- **B.C. 498** (정공 12년, 54세) : 자로가 계씨의 가재가 되어 삼가(三家)의 성을 헐다.
- **B.C. 496** (정공 14년, 56세) : 외유의 길에 올라 위(衛)나라로 가다.
- **B.C. 495** (정공 15년, 57세) : 진(陳)나라로 가다.
- **B.C. 492** (애공 3년, 60세) : 채(蔡)나라로 가다. 계환자 죽고 계강자가 대부가 되다.
- **B.C. 489** (애공 6년, 63세) : 위(衛)나라로 가다.
- **B.C. 484** (애공 11년, 68세) : 노나라에 돌아오다.
- **B.C. 480** (애공 15년, 72세) : 자로 죽다.
- **B.C. 479** (애공 16년, 73세) : 죽다.

● 공자 제자 일람

통칭	나이	출신국	성명	자	비고
자공(子貢)	31(31)	衛	端木 賜	子貢	
자로(子路)	9(9)	魯	仲 由	子路(季路)	魯 卞邑 사람
안연(顔淵)	30(30)	魯	顔 回	子淵	
증자(曾子)	46(46)	魯	曾 參	子輿	魯 南武城 사람
유자(有子)	13(36)	魯	有 若	子有	
자장(子張)	48(48)	陳	顓孫 師	子張	
자하(子夏)	44(44)	衛	卜 商	子夏	
자유(子游)	45(35)	吳	言 偃	子游	家語에는 魯人
중궁(仲弓)	-(-)	魯	冉 雍	仲弓	
염유(冉有)	29(29)	魯	冉 求	子有	.
재아(宰我)	-(-)	魯	宰 予	子我	
민자건(閔子騫)	15(50)	魯	閔 損	子騫	
공서화(公西華)	42(42)	魯	公西 赤	子華	
번지(樊遲)	36(46)	齊	樊 須	子遲	家語에는 魯人
원사(原思)	-(36)	魯	原 憲	子思	家語에는 宋人
사마우(司馬牛)	-(-)	宋	司馬 耕	子牛	
염백우(冉伯牛)	-(-)	魯	冉 耕	伯牛	
안로(顔路)	-(6)	魯	顔 無繇	路	顔淵의 아버지
증석(曾晳)	-(-)	魯	曾 點	晳	曾子의 아버지
공야장(公冶長)	-(-)	齊	公冶 長	子長	家語에는 魯人
남용(南容)	-(-)	魯	南宮 适	子容	
자고(子羔)	30(40)	衛	高 柴	子羔	家語에는 齊人
칠조개(漆雕開)	-(11)	魯	漆雕 開	子開(子若)	家語에는 蔡人
무마기(巫馬期)	30(30)	魯	巫馬 施	子期	家語에는 陳人
진자금(陳子禽)	-(40)	陳	陳 亢	子禽	
금장(琴張)	-(-)	衛	琴 牢	子開	字를 張이라고도 함
담대멸망(澹臺滅明)	39(49)	魯	澹臺滅明	子羽	魯 武城 사람
자천(子賤)	30(49)	魯	宓不 齊	子賤	

※ 위 자료에는 일부 공자의 제자 여부가 의심스러운 인물도 포함됨.
※ 나이는 공자와 대비, 연소차(年少差)를 표기한 것이며 『사기』 「중니제자열전」을 기준으로 함.
 ( ) 안의 수치는 『공자가어』의 기록에 따른 것임. -는 기록 없음.
※ 출신국은 『사기』 「중니제자열전」을 기준으로 하되 정현(鄭玄)이나 공안국의 주석을 참고한 것임.

● 중국 역대 왕조

왕조王朝	개조開朝	참고 사항
삼황오제시대 三皇五帝時代	전설시대	삼황: 복희, 신농, 황제 오제: 소호, 전욱, 고신, 요, 순
하夏	B.C. 2070?~	우禹임금에 의해 개창됨 세습제가 처음 시작됨
은殷	B.C. 1600?~	탕湯임금에 의해 개창됨 상商나라라고도 함
주周	B.C. 1046?~	무왕武王에 의해 개창 춘추시대에 공자 출현 마지막 전국시대에 제자백가 출현
진秦	B.C. 221~	진시황에 의한 천하통일. 불과 16년 지속
한漢	B.C. 202~	한고조 유방劉邦에 의해 개창됨 유교문화의 재건 및 정착
삼국시대三國時代	A.D. 220~	소설『삼국지』의 배경 시대
위진남북조 魏晉南北朝	A.D. 265~	북방에 오호십육국五胡十六國 남북조南北朝는 육조六朝라고도 함
수隋	A.D. 581~	
당唐	A.D. 618~	불교 전성기
오대십국五代十國	A.D. 907~	
송宋	A.D. 960~	성리학의 전성기
원元	A.D. 1271~	몽골족에 의해 개창됨
명明	A.D. 1368~	한족의 재집권
청淸	A.D. 1616~	만주족에 의해 개창됨 고증학의 발달
현대 중국	A.D. 1912~	

※ 왕조 구분은 개략적인 것이며 소소하거나 일시적이었던 왕조는 제외하였음.

● 주周나라의 변천

구분			시기	참고 사항
은나라의 멸망				주왕紂王의 폭정
주	서주시대		B.C. 1046~	무왕武王, 은殷 정벌하고 주나라 건국 삼감三監의 난
			B.C. 841	여왕厲王 축출, 공화정共和政 개시(~B.C. 828) 견융犬戎의 침입으로 유왕幽王이 피살됨
	동주시대	춘추시대	B.C. 770~ B.C. 722 B.C. 679 B.C. 632	도읍을 호경鎬京에서 낙읍洛邑으로 옮김 노나라, 춘추 기록 시작(~B.C. 481) 제환공齊桓公, 첫 패자覇者가 됨 진문공晉文公, 두 번째 패자가 됨
			B.C. 551 B.C. 517 B.C. 479	공자 태어남 노소공魯昭公, 계평자 제거에 실패하여 망명함 공자 죽음
		전국시대	B.C. 453~ B.C. 403	진晉나라가 조趙, 한韓, 위魏로 분열됨 조趙, 한韓, 위魏. 제후국으로 공식 임명됨 제자백가의 시대
			B.C. 256	진秦나라가 주周왕실을 멸망시킴
진의 천하통일			B.C. 221	

● 공자 생존 시 주요국 세계世系

孔子

B.C. 551   479

魯

襄公   昭公   定公   哀公   悼公

B.C. 542   510   495   468

衛

殤公 獻公 襄公   靈公   出公   莊公 起 出公

B.C. 559 547 544 535   493   481 477
                                             478

齊

靈公 莊公   景公   悼公 安孺子 簡公 平公

B.C. 554 548   490 485 481
                                   489

● 공자 생존 시 노나라 삼환三桓 세계世系

孔子
B.C. 551   479

孟
孟莊子 孟孝伯   孟僖子   孟懿子   孟武伯
B.C. 550 542   518   481

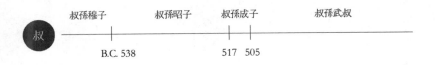

叔
叔孫穆子   叔孫昭子   叔孫成子   叔孫武叔
B.C. 538   517 505

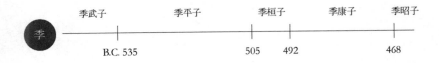

季
季武子   季平子   季桓子   季康子   季昭子
B.C. 535   505   492   468

춘추시대의 중국

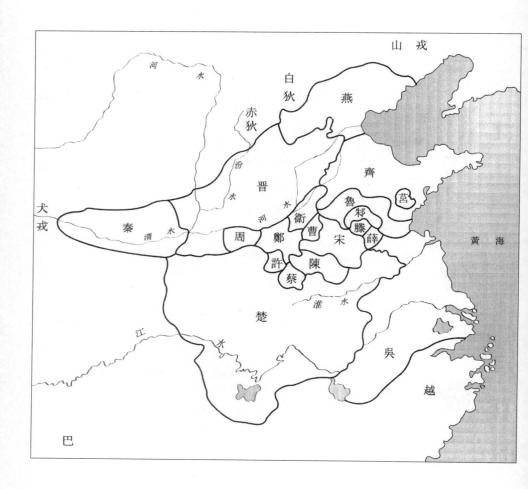

山 戎

河　水

白
狄

燕

赤
狄

汾
水

晋

齊

莒

魯
郑
衛
曹　宋
滕
薛

犬
戎

秦

渭　水

周

鄭

許
蔡
陳

黄　海

楚

淮　水

江
水

吳

越

巴

※ 춘추시대는 성읍(城邑)국가의 성격이 강하여 위 제후국별 경계선은 오늘날의 국경선과는 의미가 다른, 대체적인 세력권을 나타낼 뿐이다. 위 세력권은 대개 기원전 6세기경의 세력권으로서 패권 추구 과정에서 자주 변경되었다.

춘추시대의 중원 제후국

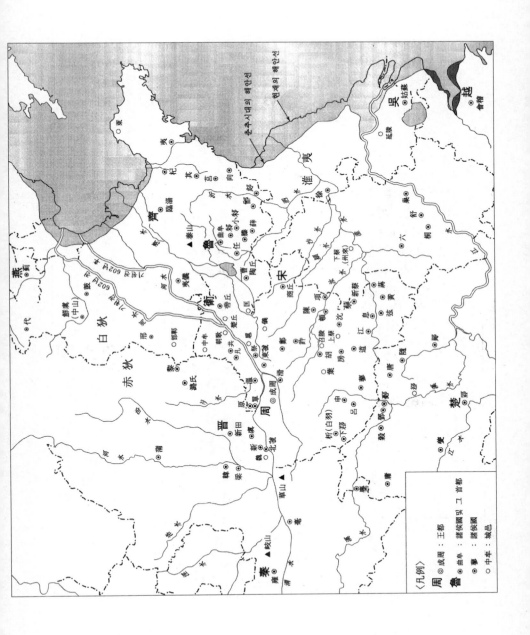

춘추시대의 노나라 인근

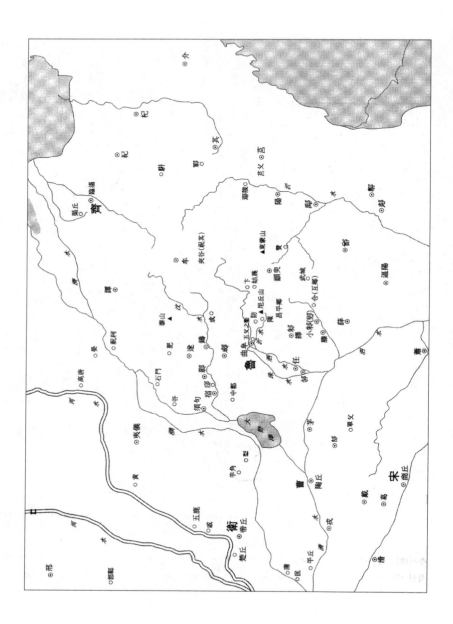